国家安全译丛
NATIONAL SECURITY 总策划 王吉胜

西方反恐
经典力作

恐怖主义如何终结

恐怖活动的衰退与消亡

HOW TERRORISM ENDS

Understanding the Decline and Demise of Terrorist Campaigns

[美] 奥德丽·克罗宁◎著
Audrey Kurth Cronin

宋德星　蔡　焱◎译

金城出版社
GOLD WALL PRESS

图书在版编目（CIP）数据

恐怖主义如何终结：恐怖活动的衰退与消亡 /（美）奥德丽 · 克罗宁 (Audrey Kurth Cronin) 著；宋德星，蔡焱译. —北京：金城出版社，2017.2
（国家安全译丛 / 朱策英主编）
书名原文：How Terrorism Ends: Understanding the Decline and Demise of Terrorist Campaigns
ISBN 978-7-5155-1445-1

Ⅰ. ①恐… Ⅱ. ①奥… ②宋… ③蔡… Ⅲ. ①恐怖主义－研究 Ⅳ. ① D815.5

中国版本图书馆 CIP 数据核字 (2016) 第 303945 号

恐怖主义如何终结
KONGBUZHUYI RUHE ZHONGJIE

作　　者　[美] 奥德丽 · 克罗宁
译　　者　宋德星　蔡　焱
策划编辑　朱策英
责任编辑　朱策英　李晓凌
开　　本　710 毫米 × 1000 毫米　1/16
印　　张　24.5
字　　数　402 千字
版　　次　2017 年 7 月第 1 版　2017 年 7 月第 1 次印刷
印　　刷　三河市腾飞印务有限公司
书　　号　ISBN 978-7-5155-1445-1
定　　价　88.00 元

出版发行　**金城出版社**　北京市朝阳区利泽东二路 3 号　邮编：100102
发 行 部　(010)84254364
编 辑 部　(010)64271423
投稿邮箱　gwpbooks@yahoo.com
总 编 室　(010)64228516
网　　址　http://www.jccb.com.cn
电子邮箱　jinchengchuban@163.com
法律顾问　陈鹰律师事务所　(010)64970501

译序

超越问题解决式的思辨逻辑
——恐怖主义问题研究的时代意涵

当今，国际政治领域的一大困扰，就是跨国性质的非传统安全威胁，日益侵蚀着以主权国家为核心的国际安全秩序。结果，冷战结束后，安全研究中的一个显著变化就是非传统安全研究开始与传统安全研究相剥离，并逐步建构起了自己的概念解释、分析框架和研究议题。[a] 换言之，在国际政治中，囊括了除军事、政治和外交议题以外的所有其他的、对主权国家及人类整体构成重大影响甚至是严重威胁的因素，均被纳入了非传统安全研究的范畴，如经济安全、金融安全、生态环境安全、信息安全、能源安全、恐怖主义威胁、疾病蔓延、跨国犯罪、走私贩毒、非法移民、国际海盗以及洗钱活动等等。它们与传统安全威胁一起，深刻地影响着一国战略的优先次序，以及维护国家安全的途径与行为方式。

当前，在所有这些大类的非传统安全威胁中，恐怖主义威胁尤显突出。实际上，自 2001 年“9 · 11”恐怖袭击事件以来，人们对于国际恐怖主义威胁的认识明显突破了以往的思维定式，即如今的恐怖主义组织，可以从全球化大趋势和民族国家自身攫取其所需的能量，进而用以对付主权

[a] 译注：当然，人们对非传统安全问题的关注并非仅仅是在冷战结束之后，实际上冷战时期就有了相关的阐释，只是没能在政策层面引起足够的重视，在当时完全沉迷于传统军事和政治安全的学术界也没能引起足够的共鸣。

国家，有的甚至拥有了巨大的伤害能力。正因为如此，当今的恐怖主义威胁着力凸显了国际政治中传统安全与非传统安全复合叠加的大趋势，因而不可避免地加大了战略聚焦的困难。究其根本，在于：第一，恐怖主义组织作为詹姆斯·罗西瑙（James Rosenau）所说的“游离于主权国家之外的行为体”（sovereignty free actor），[a] 如今日益具备了强大的资源动员能力和施加伤害的能力，因而能对国际体系中的弱小国家、不发达国家和转型中国家的政治和经济进程施加重要影响，有时甚至能够对强大的国家施加伤害，如“9·11”事件中“基地”组织对美国的恐怖袭击活动。第二，恐怖主义威胁的跨国性质、模糊的组织结构和多半不可预知的行动特征，使得在应对这类威胁时，传统的有关国际和国内安全环境的两分法难以为继。换言之，国内反恐行动和国际反恐行动的有机协同成为了安全必需，这就需要我们在战略上予以统筹。而恰恰是在这一根本方面，主权国家哪怕是最强大的主权国家，都显现出了战略能力的不足，而这种不足反过来又为对手所利用；如此反复，自然也就催生了显而易见的挫败感。

可见，尽管从历史上看，恐怖主义远非什么新的威胁，但冷战后恐怖主义自身性质的显著变化导致了国家巨大的不适应性。即今天恐怖主义的毁伤能力，远远超过了此前人们所熟知的传统的恐怖主义威胁所追求的心理门槛。这方面，“9·11”事件所造成的巨大人员伤亡和前所未有的民族心理震撼，就是有力的证明。可以说，主要是因为“基地”组织的恐怖袭击活动，直接导致了小布什政府大战略目标优先次序上的重大变化，进而影响着大国关系的调整。所以，从这个意义上讲，像“基地”恐怖主义组织这类非国家行为体，实际上已经作用并影响着国家的战略能力。由此也就决定了国家需要具备一种全新的应对能力，包括智识上的应对能力。

应该承认，恐怖主义本身就是一种难以捉摸的现象。就像一位研究者所说，恐怖主义作为一个模糊的概念反映在三个层面上：在政治上，它通

[a]　译注：这方面的论述参见 James Rosenau, *Turbulence in World Politics*, Princeton: Princeton University Press, 1989。

常是个贬义词，即用之贬低敌人。问题是：国家有时候是不是恐怖主义？在本体论上，它指代的是与恐怖主义分子有关的一种特殊的暴力形式、特殊的武装组织、特殊的冲突、特殊的暴力战略。故而，我们所谈论的实体具有某种不确定性。在概念上，有从目的上定义的，有从手段上定义的。所以，在第一波恐怖主义研究中，对于恐怖主义概念的讨论十分流行。每一位学者都感到必须按照一种词典风格给恐怖主义下一个定义。这一词典编纂学式的执着，对于实质性研究堪称是一种瘫痪性的影响。在第二波恐怖主义研究中，概念讨论几乎消失了，这并不是因为达成了某种共识，而是因为恐怖主义数据库可供使用了。为此，研究者能够跳过概念辩论，直接利用数据库，即数据库中所搜罗的恐怖主义就是恐怖主义。[a] 但问题仍没有解决。"'9 · 11'事件后，政府、媒体和学术界对这一概念扩大化使用，结果使之涵盖了几乎所有的非国家暴力行为，进而使得恐怖主义一词在'9 · 11'之后更加难以捉摸。"[b]

对此，安德鲁 · 希尔克（Andrew Silke）不无忧虑地指出："在历经30年的研究之后，坦白地说，我们对于恐怖主义的认识本应比当下的认识有所增进。但关于这一严肃的课题，我们仍停留在一种无知的水平，并在这一水平上继续对其苦思。这就是我严重关切的原因所在。"[c] 至今，学者们仍在三个根本方面争论不休：恐怖主义的定义问题，怎样进行恐怖主义问题研究，以及如何应对之。结果，尽管恐怖主义因其极端特性和高曝光度而为学术界、媒体和政界所关注，但有关恐怖主义的分析研究仍继续为诸多缺陷所困扰，因而无法实现这方面的知识累积。所以毫不奇怪，我们对

---

[a] 译注：这方面的论述参见 Ignacio Sánchez-Cuenca, "Why Do We Know So Little About Terrorism," *International Interactions*, Vol. 40, No.4, 2014, p. 595。

[b] 译注：Ignacio Sánchez-Cuenca, "Why Do We Know So Little About Terrorism," *International Interactions*, Vol. 40, No.4, 2014, p. 593.

[c] 译注：Andrew Silke, "The Devil You Know: Continuing Problems with Research on Terrorism," In *Research on Terrorism:Trends, Achievements, and Failures,* edited by Andrew Silke, London: Frank Cass, 2004, p.70.

恐怖主义往往是知之甚少。[a]

是什么原因导致我们在该领域遭受如此严重的智识挫折呢？究其根本，主要在于以下几大方面：

首先，就恐怖主义问题研究而言，下述现实需求决定了其作为“显学”的功利色彩与自身缺陷。即当政府和人民面临恐怖主义威胁时，他们迫切需要解答的问题是：什么是“恐怖主义”？谁是“恐怖分子”？而最重要的是，“我们能”做点什么来反击他们？鉴于这是大多数政府同时也是公众的首要安全关切，故学术界关于这些问题的论述十分丰硕。心理学家、犯罪学家、军事专家、反叛乱专家、记者，最后也最重要的是政治学家，都试图努力探寻这些“无所不在但又几乎难以名状、值得炫耀但仍属严重禁忌”的问题。[b] 结果就出现了安德鲁·希尔克所说的，恐怖主义研究就像是“快餐式研究，迅速、便宜、伸手可及，但营养值得怀疑”。[c] 换言之，一般来说，致力于客观理解恐怖主义的努力显得严重不足。[d] 特别是我们有时如同媒体，将学术研究经常性地聚焦于某个或一系列引人瞩目且常常也是骇人听闻的事件之上。结果，我们往往失去了全景式把握。[e]

其次，从恐怖分子入手研究恐怖主义是一种常态的研究模式。就像路易斯·理查德森（Louise Richardson）所强调的那样：“恐怖分子绝不是自由战士，恐怖分子绝不是游击队员。恐怖分子就是恐怖分子，这无关乎你

[a] 译注：Ignacio Sánchez-Cuenca, “Why Do We Know So Little About Terrorism,” *International Interactions*, Vol. 40, No.4, 2014, p. 590.

[b] 译注：Harmonie Toros, “Terrorists, Scholars and Ordinary People: Confronting Terrorism Studies with Field Experiences,” *Critical Studies on Terrorism*, Vol.1, No.2, 2008, p.279.

[c] 译注：Andrew Silke, “The Devil You Know: Continuing Problems with Research on Terrorism,” *Terrorism and Political Violence*, Vol.13, No.4, p.12.

[d] 译注：Andrew Silke, An Introduction to Terrorism Research, In Andrew Silke, ed. *Research on Terrorism: Trends, Achievements and Failures*, London: Frank Cass, 2004, p.20.

[e] 译注：R. White, “Issues in the Study of Political Violence: Understanding the Motives of Participants in Small Group Political Violence,” *Terrorism and Political Violence*, 2000, Vol.12, No.1, p.96.

是否喜欢他或他所追求的目标，无关乎你是否喜欢他或他致力于变更的政府。”[a] 所以，在研究恐怖主义时，需要把恐怖分子当成是一个“正常的人”来看待。为此，需要重建恐怖分子“人性”的一面，即超越对恐怖分子的指控，关注其所说，努力理解其动机，甚至是“证实”其非正当性。为此，在进行恐怖主义研究“之前”和“之后”，实地调查研究不可或缺，唯有如此才能复原许多必须的内容，包括并非恐怖主义暴力行动所涉的人民、关系和过程等，这方面的实地调查研究对于了解恐怖主义暴力意义重大。“但这方面的风险极高，因而其研究成果相对地极为有限。”[b]

再次，就像时殷弘教授所指出的那样，“大量非国家行为体和所有国家各自在各功能领域的存在与活动，连同它们互相之间纵横交错、形式繁多的合作、抵触和冲突，形成了一个远比过去时代广泛和丰富的世界政治构造——当代全球‘复杂聚合体系’(the complex conglomerate system), 非国家行为体在其中起着先前难以比拟的重要作用。作为在国家‘之上’和‘之下’的角色，它们的存在、增生和作用联系使得世界政治大大地复杂化了。”[c] 在这样的大背景下，仅仅把视角投向国家的职能和政府间的关系，已很难确保从整体上把握当今国际政治现实和发展的大趋势了。也就是说，像恐怖主义组织这类非国家行为体的成长并稳定增生，使得我们再也不能仅仅是基于国与国之间的互动来理解恐怖主义威胁的问题了。

尽管有如此明显的研究上的不足，但现实决定了恐怖主义问题研究的紧迫性。就反恐政策领域而言，我们尤其需要在以下三个方面进行努力：

[a]　译注：Richardson, *What Terrorists Want: Understanding the Terrorist Threat*, London: John Murray, 2006, p.28.

[b]　译注：参见 Harmonie Toros, “Terrorists, Scholars and Ordinary People: Confronting Terrorism Studies with Field Experiences,” *Critical Studies on Terrorism*, Vol.1, No.2, 2008, pp.279-292。

[c]　译注：时殷弘，《全球性交往、相互依赖和非国家行为体》，载于《欧洲》2001 年第 5 期，第 8 页。

一是将恐怖主义与其他政治暴力形式区别开来，以揭示恐怖主义组织使用暴力战略对付国家，旨在推进其长期的意识形态目标——独立、革命、社会转型和变更体制，同时也是为了在与其他恐怖主义组织竞争时切实压倒竞争对手。二是基于对不同国家反恐政策的理论阐释，来获得一些共性的知识，即针对恐怖主义的国际反应的同质性解释。三是聚焦于特定国家和特定措施的效应分析，如军事手段，特别是定点清除手段，以及对相关国家反恐政策的后果的分析。

总之，“9 · 11”事件之后的国际反恐斗争进程表明，恐怖主义似乎成为了一股伴随着全球化大趋势而不断增生的破坏性力量，以至于“越反越恐”成为了人们议论的话题。毋庸讳言，这一表象揭示了终结恐怖主义的巨大困难，甚至揭示了我们在面对恐怖主义威胁时，问题解决式的思辨逻辑和研究路径还有待进一步的拓展和升华。毫无疑问，本书作为拓展我们对于恐怖主义认识的一大力作，不仅在于其宏观的论述框架，精细的案例分析，有益的政策启示，还在于其辩证的认知逻辑，感情移入式的理解，提振人心的乐观态度等。显然，这些都是我们认识恐怖主义威胁时必备的智识素养。

宋德星

2017 年 4 月

目录

前　言

有两件事，对于民主党人来说总是异常的困难：开始一场战争和结束这场战争。

——亚历西斯·德·托克维尔，1840 年[1]

恐怖主义活动看似永无止境，但它们总是要终结的。为什么？

在过去的两个世纪里，大量的历史经验表明恐怖主义活动终归要衰亡和终结，然而很少有人熟知这一事实。如果我们想要对恐怖暴力的心理操控自我免疫的话，在恐怖袭击发生后我们要摈弃毫无根据的假设和短时的愤怒，并从战略的高度来思考如何应对当前和未来的威胁，那么，对历史经验的分析就可谓是至关重要了。现代恐怖主义从民族国家那里获取它的力量，而避免落入袭击与反袭击这一战术式互动的唯一办法，首先需要理解单个的恐怖主义活动是如何终结的，然后朝着终结恐怖主义这个目标迈进。将反恐作战视为一场看不到结局的“长期战争”，会产生相反的效果，甚至可能会造成自我挫败。美国及其盟国可以通过汲取恐怖主义是如何终结的这一经验教训，以规避先前犯过的错误，拯救生命，保存实力；最重要的是，用更广阔的战略视野来直面敌人，从而战胜他们。

本书详细辨析了最近阶段发生的恐怖主义活动，构建起一个分析框架，以便解释恐怖主义活动周期性发生的样式、共有因素，以及导致其终结的关键要点。许多人关注于恐怖主义产生的原因，却很少直接关注其终结。[2] 然而，正如我们将要看到的那样，理解恐怖主义活动产生的原因，并不能令我们更多地知晓恐怖主义活动实际上是如何终结的，就像理解战争爆发的原因无助于解释战争结束的原因一样。当然，如何终结的问题与爆发原因之间确实有着某种程度的关联性，但问题在于冲突一旦发生，它也就被掩盖了起来。客观地分析恐怖主义终结的历史记录，能够使我们清晰地对反击恐怖主义有一个最好的构想。

恐怖主义研究常常是由于受到恐怖袭击的刺激和为了应对特定威胁的需要而被驱动的。结果，大部分研究多为叙述性的，聚焦于某个恐怖主义组织，详细说明它的组织、结构、策略、领导等等。基于这种分析模式，自 2001 年 9 月 11 日恐怖袭击发生以来，对“基地”（al-Qaeda）组织的研究如雨后春笋般涌现，但却较少有人从一个更加宽广的知识体系中去分析恐怖主义。在某种意义上，广泛的交叉研究早已有之，但已有研究主要关注的仍然是恐怖主义活动产生的根源，以及恐怖主义使用的武器及方法这类狭隘的问题。这种偏好反映出国际安全与防务界的研究人员，拥有更多的关于核武器及其扩散的专业知识，但缺乏其在阿拉伯语网络中的运用；拥有更多的诸如自杀式袭击等行动方法的专业知识，但缺乏其幕后操控者的信息；拥有更多的关于战争原因研究的专业知识，但缺少关于结束战争的研究。然而，正如一场战争的结局可能会比战争的爆发对国际体系产生更为重大的影响一样，如何终结恐怖主义活动对于理解恐怖主义对美国及其盟国的战略影响，以及新时代的形成都是至关重要的。

在这个充满猜疑的时代，三个重要前提条件支持了这一论断。第一，像所有的其他恐怖主义组织一样，“基地”组织也**将被终结**。[3] 尽管“基地”组织是一种星云状的模糊运动，利用并反映了当今国际大环境，但从各方面看，它绝非前所未有：在某些方面确实不同寻常，但在很多方面绝非如此。担心一个拥有松散网络的小组织（的活动），转变成为一场没有尽头的、庞大的、旷日持久的全球意识形态斗争，是误导和罔顾历史的。第二，终结恐怖主义活动确实很困难。而在其消亡之前，恐怖活动往往是最危险的。但是，除去其他因素，如何终结恐怖主义活动则反映在针对恐怖活动所采取的反恐政策之上。所以，基于历史上的案例和头脑中特定的目标来制定这些政策是非常有意义的。第三，在反恐中，经验很重要。如果没有军事史方面的扎实功底，如果不熟知战略思想史，军事战略家们也就无望制订出一个有效的作战计划，但这并不意味着战争是一成不变的，而是强调理论准备和经验很重要。相同的原理亦适用于反恐政策。历史为我们提供了几个世纪以来的恐怖主义活动实践，其与当前的恐怖主义威胁有着许多重要的相同之处。

就像认为“基地”组织及其同伙只不过是蓄着长胡须的“爱尔兰共和军”（Irish Republican Army，IRA）一样，认为过去的历史与伊斯兰恐怖主义毫不相干也同样是错误的。[4] 真理介于两者之间。当前的研究，未能将有关“基地”组织及其同伙置于一个宽广的历史和政治背景之中，而这种背景分析恰恰能清晰地揭示出关键性的假设和悬而未决的问题。学者们是怎样探讨恐怖主义活动如何终结的呢？他们对于之前的恐怖主义活动又做了哪些研究呢？我们从中能获得哪些对于理解“基地”组织在什么样的环境下如何终结具有关联意义的经验教训呢？所有这些都是本书要解决的问题。

在未来很长一段时间里，激进的伊斯兰分子将对美国及其盟国的利益构成威胁。但宗教极端分子采取的零星的、局部的恐怖主义行动，与一同增长着的由“基地”组织精心策划并造成大量人员伤亡且覆盖全球的恐怖主义活动明显不同。反击“基地”组织的战略，包括诸如针对奥萨马·本·拉登（Osama bin Laden）和他的高级助手的**定点清除**这类战术手段，以及削弱该组织的能力、财力和地域重组能力等手段。类似的方法也曾用于打击其他恐怖主义组织。仔细分析类似的情况，有助于清晰阐明我们需要什么来终结“基地”恐怖主义主宰的一个时代，并且帮助我们坚定地迈向一个后“基地”组织的世界。尽管研究恐怖主义的历史不足以解释我们现在面临的威胁，但如果我们想要从那些产生反作用的政策和牵扯我们所有精力的狭隘的学术争论中解脱出来的话，就必须研究恐怖主义的历史。

恐怖主义作为一种战略威胁的发展演变

恐怖主义的**效能**不仅仅是近年来“基地”组织创造力的体现，同时也是全球长远趋势达到高潮的体现。就近些年的历史来看，恐怖主义一直与不断发展变化的政治活动和国家身份认同密切相关，它稳步地增进了从西方民族国家获取权势的能力，并从一种边缘性的麻烦发展成为一种主要的战略性威胁。本书并不认为恐怖主义总是与其过去的形态完全相同。相反，我们的观点是：应对当前威胁的最好办法是明了并利用恐怖主义的传统缺陷，从而减少它对民族国家和国际体系发展演进的不利影响，并减少对我们的长期威胁。

整个 20 世纪形成了这样一种信念，即恐怖主义是大众抵抗民族国家的一种有用的方法，是纠治不公的一种有效手段。许多知识分子就很赞赏 19 世纪晚期俄国社会革命分子的“行动宣言”(propaganda of the deed)，但在世纪之交，这种狂热淹没在毫无组织、混乱的暴力活动浪潮之中。几十年后，人们见证了二战后彻底的非殖民化运动导致国际观念的另一次戏剧性的转变，即从把袭击无辜平民视为一种祸害而予以谴责，发展为再次视恐怖主义为追求某种事业的一种传奇式的、有希望的手段。为恐怖袭击辩护的论点是：它们并不是那么邪恶，相较于政府对受压迫人民的伤害，其危害要小得多——有关死亡人数的统计使得这一比较无可辩驳。换言之，如果人们绝望到了极点，那么他们通过恐怖袭击的方法来反对敌人并达成自己的目的，就是可以原谅的：对战胜敌人的强烈渴望就意味着对这种行为予以支持，而对行动本身合法性的质疑有时也就可被忽略。[5]

对恐怖主义的态度的这一至关重要的转变，与其他四个方面的发展变化紧密相关。第一，那些以前被认为是安全和有保障的遥远地区，如今呈现在公众眼前的是越来越多的平民被屠杀的画面。[6]通过传媒技术的传播，恐怖主义的操控者得以让越来越多的受众对恐怖主义活动留下深刻印象。这些影像产生的强大的心理和情感效应，使得暴力行为本身的政治意义远远超过了其军事或战术价值，甚至超过了反恐暴力应对措施的意义。19 世纪后期，恐怖分子在战略上对主要人物实施的有针对性的暗杀或爆炸事件曾盛极一时。但在 20 世纪，取而代之的是公开滥杀普通民众——他们被视作国家的代理人。[7]因此，恐怖主义在 20 世纪变成了令人厌恶的**偷窥隐私现象**（voyeuristic phenomenon）[a]，这种现象反映在 1972 年慕尼黑奥运会大屠杀惨案中，如幸存的持枪歹徒阿布 · 达乌德（Abu Daoud）就声称，在数百万观众惊恐眼神的注视下杀害 11 名以色列运动员，“旨在把我们的事业灌输到 5 亿穆斯林家庭中”。[8]恐怖主义的胁迫能力已呈指数级增长。一旦绑架或骇人听闻的杀戳可以吸引人们的广泛关注，由此推之，恐怖主义组织的事业也就有了国际持久力。

第二个发展变化是，恐怖主义组织和给予其庇护的国家之间的紧密联系。特别是在 20 世纪，恐怖主义常常被用作国家行使权力和间接实现其政策目标的工具。冷战中正式的军事对峙局面导致了“代理”组织的增生，无论是共产主义国家还是西方国家，都借以开展活动。相较于国家间战争，代理人战争更为可取。非法组织有时会相互资助。苏联、东德和古巴等国都设有训练营，经营着一个强大的支持网络，以支持各种各样的恐怖主义组织。美国也支持恐怖主义组织，使用恐怖主义手段，包括支持阿富汗的圣战者、尼加拉瓜的反政府武装和安哥拉的“争取安

[a] 译注：这里的偷窥隐私现象应是心理学意义上的集体偷窥现象，意指将个人的偷窥公开化、大众化，从而热烈地追逐可以激起和满足人们欲望的东西。

哥拉彻底独立全国联盟”（UNITA）。随着苏联的解体，国际上直接支持恐怖主义组织的做法减少了，但有些国家，特别是伊朗和叙利亚，仍在继续积极支持恐怖主义组织。然而，危害已经造成。国家对恐怖主义的支持不仅使得20世纪恐怖主义活动日益频发，而且对其发展演变有着恶劣的影响：认为恐怖主义在某种情形下是可以接受的，这一大众情感显然被培育出来了，因为有些国家的政府就明显地持有这样的观点。结果，在对待基于政治目的而发动针对平民的恐怖袭击这一问题上，法律和道德规范的反制作用也就被进一步弱化了。许多人甚至认为，谴责恐怖主义是虚伪的表现。

第三个原因是，恐怖主义的前景在二战后似乎变得更好，取得了一些显著的成就。20世纪中后期，恐怖主义从一些国家那里赢得了令人瞩目的让步，这一点在绑架和交换人质时显得特别的突出。1979年至1980年的伊朗人质危机，就颇为戏剧性地证明了这一点。通过利用媒体、公众舆论和民主决策这三者间的关系，恐怖主义分子拿无助的人质勒索民选政府。许多政府声称它们不会“与恐怖分子谈判”，但事实上，面临无辜平民被公开杀害所带来的压力，大多数政府实际上与恐怖主义组织维持着沟通渠道。即使政府立场坚定，新闻媒体也会宣扬采取这类行动的理由。结果是，西方政府的公开政策和私下政策间的差异，为非政府组织发挥其影响力提供了机会。

在强迫国家做出领土让步方面，自杀式袭击活动的作用同样引人注目。这方面案例包括美军和法军1984年从黎巴嫩的撤出，以色列军队1985年从黎巴嫩的撤出，1994年和1995年以军从加沙地带和约旦河西岸的撤离，斯里兰卡和土耳其政府20世纪90年代分别承认泰米尔人和库尔德人最低限度应拥有有限的自治权力等。[9]2004年3月马德里火车站爆炸案，导致了3天后保守的西班牙政府选举失败，随后西班牙从伊拉克撤出了本国军队。上述案例给人的印象是：恐怖主义不失为掌控国家行为的有效手段。运用个体力量来强迫一国政府，特别是强迫其从被占领土上撤军，似乎意义深远，这在自杀式袭击日渐增多的阿富汗和伊拉克尤为明显。

第四，恐怖主义所认为的成功，是与其大量采用更多致命的破坏手段联系在一起的。20世纪，技术的进步，特别是日益成熟的制作爆炸物的能力，似乎有利于暴力恐怖手段的使用。2001年9月11日的恐怖袭击，是使用常规武器达成大规模人员伤亡这一既定发展趋势的逻辑结果。尽管20世纪90年代发生的恐怖袭击事件较之80年代要少一些，但事件中平均死亡人数却增加了。[10] 引人瞩目的大规模恐怖袭击伤亡事件，包括泛美航空公司103航班(1988年，270人死亡)和法国联合航空公司772航班(1989年，171人死亡)的失事，印度孟买商业区爆炸案(1993年，317人死亡)，美国俄克拉荷马市的阿尔弗雷德·P. 默拉大楼（Alfred P. Murrah Building）卡车爆炸案(1995年，168人死亡)和肯尼亚首都内罗比的美国大使馆爆炸案（500磅重的炸弹爆炸，发生于1998年，213人死亡，5000多人受伤）。[11] 伤亡数字的上升让人们对这波强大的、效果日显的暴力恐怖活动印象深刻，并担心暴力恐怖分子甚至可能无情地使用核生化武器。

整个20世纪，恐怖主义组织逐渐展示了它有能力杀死更多的平民，获得更多的关注，刺激政府作出反应，并充当强大的支持者的代理人。许多恐怖主义组织作为令人恐惧的、合法的行为体正在树立其权威，有些甚至拥有足以对一国武装力量发起叛乱的实力，促使国家从被占领土撤离。恐怖主义组织正通过看似软弱无力的策略，来获得足以达成战略效果的能力。

21世纪，恐怖主义组织因其致命性和前所未有的获得强大武器的能力，它强大的跨国特性，它在某些方面被认可的合法性，它同其他类型暴力组织的联系，它拥有的通过迫使国家作出反应进而使之自我削弱的潜能，无疑已经成为西方自由民主国家体系的一种威胁。其中特别是激进的伊斯兰恐怖主义，更是西方的严重威胁，这不仅仅是因为它(连同对其采取的应对措施)可以导致重大平民伤亡，还因为它拥有衍生出更大规模的**体系化战争**的潜能，因而可以进一步变革国家甚至重塑国家体系的性质。

这一过程仍在演进之中。它是否会继续沿着目前的轨道发展，取决于西方国家（尤其是美国）作出的回应，因为这类恐怖主义利用了20世纪民族国家自身的缺陷，并从中获取实力，某种程度上甚至可以说其从中获得了指导和灵感。

面对这种威胁，问题的关键不是“我们当下该如何做”，而是“它是如何终结的？”美国如果想通过找寻“**标度**”（metrics）以便洞察反恐怖主义行动的进展，那将徒劳无功。美国及其盟友有效应对21世纪恐怖主义的唯一途径，只能是在深刻理解恐怖主义活动是如何终结的基础上制定自己的政策，然后基于这种理解制订计划。这一战略也是本书所要阐释、分析和提倡的。除非我们吸取了终结恐怖主义的历史经验教训，将冲突转化为使不断发展的国家实力发挥最大效能的基石，否则要想重新夺回主动权并使这一威胁及其追随者边缘化，几乎没有什么希望。所以，对于“基地”组织，重要的不是**下一次打击**，而恰恰是**最后一击**，以及从历史中总结经验教训以便制定睿智的政策，从而实现终结恐怖主义活动的目标。

术语范畴和词义

众所周知，恐怖主义一词难以定义，部分是因为这个词具有演化性，部分是因为该词与行动——具有主观色彩的既定行动——有关联。专家们早就费尽笔墨以便给这一术语下一个不容置疑的定义，但最终认识到他们的努力毫无意义：恐怖主义倾向于被确定为一种观念形态，所以对于不同的观察者来说看法各异，历史上亦有不同的观点。[12] 就像**战争**或**主权**这类术语一样，恐怖主义这一术语将永远难以给出一个让国际社会一致同意的定义。

但是，像战争和主权概念一样，对于恐怖主义这一概念无须追求一个完美的共识。我们可能不认为某个特定的行动构成了恐怖主义，但确实存在某些最为基本的特征。第一，恐怖主义有其政治属性。它采取令人发指的行为，目的旨在促进政治变革。[13]就其根本而言，恐怖主义关乎正义，或者说至少一部分人这样认为，无论是世俗意义的还是宗教意义上的正义。第二，尽管使用暴力在政治上不可避免，包括国家间的常规战争，但恐怖主义因其非国家特性而与众不同——哪怕是恐怖分子获得了国家给予的军事、政治、经济和其他方面的支持。这一表述不涉及道德判断。国家也会为了政治目的而使用武力，许多国家背信弃义，甚至比恐怖主义更坏。当国家在国际上使用武力时，这被认为是战争行为；当国家在国内使用武力时，这可能被称为法律强制。但是，背信弃义的国家行为会被贴上反人类罪的标签，被认为违反了战争法，或实施了种族屠杀，如此等等——一种对国家使用武力进行了拓展的话语描述。对非政府组织使用武力则不存在这样的用词。分析人士将之分别称为**"自上而下的恐怖行动"**和**"自下而上的恐怖主义"**。[14]本书只讨论后者，即非国家行为体实施的恐怖主义。第三，国家使用武力受制于国际规范和惯例，它可能援用之，或至少是要咨询之。但恐怖分子不遵守国际法律和国际规范，它追求的是恐怖袭击心理效果的最大化，它们的行动具有人为的随意性，以便要弄受众，无论是以胁迫方式还是采取激发措施。第四，恐怖主义意在蓄意杀害平民或非战斗人员。暴力行动故意针对那些通常被认为是毫无防备的人员或是不合理的目标。

因此，从最低限度上讲，恐怖主义这一概念具有以下四大特征：一是根本的政治属性，二是暴力运用的象征意义，三是有目的地针对非战斗人员，四是由非国家行为体实施。本书选用的所有案例都具有这四个特性。为了便于理解，凡采取这类暴力活动的行为体，本书均称之为**恐怖主义组织**（terrorist groups）。[15]

概念框架

大多数人认为，恐怖主义是某个组织和某个政府之间的二元对抗（a dichotomous struggle）。然而，鉴于其高杠杆性作用，恐怖主义活动涉及三**大战略行为体**：恐怖主义组织、政府和受众，构成了一种“三元组合”。更具体地说，这个三元组合具有三个维度：恐怖主义组织使用恐怖手段来实现其目标，政府代表的是恐怖主义组织的直接袭击目标，受众则是暴力恐怖活动的影响对象。这三个宽泛的影响因素并非按照等边三角形来排列组合。随着环境的变化，它们的作用各不相同。因此，在终结恐怖主义活动时它们发挥着不同的作用。促使恐怖主义衰亡的某些途径可能主要在政府的掌控之下，其他的途径则主要涉及非国家行为体的行动及其崩溃趋势，还有一些反映的是受众的影响力或意见。但是，弄清楚恐怖主义如何终结的唯一途径是，去分析恐怖主义组织、政府和受众这三者之间的动态关系。

基于这种三元组合的思想认识，我们可以从恐怖主义的历史中揭示出恐怖主义活动衰亡和终结的**六种模式**：第一，抓捕或击毙恐怖主义组织的领导人；第二，将恐怖主义组织纳入合法的政治进程之中；第三，恐怖主义组织实现了其目标；第四，恐怖主义组织内部分裂或失去公众的支持；第五，用无情的力量手段击败或清除它们；第六，恐怖主义转变为其他形式的暴力。上述每一种模式均代表着恐怖主义组织、政府和受众这三者之间的动态关系。各种衰亡模式反映的是内外两个方面因素对恐怖主义活动本身产生的作用——此外，恐怖主义组织的内部分裂可能与针对它的措施有关，也可能无关。上述模式并非必定是各自独立而不同的，对恐怖主义活动单个案例的研究，反映出恐怖主义活动的终结并不是单一因素而是多个因素作用的结果。实际上，本书几大篇章所选用的诸多案例，例如俄罗斯与车臣、英国与“爱尔兰共和军”、土耳其与“库尔德工人党”（Partiya Karkaren Kurdistan，PKK）、秘鲁与“光辉道路”（Sendero Luminoso），无不揭示了恐怖主义活动是沿着多种路径走向衰亡的。

本书有意识地将终结恐怖主义活动作为主题，目的旨在让读者超越对单个国际恐怖主义活动的微观研究所取得的成就，转而将当下学术研究进行合成，从而得出广泛的结论。每一章的开篇都会对某种途径进行界定或解释。以某些人为给出的概念对它们进行分别分析的时候，六种终结恐怖主义的途径——**斩首**、**谈判**、**成功**、**失败**、**镇压**和**重新定位**——都包含在现代历史上反复出现的各种模式范围之内。挑战在于理解这些途径为什么会、何时以及如何导致恐怖主义活动的终结。

案例选择

本书的目的在于勾勒导致恐怖主义活动终结的那些最显著的一般模式——论说它们如何作用、什么时候发生作用，以及为什么会发生作用。为此，我广泛采用案例进行比较研究。案例源自世界各地，且满足定义恐怖主义的四条标准。书中，对每一种模式均作了有力的阐释。换言之，基于六种独立模式而选取的案例，无一例外均可能导致恐怖主义活动的终结。[16]

这项研究的准备工作包括了对几百个恐怖主义组织的研究，我从中选取了几十个案例在书中作了深入的分析。我选取那些大的恐怖主义组织而不是那些小的恐怖主义组织，原因是有关后者的信息很少；接着是将它们进一步浓缩，提炼出核心要素，追踪其因果进程（也就是政治学家们所谓的“过程追踪法”[process-tracing]），呈现每个案例结构性的、明晰的可比之处。[17] 因此，本书不是关于目前已知的每个恐怖主义组织如何终结的百科全书式研究，也不是一项完备明晰的、包括了恐怖主义活动终结过程中每一个详细细节的历史案例研究合编。这不是本书的目的所在。本书是专题分析，目的旨在将之作为进一步研究恐怖主义终结模式的一个基点，提出问题，解答问题。

书中的许多案例取自“预防恐怖主义纪念学会”（Memorial Institute for the Prevention of Terrorism, MIPT）的恐怖主义知识库（Terrorism Knowledge Base），其数据库包括了1968年以来活动着的800多个恐怖主义组织。[18] 由于现实关切，本书的案例主要选自20世纪末至21世纪初这个时间段。由于运用了第一手和第二手资料对早期恐怖主义组织进行了广泛的历史研究，案例研究这一偏好有所纠正。但这并不是说，本书对于历史上、特别是1968年之前的所有恐怖主义组织的终结问题作了普遍分析，也不是说所有相关的恐怖主义组织都包含在本书的有关章节之中。所有选取的案例无不是深思熟虑和经过统计数据分析的结果，它们均有助于强化本书的主题——恐怖主义是如何终结的，本书附录对此有详细的解释。本书考虑了所有的恐怖主义类型，包括左翼、右翼、种族民族分离主义（ethnonationalist-separatist）、宗教恐怖主义或曰唯心论者，以及各种类型的恐怖主义组织架构，从网状架构、细胞架构到传统的等级体系架构。案例源自世界各地，针对的政府形态各异——从民主国家到独裁国家均有。目的在于通过对恐怖主义活动最后阶段的案例比较研究分析，来辨析终结恐怖主义的可能途径或曰共有条件。

章节安排

恐怖主义终结的六种模式成为本书前六章的基本内容。第一章解释了斩首在促使恐怖主义活动终结中的效用。本章探讨了恐怖主义组织领导人的独特作用，包括其在动员追随者时建立的**叙说模式**，以及恐怖主义组织领导人的作用怎样有别于已有组织中政治领导人和行动领导人的作用。恐怖主义组织领导人拥有各种各样的行动控制能力，从扮演某一事业的名义上的领导人，到袭击行动的计划制订者和实施者。当然，恐怖主义组织的功能各不相同。然而，恐怖主义组织即便是扁平架构，它们也需要有某种象征意义的领导人或发言人来阐明它们所追求的政治变革。结果，反恐行动总是伴随着对恐怖主义组织最高领导人的清除。故此，对于主要的恐怖主义组织的领导人被抓捕或被击毙这些案例，第一章进行了比较分析，指出了斩首对于终结恐怖主义活动或者未能终结之的前提条件。出人意料的是，对于长远结局有重要影响的是关键受众对清除恐怖主义组织领导人的反应，而不是恐怖主义组织架构或其继任者的作用。

接着从定点清除领导人转到与恐怖主义组织对话这一话题。为此，第二章探讨的敏感问题是：谈判是否、如何以及在什么条件下能够终结恐怖主义活动。通过描绘反恐话语和反恐现实之间巨大的认知鸿沟，本章探讨了政府因何进行谈判以及恐怖主义组织领导人因何对话的原因，指出有关恐怖主义邪恶性的理想主义陈词滥调就如同对其进行正义规制一样，都是误导。通过对典型案例的研究，包括北爱尔兰和平进程，以色列—巴勒斯坦和平进程，斯里兰卡政府与“泰米尔伊拉姆猛虎解放组织”（The Liberation Tigers of Tamil Eelam，LTTE）的谈判，本章发现谈判的即时效应包括了促使恐怖主义组织内部分裂，停止和重启对话，增加短期性的暴力活动等。如果超越单个的案例研究，去研究最近与恐怖主义谈判的记录，可得出参与对话的恐怖主义组织的大体比例，以及对话成功或失败的比例。结论令人惊讶：一旦恐怖主义组织在五年或六年后得以幸存，就意味着根本说不清楚拒绝“与恐怖主义分子对话”会比与恐怖主义分子谈判更多地缩短或者延长恐怖主义活动。本章的结论是：通过对七个关键因素的说明，有助于确定谈判是否能终结恐怖主义。

第三章和第四章探讨的是，当某个恐怖主义组织完全成功或彻底失败时，恐怖主义的终结需要满足哪些条件。第三章首先探讨的是极个别情况，即恐怖主义达成了其战略性目标。于是，恐怖主义组织要么解体，要么停止进行暴力活动。本章的目的在于探究为什么、如何以及在什么样的条件下恐怖主义会获得成功，进而走向终结。本章剖析了在恐怖主义活动中“成功”意味着什么，特别剖析了成功地使暴力持久化和成功地使之走向终结这两者之间的重要区别。大量的统计数据表明：一般来说，恐怖主义组织既无法长久存在下去，也无法达成其理想的结果。有时候，尽管它们取得了**大量**的短期成功，但这些就如同诅咒，得到的只不过是那些不中意的支持者们深表厌恶的关注。我分析了一些取得战略性成功的案例，认真剖析了恐怖主义战术手段的运用是否有助于达成其理想结果这一关键问题，包括以色列的“伊尔贡”（Irgun Zvai Le’umi）和南非的“民族之矛”（Umkhonto），这类恐怖主义组织除了使用恐怖手段外，还使用其他的诸多手段。总的结论是：除非国家作出过头的反应，或者是恐怖主义组织足够强大以至于演变为另一种暴力形态，通过恐怖袭击杀害非战斗人员不是实现其政治战略性目标的可行手段。

第四章探讨的是失败问题——问题的另一面，案例包括恐怖主义组织的内部分裂、失去民众支持、激起了广泛的抵制，或者是直接被清除。要维持恐怖主义活动的强大动能是极其困难的。在警察或安全部队的打压下，多数恐怖主义组织都会犯错或者无法持久。本章所述的恐怖主义组织内部分裂的情形包括了无法实现代际更替，抵挡不住内部争权夺利的诱惑，失去了对行动的掌控，接受政府提供的退出路径。选取的案例，从20世纪70年代的左翼组织到哥伦比亚“M－19”组织，均包含在内。边缘化意味着某个恐怖主义组织或其事业失去了民众的支持，即失去了支持者，因而也就失去了资源，失去了招募对象。失去民众支持的原因有许多，包括受众的冷漠、担心政府的报复、反对恐怖主义分子的目标与手段，或者是有了更好的选择。恐怖主义组织可能会失去民众的关注，或者是其意识形态变得过时或不适切。导致民众反感的共同原因之一是恐怖分子袭击民众，特别是当恐怖主义组织成员将之视为可怜的袭击目标，或者袭击计划考虑不周或不合理时。本章分析了恐怖主义组织所犯的不同错误，如意大利“红色旅”（Italian Red Brigades）和埃及的“伊斯兰组织”（al-Gama’a al-Islamiyya）等极端恐怖主义组织所犯的错误。总之，它聚焦于恐怖主义自我挫败这类特殊案例，以期阐明何时、为何以及如何导致这一结局的。

第五章和第六章探讨的是武力终结恐怖主义的问题。第五章聚焦于国家在面对恐怖主义袭击时所做出的军事反应，包括在国内和国外使用武力。镇压是对恐怖主义的最通常的反应。这里，我所说的镇压是指使用具有压倒性优势的武装力量，包括**国际干预**，即当威胁来自领土边界之外时；以及**国内镇压**，即当威胁主要源自国内时。国家使用强力可谓历史久远。在最近两个世纪的某个时刻，世界上所有国家，从英国到中国，从秘鲁到巴基斯坦，从法国到菲律宾等，都曾试图运用武力来扑灭国内或国际恐怖主义，但大多不成功。实际上，很难找到这么一个案例，即国家一开始就**不准备**采取镇压手段。国家往往通过使用武力来增强权势，用特定的方法来影响他国的行为。多数恐怖主义组织的目的是：首先通过招募追随者来立稳脚跟，然后再达成其最终目标。动员是恐怖主义战术的核心所在，特别是在新型网络通信手段大量使用的今天。故镇压仅限于当其既不会在社区群体中激起大规模的反动员，也不会导致政府自身失去支持时才能发挥作用。无论如何，需要在武力运用时不断地学习以汲取教训，成功属于那些懂得学习且能最快地汲取失败教训的一方。

第六章转而探讨的是恐怖主义组织使用武力的战术问题。当恐怖主义组织将其暴力方式从主要依赖于袭击平民以追求象征意义，转而依赖于犯罪行为或者是传统的战争（包括游击战争、叛乱战争甚或大规模的常规战争）方式时，恐怖主义活动也就行将宣告终结。许多恐怖主义组织都从事犯罪活动，包括绑架、暗杀、炸弹袭击、毒品走私以及其他非法行动，以便为其活动筹措资金。这一章的案例研究包括了“哥伦比亚革命武装力量”（Fuerzas Armada Revolucionarias de Colombia，FARC）和菲律宾的“阿布沙耶夫”武装（Abu Sayyaf），探讨了它们怎样因转而从事犯罪活动致使其暴力性质发生变化，以及这种手段如何影响其衰亡的。本章也探讨了恐怖主义和叛乱之间的关系，包括它们的客观特性（数量、属地关系、袭击目标等），在现实生活中贴上这种标签的实际作用问题。最后，本章讨论了这种情况：恐怖主义袭击已经导致或将导致国家做出什么样的系列反应，进而导致局势的失控，甚至升级为大规模常规战争。就21世纪的战争来说，切实需要从这类暴力活动之间的联系上去真正总结教训。须知“恐怖主义”的终结未必就是“和平”的开始。

以上这些在多大程度上可被用以解决当下的恐怖主义威胁呢？据此，第七章强调，通过挖掘较早时期恐怖主义活动衰亡的历史经验教训，可以明了哪些适用于“基地”组织，哪些不能适用。“基地”组织是新与旧的聚合体。它是我们时代的产物，然而也是历史上恐怖主义的回潮。为此，本章揭示了其与下述因素的国际关联性和意识形态动力：19世纪无政府主义者、“奥姆真理教”（Aum Shinrikyo）无限的目的追求、早期的“巴勒斯坦解放组织”（PLO）在大众传媒中的光辉形象、20世纪的锡克教分离主义者和黎巴嫩“真主党”（Hezbollah）对于大规模袭击活动的偏好等。但是，多数分析人员忽视了其与早先历史的联系，为其自我炫耀的华丽辞藻所迷惑。本章开篇剖析的是“基地”组织独一无二的特性，例如它流动不定的组织形态，招募成员的方法，获得支持的方式和通信手段；然后转向此前六章所探讨的导致恐怖主义终结的六种模式，讲述每一种特殊模式与“基地”组织之间的关联意义。结尾探究了有效的大战略在因应使用恐怖主义手段的**任何行为体**方面的持久作用，以及指出理解和阐明恐怖主义活动是如何终结的巨大益处。

[第一章]

斩首：抓捕或清除领导人

领袖的主要责任，在于找出历史进程中某个特定时刻的主要矛盾，并找出解决这一矛盾的中心线索。

——毛泽东[1]

恐怖主义组织的领导人往往在恐怖主义活动的最后几个月内被抓捕或者击毙，从而给恐怖主义组织带来致命的打击，并导致恐怖主义活动的终结。但是，由于实施定点清除的具体技术手段各不相同，因而斩首行动的长期影响也不全然一致。一些恐怖主义活动就此终止了，而有些则几乎未受影响，有的甚至势头更强劲。[2]

清除恐怖主义组织领导人的**即时效应**千差万别，这取决于很多因素：恐怖主义组织的结构，个人崇拜的程度，有无合适的继承者，恐怖主义组织的意识形态特质，政治环境，以及该领导人究竟是被击毙还是被囚禁。本章采取案例比较的研究方法，通过研究暗杀或者逮捕恐怖主义组织领导人的案例，探究清除恐怖主义组织领导人与终结恐怖主义活动二者之间的复杂关系。这一研究的结果清楚地表明，逮捕其领导人对恐怖主义活动造成的打击，远大于击毙他所造成的打击，特别是切断被囚禁的领导人与其下属之间的联系，或者让他在公众面前受到羞辱的时候，打击尤甚。更加令人惊奇的是，清除恐怖主义组织领导人是否能够成功地终结恐怖主义活动，一个至关紧要的影响因素并不是国家采取了何种行动，甚至不取决于行动效果，而这是我们通常所设想的；真正起作用的是，清除领导人对恐怖主义活动的潜在支持者和反恐行动的潜在支持者的影响。清除一个赢得广泛支持的恐怖主义组织领导人，其效果并不明显，甚至会事与愿违，产生反效果。这种情况下，实际上在很多情形下，恐怖主义的多元受众的反应才是最关键的。

实际上，负责阐释恐怖主义基本原理的“首席传道家”才是重要人物，尽管他或她并不领导恐怖主义组织的具体行动。由于依赖恐怖袭击活动，恐怖主义组织显然缺乏采用更具合法性的暴力形式的实力，所以，恐怖主义组织领导人必须制定一种动员追随者的叙说模式且一以贯之。第一，无论恐怖主义活动的政治动机为何，恐怖袭击需要足够的合理性以掩盖袭击平民的罪恶感。故知觉是恐怖主义的核心。如果没有明确的政治目的意识，恐怖暴力只不过是谋杀而已，这将反过来损害恐怖主义组织及其事业。第二，恐怖行动的支持者必须相信，除了杀戮之外，别无选择。这需要一个精心编造的故事，其中渗透着紧迫感。怨愤是必需的成分，然而这还不够，潜在的支持者必须接受这样的观点：纠正不公的最好的且唯一的手段就是杀害非战斗人员。第三，必须使恐怖主义的追随者相信：被恐怖袭击杀害的平民并不是真正的无辜者，他们是“敌人”的代表。第四，需要一个极令人信服的人物带领追随者迈过自我怀疑的门槛。恐怖主义组织领导人使追随者们相信，不仅他们的所作所为和信仰是正确的，而且他们所造成的伤害本身也是无罪的。

恐怖主义的所有这些方面都依赖一个精心设计的论断。对于恐怖行动而言，它既要吸引人，也要导致反感，如此才能产生政治上的共鸣，收到潜在的“效果”，尽管这对于潜在的受害者而言是痛苦的。通过将动机和手段杂糅在一起，恐怖主义在道德上具有明显的模糊性，其核心就是这样一种叙说模式：它把复杂的生活高度简单化，将恐怖袭击呈现为一种捷径，这种捷径能够使得历史朝着一个全新的、更加理想的方向发展。

当然，并非所有的恐怖主义组织领导人都是极具魅力的理论家，也并非所有的恐怖主义组织都需要创造出一种自己的叙说模式。一些恐怖主义组织则举起带有内生性种族仇恨的旗帜；而那些追求种族民族主义事业的恐怖主义组织，由于在领土或认同方面拥有进行动员的现成手段，故其采取的是一种分散的、间断性的领导模式。例如巴斯克分裂主义组织“埃塔”（Euskadi Ta Askatasuna，ETA）和“民族解放阵线”（Front de Libération Nationale，FLN），它们的暴力活动有助于将法国人赶出阿尔及利亚。其他组织则追寻着早已被广泛接受的事业，例如“哈马斯”（Harakat al-Muqawammah al-Islammiyya，Hamas）和“巴勒斯坦伊斯兰圣战组织”（Palestinian Islamic Jihad，PIJ，又称“吉哈德”）。魅力型的领导并不总是必需的。然而，一旦恐怖主义组织领导人被认可了，国家就会发现自己很难不对他采取清除行动。

军队和警察往往有发起斩首行动的冲动，但这并不必然就是正当的理由。反恐政策往往具有**镜像效应**（mirror-imaging）：警察与军队往往根据它们自己的标准来看待敌人，即将其视为一个拥有等级制结构特征并由一位领导人统领的组织。有时这是正确的，有时则并非如此。更为关键的是，当恐怖袭击发生后，那些负责保护公众的人物自然就无法无动于衷，更不必说公众要求他们采取行动了。恐怖主义作为追求象征意义的暴力行为，经常通过代言人来彰显。如果仅仅是为了让他闭上嘴，那么攻击其首脑，施加报复，展现决心，就是合理的选择。

在恐怖主义的历史上，这一举措的效果不尽相同。受组织结构和发展模式的影响，恐怖主义组织领导人对该组织的政治和行动的控制程度有所不同：有些领导人仅仅是有名无实的领袖，有些则亲自实施恐怖袭击。领导人的角色也会发生变化：随着恐怖主义组织及其暴力活动（包括反制行动）的发展演变，在该组织成立早期发挥操控者作用的领导人可能不再发挥这一作用。为了制止其宣传，实现某种形式的“正义”，让恐怖主义组织领导人丧失操控权，削弱恐怖主义组织力量，安抚国内民众，提升反恐力量（及其支持者）的士气，阻止即将发生的恐怖袭击，所有这些都是使用斩首手段的合理的、可以理解的动机。但问题是：这种手段何时能起作用呢？究竟何时斩首行动能够促使恐怖主义组织的灭亡和暴力活动的终结呢？

斩首意味着什么

为了回答这一问题，我们首先必须澄清“斩首”一词的含义。在本研究当中，斩首指的是抓捕或暗杀恐怖主义组织的最高领导人或者行动指挥者。实施斩首行动的国家必须首先决定，是要生擒还是击毙恐怖主义活动领导人。[3] 抓捕或清除恐怖主义领导人的决定可能取决于当地情况。不过，就它们对恐怖主义活动造成的影响来看，这种选择体现了反恐行动中“**执法模式**”和“**战争模式**”之间的传统分野。抓捕其领导人体现了这样一种观点：他是有罪的，依法拥有获得审判的权利；将他击毙则意味着把他视为战斗人员，是进行打击的合法对象。因此，选择抓捕还是击毙，体现了一国的反恐行动哲学。而历史案例研究表明，这种战术上的选择对于恐怖主义活动具有深刻的战略影响。就本书所分析的恐怖主义组织而言，本章并不打算对斩首行动在终结**所有**这些组织方面发挥的作用做全面的统计分析，而是通过案例比较研究的方法来揭示，何种条件下斩首能够成功地终结恐怖主义。[4]

抓捕最高领导人

抓捕恐怖主义组织的领导人，让他或者她接受审判，然后将其囚禁，将其视为罪犯，这强调了法治，妥当地彰显了正义。不考虑其他因素，将领导人逮捕并囚禁，向公众宣示他的最终下场，是最好的选择。毕竟终身囚禁在监狱里是一件毫不光彩的事。如果国家和国际体系将恐怖主义主要视为违法犯罪行为的话，那么用以对付恐怖主义的现存法律机制将得到巩固和强化。如果存在着一场公正的审判，那么，以政治理由实施的恐怖暴力行为将被严格地贴上非法和不道德的标签。恐怖分子实施暴力的原因可能具有也可能不具有合法性，但就像法律机构清楚地证明的那样，以此之名实施的暴力则是绝对不合法的。以处置“暴徒”的方式对待恐怖分子的领导人，实际上否定了他们作为交战者的身份；正是这种交战者身份，不仅对于他们持续推进恐怖主义事业非常有利，而且在一定程度上使得非国家组织赢得了与国家相等的地位。逮捕恐怖主义组织领导人将引发其组织内部继承权的斗争，使组织瘫痪，而这种继承权还将因为领导人并未死亡而受到阻滞。最重要的是，审问恐怖主义组织领导人可以获得有关该组织的重要情报。故就理想状态而言，逮捕并控诉恐怖分子罪行是最佳的解决办法。

不幸的是，我们的世界并非如此理想。正如许多评论家所指出的，逮捕和监禁恐怖主义组织领导人也有许多现实的不利因素。有时，司法系统因为技术问题而不得不将其释放；有时，即使身处牢狱，他们仍能够和部下保持联系；有时，他们在短暂服刑后便被释放，随后将制造更大的危害；[5]有时，他们会因此变得更加激进。1970 年 5 月，乌尔丽克 · 迈因霍夫（Ulrike Meinhof）帮助安德里亚斯 · 巴德尔（Andreas Baader，他因政治原因纵火而被监禁）越狱，随后两人开始了一系列血腥的暴力行动。[6]对于囚禁他们的国家的国民而言，拘禁恐怖主义组织领导人也是一个巨大的负担。为了逼迫当局释放其领导人，绑架人质和敲诈事件近年来时有发生。

这类令人不安的事情很多。1973 年，“黑色九月组织”（Black September）袭击了位于喀土穆的沙特使馆并挟持了 10 名人质，其中包括沙特大使，以及美国、比利时、沙特和约旦的代办。枪手开出了一个条件过高的要求释放人员的名单：60 名关押在约旦的巴勒斯坦游击队员，所有被囚禁在以色列的阿拉伯妇女，谋杀美国参议员鲍比·肯尼迪（Bobby Kennedy）的西尔汉·西尔汉（Sirhan Sirhan），以及“红军派”（Red Army Faction）的成员。[7] 当美国总统理查德·尼克松拒绝谈判后，恐怖分子枪杀了人质中的美国人和比利时人。[8] 恐怖主义绑架与敲诈行动一直持续到20世纪80年代和90年代。英国游客在希腊被杀害，美国人则在贝鲁特被绑架，原因是恐怖主义组织的领导人被这些国家囚禁了。[9] 由于法国政府拒绝释放在1982年杀害美国助理武官查尔斯·雷（Charles Ray）中校的凶手乔治斯·易卜拉欣·阿卜杜拉（Georges Ibrahim Abdallah），巴黎遭到了炸弹袭击，造成10名法国公民死伤。[10] 毛拉·马苏德·阿兹哈尔（Maulana Masood Azhar），巴基斯坦激进组织“圣战者运动”（Harkat-ul-Ansar，后来改名为HuM[Harakat ul-Mujahidin]）的领导人，于1994年被抓捕。5年后他被当局释放，以交换一架被劫持的印度客机上的155名人质。“圣战者运动”随即创立了另一个与“基地”组织有联系的恐怖主义组织“穆罕默德军”（Jaish-e-Mohammad），该组织在克什米尔发动了一系列恐怖袭击。

通过囚禁有魅力的恐怖主义组织领导人，来重创甚或铲除恐怖主义活动的主要例子有：秘鲁的“光辉道路”、土耳其的“库尔德工人党”、爱尔兰的“真爱尔兰共和军”（Real Irish Republican Army，RIRA）、日本的“奥姆真理教”。我们选取这四个案例进行分析，是因为它们能代表世界上不同的地区，拥有不同的动机，有全面的文档纪录，能够提供其领导人被捕前后的可靠数据。

古兹曼和“光辉道路”

“光辉道路”的领导人曼纽尔·鲁本·亚比玛利·古兹曼·雷诺索（Manuel Ruben Abimael Guzmán Reynoso），以“古兹曼”著称一时。他是一个极具魅力的哲学教授，通过发起残酷处决农民领袖的运动，建立起一个强有力的马克思主义运动组织。“光辉道路”可以说是20世纪最血腥的恐怖主义组织，在长达20年的暴力活动中，它共造成了6.9万人死亡。[11] 讽刺的是，恰恰是在秘鲁实行广泛的土地改革、恢复民主制度之后，“光辉道路”才开始采取暴力行动。最初的袭击行动，包括在1980年的总统选举中焚毁投票箱。这场总统选举是秘鲁17年来的第一场选举，也是第一场真正的普遍选举。就在秘鲁刚刚摆脱长期动荡不安的军政府统治之际，古兹曼和“光辉道路”开始了其革命行动。[12]

从20世纪60年代初开始，古兹曼利用他在瓦曼加省圣克里斯托瓦尔国立大学（National University of San Cristóbal de Huamanga，位于阿亚库乔 [Ayacucho]，属于秘鲁的偏远地区，与其他地方隔绝）的教职，精心发起了这场运动。尽管这所大学处在一个极端贫困的欠发达地区，但大学教育还是逐渐普及起来，这使得古兹曼能够鼓动那些有热情的年轻支持者，使之成为该组织的骨干力量（这些年轻人往往是他们家族中第一个上大学的人）。他抓住机会在穷人当中发展追随者，其中很多人在他的指导之下从文盲一跃进步到可以学习哲学。[13] 在组织内部，古兹曼通过驱逐或处决持不同意见者巩固了自己的权力，造成了组织对他的无条件绝对服从，即一种高度个人主义的领导风格。古兹曼的目标，是要在秘鲁发起一场非永久性的、类似毛主义的“文化大革命”运动。他很精于此道：到了20世纪90年代初，“光辉道路”已经使秘鲁处于无政府状态的边缘。

被支持者称为“贡萨洛总统”（Gonzalo Presedent）的古兹曼是一个高明的战略家和高超的组织者。他通过17年的组织策划苦心发展出的暴力哲学被称为“贡萨洛思想”（Gonzalo Thought），这是一种根据秘鲁实际情况发展出来的马列理论。明确的道德准则，死板的记忆，每次行动都有一个高度简单化的意识形态解释，是他这种思想的特征。[14] 在发起这场运动之后，他就转入地下活动，不再公开露面。定时象征性地切断首都利马的电力供应，在古兹曼生日当天用灯光展示出巨大的锤子和镰刀标志以塑造对他的个人崇拜，是该组织常用的手法。[15]

在打击“光辉道路”的过程中，有专家预测，由于“光辉道路”的组织严密有序，又有强力领导，抓捕或者击毙古兹曼并不一定就能铲除它。[16]在斗争中，秘鲁政府不断宣称古兹曼的关键副手已被抓获，该组织已经瘫痪，目的是希望他们被新的战斗人员取代。“光辉道路”拥有一个复杂的分层次的成员结构，成员首先是同情者，然后依次是积极分子、战斗人员、指挥官，最后是中央委员会成员。[17]这种领导方式同时也是高度个人化的。他们要求每一个新加入的战斗人员写下服从命令的保证书，发誓不仅将自己的生命献给组织的事业，也献给古兹曼本人。[18]古兹曼被人狂热崇拜甚至神化的精神领袖身份从未受到怀疑。正因为如此，“光辉道路”在组织上的灵活性和神秘性显得高深莫测和不近人情。

1992年9月12日，古兹曼被捕，使“光辉道路”受到了致命打击。身着条纹囚服的古兹曼被关在牢房中示众，他公开宣称放弃自己的信仰，并要求追随者放下武器。该组织领导层的大部分成员同古兹曼一起被捕。据报道，记录了成员和资金来源信息的电脑磁盘也被缴获。[19]在他被捕的随后一年，秘鲁的暴力犯罪减少了50%，并持续下降。[20]古兹曼的继任者奥斯卡·拉米雷兹·杜兰（Oscar Ramirez Duran），人称“费利西亚诺”（Feliciano），试图继续他的事业；但是没有了古兹曼，该组织开始分化瓦解，积极成员和消极支持者的数量也开始骤减。由于秘鲁政府提出大赦残余战斗人员，其人员减少的势头进一步增强。[21]古兹曼在媒体面前被军事法庭判处终身监禁。虽然很多人呼吁将他处决，藤森（Alberto Fujimori）总统也呼吁通过一个宪法修正案以便允许将他处死（秘鲁宪法规定，只有战时叛国的人才可被判处死刑），但古兹曼还是逃过了一劫。[22]在接下来的数年中，“光辉道路”作为一个意识形态组织没能复兴起来，但是该组织与毒品贸易的密切联系使得一些秘鲁官员担忧，特别是如果古兹曼能够在狱中和他的追随者建立联系的话，该组织有可能东山再起，再次构成威胁。[23]（见图1.1）

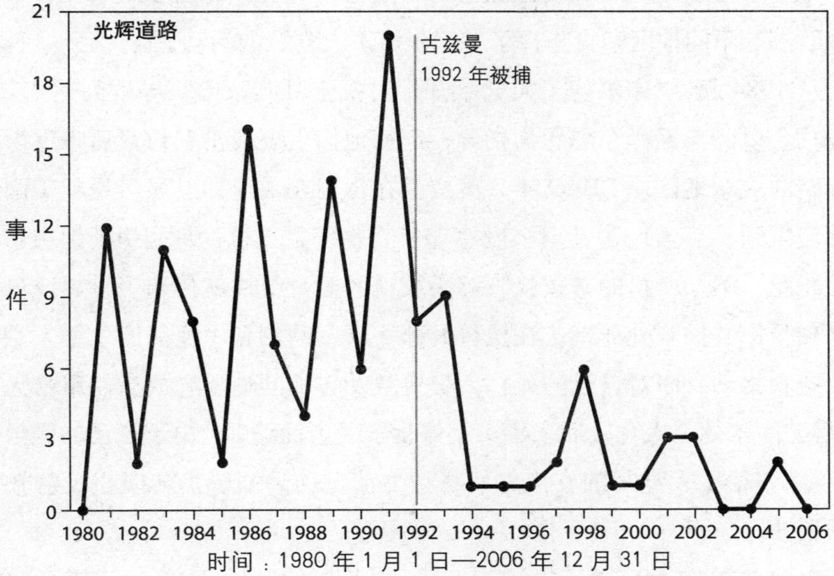

图 1.1　古兹曼被捕前后“光辉道路”制造事件年度数据图

来源：MIPT Terrorism Knowledge Base。本图和下文图示仅是示意图。由于统计的缘故，总体数据可能人为性的偏低。完整的解释请查阅附录。

奥贾兰和“库尔德工人党”

“库尔德工人党”（PKK）也因为其富有魅力的领导人被捕而遭受重创。1974 年，一群大学生在安卡拉创建了“库尔德工人党”，领导人是阿卜杜拉·奥贾兰（Abdullah Öcalan），他最初的目标与古兹曼一样，是在土耳其农村地区发动一场以农民为基础的毛主义革命。通过发起对抗土耳其国家的人民起义，奥贾兰希望建立起一个独立的库尔德国家，这一国家将包括土耳其东南部，也可能包括伊拉克北部以及叙利亚、伊朗的一部分。“库尔德工人党”按照马克思主义社会主义政党的模式组建，设立了总书记和党代会。[24] 奥贾兰本人在库尔德人当中树立起了广泛的个人影响，很多人亲切地称他为“叔叔”（Apo）。他在西欧的库尔德人社团当中也很受欢迎，这些社团成为该组织强有力的政治和经济支持的源泉。[25] 1980 年，在一场军事政变前夕，奥贾兰从土耳其逃往叙利亚，此后在叙利亚、黎巴嫩和欧洲等不同地区亲自指挥了“库尔德工人党”的活动。

从 1984 起，“库尔德工人党”开始对抗土耳其政府，导致高达 3.7 万人死亡。以经典毛泽东思想为指导，起初他们主要袭击农村，后来逐渐将目标转向城市地区。[26] 1999 年，奥贾兰在肯尼亚被逮捕（显然是从美国情报部门得到了消息）。[27] 土耳其秘密警察将他绑上飞机，带回伊斯坦布尔。踉踉跄跄、不知所措的“叔叔”双手被缚的照片很快就传遍了世界。奥贾兰立刻受审并被判处死刑。在执行的那一天，欧洲和中亚的库尔德人举行了示威和暴动。面对自己的死亡，奥贾兰劝告他的追随者放弃使用暴力。结果，“库尔德工人党”后来事实上停止了袭击活动。[28] 由于自己的偶像被抓，“库尔德工人党”的支持者们将精力从发动恐怖袭击转向积极营救他们的领袖。

奥贾兰被捕后，“库尔德工人党”一度改名为 KADEK，后来又改名为“库尔德劳工党”（KONGRA-GEL，KGK），坚称自己仅仅从事代表土耳其境内少数族裔的库尔德人的政治活动。奥贾兰被捕后的那几个月里，恐怖袭击急剧减少，“库尔德工人党”坚守了为期 5 年的停火期（见图 1.2）。2003 年美国入侵伊拉克和随后萨达姆·侯赛因政权的垮台，使得“库尔德工人党”获得了在伊拉克北部重组的机会。然而，在 2004 年 6 月，“库尔德工人党”中的一个强硬派别再次发起了暴力行动。[29] 除了在土耳其城市发动汽车炸弹袭击外，“库尔德工人党”显然受到伊拉克境内库尔德人的庇护，多次发动越境袭击，其中 2007 年 9 月至 10 月的袭击造成了 40 名土耳其士兵死亡。2008 年 2 月，土耳其对伊拉克北部进行了一场为期一周的地面入侵。奥贾兰被捕导致的恐怖势力的衰落，本来是反恐行动的重大成就，但却被地区内的动荡不安和传统的敌意戏剧性地抵消掉了。

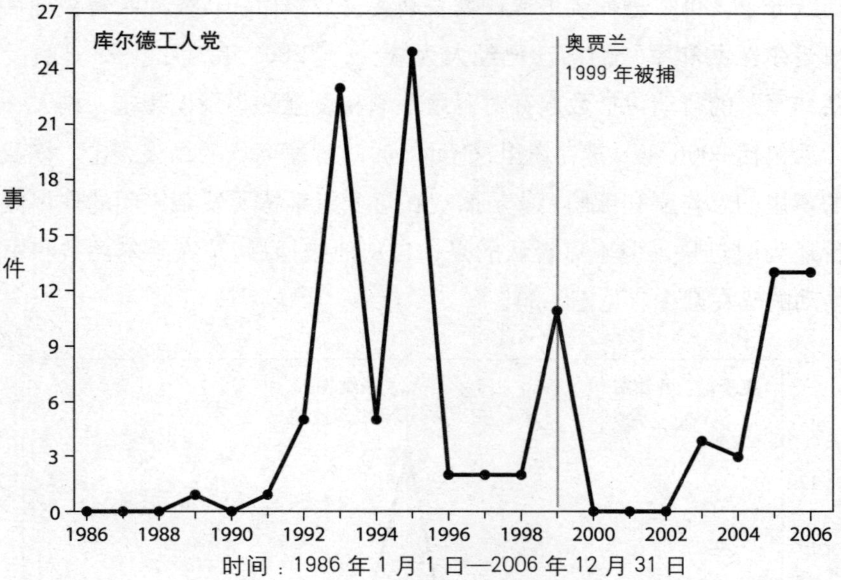

图 1.2　奥贾兰被捕前后“库尔德工人党”制造事件年度数据图

来源：MIPT Terrorism Knowledge Base。鉴于数据库本身的局限性，详见附录。

麦凯维特和“真爱尔兰共和军”

由于拒绝参与同英国政府的和谈，“真爱尔兰共和军”（RIRA）于 1997 年从“临时派爱尔兰共和军”（Provisional Irish Republican Army）中分裂出来。1998 年，它实施了一系列的恐怖袭击，包括臭名昭著的英国奥马爆炸案（Omagh bombings），共造成 29 人死亡（包括 9 名儿童），超过 200 人受伤。袭击发生后，北爱尔兰社团群情激奋，该组织不得不声明停火，并表示他们是误伤平民。2000 年，“真爱尔兰共和军”在伦敦和北爱尔兰再度针对政府和军事目标发起袭击。

2001 年 3 月，该组织领导人迈克尔·麦凯维特（亦称米基·麦凯维特，Michael [Mickey] McKevitt）被捕。他被判服刑 30 年。在一所爱尔兰监狱中，麦凯维特以及其他被捕的 40 名共和军成员宣布，进一步的武装抵抗是徒劳的，“真爱尔兰共和军”行将灭亡。该组织目前有 100 到 200

名活跃分子，仍在进行袭击或谋划发动袭击。然而，自麦凯维特被捕后，“真爱尔兰共和军”的活动已经大为减少。[30] 2001 年 3 月以来，“真爱尔兰共和军”的行动包括数起针对警用车辆和设施的小规模袭击，稍大一点的活动包括 2006 年 8 月在纽里（Newry）对一家商场的纵火袭击，以及其他的零星的恶作剧和威胁。[31] 虽然现在对麦凯维特所发布声明的作用做出评价还为时过早，但不可否认的是，自从他被捕后，“真爱尔兰共和军”的活动的确在减少（见图 1.3）。

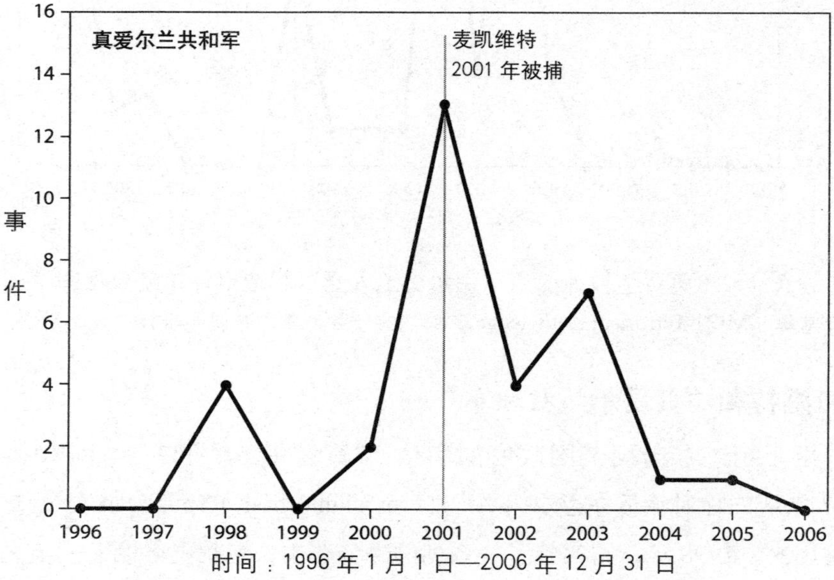

图 1.3　麦凯维特被捕前后“真爱尔兰共和军”制造事件年度数据图

来源：MIPT Terrorism Knowledge Base。鉴于数据库本身的局限性，详见附录。

麻原彰晃和“奥姆真理教”

“奥姆真理教”，当时亦称“阿列夫”（Aleph），实际上是由日本的一个半盲神秘主义者麻原彰晃（Shoko Asahara）于 1987 年创立的邪教。麻原（真名为 Chizuo Matsumoto）声称世界末日即将到来，并通过将藏传佛教、印度教、道教和基督教思想糅杂在一起来发展信徒，追随者主要来自日本，同时也有来自澳大利亚、德国、俄罗斯、斯里兰卡、美国和中国台湾等地的信徒。麻原宣称，美国即将对日本发动第三次世界大战，以进行**末世决战**（Armageddon），因此人们需要采取特别的措施为此做出准备。麻原声称，通过使末日提前到来，信徒们可以控制日本乃至全世界，从混乱当中建立起一个新的秩序。“奥姆真理教”因 1995 年 3 月 20 日于东京地铁制造沙林毒气袭击案而臭名昭著，这起事件造成 12 人死亡，超过 6000 人中毒致残。该组织还试图用气雾剂散播炭疽病毒。

1995 年 5 月麻原被捕，2004 年 2 月被判处死刑，这场始于 1996 年 4 月的审判可以说是一场 7 年奇观，被告本人拒绝讲话，国家则为他指派了 12 名辩护律师。“奥姆真理教”的多数高层领导均被逮捕，其中主要的行动领导人均被判处死刑。随着麻原被捕（以及针对“奥姆真理教”活动的揭露），该组织的规模急剧缩小，1995 年它在全世界范围内拥有大约 4 万名成员，如今只剩下大约 1650 名成员，主要集中在俄罗斯和日本。[32]（由于“奥姆真理教”实施的袭击数量总体较少，这里也就不用图示来反映麻原彰晃被捕前后袭击活动的变化情况了。）

暗杀或“定点清除”

关押恐怖主义组织领导人是困难的，也可能给国家和民众带来风险。那些实施恐怖袭击的恐怖主义组织领导人应当被识别、被列为目标并最终被清除吗？近年来，关于民主国家特工暗杀恐怖主义组织领导人的伦理问题的讨论越来越公开、激烈。确定目标并下令将其暗杀，完全不同于在交战中杀掉敌人。如此则将战斗引入了一个不同的层次，这在道义上是模糊不清的。当然，在“9·11”事件之后，这种想法看起来似乎非常古怪。但是，在 1975 年的丘奇委员会报告批评美国情报界滥用职权之后，福特、卡特、里根总统都签署了禁止暗杀行动的行政命令。最近的是《第 12333

号行政命令》，其 2.12 章节明文规定："禁止任何受美国政府雇佣或代表美国政府行事之人员参与或谋划暗杀行动。"就"**暗杀**"的确切含义而言，专家们存在争议：这仅仅适用于国家首脑抑或还包括其他因政治目的而被杀害的领导人，国家的自卫权是否可以终止这种限制？然而，在国家蓄意、秘密杀害个人这个问题上，大家则有着明显的共识，这种行为让那些心怀民主价值观的人异常不适。[33]

如何看待由国家实施的暗杀行动中的道德两难问题，大家众说纷纭。从执法的角度讲，暗杀是非经法律许可的杀人行为，应该被禁止：未经审判和裁决就处决一个人是非法的。从战争的角度看，情况就相当复杂了，特别是因为在战时可能以《日内瓦公约》中有关武装冲突的法律为由给予恐怖分子保护。杀掉恐怖主义组织的领导人通常被视为一种先发制人的行为——尽管"战时"杀掉敌方的指挥官是允许的。[34] 正义战争传统对此提出的要求更加严苛，它禁止人们以背信弃义、背叛的方式使用武力，而暗杀仅当满足以下严苛条件才被允许，即其能够消除对非战斗人员直接的、严重的安全威胁，且暗杀只能是最后的选择。[35] 实际上，很多人认为，国家实施暗杀行为有无合法性，取决于被暗杀的领导人是否正在进行战斗——正在指挥对人身安全构成直接危害的行动（即所谓的"定时炸弹情形"）。当然，现实情况很少符合这种要求，要么是因为情报不足，要么是因为领导人感到去坐等恐怖行动的真正开始，风险太大。

对于那些负责终结恐怖袭击的人来说，讨论是否除掉恐怖主义组织领导人这个问题是一种思想幼稚病。毕竟，恐怖主义组织不仅随意地以平民为目标，也以某些显要人物为目标。最近的例子就包括了意大利前总理阿尔多·莫罗（Aldo Moro，1978 年 5 月 9 日为"红色旅"所暗杀）、埃及总统安瓦尔·萨达特（Anwar Sadat，1981 年 10 月 6 日为埃及"伊斯兰圣战组织"所暗杀）、以色列总理拉宾（Yitzhak Rabin，1995 年 11 月 4 日为犹太宗教极端分子伊格尔·阿米尔 [Yigal Amir] 所暗杀）、印度总理英迪拉·甘地（1984 年 10 月 31 日为锡克卫兵所暗杀）。"泰米尔伊拉姆猛虎解放组织”则因成功刺杀两位国家首脑、重伤另一人而闻名于世。[36] 某些恐怖主义组织甚至设有专门小组来刺杀政要，例如菲律宾“新人民军”（New People’s Army）中的“麻雀小组”（Sparrow Units）。[37] 面对这种公开针对国家领导人的威胁，为什么反恐力量不能对恐怖分子使用同样的策略呢？

原因有许多。最主要的是，政府处于严重不利的地位，在民主国家尤其如此：公众人物不能够被很好地保护。的确，民选政治家的工作的一个主要方面就是在公众面前抛头露面，故与秘密组织的领导人相比，他们更容易被刺杀。因此，对恐怖主义组织领导人采取暗杀政策可能适得其反。更关键的是，采取恐怖手段几乎无助于国家利益，因为国家长期的根本目标应是证明恐怖主义是非法的和错误的。国家使用恐怖策略会强化这样一种看法，即与国际行为体和次国家行为体相比，国家并不享有垄断使用暴力的权力，亦不享有更多的合法性。正如布莱恩·詹金斯（Brian Michael Jenkins）所言，如果恐怖主义总是错误的，那么使用恐怖策略的政府怎么会是正确的呢？[38]

除此之外，与实施恐怖袭击的人不同的是，支持国家实施暗杀政策的人不仅需要在战术层次上思考问题，还需要在战略层次上思考问题，分析除掉恐怖主义组织领导人所带来的深层次影响。除掉领导人可能引发恐怖主义组织内部争夺继承权的斗争。谁可能成为新的领导人？原来极具魅力的领导人或许是不可替代的，或许不是：那些关于先见之明的老调在这里是适用的。从反恐的视角看，根本就无法保证继任者会比其前任更好一些。例如，1973 年以色列特工刺杀了阿尔及利亚人穆罕默德·布迪亚（Mohamed Boudia），他曾精心策划了巴勒斯坦恐怖分子在西欧的行动。他死后，卡洛斯（Carlos）——绰号“豺狼”——上位，后者则更加可怕。[39] 另一方面，即便暗杀恐怖主义组织领导人在恐怖主义组织内部引发了继承权斗争，这就一定符合反恐国家的利益吗？短期内这可能导致恐怖主义组织行动效率的下降，但也可能促使恐怖主义组织成员去冒险，通过发动突然袭击以“证明”他们的勇敢。

清除恐怖主义组织领导人会不会造成“殉难”，从而进一步鼓舞其组织成员呢？例如，一项关于清除巴勒斯坦恐怖主义组织领导人之影响的研究表明：与以色列袭击造成巴勒斯坦平民死伤相比，除掉恐怖分子领导人更有利于巴勒斯坦恐怖主义组织招募成员。[40] 除掉恐怖主义组织领导人的确降低了它们的行动效率，因为恐怖主义组织内高水平的炸弹制造者和其他技术人员的数量是有限的，而且每起袭击所造成的伤亡数也明显下降了。[41] 然而，在这个案例中，“哈马斯”和“巴勒斯坦伊斯兰圣战组织”领导人的死亡却明显地导致更多年轻的巴勒斯坦人加入其中。这种所谓的**恐怖股份**（terror stock）如果确实存在的话，那也是非常难以确认和衡量的。如果这些研究结果是正确的，那么从长远看，除掉领导人将适得其反。

一位领导人将某个恐怖主义组织凝聚起来的能力，对于反恐事业而言可能会有所裨益。除掉一个有影响力的领导人使得政府失去了谈判的对象。除掉领导人会导致恐怖主义组织的分化瓦解吗？有可能，因为恐怖主义组织的成员会相互猜忌，认为对方是告密者，或因为失去坚强的领导人之后，关于该组织发展前途的分歧也会蔓延开来。但是，分裂也是有利有弊的。与原先统一的组织相比，小的派别实力更弱，难以发动袭击，但也可能比母体更加残暴，而且急于宣示自身的存在，证明自己有实施袭击的实力。即便恐怖主义组织不分裂为小的派系，一旦其失去领导人，也将促使其适应新的形势，变得更加高效、强大、扁平化，而一个分散型的组织更加难以消灭。任何情况下，在实施斩首行动前，我们都需要仔细考量这些深层次的后果。

之所以选择下面三个领导人被暗杀的历史案例，是因为它们代表了世界上不同的地区（东南亚、欧洲、中东），有大量的资料可供政策分析之用。由于恐怖主义组织领导人是被政府以秘密手段暗杀的，我很难比较暗杀前后的情况。我只能凭借可以得到的数据和媒体报道来分析其影响。总体上看，这些案例表明：恐怖主义组织适应了新的情况，期待中的恐怖主义组织群龙无首而后该组织瓦解的局面并不总是出现。

菲律宾的“阿布沙耶夫”武装

“阿布沙耶夫”武装（“持剑者”）于20世纪90年代早期从大型菲律宾组织“摩洛民族解放阵线”（Moro National Liberation Front）中分裂出来。它的领导人阿卜杜拉贾科·阿布巴卡尔·简加拉尼（Abdurajak Abubakar Janjalani），是一名在阿富汗参加过抗苏斗争的极具魅力的伊斯兰学者。1998年12月，简加拉尼在一场与菲律宾警察的冲突中死亡。[42] 他的弟弟卡扎菲·简加拉尼（Khadaffy Janjalani）立刻顶替了他的位置，不过他缺乏他哥哥的那种影响力和组织能力。[43] 此后，“阿布沙耶夫”分裂成由三个小集团组成的松散联盟，并演变成为一个犯罪组织。在2000年至2003年，它绑架游客（尽管被绑架者被成功地赎回）并获得了巨额赎金。例如，在2000年，利比亚的穆阿迈尔·卡扎菲（Mu'ammar Gadhafi）公开向其支付了数百万美元的赎金以换回外国人质，人质家属对此非常感激，但是人质所在国的政府却极其不满，认为支付大笔赎金是国家对恐怖主义组织的间接资助。[44] 利比亚的这笔资金大大增强了“阿布沙耶夫”武装的实力，包括拥有了用于毒品敲诈的一支强大的快艇船队和大量的枪支；同时还使得“阿布沙耶夫”武装能够实施更多的绑架行动，包括绑架美国传教士格蕾西亚·伯纳姆（Gracia Burnham）和她的丈夫马丁（Martin），这两人后来在营救行动中遇害。

对该组织进行的斩首行动使得其使命发生了转变，“阿布沙耶夫”分裂成小派别后放弃了对政治目标的追求，转而从事犯罪活动。对绑架伯纳姆一事负有主要责任的阿布·萨巴亚（Abu Sabaya）在2002年被击毙，另一位争夺领导权的加利卜·安达格（Ghalib Andang）则于2003年12月被捕。[45]“阿布沙耶夫”还与马尼拉的贩毒分子建立起了重要联系。不过总体情况并不明朗：虽然“阿布沙耶夫”现在主要是作为犯罪团伙展开行动，但近期它却参与了爆炸事件，有人声称这反映了它同伊斯兰极端组织的联系。例如，在2004年2月，“阿布沙耶夫”与另一个小组织“苏莱曼酋长运动组织”（Rajah Solaiman Movement）合作炸毁了一艘渡轮（导致

116人死亡），并企图用炸弹袭击美国驻马尼拉大使馆。[46]第二年，它们声称对马尼拉地铁袭击事件负责。[47]

批评家指出，为打击"阿布沙耶夫"武装，美国实现了在菲律宾的军事存在。2002年，美国向菲律宾派出部队以便实施营救行动，这可能已经在当地居民中引发了强烈不满，因为他们认为美国是在试图恢复1992年前美国在菲律宾所拥有的地位。[48]菲律宾政府中也有人认为，小简加拉尼正在试图让该组织恢复为建立时那样的伊斯兰运动组织，但是在缺少一个强力领袖的情况下，该组织的"意识形态"给人的印象仍不过是一种明智的机会主义选择。

俄罗斯与车臣领导人

除以色列之外，没有哪个国家在暗杀暴力武装组织领导人方面比俄罗斯更加积极。[49]被俄罗斯清除的车臣领导人包括：伊本·哈塔卜（Ibn Khattab），据称2002年被毒杀；[50]车臣前总统泽利姆汗·扬达尔比耶夫（Zelimkhan Yandarbiyev），据报道他是主要的中东资金筹集者，在卡塔尔被汽车炸弹炸死；阿布·瓦利德（Abue Walid），也被称为阿卜杜勒·阿齐斯·加姆蒂（Abdul Aziz Ghamdi）；以及一个据称在哈塔卜死后成为阿拉伯最高战地指挥官的激进分子头目，在2004年4月的一次炸弹袭击中被炸死。[51]

2005年3月，俄军杀死了前车臣民选总统阿斯兰·马斯哈多夫（Aslan Maskhadov），据信这可能是俄罗斯总统弗拉基米尔·普京（Vladimir Putin）唯一愿意对话的车臣叛军领导人。[52]2006年6月17日，他的继任者阿卜杜勒·卡林姆·沙杜拉耶夫（Abdul Khalim Saidullayev）在一次对车臣村庄的袭击中被俄罗斯特种部队击毙。就在他死亡一周前，他在分离主义分子的网站上发表讲话，提出与俄罗斯进行谈判，不过同时表示，只要俄军继续杀害车臣的妇女儿童，他就不会放弃恐怖主义。最后，臭名昭著的伊斯兰极端分子沙米尔·巴萨耶夫（Shamil Basayev）于2006年

7月10日被击毙，据信他应对2002年莫斯科杜布罗夫卡剧院（Dubrovka Theater）人质事件和2004年别斯兰（Beslan）学校人质事件负责。[53]巴萨耶夫的死亡终结了他作为车臣分裂运动领导人和最知名的代言人的角色。

近年来，俄罗斯所实施的暗杀行动的残酷与全面前所未有，堪比车臣恐怖分子实施的令人毛骨悚然的空前残忍的袭击。这种定点清除与反报复之间的循环似乎无穷无尽。2004年5月9日，克里姆林宫所支持的车臣总统艾哈迈德·卡德罗夫（Akhmad Kadyrov）在格罗兹尼（Grozny）被叛乱分子用炸弹炸死，使普京政府试图在车臣建立起稳定的亲俄政府的计划遭受沉重打击。车臣俄军最高战地指挥官瓦雷利·巴拉罗夫（Valeri Baranov）上将身受重伤。[54]在一段视频中，巴萨耶夫宣称对卡德罗夫之死负责，同时也向克里姆林宫支持的现任总统、卡德罗夫之子发出了威胁。[55]这种绑架与杀戮的恶性循环蔓延到了伊拉克。2006年，4名俄国大使馆的官员被绑架和杀害。[56]

这一武装冲突已经从血腥的分离主义叛乱演变成一场越来越激进的运动，其特征就是恐怖袭击与暗杀之间残酷的战术竞赛。车臣分离主义分子实施的恐怖袭击似乎在2004年达到了高潮，尽管从那以后有所减少，但随着冲突向整个高加索地区蔓延，直到写作此书之际，我们很难看到结束流血冲突的前景。

以色列的“定点清除”行动

以色列政府也高度依赖近年来被称为**“定点清除”**（targeted killing）的策略，即对恐怖分子领导人实施的暗杀行动。[57]历史上，以色列很早就开始进行秘密暗杀活动。20世纪50年代暗杀的目标为埃及情报官，60年代则是为埃及纳赛尔政府研发导弹的德国科学家。最著名的便是“上帝之怒”行动（Operation Wrath of God），由总理果尔达·梅厄（Golda Meir）夫人亲自批准。这是一个长期的秘密计划，旨在暗杀那些参与和谋划1972年慕尼黑奥运会惨案的人员。[58]通过为11名罹难的以色列运动员复仇，梅厄夫人希望世人明白，杀害以色列公民的人是不会逃脱惩罚的，进而阻止更多袭击的发生。在这场为期 20 年的行动中，大约有 24 名“黑色九月组织”成员和“巴勒斯坦解放组织”策划者被暗杀。[59] 80 年代，以色列对黎巴嫩“真主党”也采取了类似的暗杀政策，“真主党”领导人谢赫·拉吉卜·哈尔卜（Sheik Ragheb Harb）和谢赫·阿巴斯·穆萨维（Sheik Abbas Musawi）被暗杀。90 年代中期，以色列对“哈马斯”和“吉哈德”的领导人实施了暗杀，包括法特希·什卡奇（Fathi Shqaqi）和叶海亚·阿亚什（Yahya Ayyash）。[60] 还有其他很多以色列特工涉嫌参与或明确参与的暗杀行动。[61] 不过，几十年来，以色列政府暗杀的恐怖主义组织领导人总数不超过 50 人，虽然具体的数字并不为人所知。

进入新世纪，以色列政府实施的暗杀行动在速度和烈度上均出现了戏剧性的变化。[62] 由于发生了第二次阿克萨起义（al-Aqsa intifada），自 2000 年 10 月开始，以色列推出了一项名为“定点清除”的国家政策，在被占领土上更加广泛地实施暗杀战略。起先这种暗杀的对象被限制于诸如“哈马斯”等恐怖主义组织的军事派别上，后来则扩大至政治领导人。其逻辑是：通过集中打击那些策划、煽动暴力袭击以色列公民的个人，定点清除行动能够避免在镇压暴动过程中造成的大量平民伤亡以及随之而来的国际谴责；而在镇压第一次起义时就出现了这种情况。[63] 支持者宣称，这是一种有针对性地使用武力的方式。使用导弹和轰炸可以减少以色列士兵所面临的风险。[64]

该政策一经宣布，遭定点清除的人数就前所未有地增多了。根据以色列人权组织“贝赛林”（B’Tselem）提供的数据，迄今为止大约有 202 名巴勒斯坦人在暗杀行动中被有意击毙，另有 121 人被误杀。[65] 由于定点清除政策备受争议的性质和存在大量可资获得的数据，以色列—巴勒斯坦案例研究较之其他案例可谓最详细最透彻。辩护者声称，作为对武装袭击以色列公民的一种回应，该政策算得上是**“积极自卫”**（active self-defense）

的一个很好例子，对现存的国家安全威胁进行先发制人的打击是一项深思熟虑的政策。[66] 无论是在以色列国内还是在国际社会中，这一政策究竟合法、有效与否，都是一个极具争议的问题。[67] 支持者指出了该政策的积极方面：对恐怖分子进行定点清除，包括使其领导人疲于奔命，能够减弱他们发动袭击的能力；能清除恐怖主义组织中那些难以被替代的技术熟练成员；能让以色列政治家更好地应对国内压力。有人断言，定点清除战略也能发挥威慑恐怖袭击的作用。[68] 定点清除很可能成功阻止了某项袭击行动，拯救了某些以色列人的生命。很多人认为，针对以色列公民的恐怖袭击频率和致死率的迅速下降证明了这一点。当然，这一结局反映的是“定点清除”的效用，还是采用更好的防御措施（例如将巴勒斯坦区与以色列区分隔开来的隔离墙）的效用，目前还无法确定。

另一方面，定点清除制造出许多巴勒斯坦殉难者，使得恐怖主义组织能够招募到更多成员，并引发了针对以色列平民的报复行动。有些人认为，定点清除政策实际上起到了反效果——自杀式爆炸袭击的数量反而增多了。而如果将恐怖主义组织领导人逮捕监禁的话，则能够获得情报并削减所谓的“恐怖股份”。[69] 其他人则指出，在斩首行动后伊斯兰极端组织发动的暴力袭击事实上增多了。[70] 巴勒斯坦被占领土内的平民伤亡带来了腐蚀性的影响：这进一步疏远了巴勒斯坦人，减少了温和人士的数量，破坏了建立文明社会所需要的健康的经济和社会基础。为了实施打击，搜集情报所采用的手段也极具争议：以色列政府利用巴勒斯坦告密者获取潜在打击目标的身份信息和行踪，这应被视为一种**奸诈的杀戮行为**（treacherous killing），因而违背了国际法。[71] 批评者认为，定点清除使得巴以冲突双方在“道义上对等”（morally symmetrical），进而使得国际社会两极分化，同时也损害了以色列国家打击恐怖行动的合法主张。[72]

我们无法证明这一政策在战术层面上是否利大于弊，因为我们无法得知如果没有采取这种政策情况将会怎样。与该政策的支持者和反对者不同，穆罕默德·哈菲兹（Mohammed Hafez）和约瑟夫·哈特菲尔德（Joseph

Hatfield）对阿克萨起义事件进行了统计分析，得出一个令人印象深刻的结论："有针对性的暗杀行动对巴勒斯坦人的暴力袭击频率并无重大影响，即便我们把可能的报复行动的时间滞后考虑进去。"他们认为，这一政策在军事上并无任何作用。[73] 尽管这在**国内政治**方面能够捞取重要的利得，但从长远看，定点清除行动并不能使以色列更加安全，甚或可能使整个地区的总体安全形势恶化。毫无疑问，以色列定点清除政策的一大后果就是"哈马斯"政府的上台，以及随之而来的巴勒斯坦内部的流血冲突。目前，我们还看不到走出这种冤冤相报恶性循环的出路。因为随着"哈马斯"的上台，巴勒斯坦被占领土的政治和经济局势恶化，这意味着并不存在一个可靠的、能与之谈判的对象，以解决有着两个民族定居的这一小片土地上的冲突；也意味着短期内不会出现一支政治上高效、温和的巴勒斯坦力量。

这些仅仅是将抓捕或清除领导人作为国家反恐政策重要组成部分的几个当代例子。还有许多抓捕形形色色恐怖主义组织领导人的现代和历史案例，包括法国的"直接行动"（Action Directe）组织，萨尔瓦多的"人民解放军"（Fuerzas Populares de Liberación），美国恐怖主义组织"主的契约、剑和手臂"（The Covenant, the Sword and the Arm of the Lord）等。[74] 在面对恐怖主义威胁时，斩首行动对政府而言往往是一个无法拒绝的选择，通过斩首行动也能得到战术层面的好处。不过，虽然一次高调的抓捕行动能够对恐怖主义组织造成毁灭性打击，但是并没有证据表明除掉它们的领导人会让我们取得战略上的胜利。

斩首是如何终结恐怖主义的

在我们的案例研究中，斩首行动的效果区别很大。不论除去领导人能否使恐怖主义组织毁灭，这一事件通常能够让我们更加深入地了解恐怖主义组织所获得的民众支持的程度和性质，也往往成为该组织发展过程中的转折点。一个恐怖主义组织对其领导人的依赖程度，无论是实际上的还是象征性的，均决定了斩首行动多大程度上可能摧毁该组织。不过，恐怖主义事业究竟能在多大程度上获得民众的支持也有着重要的影响。作为恐怖主义“三元组合”中的第三方，民众的支持是一种无形的因素，它能够挫败斩首行动的效果，并使恐怖主义组织存续下去。如果恐怖主义组织的事业能够有效地动员民众，获得广泛的主动或被动的支持，那么斩首行动就不大可能获得成功。

历史纪录表明，就打击恐怖主义组织而言，抓捕一个领导人比将其杀掉更加有效。从反恐的角度看，除掉一个组织的领导人不仅不会铲除该组织，反而会提升该组织事业的知名度，创造出一个能够吸引更多新人加入其中（甚至是其后续组织）的殉难烈士，结果将适得其反。切·格瓦拉（Che Guevara）就是一个非常典型的例子。[75] 但是，抓捕行动几乎没有什么“良策”(silver bullet)，没有什么捷径。警察与军队通过长期艰苦的努力，使恐怖主义组织领导人处于逃亡之中，最终迫使他犯下错误，而抓捕行动通常是整个过程中的高潮事件。可以说，抓捕一个危险的领导人比杀掉他还要困难，其结果体现了组织者策划行动的细心程度以及当地的具体情况。领导人被捕后的遭遇也很重要：一个受到人道待遇的、被贬损的、褪去此前“神”的光环的领导人，可以削弱恐怖主义事业的动员能力。然而，如果恐怖主义组织领导人在狱中还能够跟他的追随者保持联系的话，那么一场受到宣传的、羞辱性的抓捕行动则会起到反效果。因策划 1993 年世贸中心爆炸袭击而被判刑的、绰号“盲人酋长”（blind sheikh）的奥马尔·阿布德·拉赫曼（Omar Abd Al-Rahman）酋长，就是一个典型例子。[76] 与此类似，通过和他的律师重新建立起联系，古兹曼能够在秘鲁监狱里发展自己的追随者。[77] 有时，在恐怖主义组织的残余分子试图营救领导人时，他们的被捕还会激发起更多的暴力行动，我们讨论的案例中就有这种情况，如“红军派”和拉赫曼。不管怎样，如果领导人被拘捕和囚禁了，我们一定要打击他或她的威信，切断其与外界非常危险的联系。

与其他形式的暴力相比，恐怖主义的暴力象征意义更加需要受众的认同。特别是在通过全球化网络实现即时通信的21世纪，必须对清除领导人的效果作全面的估算，不能孤立地看待其对恐怖主义组织的影响，还要看到其对受众（关注国家和恐怖主义组织的反应）的影响。通过斩首行动也许能获得短期效益，这种战术性的考量是很重要的。通过干扰即将发生的袭击，我们可以拯救人们的生命。不过，对被捕的领导人的高效审讯也能拯救生命。要得到削弱根基牢固的恐怖主义活动这一战略成果，我们需要更宽阔的视野，更全面的计划。我们的案例研究表明，逮捕恐怖主义组织领导人比将其处死更能降低他们在民众当中的支持度，这也是为什么从长远来看定点清除总是适得其反的原因所在。

很难找到领导人被杀后，恐怖主义组织就停止恐怖袭击的案例。我们这里讨论的案例并不能支持——暗杀行动能够终结恐怖主义这一结论。例如，不论正义与否，以色列政府的定点清除行动都未能削弱“哈马斯”和其他巴勒斯坦极端组织的力量，而且很可能导致了一种殉难文化的产生，这种文化首先使得对以色列人发动的恐怖袭击具备了某种有悖常理的合法性。虽然俄罗斯几乎除掉了车臣的每一位重要领导人，车臣现在也处于政府的牢牢掌控之下，但是反政府暴力行动已经扩散到整个高加索地区，特别是达吉斯坦、印古什和北奥塞梯（详见第五章）。或许决定斩首行动能否成功的关键因素，就在于恐怖主义组织的规模和获得民众支持的程度：“阿布沙耶夫”由于组织规模较小并且高度依赖其强势领导人，因此深受斩首行动的影响。这里所讨论的每个案例，可能是近年来所获得民众支持最少的恐怖主义组织。然而，“阿布沙耶夫”并未就此消失，而是转变成一个犯罪集团，继续发动袭击，并且构成威胁。总而言之，当焦虑的民众希望政府展现出力量，镇压恐怖主义组织时，国家主导的暗杀行动可能会获得战术上的好处，因为国家和恐怖主义组织之间长期的以牙还牙的报复行动将损害政府作为合法一方的战略地位。

也许以暴力手段除掉恐怖主义组织领导人最为重要的考量就是，是否会促使支持者进一步疏远恐怖主义或反恐怖主义，从而导致双方地位的变化。尽管恐怖主义总是邪恶和令人厌恶的，然而，假设受害国家对恐怖主义组织领导人实施报复性清除本身就是合法的，则是一种道义上和战略上的错误。不幸的是，政治暴力的历史由于书写者的立场不同而相去甚远：针对背信弃义侵害行为的经典辩护就是指责对方先动手。实际上，由于动机不一，人们对这些事实的看法也就各不相同。为了自卫，或者是因为处于极端情况而采取暴力，通常是恐怖主义最有力的辩护。即便实际情况与这种说法明显不符，恐怖主义组织的领导人也能够让轻信、愤怒的追随者相信，这些平民的死亡是对他们之前的、有时甚至是虚构的罪行的报复，完全是他们咎由自取。而对于那些以保护妇女儿童和老人免遭杀害、以反恐为使命的警察和军队而言，恐怖主义的叙说模式完全是既可笑又令人作呕的。但是，忽视他们在此进程中不经意扮演的角色的作用，可能会导致反恐斗争中的重大战略失误。

有时，对一个民主国家而言，最困难的是显示出战术上的克制：在某些情况下，让恐怖主义组织领导人继续在位可能是最好的选择。他可能在组织内部失去了其合法性，由此导致的争夺领导权的斗争将削弱该组织力量；或者领导人已经作出了结束恐怖主义活动转而寻求谈判的决定；或者是作出其他和解姿态。这时，反恐行动也需要这些领导人，就像他的追随者需要他一样。会不会存在恐怖分子内斗将其除掉、导致组织分裂、使恐怖活动陷入混乱的可能呢？如果不是这样，谁或者什么将取而代之？他的死亡将使组织的发展出现什么样的变化？国家投入军事和情报资源追踪他需要耗费多大的机会成本？承前所述，如果不充分、明智、冷静地考虑行动的深层次影响，恐怖主义与反恐的动能既有可能使局势恶化，也有可能使之好转。如果一项事业早已根基牢固并拥有大量的追随者，那么除掉它的代言人和领导人并不会使之失去生命力，人性就是这样的。除非国家对恐怖主义组织的性质和驱动它的叙说模式有准确、深刻的认识，有一个经过深思熟虑的、现实的退出策略，否则斩首行动是无法终结恐怖主义的。

[第二章]

谈判：转向合法政治进程

如果他此番讲话意在表示我们应该坐下来同亚当斯先生和“临时派爱尔兰共和军”进行对话的话，我只能说这使我和其他议员感到反感；我们不会这样做……我不会跟滥杀无辜者对话。

——1993 年 11 月 1 日，英国首相约翰·梅杰（John Major）答国会议员丹尼士·斯金纳（Dennis Skinner）问 [1]

民主国家不和恐怖分子谈判，至少很多官员声称如此。对大多数人而言，与为了达到其政治目的而蓄意杀害平民的恐怖主义组织谈判，是一种可憎的行为。有谁能说这种观点是错误的呢？在恐怖袭击后表现出坚定的立场，拒绝与凶手对话、拒不考虑他们的要求，可以使他们失去发动更多袭击的动力，表明恐怖主义并不能达到目的，进而保障了潜在受害者的安全。[2] 这还能避免承认实施恐怖主义的组织，同时使得拒绝和谴责恐怖主义的合理欲求得到满足。坚决反对恐怖主义具有重大意义，尤其因为与恐怖分子对话风险极大且常常失败。[3]

不过，在现实中，民主国家确实会与恐怖分子谈判：事实上，所有民主国家的政府在面对恐怖主义活动时，在某些时刻都曾被迫进行谈判，很多谈判甚至达成了妥协，当然程度有所不同。[4] 无论采取何种形式，对话总是让人不快的。但是，谈判真的终结了恐怖主义吗？为解答这一问题，对近年来谈判所作的概览揭露了这样一个事实：有关恐怖主义邪恶性的理想主义陈词滥调就如同对其进行正义规制一样，都是误导。数据统计结果令人惊讶。当一个恐怖主义组织运作五到六年之后，根本就说不清楚拒绝对话会比与其谈判更多地缩短或者延长恐怖主义活动。另一方面，谈判能够促进恐怖主义行动趋向和缓，但往往也只是推动实现这一结果的众多原因之一。现今的学术研究表明，最难应对的是运用恐怖战术的内战，恐怖主义活动本身尤其难以解决。[5]正如本章所显示的，高明的政府将谈判视为长期**"管控"**恐怖暴力的手段，而恐怖主义组织的衰亡与终结则取决于其他诸因素。

关于谈判导致恐怖主义终结的已有研究，揭示了一些有趣的模式，具体如下。第一，恐怖主义组织的生存时间与谈判的可能性，这两者之间有着直接的联系，但这并不意味着多数恐怖主义组织会选择谈判：在各年龄层次的恐怖主义组织中，只有约五分之一的恐怖主义组织会就战略问题进行谈判。第二，所进行的绝大多数谈判既不会达成一个清楚明确的决议，也不会导致冲突的终止。拖延是谈判中常有的情形，即一种介于稳定的停火和严重的暴力之间的不稳定的中间状态。第三，近年来大约一半的恐怖主义组织一边谈判，另一边则继续发动恐怖袭击，不过强度与频度都有所降低——这是政府在谈判前需要考虑的一个因素。

一方面，谈判经常会出现曲折；另一方面，谈判一旦开始就会产生一系列的影响：可以提升获取情报、探明对方政治意图的能力；可能使谈判双方出现内部分化；谈判可能中止或者再次开始；在恐怖主义活动终结之前，甚至会导致短期暴力活动的增多。在正式的政治进程启动后，恐怖主义组织（或部分组织）普遍地转向合法进程，放弃暴力行为，至少最终如此。[6]但这显然是一个漫长的、令人沮丧、痛苦、充满陷阱甚至会导致反效果的过程，特别是当谈判损害了国内支持、疏远了盟友的时候。

学者和政策制定者常常在国内或国际冲突与恐怖主义之间做直接的对

比，通常这是对恐怖主义的误导和错误认知。关于解决冲突的已被认可的经验教训，并不适用于那些主要表现为恐怖主义特征的活动。如果我们要分析如何才能终结恐怖主义，找到并理解二者之间的区别就极为重要。因此，和上一章一样，本章关注的是这样一个问题：从政府及其挑战者的角度看，谈判是否能够、如何以及在什么条件下终结恐怖主义活动的？其结论将向我们揭示一些惊人的关于与恐怖主义谈判的错误观点。

政府为什么要谈判

无论是单独行动还是联合他人，政府总是因不明确的或不被承认的原因与恐怖主义组织谈判。它的动机可能错综复杂，甚至相互冲突：相较于其他打击恐怖主义的方式，谈判并不是反向措施。对于参与谈判的各方而言，谈判可能是一种互动，是与诸多暴力形式的一种无缝连接。认为开始对话即能立刻消除暴力是一种幼稚的观点，其在广大民众中塑造的预期同样可能事与愿违。历史记录表明，在谈判期间，恐怖主义组织通常会继续发动袭击，政府也会继续采取反制措施，但暴力程度会有所下降。双方的接触提供了一种在未来减少并最终终结暴力的可能途径（就某个恐怖主义组织而言）。为了寻求可能的暴力活动的退出战略，国家可选择进行谈判，不过这一过程不可避免地会很漫长并将遇到种种挫折。

不同于公众关注度极高、有大量媒体报道的高层会谈，低调的谈判对政府是有利的。将**“谈判”**一词用以描述一种单一现象是错误的，因为有多种谈判样式：直接或间接谈判，高层（公开）或低层（可被否认）谈判，甚至是通过第三方介入谈判。通过大众媒体发布声明也是一种“对话”机制，并可能产生戏剧性的效果。例如，美国政府发布“智能炸弹客”（Unabomber）的声明，就是对他的一种妥协，这一让步带来了新的情报并最终使其被逮捕。[7]虽然他们自己有时拒绝承认，但政府及其代表的确经常直接或间接地与恐怖分子联系：公众可能对接触恐怖分子感到反感，但在多数情况下，如果政府（或其代理人）不这么做，那就是不负责的。

对话的潜在战术动机很多。第一，谈判可能暂时减少暴力活动，因为恐怖分子的精力被投入到其他问题上，而无法有效实施袭击。第二，与恐怖主义组织接触能够获取关键的情报，特别是关于组织结构、领导层、成员之间联系的情报。这是让情报人员去进行先期接触的原因所在。此外，还因为这种接触可以隐秘地进行，一旦出了问题即可否认。谈判或对话也可以帮忙厘清恐怖主义组织运转所依赖的复杂社会关系网络。第三，恐怖主义组织领导人的主要作用就是吸引潜在的或现有的支持者，赢得其支持（这一点我们在第一章讨论过）。因此，其在恐怖袭击后发布的关于其诉求的嚣张声明，与实际情况并无多少关系。或者说，跟他们实际想要或勉强接受的东西无关。故跟恐怖分子的代表进行对话，可以让我们更好地了解他们的动机，凸显他们内部成员之间的分歧。第四，对话能使恐怖主义的追随者出现分裂，从而使得国家能够将一部分人从中分化出来，让他们发生内讧。如同处理其他冲突那样，**“分而治之”**策略在反恐行动中同样收效良好——在某些方面可能更好。起码，对话能够使我们洞悉恐怖主义组织成员在哲学、战术、优先次序等方面的分歧，进而帮助政府更好地高效应对之。国家在明处，恐怖主义组织在暗处：只要能为政府提供信息，就可以增强政府的相对力量。

不过，谈判还包括其他诸多维度。除了对恐怖主义组织已有成员产生影响外，谈判还能为恐怖主义活动的被动支持者和中立观察者提供另一种叙说模式。恐怖主义组织通常宣传除了暴力之外别无选择，它们是出于绝望才发动恐怖袭击的，没有其他可行的选择。如果我们能够耐心地进行谈判，把握好对谈判成果的预期，我们就能驳斥这种说法。支持者和同情者与罪犯不同：将谈判作为表达愤懑的另一种途径，或者至少表面上做到这一点，我们就能够减少恐怖主义组织所获得的支持。即便恐怖主义组织和国家都并非真心想要缓和、让步，谈判还是可以影响恐怖主义组织的支持者的公开看法。这种尝试本身是有吸引力的。谈判的影响远远超出谈判本身设定的范围，能为可能支持恐怖主义事业的人带来希望，干扰恐怖分子的叙说模式，使他们所描绘的那个邪恶的、不妥协的“敌人”形象更加复杂。面对这种暴力活动——依赖象征意义和博得大众同情的情况，仔细管控好对话不失为一种有效的信息战略。

很多人认为，谈判只会赋予恐怖主义组织及其事业合法性，显示出恐怖主义的“胜利”。在这些人看来，一个坚持这种观点的政府是不会与恐怖分子谈判的，但是后来政府却被迫改变立场，进而失去了公信力。[8]在政府的这种僵硬政策下，随后进行的谈判似乎表明，恐怖分子能够用炸弹“炸出”一条通向谈判桌的路来。同样，对于一个脆弱的联合政府而言，进行谈判的争议太大，可能需要做出的让步足以导致政府失去政治支持，甚至催生党派间的纷争，相比之下继续进行打击则是更好的选择。很多情况下，相较于自己阵营的瓦解，政府可能觉得遭受恐怖袭击甚至更好些，因为这可以归咎于他人：虽然十分艰难，但对一个脆弱的、处于困境之中的政府而言，承受恐怖袭击是最佳的选择，故消灭恐怖主义并非总是首要的任务。

即便是强势政府中得到谈判授权的领导人，也可能会受到令人失望的谈判结果的影响。当强大的民主力量反对谈判时，恐怖主义组织甚至可能拥有决定政府命运的影响力。[9]这时公开同恐怖分子谈判可能会非常危险。

另一方面，拒绝谈判会巩固恐怖主义组织及其支持者的地位，强化这种观点：想要获得国家的重视，唯一的途径就是进一步采取恐怖行动。无论政府拒绝还是接受就恐怖主义组织关心的问题（如果有的话）与之谈判，都将会把主导议程的权力交予它们。这两种情况下，恐怖分子都会试图通过杀害平民来操控政府的行动。[10]玛莎·克伦肖（Martha Crenshaw）指出：向恐怖主义组织做出让步，与随后恐怖活动的增多并无关系。阿根廷、奥地利、巴西、乌拉圭、联邦德国、意大利都曾满足过恐怖分子的要求，与此同时恐怖活动的确减少了。[11] 很多关于与恐怖主义组织谈判的简单化假设根本就站不住脚。

从政府的角度看，关键在于正式进行谈判的时机，即只有在恐怖主义组织的事业获得民众支持与合法性这种局面明确后——恐怖活动或者政府的不当应对会导致这种局面——才和它正式谈判。在进行回顾时，我们比较容易认同这种观点，然而在当时则是很难做到的。在这种情况下，谈判可能让想要维持现状的一方有选择地承认恐怖主义的事业，或是承认恐怖主义组织意图强调和凸显的那部分。不同于流行的观点，谈判绝非一种非此即彼的方案。

恐怖主义组织为什么要谈判

在这里，角度很重要：立场不同，进行谈判的动力和阻碍因素看起来就不同，这取决于你是试图维持现状（现状之前）的主权国家，还是试图以恐怖主义挑战现状的行为体。如果我们的目的是要探究谈判是如何终结恐怖主义的，那么仅仅关注当权者一方的算计（这也是多数研究所做的）等于只分析了等式的一半。恐怖主义组织的行为以及观察恐怖主义组织的观众的反应也同样重要。

主要采取恐怖主义战术的组织不同于小国或弱国，甚至也与内战、叛乱中的派别不同。[12] 基于对国家间谈判或内战派系间谈判的研究而得出的假设和范式，来研究同恐怖分子的谈判，是错误的。国家与恐怖主义组织之间的讨价还价，与国与国之间的强制和讨价还价有着巨大的差异。一方面，绝大多数国家希望终止冲突（虽然“终止”根据的是它们自己的标准），但是我们不能因此认为多数恐怖主义组织也这么想。实际上，很多恐怖主义组织并不希望结束冲突。恐怖主义的一个特点就是让人们产生错误的预期，这样的话运用**强制理论**就不再适宜。一些恐怖主义组织以恐怖袭击为己任，不发动袭击它们也就无法继续存在下去，这些组织会出于个人、文化、历史甚至心理原因而去精心策划恐怖袭击。如果暴力是该组织身份的一部分，也是组织成员的谋生手段，那么通过谈判化解冲突的可能性可以说微乎其微。因为通常规模较小且无法控制领土，恐怖主义组织的行为方式与内战中的派别并不相同。如果一方除了发动打击的能力外别无其他，那么通过谈判是很难实现停火的，无论这一方是否受到外部稳定力量的影响。[13] 恐怖分子会通过突然的暴力行动来传达信息。他们觉得，没有暴力就没有了话语权。

由于那些依赖恐怖主义的组织往往规模很小且非常隐蔽，我们很难判定它们的价值观、它们如何决策、它们的支持者的性质、它们的组织结构，而这些东西是很关键的。将用于研究叛乱和游击战的模式移用于此可能也是错误的，因为恐怖主义组织在民众中获得的支持并不广泛。虽然恐怖主义组织采取的是理性的战略行为，但它们并非单一的理性行为体。对恐怖主义组织采取报复行动只会增加它们的合法性，强化它们所获得的支持，削弱国家的地位，而不会影响它们的成本收益计算。很难去强迫恐怖主义组织进行谈判，除非国家也受到了同样的影响和强制。国家与恐怖主义组织之间以及驱动二者的动机之间的不对称，可能导致出现违反常理的结果，使谈判变得困难。为了自身利益，恐怖主义组织可能会坚持使用暴力，除非事实证明由于某些原因致使这种做法事与愿违，而这种原因往往不受国家的控制。[14]

多数恐怖主义组织根本就不打算谈判。在仔细分析了“预防恐怖主义纪念学会”的恐怖主义数据库（记录了 1968 年以来，绝大多数恐怖主义组织的活动）——数据库清晰展示了恐怖主义行动的特点——中的 457 个恐怖主义组织后，[15] 我们可以估算出选择进行谈判的恐怖主义组织的比例。[16] 编纂整理恐怖主义组织行动的数据是出了名的困难，但是通过对发动过恐怖袭击的每个组织的已知活动的研究（例如，筛选掉那些仅仅发动过一次袭击的恐怖主义组织，或者仅仅攻击经济目标的恐怖主义组织），我们会得出一个惊人的结论：实际上只有大约18%的恐怖主义组织进行了谈判。换言之，在将近500个恐怖主义组织——实际上符合关于"恐怖主义"的所有学术定义——中，82%的恐怖主义组织并**没有进行**谈判（见附录）。

分析何种情况下恐怖主义组织**曾进行**谈判，以及哪类组织会进行谈判，则更为有价值。进行谈判的恐怖主义组织的平均生存周期较之其他组织要更长些，并且都在其控制下的地区几乎实现了其追求的目标（或者曾经追求过这一目标）。我们可以料想到，这是因为很多恐怖主义组织与20世纪后半期的非殖民化运动有关。[17]我们的分析显示，这些曾就其根本目标进行谈判的恐怖主义组织的平均生存周期为20到25年，而所有恐怖主义组织的平均生存周期则为5到9年。[18]参与谈判和更长的生存周期二者间在统计学上存在着非常重要的关系（见附录中的表A.3）。并非所有进行谈判的恐怖主义组织一开始就表达出明确的目标，它们往往宣称坚持马克思主义或社会主义，但是后来都要求控制领土、民族自决（National self-determination）或者在现政府中拥有自己的代表，这些都是可以解决的问题。普遍流行的国际意识形态会推动、促进恐怖主义的发展。但随着时间的变化，恐怖主义的目标并不完全由此决定。因此，在决定是否进行谈判时，重要的是政府必须分析该组织的目标究竟是什么，即确认恐怖主义组织领导人对组织目标的描述不是刻意的夸夸其谈，确认谈判是全部组织成员都追求的目标，或确认其成员坚信暴力能够促使他们利益的实现。[19]这的确是一项具有挑战性的工作。不过，仅仅停留于领导人的嚣张言论这一层面是不够的。

仅仅简单地了解恐怖主义组织的目标也是不够的。对于长期存在的恐怖主义组织而言，重要的是深入研究其生存周期内变化着的目标、理解恐怖主义组织动机之间的联系，以及在国际大背景下其与其他恐怖主义组织的关系。这非常重要的。数据显示，一个组织存在的时间越长，政府就越有必要与之进行谈判——特别是因为恐怖主义组织并不会自行崩溃，这在逻辑上不难理解。而且，恐怖分子也有进行谈判的愿望。随着时间的流逝，组织与成员都在衰老，渴望获得有形资产，因而他们会迫切地要求对组织目标做一个具体的、可以谈判的表述。

从这些数据中，我们可以得出另一个有趣的结论：在这 18% 的进行谈判的恐怖主义组织中，谈判明显失败的比例很小，其比例仅为十分之一（见表 A.2）。[20] 进行谈判的恐怖主义组织中大约有一半继续着暴力活动，虽然频度和烈度都有所下降。另一方面，在剩下十分之九的那些没有立刻失败的谈判中，只有极少的恐怖主义组织通过谈判完全实现了自身的目标。绝大多数进行谈判的组织后来都因其他原因（本书其他部分会涉及这些原因）消失了，或者仍在进行定期对话。不同于国家间战争甚至是国家内战快结束时达成的和平条约，通过谈判达成协议这种备受瞩目的戏剧性"一瞬间"（eureka）很少出现。谈判最常见的情况则是无尽的拖延、中断、挫折，同时也毫无成果，但也不会完全失败。

因此，我们的首要任务在于，根据该组织自身的文化和历史背景，对其进行彻底的了解，排除恐怖主义组织领导人（或代言人）声明的干扰，特别是政府自身意识形态偏见的干扰，以期尽可能客观地认清该组织的优先次序、心理状态、生存能力、支持者。对恐怖主义组织的目标笼统地进行概括，将其贴上诸如"专制主义"、"难以捉摸"甚至"理性"、"非理性"这样的标签，折射出的更多的是观察者本人的浅薄认识，而非恐怖主义组织的内在逻辑、可谈判的程度、生存能力。最重要的是，这根本就没有道明恐怖主义各个部分是怎么实现其目标的。而这很大程度上取决于组织的性质、获得支持的程度、追求的事业，以及成员在多大程度上认为暴力能够推动其事业的发展。内战或叛乱中的派系往往试图控制领土。恐怖主义活动不一定追求这一目标，它们的目标会发展变化，以便对目标的表述更加连贯合理，也可能相反（对它们自己而言也是如此）。[21] 这不仅仅是拉拢温和分子的问题（可能也有帮助），也是一个化解威胁、判断一些暴力因素可否缓解的问题。仔细、冷静、非政治的分析是谈判所需的关键投入，没有这一点的话，谈判在开始之前就已经失败了。

那么，近年来历史上的谈判的实际情况是什么样的呢？在什么条件下谈判会成功，在什么条件下谈判又会失败呢？为了回答这一问题，我从世界不同地区选择了三个案例进行研究分析，案例中恐怖主义组织的类型不同，动机不同，谈判的结果也不同。它们是：北爱尔兰和平进程、巴以和平进程、斯里兰卡政府与“泰米尔伊拉姆猛虎解放组织”的谈判。

谈判案例研究

北爱尔兰和平进程

16 世纪开始的因英格兰人和苏格兰人移居北爱尔兰而导致的几个世纪的冲突与动荡，可以说是北爱尔兰“麻烦问题”的根源所在。[22] 1921 年该岛分裂，南方的 26 个郡从大不列颠王国中独立出来。东北方 6 个以新教徒为主的郡则继续维持着联合王国统治下的自治。20 世纪突出强调的民族自决观念导致了北爱尔兰局势的持续紧张。这里，甚至在日常生活中就充斥着宗派冲突。北爱尔兰的天主教徒认为，他们在住房、福利、教育、就业方面遭到了占多数的新教徒的歧视。

20 世纪 60 年代，该地区的一次天主教民权运动引发了一场政治风波，并导致英军的介入，这大大激怒了爱尔兰民族主义者，使好战的共和主义势力重新活跃起来。很快，这一运动分裂成了“正式派爱尔兰共和军”（Official Irish Republican Army）和“地方派爱尔兰共和军”（Provincial Irish Republican Army）两派，后来“‘临时派’（Provisional）爱尔兰共和军”成为主要派别。在 20 世纪 70 年代早期，“临时派爱尔兰共和军”积极地对英军发起暴力袭击，同时也遭到了“新教保皇派”（Protestant loyalist）或曰“统一主义者”（unionist）好战分子的暴力反击，从而导致局势复杂化。[23] 1971 年至 1974 年间，英国政府逮捕了可疑民兵，涉及大批天主教徒和共和派人士，很多人遭到了殴打或在监狱中受尽了虐待。[24] 1971 年 8 月的这项逮捕政策的实施是一个决定性的事件：暴力活动急速增长，1971 年前 8 个月死亡人数为 32 人，1971 年 8 月到 1972 年 1 月的死亡人数则上升到 154 人。[25] 随之而来的还有温和政治派对北爱尔兰政府的支持的下降、天主教徒高涨的愤怒、对“临时派爱尔兰共和军”的同情的上扬。对“临时派爱尔兰共和军”的实际支持有很多种形式：从主动受招成为激进分子，到为他们提供安全屋、食物、庇护，帮他们走私、储存武器不等。[26] 北爱尔兰的家庭结构与亲属关系导致了种种正式或非正式的、支持爱尔兰共和军或保皇派的网络的产生。1972 年 1 月，英国军队对手无寸铁的民族主义示威者开火，导致 13 名平民死亡，其中有些人是在逃跑过程中从背后被击中的，这一被称为“血腥星期日”（Bloody Sunday）的事件致使局势严重恶化。几个月后，英国政府认为北爱尔兰政府已经无力维持秩序，便将其废除，北爱尔兰改为英国政府直辖，由一名英国国务大臣负责管理。

接下来是 20 多年的暴力活动，各方均参与其中，有英国政府（包括军队、从本地招募的兵团、警察）；共和派准军事组织（特别是“临时派爱尔兰共和军”，“爱尔兰民族解放军”[Irish National Liberation Army, INLA] 及其他组织）；保皇派准军事组织（包括“阿尔斯特志愿军”[Ulster Volunteer Force，UVF，又称“北爱尔兰志愿军”]，“阿尔斯特防卫协会”[Ulster Defence Association/Ulster Freedom Fighters，UDA/UFF[a]]，“保皇派志愿军”[Loyalist Volunteer Force，LVF]，以及其他组织）等。截止 20 世纪 90 年代中期，已经有 3500 人因枪击和爆炸而丧命，其中有将近一半的人（48%）是被“临时派爱尔兰共和军”杀害的。[27] 大部分遇难者（54%）是无辜的平民。[28]

1972 年，双方进行了第一次秘密对话。从 1974 年至 1994 年，双方

[a] 译注：其又被称为北爱尔兰防卫协会或阿尔斯特自由战士。在这里统一称之为阿尔斯特防卫协会，下同。

总共 7 次试图达成政治解决协议，且均是由英国政府主动发起的，每次的解决方案都包括了天主教徒和新教徒之间权力分享的内容。然而，每次都因北爱尔兰本地派别的反对而受阻。[29] 民间也短暂地出现过一些争取实现和平的努力：北爱尔兰和平运动组织的创立者贝蒂·威廉斯（Betty Williams）和梅里德·科里根（Mairead Corrigan），甚至在 1976 年获得了诺贝尔和平奖。由于没有制度架构的保证（同时被人指责为“同英国人合谋”），这些运动都行之不远。惨痛的流血冲突在 20 世纪 70 年代达到高潮，之后一直持续了几十年。[30]

到了 1985 年，英国只能把伤亡控制在一位负责爱尔兰事务的国务大臣所称的“可以接受的暴力水准”上，即每年大约死亡 100 人。在这种情况下，玛格丽特·撒切尔（Margaret Thatcher）的保守党政府采取了不寻常的步骤，调整了英国政府在有关独立治理问题上一贯强硬的立场。撒切尔政府绕开北爱尔兰的地方势力，直接与爱尔兰政府签订了一项国际条约，条约的第二条规定授予都柏林就英国政府的北爱尔兰政策的各个方面进行咨询的权利，这由定期的政府间会议来落实。作为回报，爱尔兰政府正式承认北爱尔兰邦的存在，以及它可根据大多数居民的意愿进行统治的权利。这一所谓的 1985 年《英爱协议》（*Anglo-Irish Agreement*）同时规定，在领土问题争议上，英国政府应“坚定不移地努力”同爱尔兰政府达成协议。当保皇派准军事力量（“阿尔斯特志愿军”、“阿尔斯特防卫力量”[UDF] 和“阿尔斯特抵抗组织”）联合起来准备抵制该项协议，并开始从南非进口武器时，英国政府制止了它们的行动，这种象征性的制止对于该合法协议至关重要。[31] 尽管这一协议绝不符合爱尔兰民族主义者的主权诉求，但对爱尔兰政府在北爱尔兰事务中的咨询角色的制度化而言，这个协议可以说是一个分水岭。[32]

《英爱协议》随后成为 20 世纪 90 年代和平进程的基础。[33] 爱尔兰政府作用的增强使得人们开始对共和战略进行重新思考。1986 年，“爱尔兰共和军”的政治派别“新芬党”（Sinn Féin）放弃了不对话的政策；

第二年，爱尔兰政府便开始与之接触。“新芬党”领导人格里·亚当斯（Gerry Adams）和温和的民族主义政党——“社会民主及劳工党”（Social Democratic and Labour Party，SDLP）领导人约翰·休姆（John Hume）之间的会晤于1988年开始。在爱尔兰政府的推动下，通过第三方雅里克·李德神父（Father Alec Reid）的斡旋，英国政府也开始与之进行秘密对话。保皇派通过新教教士，主要是罗伊·麦基牧师（Reverend Roy Magee）和罗宾·埃姆斯大主教（Archbishop Robin Eames），与英国和爱尔兰政府保持着联系。[34] 在对话的早期阶段，天主教和新教教士充当了关键的中间人，因为英国政府坚决拒绝与“新芬党”公开接触，理由是认为它与“临时派爱尔兰共和军”的恐怖暴力活动有关联。[35]

北爱尔兰的民族主义者，特别是温和的“社会民主及劳工党”的支持者，看到了通过政治进程而非共和党人的暴力手段改革地方政府的可能性。[36] 在解决这一问题的方案中，由于在北爱尔兰的利益受到了承认，爱尔兰政府领导人艾伯特·雷诺兹总理（Taoiseach Albert Reynolds）开始发挥更加积极的作用。1993年，他和亚当斯、休姆进行了对话，发布了一系列关于如何结束暴力的联合声明。爱尔兰政府和英国政府也发布了关于和平的联合公报，并解除了紧急状态。1993年12月，双方宣布英国“在北爱尔兰没有自私利己的战略利益”。[37] 特别值得注意的是，这一年中没有一例人员死亡与安全部队有关，这是自1968年以来的第一次。[38]

1994年8月31日，“临时派爱尔兰共和军”宣布停火（“完全终止一切军事行动”）。[39] 然而在此之前的几个月，暴力活动非常严重。“阿尔斯特防卫协会”和“阿尔斯特志愿军”加强了对天主教徒的袭击，在这一年它们造成的平民死亡第一次超过了“临时派爱尔兰共和军”。[40] 或许这是暴力行动在停火之前的大爆发，因为随后“阿尔斯特志愿军”中持不同政见者于1996年分裂出来，组成了一个更加激进的组织——“保皇派志愿军”。停火持续到1996年2月9日，这一天“临时派爱尔兰共和军”在伦敦金融区金丝雀码头（Canary Wharf）引爆了一辆炸弹卡车，导致2人死亡，39 人受伤，造成了 8500 多万英镑的损失。[41]“临时派爱尔兰共和军”在声明中谴责约翰 · 梅杰政府在进行接触上不够积极有效。讽刺的是，按照计划，梅杰当天本应与“新芬党”的代表进行第一次会晤。[42] 在第一次停火尝试之前暴力活动却迅速增多，这可能是因为保皇派担心在谈判中自己将被出卖，或者是想了结宿怨，或者是想在开始谈判时取得更加有力的地位。这次和平努力最终以发生在伦敦的一场针对平民的恐怖袭击而告终——始于流血，终于流血。

英国军队和非政府的情报机构对“临时派爱尔兰共和军”、“阿尔斯特防卫协会”和其他组织的长期的逐步渗透，成为与公开斗争相对应的秘密战，这是北爱尔兰事态的一个关键变化。[43] 这一秘密活动由“任务协调小组”（Tasking Coordination Group）管理，该小组由皇家空军特种部队（SAS）、军情五处（MI5）、政治保安处（Special Branch）和军事情报部门组成。为英国政府工作的情报人员，显然打进了共和派和保皇派武装力量的最高层。根据后来伦敦警察厅长官约翰 · 斯蒂文斯（John Stevens）爵士进行的一系列事后调查，这些特工甚至和反对派的杀手相勾结。[44] 这期间，“临时派爱尔兰共和军”维持着一个名为“民事管理小组”（Civil Administration Team）的内部安全机构，主要负责残酷审讯和杀戮。慢慢地，它们认识到自己已经遭到了秘密渗透，双方的组织团结和行动效率都因此受到了影响。在一次接受英国广播公司采访时，“阿尔斯特保皇派”领导人戴维 · 特林布尔（David Trimble）表示 ：“我们知道当局试图渗透进我们的准军事组织之中……这是准军事组织在北爱尔兰遭受重创和惨败的一个关键原因。”[45]

同时，20 世纪 90 年代初，多年来对爱尔兰裔美国人给“爱尔兰共和军”提供的经济援助不管不问的美国开始发挥重要作用。1994 年，克林顿政府给亚当斯颁发了入境签证，这激怒了英国政府。第二年，克林顿造访北爱尔兰，与亚当斯握手并对着激动的人群发表了演讲。他任命前参议员乔治 · J. 米切尔（George J. Mitchell）为北爱尔兰问题特别顾问，授权他领导一个负责解除北爱尔兰武装的国际委员会。米切尔委员会报告提出了“**双轨进程**”（two track process），即一边解除武装，一边进行谈判。该报告同时还提出了消除暴力的6个步骤，即后来的米切尔原则。1996年3月，多方会谈在北爱尔兰国务大臣的总部、贝尔法斯特的斯托蒙特城堡（Stormont castle）举行。由于“临时派爱尔兰共和军”仍在进行暴力袭击，“新芬党”被排除在对话之外。

1996年6月15日，也就是谈判的几个月后，英国北部的曼彻斯特发生了一场炸弹袭击，200多人受伤，整个市中心被摧毁；这是二战后英国遭受的最大的炸弹袭击。[46]此后发生了更多的暴力事件，但没有达到20世纪70年代的水平，斯托蒙特会谈（Stormont talks）仍在继续。[47]不过，在这一年，“新芬党”在“北爱尔兰政治对话论坛”（Northern Ireland Forum[a]）的选举中获得了15.5%的选票，这有力地表明人们支持和平，政治关注点已经转向推动谈判的进行。1997年6月的一场双重谋杀后，贝尔法斯特的亲共和派双周刊《安德森斯顿新闻》（*Andersonstown News*）评论道：“‘新芬党’领导人再继续沉迷于拒不实施政治谴责的老调是不行的……‘爱尔兰共和军’很快将不再是问题的外在表现，虽然25年来它们一直这样描述自己，但其实它们就是问题所在。”[48]1997年7月20日，“临时派爱尔兰共和军”第二次宣布停火。1998年4月10日，《北爱尔兰和平协议》（*The Good Friday Agreement*）签署；12天后，协议在北爱尔兰和爱尔兰共和国的全民公投中以压倒性多数获得通过（北爱尔兰赞成票率为71%，爱尔兰共和国为94%）。[49]

尽管在回顾时我们会觉得政治解决方案的要点非常清晰，但是由于谈判解决问题的进展缓慢且多次出现停滞，宗派暴力活动也并未因此而结束。[50]随后发生的恐怖袭击活动，包括由从共和军中分裂出的小组织“真爱尔兰共和军”（第五章有更详细的论述）于1998年8月制造的

[a] 译注：Northern Ireland Forum的正式名称是Northern Ireland Forum for Political Dialogue。

奥马爆炸案，以及2000年至2002年间出现的暴动和杀戮高潮。[51]就共和派而言，从“爱尔兰共和军”中分裂出来的小组织“传承爱尔兰共和军”（Continuity IRA）和“真爱尔兰共和军”继续威胁着和平进程，两个组织各有大约150名成员；保皇派方面，阿尔斯特保皇派准军事组织“红手保卫者”（Red Hand Defender）则杀害天主教徒，攻击学童，以管道炸弹袭击天主教徒的家庭。[52]在暴力扩散的同时，北爱尔兰议会（Northern Ireland Assembly）选举也清楚地表明人们支持停火，足见变化（上述两方面）的是程度与类型问题。[53]约翰·达尔比（John Darby）也认同这一观点，他认为，《北爱尔兰和平协议》之后的暴力袭击更多的是源于社会问题，例如持续的居住隔离，而不是过去那些导致冲突的政治问题。[54]尽管对政治进程的透明度持保留态度，但2005年，“临时派爱尔兰共和军”宣布停止武装行动并解除了大部分武装。[55]因此，虽然我们还不能说北爱尔兰已经完全恢复了和平——解除武装、治安警备、囚犯释放等问题使得地区局势依然紧张，但人们觉得政治进程而非恐怖袭击，已经成为公众关注的重点和推动局势发展的主要方式。[56]

对和平协议的分析

根据艾德里安·古厄勒克、迈克尔·考克斯（Michael Cox）和菲奥娜·斯蒂芬（Fiona Stephen）这三位长期研究北爱尔兰和平进程的专家的研究，20世纪90年代初期之前，共和派和保皇派都感到彼此已经陷入了一种僵局，同时无休止的以牙还牙的暴力活动有升级的危险。[57]英国政府也有同感，它决定绝不撤出北爱尔兰，绝不向恐怖主义妥协，但同时也认为仅仅靠军事手段解决不了暴力问题。此外，20世纪90年代初，暴力的性质也在发生变化。与保皇派相比，“临时派爱尔兰共和军”看来正在失去主动权，保皇派越来越多地袭击工薪阶层的天主教徒。另一方面，保皇派则对和平进程和《北爱尔兰和平协议》深感怀疑，认为自己有被边缘化的危险，加之考虑到英国政府的立场，进而认为任何现实的政治替代方案都可能会更糟。因此，随着冲突的无情延续，双方各派系的激进分子越来越担心自己将处于不利的地位。“9 · 11”事件后，共和派尤为担心这一问题，因为爱尔兰裔美国人对“临时派爱尔兰共和军”的公开的和秘密的资金援助都大大减少了。

谈判各方都日益觉得自己在谈判中投入了很多，这是又一个重要的因素。谈判各方都发觉，如今已经很难完全退回到以前那种武装对抗的战略上去，尽管那些分裂出来的小派别仍继续它们的武装抗争。正如达尔比所说，《北爱尔兰和平协议》实际上是一种管控持续性准军事暴力的手段。[58]在2002年，当宗派杀戮真正发生后，其仅仅是被当作犯罪行为来处理，而非被看作是对全面停火协议的破坏。因此，协议签署后，分裂出来的派系破坏和平进程的企图不仅仅被当作是对无辜平民的袭击，也被认为是对和平进程本身的破坏。反过来，这也成为一种疏导愤怒的方式。

再者，《北爱尔兰和平协议》是一个非常复杂的文件，其中许多方面包含着有意为之的**“战略模糊”**（complex ambiguity），使各方能够以支持者满意的方式解释这一协议。正如罗杰 · 马克金迪（Roger MacGinty）所说，协议中存在着所有人都需要的东西。支持保皇派的谈判代表认为该协议维持了联盟，使得英国在该地区的主权永久化。另一方面，“新芬党”声称协议的宪法议程是先进的，突出强调了英国政府在安全问题上所做出的让步，以及自己和英国政府一同参与地区管理的地位。某些保皇派的敌对反应，反而使得共和派更容易向支持者推销这一协议。[59]可见，清楚明确的协议将是有害的。

最后，谈判的国际背景发生了变化，这一点非常关键。从一开始，双方中参与谈判的地方各派系就将北爱尔兰冲突与世界其他地区的冲突做类比，特别是南非和巴以冲突。[60]冷战结束后不久，和平进程就开始了。此际，后殖民地时代的民族自决浪潮开始迅速衰退，这一浪潮曾导致诸多的种族民族分离主义的恐怖运动。[61]20世纪90年代，人们有意识地将“南非非洲人国民大会”（African National Congress，ANC）和爱尔兰共和主义运动做类比，且在谈判进程的诸多关键时刻，南非作为调停者多次对共和派进行斡旋。[62]人们感觉到分离主义运动已经在全球范围内失去了动力，同时欧洲区域一体化进程也让人重新思考国家所扮演的角色。[63]而此际，爱尔兰共和国繁荣的经济也让人们看到北爱尔兰和平所能带来的美好前景。预想着历史正朝着某个既定方向发展，而追求象征意义的暴力能够促使事态沿着历史方向迈进，这一意识成为恐怖主义运动的火种。反之亦然：当人类历史的进程似乎正在改变，完成某项事业的紧迫感也就不复存在，世界正在进入一个经济、政治、意识形态转型期，这对于地区恐怖主义运动确实有影响。北爱尔兰的案例就是明证。

巴以和平进程

"巴勒斯坦解放组织"（及其不同派系和分支机构）的案例，常常被那些声称与恐怖主义组织谈判无效的人所引用。在我完成本书之际，人们普遍认为在多年的努力后，巴以和平进程已经走进了死胡同。20世纪，国际恐怖主义袭击活动的发展变化，特别是自杀性袭击的增多，深受巴以冲突的影响。巴以经验的实质就是努力用谈判来终结恐怖主义。如果说谈判是一种历史悠久的终结恐怖主义的手段，那么我们就必须分析在巴以这个案例中，谈判为什么看起来没能发挥作用。

冷战结束后的国际关系大调整，给了我们一丝解决巴以冲突这一棘手问题的希望。随着两极争霸格局的瓦解，巴勒斯坦被占领土内的骚乱迅速增多。第一次巴勒斯坦人起义——一场持久的公民抵抗、罢工、暴力示威运动——开始于1987年12月。[64]年轻人和小孩向以色列人投掷石块，因为他们认为，使用武器将对装备占优的以色列国防军有利，但由此产生的新闻报道或许能够在人们心中唤起大卫对抗歌利亚的形象。此时，"巴勒斯坦解放组织"的领导人正流亡于突尼斯，尽管其最终取得了一定的领导权，但这次起义并非由"巴勒斯坦解放组织"发起。所以，"哈马斯"和"巴勒斯坦伊斯兰圣战组织（吉哈德）"这些宗教性质的组织，在巴勒斯坦人中获得了巨大的支持。

以色列方面的反应非常拙劣。在不清楚如何应对石块袭击和其他形式的暴力起义的情况下，最初以色列部队对巴勒斯坦人使用了实弹，造成了巴勒斯坦人的大量伤亡。截至第一年年底，311 人被以色列安全部队杀害，其中有 53 人还不满 17 岁。[65] 投掷石块者当中有大约 60% 的人年龄在 6 到 14 岁之间。[66] 以色列政府随即出台了一项被国防部长伊扎克·拉宾（Yitzhak Rabin）称为**“力量、权力和打击”**的政策——这导致了一场公关灾难，以色列国防军士兵用棍棒殴打未成年暴动者的形象传遍了全世界。[67] 结果，以色列人转而开始使用半致命性的橡胶或塑料子弹——拍摄起来没有那种轰动效果，在政治上也没有那么强的敌意，但是与棍棒相比实际上杀伤性更强。

作为一次有广泛群众基础的大规模的起义，它使得巴勒斯坦人得到了前所未有的身份认同，令巴勒斯坦的解放事业再次受到全世界的关注，并迫使以色列政府就建立一个独立的巴勒斯坦国家问题进行谈判。巴勒斯坦起义同样改变了巴勒斯坦内部的政治生态，削弱了“巴勒斯坦解放组织”/“法塔赫”的主导地位，促使了更加极端、激进的派别的崛起，特别是“哈马斯”的崛起，这也迫使“巴勒斯坦解放组织”领导人重申自己的权威。这一起义还表明，巴勒斯坦人（如今有一半的人出生于以色列统治时期）认为他们的领袖已经脱离了约旦河西岸和加沙地区的现实生活。[68]

大众起义还造成了巨大的经济损失，同时也表明一次大众起义并不能最终迫使以色列放弃被占领土。到了 1990 年，起义已经迷失了方向，主要变成了巴勒斯坦各派之间的内斗；1991 年，以色列杀害的巴勒斯坦人（大约 100 人）比巴勒斯坦人自己杀害的同胞（大约 150 人）还要少。[69] 对以色列而言，这次起义表明：在应对大众抵抗时军事力量存在着局限性；占领者的身份给以色列人的价值观和凝聚力带来了巨大的压力。[70] 由于以色列国防军造成了大量平民死亡，特别是儿童（大部分无可否认在投掷石块）的死亡，全世界深感震惊并对之表示谴责。[71] 与此同时，由于“哈马斯”等宗教组织实力的增强，使得“巴勒斯坦解放组织”成为最理想的谈判对象。[72] 总而言之，双方都认为有必要改变现状，都有强烈的动力去谈判。

1991 年的海湾战争后，美国在马德里安排了一次会议，这是巴以之间第一次在一系列努力后开始和平谈判。[73] 为谈判奠定基础是一个微妙的复杂过程，因为以色列政府拒绝同任何与“巴勒斯坦解放组织”直接有关的代表谈判，并且坚持要求参加会议的巴方代表必须来自约旦河西岸和加沙地区（因而也就将流亡的“巴勒斯坦解放组织”领导人排除在外）。1991 年 10 月 30 日，在美国总统乔治 · 布什和苏联领导人米哈伊尔 · 戈尔巴乔夫的共同主持下，谈判双方终于聚在一起，不过谈判的气氛是冷淡和不友善的。不管怎样，在巴以之间开启**双边接触**是一个重大突破。变化中的国际环境孕育着各种可能：如果冷战真的能够迅即结束，那么中东和平就真的有实现之可能了。

在这次会议后，以色列和巴勒斯坦举行了一系列秘密会谈，最初由个人发起，后来逐渐由挪威政府接替。谈判的秘密性非常重要，对以色列人而言尤其如此，因为他们需要避免直接与“巴勒斯坦解放组织”这样一个“恐怖主义”组织谈判，他们也需要在必要时以无授权为由终止谈判。1993 年 8 月 20 日，这场秘密会议以在挪威奥斯陆达成《奥斯陆协议》（全名为《临时自治安排原则宣言》）而结束。9 月 13 日，巴以双方在华盛顿正式签署协议。《奥斯陆协议》参照了联合国安理会第 242 号和第 338 号决议，特别是“以土地换和平”的指导理念。“巴勒斯坦解放组织”主席亚希尔 · 阿拉法特（Yasir Arafat）和以色列总理拉宾还正式互相交换信件，阿拉法特承认了以色列国的存在，拉宾则承认“巴勒斯坦解放组织”为巴勒斯坦人的合法代表。这是一项激动人心的成就，世界媒体聚集于白宫草坪之上，那一刻人们心中都充满了非常乐观的情绪。不久后，拉宾、阿拉法特和以色列外长西蒙 · 佩雷斯（Shimon Peres）共同获得了 1994 年的诺贝尔和平奖。

不幸的是，以色列的国家权力机构（或者其代表）并未被打动：1993 年 9 月末，经过两天的讨论，以色列议会险些通过了一次不信任投票：61

票支持该协议，50 票反对，8 票弃权。[74] 与此相似，在巴勒斯坦领土上，“法塔赫”（“巴勒斯坦解放组织”中最大的一派）接受了协议，但是“哈马斯”、“吉哈德”[75] 及“解放巴勒斯坦人民阵线”（Popular Front for the Liberation of Palestine，PFLP）则拒绝接受该协议，并拒不承认以色列的生存权。对该协议的最强烈的抵制都具有宗教性质。以色列一边是诸如“虔诚教徒集团”（Gush Emunim）这样的右翼定居者组织（它声称以色列是上帝应许之地），巴勒斯坦一边则是“哈马斯”和“吉哈德”（它认为消灭以色列、解放全部巴勒斯坦地区，是重新建立泛伊斯兰帝国的前提条件）。让协议为更多的人所接受的工作因而变得异常复杂。[76] 结果，在整个和平进程中，反复出现这样的局面：高层领导人费尽心机地想方设法达成协议，并把协议提交给看似支持和平的公众，但公众总是不愿做出实现协议所需要的具体让步。

1992 年 12 月，巴勒斯坦武装分子杀死了 8 名以色列士兵。为了报复，以色列军队逮捕了 1600 名巴勒斯坦人，将其中的 400 人驱逐出以色列并拘禁了剩下的人。与此同时，在起义后实力大增的“哈马斯”和“吉哈德”，发动了一系列越来越致命的自杀性袭击。每当双方进行选举或在和平谈判中发生重大事件时，恐怖活动就会增多。1993 年 9 月，《奥斯陆协议》被宣布后，一名来自“吉哈德”的自杀式袭击者在加沙驾驶一辆装满炸药的汽车撞向一辆载有以色列士兵的客车，仅仅造成他本人死亡；几天后，一名以色列定居者被一组“哈马斯”人员刺死。

在领导人方面，阿拉法特追求和平的诚意也值得怀疑。谈判中一个没有解决的关键问题，就是 40 万巴勒斯坦难民返回家园（或者补偿）的权利问题，1967 年，他们从以色列控制下的被占领土上逃离。难民回归这一权利遭到以色列方面的反对，他们坚称从 1948 年起，阿拉伯人从阿拉伯地区中驱逐出的以色列犹太人要多得多。在各种公开演讲中，阿拉法特经常谈到圣战、返回的权利、17 世纪的《库达伊比亚停战协议》（*Khudaybiyya Armistice Agreement*），而这一协议在历史上被伊斯兰主义者视为只是与异教徒做出的战术性妥协，而不是一个真正的停战协议。[77]对观察者而言，阿拉法特究竟是真心坚持推进和平进程，还是对他的巴勒斯坦支持者进行策略上的表演，取决于他用的是哪种语言和听众是谁。

1994年到1996年间，自杀式炸弹袭击达到空前的程度，袭击者以以色列城市为目标，且主要在受难日和礼拜日发动袭击。[78]袭击的目的似乎在于改变以色列政府的构成并致使谈判失败，尽管恐怖主义组织有时宣称袭击纯粹是报复性的。不过，我们不难看出和平进程使巴勒斯坦的暴力行动的性质发生了变化，恐怖袭击取代了大众起义。罗伯特·帕佩（Robert Pape）认为，以色列未将其军队在规定日期之前从加沙地带和约旦河西岸撤出，是催生自杀性袭击的原因；同时认为，巴勒斯坦人促使以色列从被占领土撤离的目的——一种对于因果关系的过于简单化的解释，忽视了巴勒斯坦组织当时的主张。[79]不管怎样，以色列方面采取的强有力的安保措施，阻止了据称是可信的特定的袭击活动，因为发生过许多失败的袭击尝试。[80]以色列的犹太人同样也进行恐怖袭击。1994年2月25日，在易卜拉欣清真寺（Ibrahimi mosque），右翼犹太医生巴鲁克·戈德斯坦（Baruch Goldstein）使用机关枪向正在庆祝斋月的巴勒斯坦信徒射击，造成29人死亡，150人受伤，他本人被愤怒的人群当场打死。[81]

1994年5月，根据在开罗达成的《阿拉法特—拉宾协议》（*Arafat-Rabin Agreement*），以色列军队开始从杰里科（Jericho）和加沙地带的大部分地区撤出。阿拉法特重返加沙并建立起巴勒斯坦权力机构，开始了为期5年的临时自治时期。一年后的1995年9月，第二个奥斯陆临时协议（《塔巴协议》，*Taba Accords*）签署。除此之外，以色列承诺在接下来的6个月中从约旦河西岸撤出，“巴勒斯坦解放组织”则承诺删去其纲领中“消灭以色列”的内容。最后，双方都没有完全兑现诺言，但谈判进程仍在继续。[82]

6周后的1995年11月4日，拉宾和佩雷斯在特拉维夫参加10万人规模的和平集会时，拉宾被一名26岁的保守派犹太教学生伊格尔·阿米尔刺杀。拉宾之死对谈判造成了沉重的打击，尤其是因为他的死揭示了以色列社会内部在国家前进方向问题上的极端分歧。[83]尽管民意测验显示多数以色列人支持和平进程，但其具体成果总是令人失望：在笼统地支持“和平”与具体地支持《奥斯陆协议》（及其之后的一系列协议）的条款之间，始终存在着不同的看法——特别是在以色列公民的安全状况日益恶化的情况下。在拉宾死后，佩雷斯执掌权力。他并没有举行选举，因而也就没有权力去落实临时协议中的条款。在接下来的几个群情激愤的星期里，以色列人对暴力措施的支持大大减少。佩雷斯推动和平进程向前发展，根据《塔巴协议》规定，将拉马拉（Ramallah）、纳布卢斯（Nablus）、伯利恒（Bethlehe）和其他重要的约旦河西岸城镇归还给巴勒斯坦权力机构，结束了以军为期 30 天的占领。

和平进程仍在艰难地维持着。阿拉法特在 1996 年 1 月的选举中以绝对优势当选为巴勒斯坦权力机构主席，评论家认为他的胜选表明巴勒斯坦民众普遍支持和平进程。[84]不过正如祁德（Kydd）和沃尔特（Walter）所说，由于阿拉法特凭借胜选取得了权力，那种认为他因为在政治上过于虚弱而无力控制巴勒斯坦恐怖袭击的说法将不再成立。[85]就在选举后不久，“哈马斯”和“吉哈德”制造了有史以来伤亡最惨重的自杀式袭击：1996 年 2 月，9 天内共有 4 起自杀式炸弹袭击，造成 59 名以色列人死亡，其中有很多是儿童。[86]这一袭击部分是为了被以色列刺杀的“哈马斯”爆炸专家叶海亚·阿亚什——人称“工程师”——复仇，他在佩雷斯授权实施的定点清除行动中被杀死。[87]3 月 3 日，在耶路撒冷，一个自杀式袭击者攻击了一辆公共汽车，造成 18 名以色列人死亡，10 人受伤。美国特使丹尼斯·罗斯（Dennis Ross）对 1996 年 2 月到 3 月的恐怖袭击做出了如此评论：“恐怖主义暴力再一次破坏了协议，排除了其他选择，控制了政局。”[88]恐怖袭击还影响了以色列大选，右翼政党“利库德集团”（Likud party）的本杰明·内塔尼亚胡（Benjamin Netanyahu）以微弱优势胜选。民意调查显示，以色列人认为，“利库德集团”能够在谈判过程中更好地保护以色列的安全和利益。[89]

内塔尼亚胡的上台使《奥斯陆协议》的执行遭受了挫折。他立刻开始实行“互惠”政策，即除非阿拉法特镇压巴勒斯坦的恐怖主义活动，否则以色列不会参与和平进程。然而，暴力并没有消失。5月13日，“哈马斯”的枪手在贝斯埃尔（Beth El）定居点附近对一辆公共汽车开火，造成1名以色列人死亡，3人受伤。6月，“解放巴勒斯坦人民阵线”的枪手在紥卡里亚（Zekharya）附近对一辆汽车射击，造成2人死亡。以色列新政府的第一项行动就是在阿克萨清真寺（al-Aqsa mosque）下方修建一条隧道，这严重地激怒了巴勒斯坦人，他们认为清真寺的地基会受到影响。结果发生了大范围的暴动，但暴动最终被以色列武装直升机和坦克镇压。经过3天的战斗，大约70名巴勒斯坦人死亡，几百人受伤，以色列国防军有15人死亡。[90]

在所谓的“隧道危机”后，克林顿将阿拉法特和内塔尼亚胡召集到华盛顿，试图挽救和平进程。1997年的1月到2月，以色列从希伯伦撤出，同时宣称东耶路撒冷的6500间新公寓的建设已经完成。尽管如此，巴以之间更好的安全合作使他们能够分享重要情报，特别是关于极端组织如“哈马斯”发动袭击的情报。在以色列，恐怖袭击的数量下降了。

1998年10月，内塔尼亚胡和阿拉法特在马里兰州西部的怀伊河（Wye River）植物园进行会晤，并签署了《怀伊协议》，该协议旨在进一步推动《奥斯陆协议》的实施。该协议为以色列进一步从约旦河西岸撤出规定了步骤，规定其将40%的地区交给巴勒斯坦管理，也明确要求阿拉法特负责打击针对以色列的恐怖袭击。最有趣的应该是这一点：由美国中情局负责监督巴勒斯坦的反恐行动。虽然这一结果只是充实了1993年协议和1995年协议的内容，但是由于“利库德集团”而不是更加自由化的工党参加了谈判，人们相信在履行协议时以色列民众会更加积极。的确，以色列民众当中对《怀伊协议》存在着广泛的认可（70%），但同时遭到极端正统的宗教政党的强烈反对（66%）。[91]紧接着，以色列内阁辞职，内塔尼亚胡的国内政治基础开始瓦解。1999年5月，他决定性地输给了工党的埃胡德·巴拉克（Ehud Barak）。[92]

美国再次试图给和平进程注入活力。2000年7月，克林顿邀请巴拉克和阿拉法特到戴维营举行峰会。谈判过程中最理想的局面出现了。巴拉克同意阿拉法特控制整个约旦河西岸和加沙地区（尽管巴勒斯坦区会被以色列道路和检查站分割），同时将东耶路撒冷的主权转交给巴勒斯坦人——一次痛苦但意义非凡的让步。[93]阿拉法特则要求无条件收回约旦河西岸和加沙地区的主权，并且恢复1967年前的巴以国境。巴拉克提出反建议，他同意让出1967年版图的73%的地区，在10到25年内将这一比例提高到90%。他同时警告，约旦河西岸将会被一条连接耶路撒冷和死海的公路分隔。阿拉法特拒绝了这一提议。克林顿请他提出反建议，但是阿拉法特再次拒绝并退出了谈判。

2000年9月下旬，在阿里尔·沙龙（Ariel Sharon，此际为“利库德集团”领导人）刚刚拜访了圣殿山之后，巴勒斯坦爆发了第二次起义，即阿克萨起义。[94]起义开始时，以色列籍阿拉伯人进行了大规模的暴动，他们阻塞街道，洗劫商铺，袭击以色列的犹太人。以色列警察开火击毙了12名以色列籍阿拉伯人和1名巴勒斯坦人。2名以色列预备役军人进入巴勒斯坦城市拉马拉后，被巴勒斯坦权力机构的警察逮捕。一伙暴徒冲进了警察站，残忍地将2名士兵打死，并把他们残缺的尸体扔到了街上。这一恐怖场面被一个意大利拍摄组录了下来：一个兴高采烈的巴勒斯坦年轻人将他沾满鲜血的双手伸出警察站的窗户，外面的人群正在疯狂地欢呼着，这一景象迅速地传遍了整个世界。局势似乎已经无法挽回，尽管巴以双方的领导人都谴责了暴徒，但这一事件和那个恐怖的画面产生了极具煽动性的效果。以色列用武装直升机进行了空中打击，把整个警察站炸成了瓦砾。[95]

此次起义中仅前两周的死亡人数，就比第一次起义前4个月的还要多。[96]在沙龙拜访圣殿山后的一个月内，149名巴勒斯坦人被杀，暴力行为还在不断升级。[97]2001年2月，巴拉克决定举行大选，在选举中他输给了沙龙。沙龙极具挑衅性的圣殿山之行和他强硬的形象，让他很受以色列民众的欢迎。在夏季来临之前，自杀式袭击和定点清除行动一直在进行。以色列出动大军应对，并且重新占领了在之前几十年间撤出的地区。2001 年 9 月，以色列坦克开进杰里科和拉马拉，以军还对加沙和拉法（Rafah）发射了导弹。截至 2001 年 10 月，共有 90 名巴勒斯坦人死亡，2000 人受伤。

戴维营峰会的失败，对巴以双方而言都是一个分水岭。巴勒斯坦对恐怖主义的态度很快就发生了戏剧性的变化。巴勒斯坦人对自杀式袭击的支持率从 20 世纪 90 年代的 25% 飙升至阿克萨起义头两年的 75%；在 2003 年 6 月 29 日签署停战协议前夕，这一支持率也仅仅降为 60%。[98] 与之相应，2001 年至 2002 年自杀式袭击和传统袭击的总数剧增，远远超过 1994 年至 1996 年的最高数字。[99] 然而，这种变化同样反映了巴勒斯坦人的这样一种观念：1995 年 5 月以色列从黎巴嫩撤出，是黎巴嫩“真主党”的自杀式袭击“起了作用”，他们应该仿效之。另一方面，以色列的犹太民众相信，以军在黎巴嫩的失败是巴勒斯坦人的过错，以色列的立场一直太过于温和了。绝大多数人反对巴拉克做出的重大领土让步。[100] 巴以双方的士气都受到了打击。在戴维营峰会失败的第四天，巴以联合进行了一次民意调查，调查结果的标题如下：“以色列人和巴勒斯坦人支持和平进程与和解，但不愿像他们的领导人那样付出代价”。[101]

恐怖主义与对话

根据罗斯的研究，巴勒斯坦保证以色列的安全，使其免遭恐怖袭击，以色列则让巴勒斯坦人控制他们自己的日常生活，这是《奥斯陆协议》中的根本交易。然而，“哈马斯”和“吉哈德”的恐怖袭击并未终止，以色列则缓慢地拖延行动，巴勒斯坦的经济最终崩溃。交易双方都没有遵守承诺。阿拉法特始终避免承担制止暴力的责任，有时“哈马斯”和“吉哈德”已经公开宣布对恐怖行动负责，阿拉法特却还在指责以色列特工发动了袭击。拉宾政府则将巴勒斯坦地区封锁起来。罗斯认为，早在 1994 年秋季，暴力行动就已经开始动摇《奥斯陆协议》了。

整个谈判过程中的重大事件和恐怖袭击具有明显的相关性，这是这个案例中最令人沮丧的部分。一共有三波自杀式袭击，分别与和平进程的三个时间节点直接相关：第一次小高峰出现在1988年至1990年的第一次巴勒斯坦起义期间，由黎巴嫩“真主党”策划，主要发生在黎巴嫩境内。第二次是1994年至1996年，巴以双方开始履行《奥斯陆协议》，巴勒斯坦权力机构也在此时建立。第三次也是最大的一次恐怖袭击浪潮，时间为2001年至2002年，在2000年戴维营峰会失败后出现。[102] 不过，我们也不能对和平谈判与暴力两者间的关系做简单化的判断：“哈马斯”的恐怖袭击活动始于1992年，早于1993年签署的《奥斯陆协议》，所以两者之间的关系是程度上的影响关系，而非因果关系。

不过，在巴以这个案例中，搅局者的影响也很关键，至少在90年代中期的和谈开始阶段是这样的。“哈马斯”和“吉哈德”试图通过恐怖袭击阻碍巴以正在进行的和平谈判。以色列公众对此感到非常愤怒，并且越来越觉得不安全，但最让他们失望的是，他们认为巴勒斯坦权力机构没有能力或者不愿意去阻止恐怖袭击。一项研究曾假定，之所以在90年代早期和平进程还能维持，是因为以色列人认为阿拉法特力量虚弱，无法制止极端组织的恐怖活动。在第二次巴勒斯坦起义后，人们普遍认为阿拉法特的力量已经增强，然而这却引发了以色列领导人的猜忌，他们认为阿拉法特有能力阻止恐怖袭击但就是不这样做。[103] 有趣的是，阿克萨起义中最早的暴力行动并非出自极端组织，超过80%的袭击是由像“法塔赫”和“坦兹姆”（Tanzim）这样的传统世俗组织实施的，这些都是“巴勒斯坦解放组织”下属的派别，阿拉法特理应能够控制其行动。[104] 米娅·布卢姆（Mia Bloom）提出了这样一个观点，他认为巴勒斯坦的各个派别在争夺起义的领导权。这一看法得到了数据的支持，有6个相互竞争的派别实施了传统袭击和自杀式袭击——此时和平谈判已经失败。[105] 因此，第二次巴勒斯坦起义中的恐怖袭击看起来与和平谈判没有直接关系，而是与巴勒斯坦内部的派系斗争有关。

直接根据和平进程每一阶段开始时的情形去评价和平进程的成果，是一种过于简单化的做法。决定进行谈判这一事实改变了使用暴力的动机。在尚未进行谈判时暴力就已经存在了，而且可能更加严重。和平进程可能导致了恐怖袭击，但是如果没有和平进程也可能出现同样的局面。所以，问题的关键并不在于谈判期间暴力袭击变多了还是变少了，而是与**假设**不进行谈判的情况相比，暴力是更多了还是更少了，这是一个更加复杂的问题。[106]

就和平进程本身而言，以色列政府和巴勒斯坦谈判对手试图将谈判与恐怖主义和反恐怖主义动能相分离——这与人们在北爱尔兰采取的方式大不相同，在那里，谈判者利用公众对恐怖袭击的强烈反对去推动谈判。这种路径的差别不仅仅是政策的问题，同时也体现出双方民众对谈判的期许不同——获得感、理想的可供选择的方案，以及做出牺牲换取和平的意愿（而不是相互竞争的欲望）都存在着很大的差异。巴勒斯坦人开始认为恐怖袭击是和平进程的补充，并非与其相抵触，因为他们相信仅仅依靠谈判绝不可能使以色列完全撤出。民意调查显示，人们并不认为和平进程与暴力互不相关，而是认为暴力也是推动和平进程的一个方面，尽管双方都没有得到自己想要的好处——以色列人渴望安全，巴勒斯坦则希望过上更好的生活。卢卡·李克尔夫（Luca Ricolfi）指出，在 2000 年一整年中，“哈马斯”并不活跃。直到夏季戴维营峰会失败、秋季的阿克萨起义之前，从没发生恐怖袭击的迹象。[107] 因此，关于该案例的一个常见的结论显然并不成立：虽然和平进程有时会在短期内导致暴力活动增多或减少，但恐怖主义并没有直接使谈判失败。

“泰米尔伊拉姆猛虎解放组织”或曰“泰米尔猛虎解放组织”

斯里兰卡的冲突从一开始就以**“时打时谈”**为特征。这是一个典型的例子，双方不断尝试进行谈判，但总是被骇人的大规模暴力活动和高调的刺杀行动所打断，其主要特征就是谈判明显地无果而终。仅仅将这一案例描述为恐怖主义是不准确的，这场冲突既是典型的以平民为袭击目标的恐怖主义活动，同时也是一次反抗斯里兰卡军队的大规模叛乱。“泰米尔猛虎解放组织”自己喜欢宣称它仅仅是打击军事目标，但是对该组织的历史稍加回顾，我们就能发现这种说法站不住脚。我之所以将这一案例放在这一章，是因为“泰米尔猛虎解放组织”广泛地使用恐怖战术，臭名昭著，特别是由它的精锐力量“黑虎小组”（Black Tiger unit）发动的自杀式袭击，而它们恐怕是这一堪称世界上最恐怖艺术的高超践行者。[108] 不管好坏与否，这也是一个深受2001年后国际反恐行动影响的案例。不管它可能是别的什么，“泰米尔猛虎解放组织”长期蓄意针对平民进行大量恐怖袭击，使得它被归类为恐怖主义组织。

2001年，“泰米尔猛虎解放组织”和斯里兰卡政府实现了停火，结束这场南亚地区最漫长的武装冲突和20世纪末最血腥的分离主义运动，似乎有了希望。在整场冲突中，共有大约7万人死亡（其中约三分之二是平民），200万人成为难民。[109] 之前有过4次对话、实现停火的尝试，这次谈判则是由“泰米尔猛虎解放组织”发起的。挪威政府在双方之间斡旋，使得谈判的前景看起来更加乐观。在谈判的最初阶段，斯里兰卡政府差不多是完全被动的。[110] 然而在接下来的4年里，伴随着迈向和平的史无前例的一步到来的，还有斯里兰卡政府内部激烈的政治斗争，“泰米尔猛虎解放组织”的背约，最终双方再次爆发了一场大规模武装冲突。仅仅在2006年一年之中就导致4000人死亡，其中有大量的平民。至少20万人沦为难民。

跟北爱尔兰的情况一样，这是一个多数群体不尊重少数群体的典型例子。“泰米尔猛虎解放组织”源于1972年斯里兰卡（之前是锡兰）的重新定义。信奉佛教的僧伽罗人控制了新生的国家，他们不仅将僧伽罗语定为官方语言，而且轻视北部和东部信仰印度教的少数民族泰米尔人。泰米尔人希望他们所在的地区拥有更多的权利，但是由于担心这会造成国家分裂，斯里兰卡政府拒绝了这一要求。极具影响力的泰米尔人领袖韦卢皮莱·普拉巴卡兰（Velupillai Prabhakaran）在这一年创立了“泰米尔新虎组织”（Tamil New Tigers，TNT），4 年后将该组织改名为“泰米尔伊拉姆猛虎解放组织”。1974 年在贾夫纳（Jaffna）召开的世界泰米尔人大会期间，有 9 名泰米尔平民被警察杀害。为了复仇，“泰米尔猛虎解放组织”的第一次行动就是刺杀贾夫纳市市长阿尔弗雷德·杜礼阿帕（Alfred Duriappal）。[111]

1983 年 7 月，“泰米尔猛虎解放组织”杀害了 13 名僧伽罗士兵，引发了“黑色七月”的大范围屠杀行动，造成 3000 名泰米尔人死亡。[112] 政府并没有采取和解措施，而是通过了另一项宪法修正案，其中规定议会所有成员必须明确否认自己同分离主义运动有关，并宣誓对斯里兰卡国家效忠。16 名泰米尔族议员因此愤怒辞职。随后出现了 30 多个泰米尔激进组织来填补**政治真空**，虽然很快只剩下了 5 个主要竞争对手。[113] 1986 年，这些组织之间爆发了内讧。通过无情的清洗和冷酷的谋杀，普拉巴卡兰最终胜出。到了 1987 年，“泰米尔猛虎解放组织”取得了支配地位。似乎是为了宣示它的地位，在这一年，“黑虎小组”第一次实施了自杀式袭击。“泰米尔猛虎解放组织”的汽车炸弹在科伦坡炸死了 110 名平民。

第一次与政府的谈判在 1985 年 7 月开始，但很快就失败了。“泰米尔猛虎解放组织”和政府之间的冲突不断升级。邻国印度出于对印度教同胞的同情，为被围困在贾夫纳的泰米尔人空投了补给品。1987 年 7 月 29 日，印度和斯里兰卡达成协议，印度负责在冲突双方间进行调停。在印度的压力下，斯里兰卡决定给予泰米尔语官方语言的地位，印度则同意提供维和部队以解除“泰米尔猛虎解放组织”的武装。这一协议成为了两国政府的灾难：印度军队（已于 1990 年撤出）没能制服“泰米尔猛虎解放组织”，相反“泰米尔猛虎解放组织”则在冲突间隙清除了泰米尔人内部的持不同政见者，巩固了自己的地位。从此之后，“泰米尔猛虎解放组织”就开始采取这一行动模式：定期进行谈判，达成协议，以争取时间，消灭对手，壮大自己。

1989 年进行的第二轮谈判短暂地实现了停火。[114] 1990 年，斯里兰卡政府和“泰米尔猛虎解放组织”之间的敌意再度恢复，双方都进行了血腥的屠杀。在斯里兰卡北部，“泰米尔猛虎解放组织”迫使600多名斯里兰卡警察投降，随后杀害了他们。[115] 斯里兰卡空军则轰炸了斯里兰卡最神圣的印度教湿婆庙宇纳古勒斯瓦拉姆（Naguleswaram）神庙，造成180名泰米尔人死亡，其中有5个婴儿。[116] 杀戮已经变得惊人的残酷。1991年7月爆发了最大的一场战斗，斯里兰卡陆军在大象关（Elephant Pass）的军事基地被“泰米尔猛虎解放组织”的5000名士兵包围，该基地扼守通往贾夫纳半岛的通道。在长达一个月的围困战中，双方各损失了2000人。斯里兰卡政府随后对北部和东部地区进行食品药品禁运，以严惩泰米尔人，而此际战斗还在继续，伤亡惨重。

1994年，斯里兰卡的执政党斯里兰卡统一国民党在选举中被斯里兰卡自由党击败。后者长期致力于和平。[117] 斯里兰卡新总统钱德里卡·库马拉通加（Chandrika Kumaratunga）立刻提议进行和平谈判。1995年双方实现了第三次停火，由一个国际和平委员会监督停火，该委员会由斯里兰卡政府和“泰米尔猛虎解放组织”的代表组成，由加拿大、挪威、荷兰政府的代表主持。但这一和平的尝试再次失败了。在进行了4轮对话、交换了35封信件之后，“泰米尔猛虎解放组织”于1995年4月打破停火协议。[118] 第二年中死亡人数迅速增加，恐怖活动也愈演愈烈。[119] 1996年1月，“泰米尔猛虎解放组织”对科伦坡的斯里兰卡中央银行发动了一场有史以来最致命的自杀式炸弹袭击：一共有90人死亡，1400人受伤。6个月后的第二次炸弹袭击造成70多人死亡。之后政府提出的谈判倡议遭到了拒绝。

“泰米尔猛虎解放组织”继续实施**袭扰战术**（hit-and-run tactics），交替进行和平谈判与恐怖袭击，其间还穿插着双方军队的常规冲突。2000年，在参加再次竞选活动的最后一天，库马拉通加本人险些死于“泰米尔猛虎解放组织”的自杀式袭击。她在袭击中失去了一只眼睛，这次爆炸一共造成26人死亡，超过100人受伤。[120] 2000年12月，“泰米尔猛虎解放组织”再次单方面宣布停火，这次停火持续到2001年4月，那时斯里兰卡军队发动了一场代号为“火棒”（Rod of Fire）的大规模攻势，旨在夺回大象关的军事基地，但最终失败。

2001 年 12 月，情况终于出现了突破。“泰米尔猛虎解放组织”宣布它愿意探寻更多的政治权力，即希望能够采取举措确保泰米尔人在统一的斯里兰卡中应有的权利。[121] 这是一个分水岭，表明“泰米尔猛虎解放组织”愿意考虑除泰米尔地区独立之外的其他安排。2001 年 12 月，“泰米尔猛虎解放组织”又一次宣布单方面停火，这一次政府也以停火回应。双方签署了一份谅解备忘录，宣称相互尊重彼此所控制地区的现存界限。挪威同意进行调停，大约 70 名来自北欧国家的代表来到斯里兰卡以监督停火。[122] 情况前所未有地令人乐观，特别是因为“泰米尔猛虎解放组织”从北美和欧洲泰米尔人社团获得的财政支持已经枯竭。斯里兰卡政府解除了针对“泰米尔猛虎解放组织”的禁令，前往贾夫纳的商业航班恢复了，通往泰米尔地区的道路也重新开通，多年来民用交通也第一次流动起来。

与此同时，斯里兰卡政府方面出现了能够决定谈判命运的关键变化。库马拉通加的斯里兰卡自由党在选举中被击败，拉尼尔·维克勒马辛哈（Ranil Wickremasinghe）的统一国民阵线再次执政。根据一项所谓的共存协议，库马拉通加继续担任总统，维克勒马辛哈则担任总理。权力上的分裂，意味着在需要就放权问题做出关键决定时，将出现混乱与争执。[123]

和平谈判在 2002 年开始。双方同意：“在泰米尔人历史栖息地实行民族自决原则。根据这一原则，在统一的斯里兰卡联邦架构内寻求一个解决方案。”这看起来又是一个突破，因为“泰米尔猛虎解放组织”显然已经放弃了独立的诉求。不幸的是，库马拉通加被排除在谈判之外，这使她不再热心支持政府，并引发了一场贯穿谈判全程的权力斗争。[124] 2003 年 4 月，“泰米尔猛虎解放组织”出人意料地退出了谈判。然而，它继续遵守停火协定，并提出了一个具体的和平倡议。它要求成立一个“临时自治权力机构”（Interim Self-Governing Authority，ISGA），该机构在斯里兰卡北部和东部享有广泛的权力，由“泰米尔猛虎解放组织”控制。根据这一方案，在接下来的5年中，“临时自治权力机构”将执掌政权，如果此后仍没有就该地区的统治问题找出其他解决方案，权力机构就将独立。

这一步走得太远。僧伽罗民族主义者非常惧怕泰米尔人的独立。库马拉通加随即宣布国家进入紧急状态，并与其他两个党组成了反“临时自治权力机构”联盟。她还替换了3名重要部门的部长——国防部长、内务部长、媒体部长，以防止维克勒马辛哈总理进一步做出让步。2003年11月，挪威人暂时从和平谈判中退出，他们认为科伦坡的权力斗争已经使谈判不可能再取得任何进展。库马拉通加举行了选举。选举的结果反映出公众对谈判感到的焦虑：维克勒马辛哈政府被出局，但是库马拉通加的联盟也没能赢得多数，政府如今则变得更加难以控制，且没有实现和平的授权。

此时，泰米尔人那一边也出现了内乱的迹象。2004年3月，“泰米尔猛虎解放组织”的卡鲁纳（Karuna）上校带领几千名最精锐的普拉巴卡尔人（Prabhakarian）士兵投奔了政府。两年后，卡鲁纳出现在了政府那边。这是斯里兰卡情报机构的一次重大成功，对“泰米尔猛虎解放组织”造成了严重的打击，它无懈可击的组织团结似乎面临着新的挑战。越来越多的证据表明，“泰米尔猛虎解放组织”在招募新成员的问题上遇到了困难，它被迫开始征召妇女儿童，有些人的年龄只有9岁。[125]

2005年，“泰米尔猛虎解放组织”的暗杀行动仍在继续，外交部长拉克什曼·卡迪尔加马尔（Lakshman Kadirgamar，死于2005年8月）也不幸罹难，和很多受害者一样，他也是一个泰米尔人。在2005年的总统大选中，“泰米尔猛虎解放组织”试图用暴力来强迫泰米尔人抵制投票。选民因此出现了两极分化。这一行动实际上让马欣达·拉贾帕克萨（Mahina Rajapakse）掌握了权力，他是和平谈判的坚定反对者。达成协议的希望化为泡影。挪威人为挽救协议做出了最后的努力，在2006年2月到3月，他们在日内瓦召开了一系列会议，但全都无果而终。2006年4月20日，“泰米尔猛虎解放组织”退出和平谈判。

对失败的分析

正如那个时代的大多数谈判一样，斯里兰卡政府和“泰米尔猛虎解放组织”之间的谈判也没能终结恐怖主义。尽管如此，和平进程在短期内还是给这个国家带来了重要的积极影响——国际社会纷纷承诺予以援助，北部的建设工作有所进展，政府还获得了关于“泰米尔猛虎解放组织”的重要情报。如同强迫妇女儿童参战或者充当自杀式袭击者，损害了“泰米尔猛虎解放组织”的声誉一样，该组织越来越多地从事偷运、走私军火、贩卖毒品等活动，以开辟新的经济来源，损害了它自身的政治基础。谈判也有助于破坏“泰米尔猛虎解放组织”的内部团结。在此之前，依靠残暴地强迫其成员盲目服从领袖，“泰米尔猛虎解放组织”统一了组织成员对武装斗争的看法和态度。而上述所有这些因素都损害了它所获得的支持。

在政治上，斯里兰卡政府受到了谈判失败的不利影响。政府已经分裂为几个尖锐对立的派别，它不能超越种族上的两极对立。这一对立是一开始就引发冲突的一个重要原因。占多数的僧伽罗人不愿与占少数的泰米尔人分享权力，是问题的症结所在。尤其是任何看起来可能导致泰米尔人独立、国家瓦解的协议，他们更不会接受。

这场谈判以及相关的条款使“泰米尔猛虎解放组织”暂时停止了恐怖袭击，将暴力导向了另一种表现方式：第一次出现了达成长期协议的希望。[126] 双方都有理由要求暂时停止对抗。“泰米尔猛虎解放组织”需要喘息的时间，因为它在 2000 年到 2001 年的攻势中遭受了严重的损失，已经难以继续发动军事行动。“泰米尔猛虎解放组织”很可能认为，2001 年的军事和政治形势正朝着对它不利的方向发展，因此它需要实现停火以控制住这一势头。在“9 · 11”事件后，斯里兰卡军队开始加强训练，提升在反叛乱战争中的战斗能力，比如从以色列军队购买武器和学习军事训练方法。[127] 政府也利用停火来招募士兵，实现装备现代化，发展作战力量。的确，在谈判失败后，斯里兰卡军队对“泰米尔猛虎解放组织”发起了一次强劲的攻势，在写作本书时，这场战役的胜负还未分晓。因此，我们可以得出结论：虽然在谈判期间暴力活动有所减少，实现和平的可能性也真实存在，但谈判双方都不认为它们正处于军事和政治上的僵局。谈判失败后双方在军事上都更加强大，但在政治上则更加虚弱了。

有希望的谈判环境和无望的谈判环境

很多变量能够影响谈判终结恐怖主义的效果：恐怖主义组织结构的性质（与不能控制成员行为的组织相比，采取等级制结构的组织更有优势），领导的性质（有强力领导的组织比分散化的组织更有优势），公众对组织事业支持的性质（如果组织的支持者支持和平，则更有可能妥协）。一定要有一个可以通过谈判实现的目标，与主要信奉左翼、右翼或者宗教 / 唯心主义意识形态的组织相比，以地域为基础的组织更可能持有这样一个可行的目标。研究表明，恐怖主义组织追求的目标或对目标的坚持会随时间的变化而变化，因此有时这种肤浅的假设也是不准确的。[128]

与恐怖主义组织进行政治对话，在多大程度上能够促使恐怖主义组织的衰亡、暴力袭击的减少，对此看法各不相同。不过，在谈判究竟有没有前景这个问题上，政府和恐怖主义组织的经验可以给我们一些有益的启示。通过对恐怖主义组织的全面的定量分析，加之我们在这里深入剖析的三个案例都表明，谈判成功与否取决于以下**七个关键因素**：政治僵局，双方都存在强力领导，有无第三方担保人，有无自杀式袭击，组织（以及联盟政府）分裂的影响，搅局者的影响，国际环境。接下来我们将依次讨论这些因素。

僵局

当双方都感到进一步使用暴力将起到反效果时，谈判最有可能发生。威廉 · 扎特曼（William Zartman）发明了一个短语叫作“**痛苦的僵局**”

（hurting stalemate），指的是国内冲突中谈判最有希望发生的一种情况。从主要使用恐怖主义手段（而不是更传统的力量形式）的挑战者的角度看，“痛苦”指的是一种政治上而非军事上的状态。[129] 政府可以使用军事消耗战略，但是恐怖主义组织却不行。在作品中，扎特曼还详细叙述了叛乱的四个阶段：（思想等的）表达、动员、叛乱、战争。由于恐怖主义组织实际上正处于**动员阶段**，所以跟它们谈判将非常困难：政治动员的程度决定了组织的动机。如果恐怖主义组织认为，一国国内民众的态度正朝着对它们有利的、对政府不利的方向变化，那么它就会等待谈判；如果恐怖主义组织试图动员的民众对暴力的反应对该组织有利的话，那么这个组织也会等待谈判。[130] 为谈判设置大量前提条件，仅仅是恐怖主义组织谈判战略的一部分，是其控制政局的一种手段。

但是，重要的是我们不能忘记，只有五分之一的恐怖主义组织选择了谈判，因此，通过谈判消灭恐怖主义比解决内战问题还要困难。扎特曼认为，四分之一到三分之一的内战中都会发生谈判。[131] 扎特曼同时预言，谈判双方的结构性失衡越严重，那么基本要素——而非谈判——越可能决定事情的最终结果。[132] 恐怖主义组织正是因为力量的严重失衡才去袭击平民的，所以这种情况下仅仅依靠谈判很难解决问题。

当恐怖主义组织认为它自己正在失势时，谈判最容易进行。恐怖主义组织处于不利地位的原因有很多：其他恐怖主义组织的竞争（“巴勒斯坦解放组织”与在起义中崛起的其他组织的竞争），政府特工的渗透（“临时派爱尔兰共和军”），失去支持（“9 · 11”事件后的“泰米尔猛虎解放组织”），支持者的反对（见第五章），以及其他一系列原因。与其他行为体一样，恐怖主义组织不愿意遭受损失，尽管它们很乐意为未来的收益铤而走险。[133] 恐怖主义组织自身（而非政府）的行动直接导致其支持者的更多伤亡（已经造成的或未来的伤亡），是推动它们进行谈判的一个常见原因。高超的反恐策略要求我们操控这些政治条件，在谈判前、谈判中、谈判后都要充分利用环境因素。这一战略的核心，在于确保对军事手段收效的关注不与政治领域的活动发生冲突。和人们普遍认为的情况正好相反，进行谈判的政治环境比谈判内容本身更加关键。

政府必须明白谈判并不一定能确保改善**军事局势**，特别是在短时间内。恐怖主义组织有时会虚心假意地进行谈判，以缓解反恐压力，重新武装自己。“临时派爱尔兰共和军”在1998年的《北爱尔兰和平协议》签署后依然在扩军备战，它们从佛罗里达购买枪支，从俄罗斯进口AN–94步枪。[134]“泰米尔猛虎解放组织”则多次停火，并反复与斯里兰卡政府进行和平谈判，在有喘息之机时增强自身的军事力量。这里还有一些本章没有详细讨论的案例：1998年，因谋杀一名很受欢迎的年轻议员而遭到公众的强烈抗议，巴斯克的“埃塔”运动宣布停火。但是在1999年它却宣布终止停火，声称它之所以停火只是为了暂缓政府的压力以重新武装。[135]显然，政府也利用谈判获得喘息的机会。由于谈判对双方而言都是有风险的，认为双方在谈判时会停止往常进行的准备活动是幼稚的。谈判其实是让竞争在另一个平台上进行。除非谈判中包含明确要求解除武装的条款。当然，有时这种情况是存在的，否则恐怖主义组织会继续进行武装。所以，（对足够强大、能进行谈判的政府而言）应把谈判进程看作是竞争性互动的另一种形式。我们要根据谈判本身的价值来做决策，把谈判视为一个过程，心怀一个比较低的预期，因为人的行为总是在不断变化，短时间内尤其如此。

强力领导

一些有关冲突解决过程的材料声称，领导人的变换能提高谈判的成功率。查尔斯·金（Charles King）认为，在内战中，领导人的更换能给谈判带来机会，特别是在一个关键领导人的存在阻碍了和平的实现，而他的继任者则希望和平的时候。[136]然而，我们并不清楚这种规律是否适用于恐怖主义组织。[137]

正如我们在第一章探讨过的，主张使用恐怖主义的领导人的作用是非常独特的。当公众没有为一项事业而被充分动员起来时，往往就会有人采用恐怖主义这种暴力形式。某种程度上，通过诱使敌手无差别地使用武力，恐怖分子得以将袭击平民作为动员手段以获取支持。当最初实行恐怖主义的组织转向（或者放弃）种族暴力或内战时，冲突在动员大众时的作用程度也会因此而发生变化。[138] 不过，要想使谈判获得成功，必须有一个可以进行谈判的组织，一个代言人或领导人。[139] 尽管谈判还能实现其他的目的，例如在诸多不同的派系中确定首选对象，探索将他们收买的可能性等等，但是，那些坚持不懈的恐怖主义组织在更换领导人之后往往变得更难对付。如果恐怖主义组织在转型后仍得以存在，领导人的变换则会带来一个更加分散化的组织结构，此时我们将很难与之谈判，因为组织的不同部分在追求不同的目标。由于恐怖主义组织以平民为袭击目标，因此它的规模并不必然与其杀戮的动机和能力直接相关。所以，恐怖主义组织的分裂将使情况变得更糟，起码在短期内是这样。

对于政府而言，大家普遍承认并高度重视强力领导的重要性，两党高度一致有利于和平谈判，这一点同样非常关键。[140] 对于民主国家而言，要进行谈判，上述两方面缺一不可。尽管他可能饱受谴责，但是，一个主张谈判、其名誉相对而言不被暴力行动玷污的、强有力的、具有魅力的恐怖主义领导人，也同样重要。

担保人

第三方——充当调停者、局外担保人以及那些愿意推动和支持谈判的外部行为体——的作用很关键。正是因为以色列政府意识到，它不可能借助与约旦、叙利亚和被占领土内的非“巴勒斯坦解放组织”人员谈判而绕开“巴勒斯坦解放组织”，巴以和平进程才成为可能。[141] 但是，像叙利亚这样的关键阿拉伯国家未能坚守和平进程，也损害了巴以和谈。《英爱协议》的签订，以及爱尔兰共和国随后对北爱尔兰共和党人施加的影响与支持，提供了国际框架和安全保障，可以说是早期和平进程中的转折点。挪威政府在斯里兰卡的执着表现令人印象深刻，可以说是影响暴力活动的主要原因。

在谈判早期，推动者的作用尤为重要，这一方面是因为恐怖主义组织通常都很诡秘，难以与之接触；另一方面，对政府来说，与恐怖主义组织对话的国内政治成本可能很高。所以说，一个双方都认为合适的人选非常关键。早期接触通常可以通过宗教领袖或其他普通公民（“临时派爱尔兰共和军”的案例）、联合国（塞浦路斯是其中一个例子）或其他非政府组织（南非和巴以冲突）来实现。政府也可以借助第三方政府调停：里根政府通过瑞典外长史坦·安德松（Sten Andersson）向阿拉法特传递消息。[142] 国家有时也使用情报官。并非当事者的第三国往往自愿介入谈判之中：挪威政治家埃里克·索尔海姆（Erik Solheim）协助“泰米尔猛虎解放组织”/斯里兰卡和平进程的努力就是一个著名的例子。[143] 早期接触的形式很多，从个人间的秘密接触，到公开演讲（包括有组织的演讲、座谈和讨论），再到更加正式的“预备性谈判”（prenegotiations），例如在中立、保密环境下，双方有影响力的个人参加的讨论会和旨在探讨协议的秘密会议。[144]

不过，精心安排、字句斟酌的协议有时会产生相反的效果。正如我们在北爱尔兰案例中所发现的，在应对像恐怖主义活动这样复杂的冲突时，好的协议常常是模糊的，这使得双方都能够根据自己的需要对协议进行解释。短期内最好的愿景是：保证谈判双方持续接触，找出一个摆脱恐怖主义的可能路径，提供获得和平红利的朦胧希望。因此，国际法学家并非解决恐怖主义冲突的最佳人选：一个好的协议——避免国家间法律条约的脆弱性——可能会抬高深感困苦的民众的期望；但在谈判中，清晰并不一定就是一个理想的目标，它可能会破坏实现和平的远期愿景。

自杀式袭击

在恐怖主义活动中，使用自杀式袭击使得以谈判解决问题变得更加困难，因为自杀性袭击降低了敌对双方共存的意愿或能力。在自杀式袭击之后（或袭击中）进行的谈判很难取得成功。造成这种情况的原因有很多，如双方的支持者在地域上前所未有地相互分隔；当对方民众可能是人体炸弹时，要在不同的种族、宗教、民族团体之间实现融合，事实上已不可能。自杀式恐怖主义不仅仅是驻守检查站的安保部队的问题，也是每一个普通人的问题。在每天的日常生活中，人们都将担心其中的某个普通人可能想把他们全部杀死。几乎没有任何地方可以说是安全的。此外，人们对自杀式袭击的关注度比普通的袭击要高。[145] 袭击者以自杀式袭击的方式死亡，可以说是一种公共**"献祭投资"**（sacrifice investment），这本身就提升了袭击的影响，因为人们总是很难承认人命可以被毫无意义地蓄意夺去。[146] 自杀式袭击既产生了也体现了袭击者在意识形态上的一种特殊的执着。所以，我们很难使谈判免受由此催生的愤怒情绪的影响。自杀式袭击还使得个体间的不信任感特别之高，这在一定程度上使得那些需要起码的信任和相互承诺才能进行的谈判变得不可能。

因此，运用自杀式袭击、被作为自杀式袭击目标在国家中造成了一种文化和社会上的变化，一种难以克服的异化。这种情况阻止人们自由迁徙、相互交融，虽然只有很小一部分人才是自杀式袭击者或是其袭击的目标。[147] 例如，在以色列，日益增长的自杀式恐怖袭击催生了隔离政策，其所建立的围墙就是这一政策的直接表现。[148] 当然，这种隔离墙绝非在以色列才罕见，例如美国在伊拉克也修建了类似的隔离墙，以减少教派分子发起的自杀式袭击。

公众对和平进程的广泛支持，是影响（国家）与恐怖主义组织谈判的一个关键因素，但自杀式袭击却在国际范围内越来越流行，这种情况引人深思。伴随着最令人沮丧的谈判而发生的两场恐怖主义冲突——发生于斯里兰卡和巴以地区，也是自杀式袭击发生最多的两个地方，当今全部自杀式袭击中的 80% 发生在那里，这绝非巧合。

组织分裂

尽管在主要谈判方之间能取得成果，但政治进程中通常会出现这种情况：恐怖主义组织分裂成支持谈判（或谈判成果）与不支持谈判的派别。例如，从“爱尔兰共和军”中分裂出来的“真爱尔兰共和军”，[149] 以及在巴以和谈进程中，从“巴勒斯坦解放组织”中分裂出来的“解放巴勒斯坦人民阵线”、“解放巴勒斯坦民主阵线”（Democratic Front for the Liberation of Palestine，DFLP）和“解放巴勒斯坦人民阵线总指挥部”（Popular Front for the Liberation of Palestine-General Command，PFLP-GC）。与“埃塔”组织进行的谈判同样导致了它的分裂，巴斯克激进分子继续在城市地区进行敲诈勒索和暴力活动，而该组织的政治派别“巴塔苏纳党”（Batasuna）似乎开始了正常化。从反恐的角度讲，分化瓦解恐怖主义组织也是谈判的目的之一，因为这能孤立甚至能遏制最激进的派系。[150] 但是，这种分裂也可能发生在试图维持现状（通常支持政府）的一方，南非（南非白人组织“农民力量”[Boermag]）和北爱尔兰（“阿尔斯特志愿军”）就是这种情况。与传统战争中的情况一样，政府在和正在交战的组织谈判时会遇到很多的困难。[151]

分裂导致反效果的最极端例子发生在哥伦比亚。1984 年，当哥伦比亚政府与“人民解放军”（Ejército Popular de Liberación，EPL）签订和平协议后，该组织中分裂出一个右翼准军事组织，极力反对人民解放军接受政府给予的政治地位。[152] 没过多久，左翼组织、准军事组织和哥伦比亚军队都加强了攻势，结果动摇了和平局势，加剧了暴力活动，使各方更加分化对立。分裂出来的小派别往往比它们的“母组织”更加暴力，因为它们需要宣示自己的存在，表达自己的不同意见。与原来的恐怖主义组织及其政府相比，这种情况可以说是一种全新“层次”上的恐怖主义。例如，“哈马斯”和黎巴嫩“真主党”这样的组织已经合法参选并承担起治理国家的责任，与此同时，它们仍在进行恐怖主义活动。

分裂也可能是有利的，具有战略意义。认为谈判应严格限定为那种正规的、在谈判桌上进行的公开会面，是很愚蠢的。政府公开或暗中做出明智的、有目的的让步可以削弱对手力量——这也是谈判的目的。同样，弱势政府也会遭到恐怖主义组织的缓和措施的威胁。在早期阶段，谈判往往由组织中的一小部分人进行，此时组织的其他部分甚至还在进行暴力活动。这并不是理想中的状态，但事情往往就是如此发展。如果恐怖主义组织的规模和力量正在增大，那么政府就可以用谈判来分化瓦解它们，以化解其威胁。而分裂出来的小派系的要求会和缓，它们的利益与整个恐怖主义组织的目标也并不完全一致。当然，这些小派别要有一定的实力，这样才能获得可靠的支持。[153] 如果谈判想要取得成功，那么对恐怖主义组织及其组成部分的透彻了解是非常重要的。不过，在这些案例中，长期目标（可能实现的政治结果）和短期目标（减少暴力）有时是相互冲突的。

搅局者

有些分裂出来的小派系经常使用更多的暴力行动去干扰或者破坏和平谈判，且往往取得巨大成功。通常我们用“搅局者”（spoiler）这个词来形容它们。有的组织在战争或内战中用恐怖行动破坏和平谈判，有的组织则将恐怖主义作为促成谈判的**权宜之计**，这两者之间存在着重要的区别。一项关于谈判中恐怖袭击的效果的研究表明，1988 年到 1998 年间内战各方共签署了 14 个和平协议。如果谈判的同时发生恐怖袭击，那么将只有四分之一的和平协议得以实施；如果没有发生，则有 60% 的协议能够得以实施。[154] 如果暴力活动主要采取恐怖主义形式的话，这些协议的执行情况就会更糟糕。

关于恐怖袭击与和平谈判之间的关系，巴以和平谈判的案例堪称是最彻底的研究。由于之前提到过的原因，这一案例并不那么具有代表性。并非所有的恐怖活动都与地域有关，谈判的主题也包括少数群体在国家中的代表性和权利，政府的变革，宗教自由和宗教活动的权利等。除此之外，在巴以和平进程这一案例中，我们只彻底分析了一个搅局者组织——“哈马斯”的作用，我们并没有分析其他很多直接或间接同谈判的产生、进行、结果有关的组织。一项关于“哈马斯”的研究认为，政府与恐怖主义组织之间的谈判是一种二元对立的“博弈”，这种观点既澄清了一些问题，也扭曲了一些事实：谈判双方及其使用的暴力具有内在不对称性，与恐怖主义组织进行的和平谈判绝不会像交战双方的谈判那样简单。

在北爱尔兰，恐怖袭击经常与谈判中的重要进展同时出现。但是，这个案例说明的是这样一个道理：在公众对谈判非常支持，存在强有力的外部担保人，谈判双方自身都认同谈判的情况下，恐怖主义“搅局者”的袭击实际上会使得大家更加坚定地进行谈判，而不会破坏谈判。现在，人们认识到恐怖袭击不仅会伤害平民，还破坏了和平进程，足见和平进程本身不仅是脆弱的根源（容易遭到搅局者和恐怖袭击的影响），也是力量的来源。这使得仇恨从整个对手身上转到了那些破坏和平进程的派系身上，从而使得谈判**更强有力**。在北爱尔兰的案例中，搅局者的袭击实际上增强了人们对和平的支持，而不是相反。

因此，从有关内战的学术研究中得出的一项结论，可直接适用于终结恐怖主义活动的斗争：搅局者的暴力袭击何时发生，主要在于局外人是否视这种暴力为非法。[155] 所以说，其他国家是支持现政权还是支持挑战者，是对搅局者的恐怖袭击做出模棱两可的回应还是根本不回应，均将增强它们的行动效率，进而破坏谈判。换言之，如果袭击者遭到愤怒的回击，那么这些搅局者根本就破坏不了谈判。

背景与事例

谈判能否终结恐怖主义袭击，一个关键因素就在于，恐怖主义组织是否正确理解了它们所处的广阔的历史背景并恰当地予以应对。故要解释谈判为何能（或不能）终结恐怖主义袭击，我们就必须在公共领域意识形态演进的大背景之下，来审视前述的那些战术上的相关问题。需要特别关注的问题是：跨地区的、共享精神来源的恐怖主义组织，与其他处于上升或下降势头的恐怖主义组织，有哪些真实的或设想的联系。即便现今的全球化联系更多的是意识形态上的而非实际的，但在当今时代，恐怖主义作为一种国际现象始终存在着。

近年来每个以和平协议方式结束恐怖主义活动的恐怖主义组织，其所追求的都是一项在国际舞台上不再占据主流地位的事业。作为20世纪中晚期那场非殖民化浪潮的一部分，与恐怖主义组织进行的谈判获得了最大的成功，因为它们对抗的殖民势力由于各种原因正处于守势。[156]国际环境直接影响着终结恐怖主义活动的“条件是否成熟”。北爱尔兰的例子生动地体现了这一点，和平进程所具有的令人痛苦的道德色彩后来被某种实用主义取代，在英国方面尤其如此。[157]反过来，北爱尔兰事件对于推动“埃塔”进行谈判作用重大，虽然其谈判直到现在都未取得成功。与此类似，“泰米尔猛虎解放组织”也深受“9·11”事件后国际环境变化的影响。不论好坏，国际环境已经发生了深刻的变化。在所谓的“反恐战争”的大背景下，美国、英国、以色列、印度等国都更加同情斯里兰卡政府的反恐行动。在斯里兰卡，问题在于双方都不认为它们在军事与政治上均已陷入僵局，因而在继续对抗。国际局势并没有超越局部动态。

就谈判终结恐怖主义而言，变化的国际环境只是一个必要条件，而不是充分条件。有关国家、经济和人类的意愿的流行观点事关地区冲突的解决，而地区冲突作为追求象征意义的暴力活动，旨在吸引更多的受众。反过来，这些观点也受到当地行为体命运的影响，特别是在交流越来越全球化、恐怖主义活动的叙说模式已经扩散到传统支持者之外的人群之中的背景下。[158]

谈判是如何终结恐怖主义的

谈判在短时间内很难终结恐怖主义，是这个问题的答案。就如同做出缓和的姿态与提议以影响民意一样，我们最好把谈判看作是边缘化恐怖主义组织的政策谱系中的一个基本要素。谈判能够利用对手间的分歧，使之分化，让它们的成员退出，使它们的支持者转变态度，能提供恐怖主义组织如何运作的重要情报，降低袭击的程度和强度，因为恐怖主义组织将失去动力或犯下错误。谈判本身有诸多好处，但是立刻终结暴力活动并不在其中。由于继续发动恐怖袭击所需人手很少，仅仅依靠谈判通常不会终结恐怖主义，将希望寄托于此是愚蠢的。

对政府而言，重要的问题是：与没有进行谈判相比，谈判后的情况究竟是好转了还是恶化了。由于这是一个反事实假设，因此我们无法回答这个问题。重要的是，我们要避免这种错误认识，即认为谈判的替代方案就是回到谈判开始时的状态，也就是说谈判期间时间静止了。同样可能发生的是：如果没有进行谈判，局势也可能**恶化**。因此，判断谈判效果的标准并不是看它在短时间内是否能够终结暴力。对于一个能够承受国内压力并选择谈判的政府而言，谈判的作用就在于：在恐怖主义活动逐渐消亡所需的很长一段时间内管控威胁，与此同时，其他因素将最终终结恐怖主义。

不同于内战和国家间的冲突，在终结恐怖主义时，只有有意识地利用谈判把竞争导向一种不那么暴力的对话进程，谈判才是最有效的。随着谈判的进行，恐怖活动也会因其他因素而逐步减少。如果没有坚定的国内授权，受到管控的预期，以及应对恐怖主义复发的备用方案，谈判对民主国家而言是有风险的，甚至会构成严重的挑战。对于国家来说，谈判并不是终结恐怖主义的理想的战术手段；但是，如果处置得当，谈判将成为一种控制暴力、瓦解对手、促进其最终灭亡的高明而又持久的战略工具。

[第三章]

成功：达成目标

那种直接的、辉煌的和决定性的胜利，诸如通过一次叛乱取得的那种，是绝不可能通过恐怖主义的手段取得的。但在弱者面对强者时，就像荷兰的“乞丐们”面对西班牙人时那样，另一种（形式的）胜利是有可能的。在一场与看不见、摸不着又无所不在的敌人的斗争中，强者不会被对手的武器所击败，但却被自身的持续紧张所打倒，这种紧张耗尽了它自己，到最后，甚至超过了被直接击败所带来的损耗。

——谢尔盖·斯特普尼雅克－克拉夫辛斯基

(Sergei Stepniak-Kravshinski)，1883 年[1]

有时，恐怖主义的终结缘于它的成功。恐怖主义组织一旦达成了自己的政治目标，之后要么直接解散，要么不再从事暴力活动。这一事实令人尴尬且难以去客观分析，原因不仅仅在于历史是由“胜利者”所写的。那些曾从事恐怖袭击的恐怖主义组织领导人经常转身成为受人敬仰的国务家，而他们的组织随之成为受人尊重的政党或者甚至要去管理政府。恐怖主义时不时地被当作一种手段去追求一些更好的目标，如让一个饱受压迫或无家可归的民族获得自由或是民族自决。随着时间的推移，总有一些从事恐怖活动的组织能获得合法地位。承认恐怖主义有时会获得成功，并不会使其策略合法化，甚至还有可能是减少和消除恐怖主义的必要一步。反之，拒绝承认这个现实就会显得有些一厢情愿，也会成为我们进行客观分析的一个障碍。

大多数欧洲人开始恐怖主义研究时都会基于这样一种假设，即从长远看，恐怖主义所采取的策略终将失败，并将这一假设作为研究的起点。美国人，由于他们受到过“9 · 11”的刺激且缺乏欧洲人普遍具有的冷静态度，因此总是倾向于认定恐怖主义极度危险且总能成功。当然，事实介于这两者之间。在任何情况下，对恐怖主义如何终结这一课题进行全面探讨时，一定要分析恐怖主义为什么能成功，恐怖主义怎样才能成功，以及恐怖主义在什么样的条件下才能成功。然而首要的是，我们必须确定在恐怖主义活动中，“成功”意味着什么。

“成功”意味着什么

当我们着手评估恐怖主义的效能时，成功是一个模糊的概念，总是使用得很宽泛，且反映的更多的是观察者们的**认知偏好**（intellectual biases），而不是恐怖主义组织本身（或其成员）的优先次序。大多数情况下，成功是根据恐怖活动的对象国的认知来评判的，尤其是根据该国对自身受到威胁程度的感知。这种研究中的自恋式分析模式显然是一个错误，因为恐怖主义组织尤其是它们的积极或消极的支持者们的观点，比其他人的观点更能决定暴力是否会终结。

判断恐怖主义组织是否获得成功，并不是一个仅靠评估其领导人的声明就能回答得了的问题——尽管那是一个很好的开始：要洞悉一个恐怖主义组织预设的目标，最易获取的信息来源往往就是其领导人。恐怖分子的领导人通常很熟悉此前失败的斗争历史。他们对于达成其目标之可能性的意志必然要受到这种信念的影响，即他们能够规避前任犯下的错误。[2]正如萨缪尔·约翰逊（Samuel Johnson）谈到再婚时所说的，做出从事恐怖主义活动的决定，是胜利的希望战胜了经验做法的典型表现。[3]具体而言，正是因为恐怖主义如此频繁地失败，才导致其领导人必须斗志昂扬地宣扬并夸大其获胜的能力。那些最高效的恐怖主义组织领导人常常首先是老练的信息操纵高手。[4]很自然地，他们会强调其活动可能获得收益的各个方面，宣扬政治形势正在向他们所期望的方向改变，最为符合恐怖主义运动领导人的利益。但即便政治形势真的出现了这样的转变，也很难证明恐怖主义本身就是取得成功的原因。

所以，要回答恐怖主义是否取得成功这一问题，不能单靠研究其领导人的声明来判断；我们还要考虑到恐怖主义宣称所代言的那部分民众。恐怖主义的核心是想表现为一种利他行为，宣称发动袭击旨在帮助其所代表的那部分人去追求更好的命运这一政治目标。不追求正义（至少在某些人看来是正义的）的恐怖主义不过是对大众的谋杀，因而缺乏吸引政治追随者所必需的合法性。在那些极为有限的例子中，当恐怖主义成功时（尽管极少能够成功），它确实代表了其所代言的那部分人的利益。忽视这一点意味着被恐怖主义领导人的声明和野心所愚弄了，毕竟其主要任务是操控他人的认知。

恐怖主义被视为是失败者的暴力。成功的希望越小，越是有人能从其斗争中看出一些邪恶的浪漫。另外，谈到其袭击和影响力时，恐怖主义对其可见的成功的粉饰往往超过对其失败的掩饰。一个更加复杂的情况是，恐怖主义经常被用来支持某些必将发生的事情。在延续恐怖主义活动的努力中，关键的变量不是有多少恐怖主义组织真正实现了它们的目标，而是怎样让诸多后继的恐怖主义组织**相信**它们已经实现了其目标。[5]假设恐怖主义组织的行动在实施前就被粉碎了，或者它们在国家强大的压力面前放弃自己的意识形态主张，那么一年后有多少人能听到这些组织最终失败的消息呢？恐怖主义活动若要获得成功，必须耗费时间。[6]那些知名的恐怖分子都是些坚毅的人，能够吸引所有人的关注。要更加客观地研究这一现象，也许需要用一些非政治性的“尺子”去衡量恐怖主义的“成功”——从恐怖主义组织经受时间考验的生存能力到它们实现其政治目标，无论是战术上的还是战略上的。这些标准将在接下来依次提及。

生存能力

大众对于恐怖主义效能的印象都被过度渲染了。[7] 如果恐怖主义组织的生存——正如对国家头等要务的韦伯式解释那样——是恐怖主义的一个最基本的目标，那么在策略上，这是值得怀疑的。尽管事实是：不能指望恐怖主义组织拥有国家一样的最基本特性，即生存能力，但政治学家们仍倾向于将从国家战略行为中得出的范式应用到恐怖主义组织身上。[8] 政治行为体如果不能生存下去，也就不会发挥任何作用。

更为详尽的针对恐怖主义近年来生存能力的长期分析表明，恐怖主义并不是维持生存的一种很有保障的方法。“预防恐怖主义纪念学会”数据库所提供的一项关于数百个恐怖主义组织的生存周期的详细研究表明，恐怖主义组织生存的平均时间约为 8 年（见图 A.1，参见附录中关于所有这类评估的详细解释）。列入美国国务院“外国恐怖主义组织”（Foreign Terrorist Organizations，FTO）名单上的那些恐怖主义组织的生存周期要长一些，约为 19 年，但这个名单只罗列了美国政府目前认为是最臭名昭著，且美国可以对之实施经济制裁的那些恐怖主义组织（见图 A.3）。[9] 无论是从地区广度还是从时间长度来看，所谓的“外国恐怖主义组织”名单并不是一个完全有代表性的恐怖主义组织样本，最多只举出了“预防恐怖主义纪念学会”数据库中总数的 5%（860 个中的 43 个），虽然**生存周期长**的国际恐怖主义组织在其中占有更大比重。[10]

在 20 世纪，一个恐怖主义组织的寿命与其意识形态动机息息相关：那些存活得最久的恐怖主义组织，都与非殖民化运动及民族主义联系紧密。它们更长的平均寿命看上去至少部分得益于当地同一种族民众对其政治或领土目标的支持。在1991年一次针对恐怖主义组织寿命的讨论会中，玛莎·克伦肖指出，仅3个持有民族种族主义意识形态的大型恐怖主义组织在10年之内就消失了（其中一个是“埃奥卡”[Ethniki Organosis Kyprion Agoniston，EOKA]，因为实现了塞浦路斯从英国分离的目标而解散）。相反，克伦肖罗列的存活了10年或更久的恐怖主义组织中，绝大多数都有得到广泛认同的民族种族主义意识形态，包括各类“爱尔兰共和军”、锡克族分离主义组织、“埃塔”、各色巴勒斯坦民族主义组织和“科西嘉民族解放阵线”（Corsican National Liberation Front）。[11] 那时，各个恐怖主义组织领导人都能理解意识形态与组织生存之间的联系：那些起初有着其他意识形态目标的恐怖主义组织，后来都尽力将自己与反殖民、民族主义事业联系起来，以增加追随者并提升成功的机会。[12] 由种族主义者构成的恐怖主义组织，经常依靠持同情态度的移民社团和外国避难所的支持。在20世纪，将自身与领土和民族自决相关联是生存的关键——也是制胜一招。

很难确定，是否需要为了衡量21世纪恐怖主义组织的生存周期，去确立某个可比的变量。一些专家曾在20世纪90年代后期指出，未来恐怖主义组织的持久力关键在于它们与宗教或其他开放性的目标（open-ended causes）的联系程度。随着第三个千禧年的临近，关于“新”宗教恐怖主义的分析，开始强调每次袭击中不断攀升的伤亡数字、许多致命技术实用性的显著增强，以及恐怖袭击中宗教动机的比重不断上升这三者之间的联系。[13] 在过去几个世纪里，宗教恐怖主义组织是最具有持久力的，因为其信仰有一定的历史根基。这里因时间太紧而无法给当代那些出于宗教动机的恐怖主义组织（或至少是将宗教概念作为动员力量的恐怖主义组织）的平均生存周期制作一个较好的数据库；然而，早期的一些宗教恐怖主义组织如“印度教暴徒”（Hindu Thugs）存在了至少600年，体现出非凡的持久力，这似乎暗示了基于宗教或精神之上的动机具有与生俱来的耐受性。[14] 另一种观点坚持认为宗教并不重要，其与领土的联系将赋予其更强的持久性：与一片土地的联系成为决定恐怖主义组织寿命长短的最重要因素。这是有证可据的，就像一些恐怖主义组织同时具备宗教和民族种族主义属性一样。[15]无论如何，在“9·11”之后，西方有一种普遍流行的情绪，认为总体而言，恐怖主义组织特别是基地组织，将会存在几十年。还有一些完全根据经验而进行的细心研究，在结合不同地区、组织类型和时间因素等情况后指出，对恐怖主义组织而言，长寿是例外，而非规律。

实现目标

虽然恐怖袭击杀害的人数不断攀升，但恐怖主义组织始终难以将暴力转化为它们所追求的政治目标。但这并不是说，恐怖主义就是一个**非战略性工具**（astrategic tool）。尽管恐怖分子可能无法“取胜”，但恐怖主义活动始终包括对达成目标的进展情况做出评估。[16]我们可以用一种标准方法来描述达成目标的进展情况，那就是去审视恐怖主义组织的战术性目标和战略性目标。[17]大多数恐怖主义组织既将恐怖主义活动作为达成短期的、战术性（近期）目标的手段，又将其作为长期的、战略性（最终）目标的手段，或者将两者进行动态的结合。

20世纪后期有一种经典的论断指出，恐怖主义经常能够取得战术上的成功，但几乎不可能取得战略上的成功。然而，这一颇具吸引力的智识框架会遮蔽恐怖主义最基本的互动属性：正如美军中很多人爱说的，对付恐怖主义和对付战争一样，因为“敌人拥有一票”。一些战术性目标的达成，对于实现总体目标有着战略性的影响；而战略性的目标通常也会在恐怖主义活动中不断发展演进，这使得人们在一个给定的案例中很难准确地评判“成功”究竟指的是什么。借鉴经济学中的**“阶段性目标”**（process goals）和**“成果性目标”**（outcome goals）的概念，可以找到另一种辨析两种成功之差异的方式。[18]这里的中心问题是：什么样的成功在延续恐怖主义，又是什么样的成功会终结它？

延续恐怖主义：战术性目标或"阶段性"目标

恐怖袭击可用于很多有限的或直接的战术性目标。这类袭击的目的可能是针对国内或者国外大量不同的受众。短期的"阶段性"目标不仅仅指其所设定的敌人（通常是国家），还包括那些与受害者有关或是同情他们的人；恐怖袭击还会频繁地将目标锁定在范围广泛的其他受众身上，包括争夺恐怖事业控制权的竞争对手、目前组织内的成员、潜在的新成员、主动的支持者、被动的支持者，甚至是中立的旁观者。恐怖袭击可用于组织内部的目标，诸如为提升某人的地位而牺牲另一个人；也可用于组织外部的目标，如为提升某个组织相对于另一个竞争对手的地位。阶段性目标经常可以达成，同时还能让恐怖主义组织内的某些人保持某种有限理性，这样做尽管会导致宏大的成果性目标的实现遥遥无期或很难实现，但无疑这场斗争仍将按其自身的逻辑进行下去。战术性的或是阶段性的目标只会延续恐怖主义活动，而不会终结它。

恐怖主义组织不会像国家那样构建战略。国家走向战争，通常是因为它们对于国际权势的相对分配出现了分歧。一个国家和一个恐怖主义组织之间不存在权力分配问题：后者几乎没有什么权势且尚在努力制造存在感。的确，恐怖主义组织常迫使自己有意识地从国家那里攫取权力。它们并不是主权实体，既没拥有国家那样的力量，也不具备国家那样的弱点：它们没有治理国家所带来的那种责任和束缚——事实上，它们甚至不能指望自己一直生存下去。将基于国家行为而发展起来的战略理论，直接用于对恐怖行动进行比较分析，这一普遍设想（在政治学家中间尤其如此）掩饰了二者在决策过程中的关键差异，这将在下文对成果性目标的研究中看到。在恐怖主义组织的行为中，它们不会将自己当作弱小国家那样行事，试图将它们看作是弱小国家进行分析的尝试，显然是被误导了。[19]

一些分析家认为，恐怖分子从事袭击是将其作为一种代价高昂的手段，以向国家发出一种解决问题的信号。虽然有时确实如此，但通常情况是：它们发出的信号完全不是针对政府，而是针对其他大量的潜在受众。[20]为了将恐怖主义组织的战略概念化，在脑中构思出一个同心圆图案是很有帮助的。对恐怖主义活动战略的周密分析至少应包括以下方面：详细剖析其个别成员（如领导人、有权势的副手）的行为动机（motivation）、目标和诱因（incentives）；对组织内部各种派系（不同部落、家庭、社群或种族竞争者）的分析；对恐怖主义组织之间各种敌对关系的分析（如为争夺恐怖主义事业领导权或其支持者）；对如何吸引新的追随者的分析（如通过展示力量或生存能力）；对其如何迎合外部援助者的分析（如展现组织效能以此来赢得支持或资源）；以及对其如何影响潜在支持者的分析（如同样通过展示实力来吸引新的盟友）。所有这些都只是近期目标，并不是战略上的追求，其目的未必就是为了直接针对某个国家。它们所对应的仅是战术性的或是行动手段，而非长期的政治目标。当然，除非所确立的“目标”仅仅是为了延续恐怖主义活动本身。[21]

关于恐怖主义组织致力于追求“阶段性”目标或曰战术性目标，有着不计其数的实例。[22]一些组织或个人时不时地会通过恐怖袭击展示其实力或残酷性，或者是为了扩大某个领导人的知名度。近年来，阿布·穆萨布·扎卡维（Abu Musab al-Zarqawi）及其同伙在伊拉克对记者、旅客和承包商执行斩首的录像就是鲜明的例子。[23]为了彰显其持久的生存能力，恐怖主义组织可能会在某次战斗受到重创后接着再次发动袭击，包括在其领导人被抓捕或成员被捕之后。有很多这类行为的例子，如 2001 年 4 月，“真爱尔兰共和军”在其领导人米基·麦凯维特被捕后不久就发起了一次进攻的小高潮；1998 年 12 月，“阿布沙耶夫”武装在其创始人阿卜杜拉贾科·简加拉尼死于枪战后紧接着就增加了暴力袭击活动。针对以色列平民的自杀式袭击经常被巴勒斯坦派别之间用来进行实力较量，这一方式有时被称为**“竞标”**（outbidding）。[24]恐怖分子也可能仅仅是出于报复目的实施复仇：1995 年 4 月 19 日，提摩西·麦克维（Timothy McVeigh）驾驶一辆满载炸弹的卡车闯入俄克拉荷马市的阿尔弗雷德·P. 默拉大楼，造成 168 名平民死亡（其中包括 19 名儿童），这次袭击是为了报复两年前“大卫教”（Branch Davidian）在德克萨斯州韦科市（Waco）的分支被围歼。所有的这些案例都回答了，为什么很多恐怖袭击实施起来并不符合该组织长期的最终目标。

还有些短期的行为是为了稳固支持者，比如为了增加新成员数量（例如，伊拉克的“圣战军”[Mujahideen Army] 公布的袭击视频），防止招募工作受到阻挠（如 2004 年“哥伦比亚革命武装力量”对当地反对招募年轻人的教堂发动的袭击），或者是确保资金和其他资源的流入（例如“泰米尔猛虎解放组织”、锡克教徒、巴斯克人和“爱尔兰共和军”长期吸引国外同情者的关注）。[25] 满足某个资助国家的要求是恐怖主义组织又一典型的短期动机，即使该恐怖主义组织的战略性目标可能随着时间的推移而与资助它的国家的目标不一定完全一致。亚希尔 · 阿拉法特的“法塔赫”派以及它与叙利亚之间建立的联系，就是一个很好的例子，它们在战术性目标上趋同却在战略性目标上有着矛盾。[26] 最后，恐怖主义经常被用来搅局，尤其是国家或非国家行为体进行谈判时，这类谈判很可能会因层出不穷的暴力事件而偏离轨道，正如第二章中讨论的那样。

一些短期的、阶段性的目标也可以是为了操控国家行为或破坏国家治理。恐怖袭击可以设计用来挑起国家做出过激行为，从而赢得更多对其事业的支持者，这些支持者只是出于对国家过激反应的厌恶。恐怖主义通常也被作为一种强制手段以交换人质（例如，2005 年黎巴嫩“真主党”抓获两名以色列士兵）。抑或恐怖主义组织仅仅是为了证明国家无力保护本国平民，就像“爱尔兰共和军”所做的那样，他们经常宣称其目标是让北爱尔兰无法治理。恐怖主义也可以作为推翻政府的一种手段，即便很多的恐怖主义组织没有足够的实力和政治敏感性来取代现政府。此类例子包括俄罗斯社会革命党人和乌拉圭的“图帕马罗”城市游击队（Tupamaros of Uruguay），这两个组织都在摧毁他们所反对的政府的进程中扮演了重要角色，但仍无法用他们希望的接替者来取代原政府，最终只带来了更加专制的政权以及组织的覆灭。当国家治理已呈乱象且施暴者有了机会意识时，恐怖主义才有用武之地：针对平民的袭击旨在挑起种族间或国内的动荡。此类例子包括最近种族隔离时期南非黑人之间的暴力行为，以及发生在伊拉克的宗派暴力活动。在这些情况下，恐怖主义很可能成为内战的一个前兆（或伴随品）。

组织的生存经常会短时间地盖过其事业的发展。杰罗德·波斯特（Jerrold Post）指出，一个恐怖主义组织必须要“在其恐怖行动和合法性宣传中表现得足够成功，才能吸引成员并让自己延续下去，但它也不能如此的成功以至于让自己破产”。[27] 换言之，赢得太多成功或是拥有过于高大的形象，要么会让国家采取压倒性的反制行动（counterreaction），要么就是另一种极端情况，即实现恐怖主义组织想要的国家治理结构的崩溃。并不是所有的恐怖主义组织都想推翻政府，尤其在这个政府能够提供有用的服务或恐怖主义组织对于替换它毫无兴趣时。[28] 恐怖主义的短期目标可能只是为了吸引成员，宣扬其事业以及确保生存，以此去追求一个长期的意识形态转变。

要给短期的策略列一个详细的清单是可笑的；这是因为那些策略很多、很普通，也基本都能在持续的冲突中有所斩获。[29] 在一场斗争中，除了其他诸多策略外，恐怖主义只是恐怖主义活动中的一个短期的策略。当然，有时它也会反噬和破坏这个组织；但即使恐怖主义在长期的恐怖主义活动中只会取得短期的成功，这对于受害者和国际社会整体而言也是不幸的。然而，那并不意味着它就“赢了”。所有这些成功的表象让人看不到通过战术性成功来实现其政治目标的前景——也就看不懂恐怖主义如何终结以及为什么会终结。

终结恐怖主义：战略性目标或“成果性”目标

战略性目标指的是结束时的状态或取得的“成果”（outcome），也就是一个恐怖主义组织通过针对平民使用暴力所希望达成的目标。战略性目标可能是政治方面的（与国家有关，如政权、组织、边界、人口），可能是经济方面的（对资源或财富的再分配），可能是社会方面的（种族或族群认同、现代化)，也可能是宗教方面的（唯心论者的认同感、价值观、自我约束、道德感)，还可能是上述这些目标的结合。20 世纪的恐怖主义组织的活动方式往往根据它们的动机分成四类：左翼、右翼、种族民族分离主义和唯心论者。前三类各自都会形成特定的政治组织和意识形态——法西斯主义、共产主义和民族主义的孕育浪潮，是整个现代时期冲突的压力来源，导致了两次世界大战、冷战和其后的非殖民化浪潮。[30]

战略性目标要么与国家的属性有关，要么与国家行为有关，要么与其民众的认同有关。恐怖主义组织往往希冀推翻某一特定的政府，以期实现一个更加“公正”的组织或治理模式。那些“毛派”组织（Maoist group)，譬如秘鲁的“光辉道路”、印度的“纳萨尔派”(Naxalites）和菲律宾的“新人民军”，都试图用强力在农民阶层建立一个新社会；俄罗斯社会革命党人和他们斗志昂扬的后裔，包括意大利的“红色旅”、法国的“直接行动”、德国的“巴德尔—迈因霍夫帮”(Baader-Meinhof，或曰“红军派”)，以及美国的“气象员派”(Weathermen)，都在寻求颠覆资本主义体系并以一个共产主义社会来替代它。法西斯组织则寻求消灭一个种族，并确保白人的多数主导地位。美国和欧洲的新纳粹组织与其如出一辙。

民族自决是 20 世纪恐怖主义最为重要的目标。这里所列举的很多组织都是在殖民时代进入尾声时把握住机遇而产生的，如越共、阿尔及利亚“民族解放阵线”、塞浦路斯的“埃奥卡”和其他不计其数的为了掌控新生国家的属性与身份认同而战斗的组织。有些组织则希望赢得国家独立或在不破坏原国家的前提下进行自治，包括“泰米尔猛虎解放组织”、“库尔德工人党”和巴斯克分离主义者。其他的长期目标可能就未必那么清晰可见：这个目标有可能旨在带来天启（如“奥姆真理教”）或是美化“斗士”（如 20 世纪 70 年代一些意大利右翼组织）的行为，或是充当历史动力的催化剂（如俄罗斯社会革命党人)。有时，宗教组织仅是为了讨好神明或某种灵力，如“印度教暴徒”，它们的目的就是为了抚慰女神卡莉的伤痛。

如果说只有极少数恐怖主义组织能够长久存活，那么能实现其政治目标战略的就更少了。考虑到恐怖主义组织所声称的那些目标，必然会得出如下结论：无论其利益追求如何压缩，恐怖主义从来都不是一种寻求改变的有希望的途径。例如，通过我对“预防恐怖主义纪念学会”数据库中超过 400 个恐怖主义组织的分析可知，只有不到 5% 的极少数能达成它们自己确立的成功目标。（见附录，表 A.4）[31] 在斗争中，恐怖主义组织领导人能够表现出一种有限理性，很容易实现那些足以让恐怖主义活动进行下去的战术性目标，但那些能够推动其实现最终胜利的战略性目标却几乎鲜有实现的可能。

恐怖主义经常因为其可怕的特性而引来众怒和报复性清剿，从而让自己遭受失败。有时，这类反应会造成民主体制的削弱，军事或者独裁统治的兴起，例如在秘鲁、乌拉圭、阿尔及利亚和土耳其这样的国家。[32] 在阿根廷，恐怖主义活动就是一场血腥的战争，导致数千人“失踪”。[33] 但在分析恐怖主义生存能力时，一定要把有些政府的强力反应和镇压举措纳入其中：国家可能会在恐怖主义长期的暴力恐怖冲击下被严重地削弱，但恐怖主义组织会伤得更重。国家经常会顺从其原始属性而行动，尤其是在运用武装力量时。在同等条件下，国家使用武力要比恐怖分子更有效。恐怖主义组织能够达成其目标，往往并不是得益于恐怖袭击手段的使用（这只是一种天生的弱者策略），而是得益于其向更加传统的政治强制手段的转变，如针对国家武装力量实施的叛乱袭击（见第六章）。即使在这种情况下，实施恐怖主义活动获得的成功，与其说是因为无视对无辜平民的暴力袭击，不如说是因为对武装部队的袭击。例如，我们有证据证明针对武装部队的叛乱袭击的效果，要比针对平民目标的恐怖主义袭击好得多。[34] 当然，对那些被严格定义为或普遍认定为军事目标的目标进行攻击，就无法被视为恐怖主义了。

通过杀害非战斗人员，恐怖主义可以引发关注，催生对手在战术上的反应，导致国家自我挫败，并为自己的事业扬名；但恐怖主义几乎无法像其领导人经常宣称的那样去培植新的统治者，从未能引领意识形态的转变，也从未能接管领土或构建新的治理机构。在历史上，从任何衡量标准来看，恐怖分子通过斗争来实现其长期目标并结束对平民攻击的成功神话，都只是例外，而无规律可循。

成功的案例

谈到将成功作为终结恐怖主义活动的理由时，我们自然要回顾最终达成其总体目标的那一小部分恐怖主义组织的案例，这让它们的领导人能够对外宣布获胜和解散恐怖主义组织（或是进行统治）。通常，恐怖主义的“成功”只是一场政治变革运动的附带品，这场变革深深打上了其他变革方法的烙印，而且真正到了采用恐怖袭击的程度时，那一小部分人所实施的袭击实际上很可能会破坏整个变革大局。然而，关于成功案例的研究对于理解恐怖主义如何终结仍然十分关键，不仅因为其成功展现了一种结束恐怖主义的方式以及在何种条件下其会结束，更重要的是因为这些活动在政治上和心理上引发的效应，会给国际恐怖主义和反恐怖主义的演变发展带来不均衡的影响。下面两个广为人知的获得战略性成功的案例，对于近年来全球恐怖主义的发展有着重要的影响。

“伊尔贡”

“国家军事组织”以其希伯来语（Irgun Zvai Le'umi）首字母的缩写IZL或是“伊尔贡”（Irgun）而广为人知，该组织于1931年在英属巴勒斯坦托管地成立，旨在保护犹太人并推动建立一个独立的犹太人国家。它是犹太复国主义组织“哈伽拿”（Haganah）下属的激进派分支，而“哈伽拿”则是犹太事务局（Jewish Agency）的核心军事武装，是“伊休夫”（Yishuv，“犹太人社团”的希伯来语）的防御性民兵组织，还是后来以色列国防军的前身。在二战之前，阿拉伯人而非英国人是“伊尔贡”的首要目标；后者被大多数犹太人视为盟友。该组织主要对那些反对在巴勒斯坦增加犹太移民的阿拉伯人进行报复性袭击，包括对阿拉伯地区的市中心、巴士和市场进行的零星袭击。“伊尔贡”的竞争对手，包括“哈伽拿”、工会组织和犹太事务局，都强烈反对这些行动，并宣称此种暴力行为将威胁到犹太人社团并恶化社团在巴勒斯坦的长期安全。“哈伽拿”谴责“伊尔贡”对平民的袭击，称其为“恐怖行动”，同时也主张限制阿拉伯人的政策。[35]

随着二战的爆发，“伊尔贡”缩水为一支只有几百人的组织，没有武器和资源，面临着崩溃的危险。它的很多成员加入了盟军队伍，在英军中服役对抗纳粹，包括在“犹太旅”集团（Jewish Brigade Group）中服役，“犹太旅”参加了 1944 年的意大利战役并赢得了极佳口碑。“莱赫”（Lehi）[36]，一支由亚伯拉罕 · 斯特恩（Avraham Stern）领导的分支组织（在英军中被称为“斯特恩帮”），成立于 1940 年，他们相信，即使在战时联合英国人也是一条错误的道路。尽管德国人是一个严峻的威胁，斯特恩仍相信巴勒斯坦独立的直接障碍更可能是英国人，而不是德国人。“莱赫”在 1940 年至 1942 年间与英国人对抗，包括进行银行抢劫和暗杀。斯特恩于 1942 年 2 月死在英国人的看押之下，但他的组织一直延续到战后很多年。

上述三个组织——“伊尔贡”、“莱赫”和“哈伽拿”——都在犹太国家争取独立的岁月里，为了各自的地位而在“伊休夫”内部明争暗斗。从 1945 年 10 月到 1946 年 7 月，在犹太抵抗运动的大旗下，“伊尔贡”和“莱赫”为了反抗英国人对犹太人移居巴勒斯坦的限制而与“哈伽拿”一起；但这只是一个短命的联盟，其历史贡献被不断的矛盾与争吵所限制，尤其是因为三个组织中相互竞争的人物后来都成为了政治领袖，包括梅纳赫姆 · 贝京（Menachem Begin，“伊尔贡”的领导人）、伊扎克 · 沙米尔（Yitzhak Shamir，“斯特恩帮”的一个领导人物）以及伊扎克 · 拉宾（属于“哈伽拿”）和阿里尔·沙龙（属于“哈伽拿”），他们后来都相继成为了以色列的总理。由于大多数相关文件在多年前因安全原因被销毁，结果对于“伊尔贡”行为本质和意义的各种评价在以色列国内政治中引发了激烈的争议。

“伊尔贡”的成员相信英国在国联托管制度下对巴勒斯坦的管辖是错误的，尤其是英国拒绝大量犹太移民的进入，这些移民都来自纳粹压迫深重的地区，如罗马尼亚、德国、波兰和匈牙利。看到英国既无法从纳粹毒气室中拯救数百万同胞，同时又在阻止犹太人向巴勒斯坦移民，加上英国人对大屠杀的间接纵容，“伊尔贡”成员被深深激怒了，他们要求英方立即向一个临时犹太政府移交主权。1944 年 1 月，贝京撰写了武装起义宣言，这份被广为传播的宣言第一次表达了该组织清晰明确的目标，即在巴勒斯坦建立一个犹太国家。几周后，具体是 1944 年 2 月，“伊尔贡”恢复了暴力行动，并将火力全部集中在英国人身上。其袭击目标主要是英国驻巴勒斯坦当局的标志性建筑，包括警察总部、移民部门、税务部门、阿卡监狱（Acre prison）和铁路系统，目的就是为了让这一地区变得难以治理，提高英国人的控制成本并破坏其在这一地区的管辖。

“伊尔贡”从来不是一个强大的军事组织，犯过很多错误，而且至少从表象上看缺乏足够的民众支持、人员和资源，无法对英国人构成严重的军事威胁。但“伊尔贡”努力的核心是进行一场民众宣传战，一个地位显赫的成员曾将其称为“启蒙斗争”（campaign of enlightment）。在托管期间，这一斗争形式包括在商店玻璃和墙上到处张贴宣传单、发布行动公告、阐释政治立场、播放无线电广播和请求支持。“伊尔贡”的成员还有意识地而且小心谨慎地将国际媒体的注意力吸引到他们的主张、广播和行动上去，特别是针对美国的报纸。国际性宣传有效地让“伊尔贡”成员扬名海外，为犹太人争取到了更多的支持，并让英国政府承受的政治压力日增，这在纳粹大规模屠杀犹太人的骇人证据公布后效果尤甚。[37]

但对“伊尔贡”和“莱赫”的暴力策略的谴责也随之蔓延。例如，在1944年11月6日，两名“莱赫”成员刺杀了英国驻开罗公使莫因爵士（Lord Moyne）后，这一杀戮遭到了普遍谴责，包括大卫·本－古里安（David Ben-Gurion）及其他驻巴勒斯坦犹太事务局的领袖。为了将自己与“莱赫”组织切割开，“伊尔贡”采取了一种以袭击建筑物来将平民伤亡减到最小的战略，不再直接袭击人员，并发布行动警告。尽管如此，仍有很多平民，包括犹太人和非犹太人，死于“伊尔贡”的行动之中。对暴力行为最尖锐的反对多来自犹太官方组织，它们将“伊尔贡”成员宣布为“恐怖分子”。[38]

最大的一次袭击于1946年7月22日发生在大卫王饭店（King David Hotel）——英国在巴勒斯坦实行委任统治的总部，遭到炸弹袭击。[39]这次由贝京下令的袭击造成91人死亡，大多数为平民：41名阿拉伯人，28名英国人，17名犹太人和5名其他国家的人。[40]公众对这次爆炸普遍持批判态度，包括位于巴勒斯坦的犹太人，而其后的反击几乎让“伊尔贡”就此覆灭。作为回应，英国人于1946年7月25日发起了“鲨鱼行动”（Operation Shark），动用了1.5万人的部队执行大规模搜索和抓捕行动；这是迄今为止英国驻巴勒斯坦陆军和警察部队所执行的最大规模的行动，也明显压制了“伊尔贡”的活动。但“伊尔贡”的行动仍在继续，包括对海法一处警察站的炸弹攻击，造成13人死亡和28人受伤。“伊尔贡”成员还驾驶一辆装载着爆炸物品的卡车冲进耶路撒冷的一家军官俱乐部——戈德史密斯大楼（Goldsmith House），造成17名英国军官死亡、27人受伤，这次袭击也促成了**“戒严令”**（martial law）的出台。[41] 1947年7月30日，发生了“伊尔贡”斗争中最声名狼藉的一起事件，2名英军士兵被勒死并吊起，这激发了大范围的反感，英国被迫撤离巴勒斯坦的压力倍增。这种杀害士兵并蹂躏尸体的方式也激怒了英国的国内舆论：其中一具吊起的尸体还被设置了陷阱，一旦有人靠近就会引发爆炸，这又弄伤了一名英军军官并将那具尸体炸成碎片。这一情节在全英被详细报道，英国民众对于政府剥夺本土资源以满足不断扩大的占领区管辖成本的做法愤怒到了极致，最终促使英国做出决定：将托管权归还给联合国并从巴基斯坦撤回部队。[42]

就此认为英国人撤离巴勒斯坦完全是因为“伊尔贡”，似乎是华而不实的论断。然而，在一个如此高度政治化的国际背景下，包括对犹太人境遇的广泛关注，英国人决定撤出已是水到渠成。随着 1948 年 5 月以色列国的建立，“伊尔贡”宣告解散。在本－古里安的坚持下，其成员也被整合到新成立的以色列军队之中。[43]

“南非非洲人国民大会”与“民族之矛”

“南非非洲人国民大会”（ANC）曾在近 50 年里实行相对消极的抵抗，而 1961 年却转向了武装斗争，这是对 1960 年 3 月沙佩维尔大屠杀（Sharpeville massacre）的回应。当时沙佩维尔爆发了反种族隔离游行，抗议新政府通过“立法”限制黑人的行动自由。警察向人群开火，造成 69 人死亡，其中很多是在逃散时遭遇背后中枪的。[44] 南非政府宣布国家进入紧急状态，并取缔“南非非洲人国民大会”。[45] 1961 年 12 月，“南非非洲人国民大会”的核心成员，包括纳尔逊·曼德拉（Nelson Mandela）、沃尔特·西苏鲁（Walter Sisulu）和奥利弗·坦博（Oliver Tambo），共同建立了“民族之矛”（Umkhonto we Sizwe，简称 Umkhonto 或 MK），南非共产党也一同参与创建了该组织。作为“南非非洲人国民大会”的核心武装派别，“民族之矛”以推翻现政权并结束种族隔离为宗旨。[46]“民族之矛”的初始目标是实施具有象征意义的破坏行动，然后将南非人民日益上升的失望情绪引向一种**不同于**恐怖主义的暴力形式，因为恐怖主义的目标往往不分白人或黑人，曼德拉也害怕恐怖主义将会令暴力失控并摧毁建立一个多民族国家的希望。根据曼德拉自己在 1963 年至 1964 年庭审上的证词，“民族之矛”本希望只攻击那些政治、军事和经济目标，以最小的牺牲来促成政府的政策转变。[47] 然而，无论其最初设计如何，“民族之矛”随后的斗争策略中显然包含了针对平民的袭击，这也将“南非非洲人国民大会”

拖入了恐怖暴力之中。[48]

“南非非洲人国民大会”对种族问题的关注令其有别于与之有竞争关系的“泛非洲人议会”（PAC，简称“泛非议会”），后者于1959年在罗伯特·索布奎（Robert Sobukwe）的领导下建立。“泛非议会”采取了“毛派”纲领并宣称南非首先是一个非洲国家，应属于非洲黑人；不久后，该组织在史蒂夫·比科（Steve Biko）的推动下掀起了一场“黑人觉醒运动”（Black Consciousness Movement）。[49]与“泛非议会”相比，提倡种族包容的“南非非洲人国民大会”看上去要温和一些，即使它越来越多地实施武装袭击并与“泛非议会”竞争民众支持。“南非非洲人国民大会”的成员多是受到了切·格瓦拉（Che Guevara）、雷吉斯·德布雷（Regis Debray）和弗朗茨·法农（Frantz Fanon）等人作品的感染，这与阿尔及利亚和古巴发生的武装起义如出一辙，尽管“南非非洲人国民大会”从未表现出游击战的典型特征，尤其是在争取当地民众的广泛支持和构建强大的地下活动能力方面。[50]根据曼德拉的说法，该组织的结构事实上借鉴了“伊尔贡”。[51]“民族之矛”的袭击旨在进行“武装宣传”，以期产生更广泛的效应，但同时也要避免让南非陷入更大规模的种族战争。[52]然而，该组织没能在南非建立一个大面积的地下网络，这也就意味着政府可以相对容易地捕获“民族之矛”的行动人员，而它与共产党的关系也让自己遭到了广大西方世界的敌视。“民族之矛”前15年的抗争活动证明自己一直致力于反抗种族隔离，这对政府和广大民意产生了明显作用，但在推翻政权方面没有取得一点进展。

1976年的索韦托骚乱是这场抗争的重要转折点。这次骚乱并不是由“南非非洲人国民大会”及“民族之矛”武装行动引起的，而是因群众对政府教育政策的不满引发的，该政策要求在校儿童学习阿非利堪斯语（Afrikaans，亦称南非荷兰语，偶称布尔语）。这次纷争引起了大规模的起义，在校儿童也举行罢课抗议学习“压迫者的语言”（正如德斯蒙德·图图大主教后来形容的）。“索韦托学生代表大会行动委员会”（The Soweto

Students' Representative Council's Action Committee）于 1976 年 6 月 16 日组织了一场大规模集会，包括了 3000 至 1 万名儿童。他们受到警察催泪瓦斯的镇压，后来直接遭到枪击。大约 200 至 600 人死亡，超过 1000 人受伤，其中有很多是儿童。

索韦托骚乱是南非反种族隔离运动的分水岭，标志着年轻人大规模参与激进运动的开始，反种族隔离事业也随之进入了新时代。骚乱发生后，据称有数千名年轻人加入了南部非洲各个国家的“民族之矛”阵营，包括安哥拉、当时的罗德西亚、莫桑比克和后来独立的纳米比亚。[53] 很多南非白人也被暴力行为所激怒，不再支持现政权。骚乱也让这场反种族隔离运动成为国际性议题。各种死去孩童的照片传遍了全世界，让南非反种族隔离事业赢得了更加广泛的政治支持，也导致南非政府遭到国际社会越来越多的制裁。“民族之矛”并未主导这次不断高涨的群众反抗运动，尽管它和“南非非洲人国民大会”的整体事业明显因此而受益。[54]

然而，“南非非洲人国民大会”在政治战略和军事战略上的割裂，以及对整个南非组织运动缺乏大局观，这些弊病在接下来的 10 年内始终伴随着该组织。曼德拉将“民族之矛”的破坏活动限制在“硬”目标、避开对平民进行恐怖袭击的最初意图，在他被关押期间没能够延续下去。“南非非洲人国民大会”在指挥和控制结构上有着明显不足，这使得有效的目标管控几乎无法实现。“民族之矛”实施的引人注目的袭击，包括 1982 年 1 月 8 日对开普敦附近的科贝赫核电站的袭击，1983 年对驻比勒陀利亚南非空军总部附近的一条街道的炸弹袭击（21 人遇害、217 人受伤——包括军人与平民），以及 1986 年 6 月 14 日发生在德班的玛古酒吧（Magoo's Bar）汽车炸弹袭击（3 人遇害、73 人受伤）。在这 10 年间，炸弹袭击的目标更多的是平民，包括对三明治小摊（Wimpy Bar）这样的快餐店和食品杂货店，约翰内斯堡的一家橄榄球体育场，及鲁德普特的一家银行的袭击。尽管南非白人政府（Afrikaner government）通过越来越多的准军事行动让“民族之矛”的袭击效果明显式微，但到 20 世纪 80 年代末，“民族之矛”最终放弃了此前只针对“硬目标”的公开承诺。

通过彰显实力，“民族之矛”的无组织性和在目标选择上缺乏自律可能给“南非非洲人国民大会”带来了一定的优势。1982 年“非洲之矛”袭击了一家银行，控制了一些人质，其后发生的事态显示了“南非非洲人国民大会”是如何成功跨越道德两难境地的：该组织通过否认对此事件负责来回应同一阵营中保守派的质疑，同时它还能从支持这次袭击的广大民众中获益，当时有 1 万名年轻人参加了在此次袭击中丧生的 3 名武装人员的葬礼，他们的棺木盖上了“南非非洲人国民大会”的旗帜。[55] 而该组织总能一面与“民族之矛”保持灵活且功利的关系，另一方面还能在尽可能广的范围内营造民众支持——保持这么一种模糊的精神联系，后来被证明有利于“南非非洲人国民大会”在 20 世纪 90 年代初由抵抗运动组织向一个大型群众性政党的转型。

但南非不断蔓延开的动荡和政府适得其反的回应方式，比“民族之矛”的行动更能破坏那个施行种族隔离的政权。1984 年，反对**三级议会**（Tricameral Parliament）选举的一系列游行在年轻“同志”和警察之间的混战中结束。两年后的 1984 年 11 月[a]，瓦尔河三角洲一个小镇上的居民因不满由种族隔离政府任命的黑人议员（black local councillors）上涨地租而爆发骚乱。[56] 1985 年 3 月，一支由 4000 人组成的队伍在伊丽莎白港遭到枪击，20 人被杀。黑人议员被认为与政府相勾结而遭到殴打并被烧死。从 1984 年 10 月到 1985 年 3 月，有 68 万名工人进行罢工，而仅约翰内斯堡地区就有 40 万人罢课。1987 年到 1990 年之间，彼得马里茨堡（Pietermaritzburg）附近几个小镇上发生的冲突，共造成 4 万人死亡，其中大部分是年轻人。[57] 政治暴力在城乡居民、老少人口之间时有发生，而不仅仅只发生在白人和黑人、政府与抵抗组织之间。

“南非非洲人国民大会”于 1990 年 8 月正式宣布放弃暴力手段，同时宣布其战斗已经终止。这一宣示公布后不久，紧接着又发生了一系列史

---

[a] 译注：此处可能有误，或为两个月后，或为 1986 年。

无前例的杀戮潮，500 人在 10 天内死亡，这显然是由祖鲁“因卡塔自由党”（Zulu Inkatha Freedom Party）发动的袭击所造成的，该党获得了与政府关系密切的一支准军事部队的支持。[58] 在 1990 年至 1994 年间，有 1.4 万人死于袭击，包括对市郊往返列车的肆意扫射和对棚户区的大屠杀——这场暴力活动的规模已经超越了反种族隔离史上的任何一次。[59] 还有一系列由“因卡塔自由党”中的武装帮派实施的针对列车的恶意袭击，共造成 600 人死亡，1400 人受伤。甚至在“南非非洲人国民大会”抛弃其武装派别，并开始与执政的国民党（National Party）分享中心地区的权力后，南非各地仍不断爆发种族暴行，这些暴力行为早已变得不受控制或者即将不受控制。

1990 年，“南非非洲人国民大会”成为一个合法的政治行为体，达成了它结束种族隔离统治的目标，而纳尔逊·曼德拉，在 1964 年至 1990 年因恐怖主义行为遭到漫长关押后，被选举为后种族隔离时代南非的第一位总统。武装斗争是其成功的一个重要因素，但并不是唯一的因素，甚至都不是最重要的那个。多方面的压力共同促成了种族隔离的终结，包括国际社会在经济上、体育运动上和文化上的制裁，讲英语和阿非利堪斯语的白人青年的反抗，南非国民党成员的政治抵制，广大民众的失望情绪以及黑人社团的暴力行动，还有白人政权的过激反应与过度暴力，这些都削弱了种族隔离政策的合法性，其对种族隔离政权的打击比恐怖袭击更加重要。[60] 还有一个关键的因素是冷战的结束，这是一个十分关键的发展变化，使得渲染“南非非洲人国民大会”—“民族之矛”和南非共产党之间长期的合作关系不合时宜了。尽管我们根本不可能去证伪，特别是在这样一个广阔的背景中——两极对抗体系的终结、白人政权政治合法性的衰减、种族叛乱的大规模爆发，但实际上，我们很容易得出这样的结论：“民族之矛”对平民目标的袭击**阻碍了**“南非非洲人国民大会”的事业，就像很容易找到证据证明它促进了“南非非洲人国民大会”的事业一样。

其他著名案例

还有其他一些案例，不时地被视作是恐怖主义成功的例证。“奋锐党”（Zealot）和“匕首党”（Sicarii）成功地在公元1世纪煽动了一场民众叛乱，尽管这是否为其真正的目标仍让人存疑：叛乱之所以重要，主要是因为其表征着救世主的到来。[61] 在纳粹的帮助下，克罗地亚的“乌斯塔莎”（Ustasa）曾在二战期间成功地建立了它们自己的国家——克罗地亚国，但这一“胜利”过于短命，而它们在二战后进行的恐怖主义活动没有任何成效。[62] 1998年，哥伦比亚政府在波哥大以南为左翼组织“哥伦比亚革命武装力量”保留了一片“解放区”，这一举措被一些人认为是该恐怖主义活动成功的标志，但这一块领地在2002年又被收回，因此显然不能作为一个战略成功的例子。[63] “爱尔兰共和军”经常被认为因其恐怖主义活动而获得了在北爱尔兰地区的权力共享协议，但“爱尔兰共和军”长远的目标是建立一个统一的爱尔兰，就此而言它显然失败了。上述都不能作为恐怖主义获得成功的严格例证。

在20世纪中期民族自决浪潮中兴起的很多组织，都实施过恐怖主义袭击，这加速了殖民大国的撤离。在阿尔及利亚，“民族解放阵线”综合运用恐吓、恐怖主义和信息战来影响或团结民众，包括欧洲人和当地人。法国人经常以压倒性的报复行动予以回应，由此造成了暴力的恶性循环。尽管“民族解放阵线”在阿尔及利亚的军力很弱，但其在法国本土大都市中进行的激进活动，以及获得的来自当地和国际上的强力支持，让法国军队在反叛乱作战中的战术性成功相形见绌。最终，法国人得出这样的结论：只要“民族解放阵线”能得到阿尔及利亚之外的支持，这个组织就决不会停止作战。恐怖主义吸引了国际社会对其事业的关注，并破坏了这个国家原本将阿尔及利亚视作法国一部分的政治共识，不过即使没有恐怖主义，阿尔及利亚的独立进程也将发生。[64]

“埃奥卡”是后殖民时代民族自决斗争的另一范例，该范例与英国有关，但该组织的目标并不在于“独立”本身。“埃奥卡”（或称塞浦路斯全国斗争组织）的斗争旨在将英国人从塞浦路斯驱逐并将这个岛与希腊合并。从 1955 年 4 月 1 日的连环炸弹爆炸开始，“埃奥卡”的斗争便锁定在英国平民设施，以及亲英塞浦路斯人、共产党人、亲土耳其塞浦路斯人和英国军人身上。塞浦路斯总人口中约有 80% 的希腊裔塞浦路斯人（讲希腊语的东正教徒）和 18% 的土耳其裔塞浦路斯人（讲土耳其语的穆斯林）。[65] 尽管两大族群曾经和平理性地在岛上共同生活，但塞浦路斯的独立斗争仍触动了两大族群的母国对该岛命运的利益关注。“埃奥卡”得到了希腊政府的秘密援助，主要是武器、资金和对这场运动的广播舆论支持。[66] 1959 年 2 月，它随着《苏黎世协定》的签署而解散，协定保证了英国人的撤出（尽管没有提到希腊与该岛的合并）和最终于 1960 年将主权移交给独立的塞浦路斯共和国。[67] 该组织关于英国人撤出的主要目标已经达成，但希腊人与土耳其人之间的民族主义情绪仍是一个潜在的问题，这导致了 1971 年“埃奥卡 –B”的成立，也最终导致了该岛在事实上的分裂。[68] 因此，这一案例可以视为一个部分实现了战略性目标的例子。

巴勒斯坦针对以色列的恐怖主义，也值得在这里提及一下。很多人指出，巴勒斯坦人的恐怖主义被证明已获得了成功，因为他们成功地让自己的事业得到了广泛关注，塑造了民族认同，也为自己在谈判桌上争取到了一个席位。此外，他们还成功迫使以色列政府在是否需要建立一个巴勒斯坦国的问题上妥协。[69] 相对于其他手段，恐怖主义给巴勒斯坦各组织带来了更多的媒体关注及相应的短期影响力，这已经毋庸置疑。但除去其带来的恶名及相应的短期影响力外，恐怖主义是否已经切实提升了巴勒斯坦人的国家愿景，或是改进了他们的生活质量呢？这需要将对战术上成功的强调与战略视角上的成功分开来看。巴勒斯坦人可能已经让他们的事业在国际事务中更加引人注目，但却没人能证明这些实际上是通过恐怖主义来推动的。

巴以的案例中有着多方面的影响要素，媒体关注算是一个，这是一个特例且很难在其他案例中找到。正如沃尔特·拉克尔（Walter Laqueur）

指出的，恐怖主义中大部分的规律总结都是基于巴勒斯坦人的例子得出的，而这已经导致了更大范围的错误结论。[70] 在无法充分证伪的情况下（例如，在假设巴勒斯坦人没有转向恐怖主义的情况下断言事情会怎样发展），证明恐怖主义拖延了巴勒斯坦人国家愿景的实现，与证明恐怖主义推动了这一夙愿一样容易。对于这个案例的夸张解释已经扭曲了真相：从长远看，尽管其赢得了国际社会对他们境遇的广泛关心和关注，但没有让人信服的证据表明巴勒斯坦人已经从他们所发动的恐怖主义活动中获益。

成功是如何终结恐怖主义的

总有一些恐怖主义活动最终取得成功并终结了恐怖主义。通过研究那些成功案例，可以发现运用恐怖主义达成其战略性目标的一些前提条件。第一，当恐怖主义组织的目标明确且可行时，它们就能获得成功。[71] 各恐怖主义组织在制定关于未来的具体的现实设想上不尽相同。那些目标较为模糊或目标间有冲突的恐怖主义组织很难吸引到支持。兴起之后它们努力去创造政治机遇，但却发现很难将其事业交给下一代激进分子（第四章会更详细地探讨这一普遍问题）。追求领土往往是最切实际且最直白的一个目标，这个目标能得到那些具有共同宗教或族群认同的族人的支持。这些本源性的激励要素能更有效地一代代传承下去，并始终存在于这个组织的支持者中间，使他们的事业得到传播，使其组织得以生存。

第二，当它们的目标与国际体系中广泛发生的某种历史的、经济的和政治的变革同步时，恐怖主义活动更有可能取得成功。20 世纪中期，民族自决概念的普及、两次世界大战中殖民帝国的羸弱和非殖民化的浪潮，给生活在外国统治下的民众带来了一种机遇感。20 世纪最成功的恐怖主义案例，毫无意外地都发生在某个殖民大国已无力掌控其领土的情况下。巴勒斯坦托管区、爱尔兰、塞浦路斯、越南和阿尔及利亚等地的民族运动最终都实现了其争取独立的目标。许多仍在实施袭击的恐怖主义组织敬慕那些“民族解放战争”，接着便以正确或错误的方式进行寻求民族自决的长期斗争，例如在一些热点地区——巴斯克地区、斯里兰卡和苏丹。某地的运动与宏大的历史事件之间的联系往往很关键：南非的种族隔离是伴随着冷战的结束而终结的，尤其是此后“南非非洲人国民大会”和南非共产党之间的联系不再成为这一政治转型的障碍。

第三，当恐怖主义只是众多努力手段之一，且很快就被更加合法的力量运用所补充或替代时，恐怖主义活动往往会成功。恐怖主义是弱者使用的**弱势策略**：完全靠自己对平民发动袭击，几乎不可能达成其长久的政治目的。在巴勒斯坦、南非和阿尔及利亚，恐怖袭击赢得了关注并造成了短期的恐吓效应，但这些都不是最终实现成功的关键要素。在巴勒斯坦托管区，“伊尔贡”和“莱赫”的袭击差点在犹太各个组织之间、在巴勒斯坦犹太人和英国人之间引发了战争。比较有名的袭击，如大卫王饭店爆炸案导致英国人实施镇压措施，结果失去民众支持；然而，这些袭击也削弱了恐怖主义组织在其支持者中建立起来的合法性，也因此破坏了它们的治理能力。在南非，“南非非洲人国民大会”的胜利并不是通过“民族之矛”实施的恐怖袭击实现的，其胜利更多得益于城镇民众的起义和种族隔离政府的过度反应。在阿尔及利亚，恐怖主义很快就被更为传统的反法游击战争所取代，这一作战方法在军事上更加有效，而正巧这时法国人的合法性也因为刑讯和暴力事件传到本土而遭到削弱。总之，尽管有一些流行的看法，但在上述案例中，恐怖主义靠自身从未达成战略上的目标，甚至都没有真正起推动作用。

第四，当恐怖主义组织能够说服诸多强有力的行为体相信其事业的合法性时，特别是能够争取外来的资金、武器及其他形式的援助——对对象国的外部政治压力、制裁及道义谴责等，恐怖主义活动往往更能取得成功。在“伊尔贡”的案例中，战后强大的愤怒情绪加上对纳粹大屠杀受害者的内疚，使得对巴勒斯坦地区犹太人的同情散布开来，并产生了对于建立一个犹太人家园的支持。这股强烈的情绪尤其体现在美国身上，正是美国的压迫使英国人最终让步。阿尔及利亚民族主义者在1956年政治独立后获得了合法地位，它获准在与突尼斯和摩洛哥接壤处活动，而这两个国家也向他们提供了援助和避难所。在南非，国际制裁打击了南非经济；非殖民化运动与美国国内的民权运动相结合，给南非政府带来了巨大的压力，同时也帮助推进了反种族隔离事业的发展。恐怖主义在“南非非洲人国民大会”的最终胜利中相对来说只是一个较小的因素，“南非非洲人国民大会”从南非爆发的受到国际社会支持的民众起义中获益，并有争议地夺取了政权；其中虽然有“民族之矛”的各种活动，但并不是因为这些活动才获得的成功。

结　论

恐怖主义并不是一份非常有前途的事业。本书所作的详细研究表明恐怖主义组织的平均生存周期大约只有8年，且绝大部分的斗争都失败了。只有一小部分，不到5%，根据自身对成功的定义可以说达成了目标。在恐怖袭击中杀害平民，并不是达成政治目标的一种有效手段。

如果恐怖主义组织将袭击作为实现其政治目标的有用手段，那么恐怖袭击经常会导致这一事业倒退甚至破坏这一事业。真正的恐怖袭击极少能让现实世界转向恐怖分子所寻求的美好方向——如交出领土的控制权，建立一个新的政府、一种新的社会或宗教制度。它们的事业只有当碰巧发生在更广泛的国际背景下，才最有可能成功。恐怖主义组织领导人很少以其长期的基本的政治目标来考量该如何进行一场斗争，因为几乎没有这种政治目标。

也有一些时候，某些恐怖袭击能够带来政治变革。这尤其发生在恐怖主义活动能够用于一个十分清晰的目标，并顺应某种历史大潮流的情况下。然而，即使到那时，那些杀害非战斗人员的恐怖主义组织，要么可能转而采取其他更加合法的暴力形式，如叛乱或常规战争形式；要么是可能获得其他国家的资助，后者往往出于自己的政治动机来支持那些恐怖主义组织；要么就是两种兼具。1977 年，拉克尔宣布，找不到任何小型恐怖主义组织成功地在国内夺权的历史案例。这一观点至今仍然成立。[72] 在开展恐怖主义活动时，两个附加条件能够增加其成功的概率：一、国家反应过度；二、恐怖主义组织得到了更多的关注，赢得了民众的支持，并强化了自身力量。

在现代，恐怖主义及其事业真正取得胜利的少数案例表明，那些恐怖主义组织都能够担负起国家的功能并治理国家。其他的所有“成功”都是战术性的进展——就像战争中的轰炸、闪电战或入侵那样，此种进展只是满足了那些偏好看得见摸得着的成果的旁观者，但事实上，它们的斗争活动的终极追求仍是合法性。将平民列为目标会伤害它们追求合法性的努力，因此一个恐怖主义组织要真正获得“胜利”，最终必须放弃对这一手段的运用。所以说，不可能**单靠**恐怖主义手段去实现成功。只有综合运用其他手段，如政治高压和军事力量，才有成功的可能性。无数的短期目标可以让恐怖主义活动进行下去；但在现代，恐怖主义活动只有在赢得了国家承认的合法性时，才有成功的可能并宣告自身的终结——要不就是逼迫国家在承认其合法性的问题上让步。

[第四章]

失败：内部瓦解，引起抵制，或被边缘化

在某种情况下物极必反。

——弗朗茨·法农[1]

恐怖主义会遭遇自我挫败。大多数恐怖主义的终结，缘自它们在执行某种战术时遭受了失败并最终走向解体。那些投身恐怖主义的组织大多数短命且少有成功，这一现实反映了刻意针对平民实施暴力遭致的厌恶，远大于赢得的支持。无差别的杀戮制造了一种强烈的抵制情绪，并削弱了杀戮者的政治持久力。恐怖主义制造浩劫，谋杀无辜人民，吸引恐怖癖好（morbid fascination）；但这些都无助于实现政治或社会转型。对历史案例的研究表明，即使是结合运用其他获取实力的传统方法，恐怖主义的战术经常会**适得其反**，最终不得不被使用者抛弃。正如上一章所揭示的，只有在国家反应过度或是反应不当、让恐怖主义组织获得了**衍生的力量**（derivative power），抑或是恐怖主义组织拥有了足够的民众力量从而转向另一种非恐怖主义的暴力形式时，恐怖主义才能获得战略性的成功。

但**为什么**恐怖主义通常会失败呢？在一种注定失败的活动的最后日子里，究竟发生了什么？自从恐怖主义研究倾向于获得政府资助并受到限制性政策的影响后，反恐的作用就经常被过分地强调以用来回答上述问题。

恐怖主义组织独立于政府行动之外发展的水平从未得到全面的认识。政府的数据是分析家们所了解的，是他们能够获取的，也是他们最容易量化和核实的。即使是出于好意，把恐怖主义组织的衰亡与特定的政府政策联系起来也可能会产生偏见，尤其是在衰亡的事实发生后，原因和结果之间的关系并不是那么清晰和容易核实。而通常来说，造成恐怖主义组织衰亡的最强大力量都发生在组织内部，政府的那些政策只能间接促成其发生。

要始终保持恐怖主义活动的强劲势头是极度困难的。通常来说，恐怖主义终结是因为这个组织在警察或安全部门持续压力的作用下，出现内部瓦解或是失去了群众支持。当恐怖主义组织内部就任务使命、行动、内部主导权的竞逐、意识形态分歧、某些成员热情的消失——甚至只是简单的疲倦或兴致耗尽——而产生内斗时，内部崩溃就会发生。那些没有爆发内讧的恐怖主义组织也可能葬送在其支持者的手中。边缘化的出现，表现为那些主动或被动的支持者在减少，甚或是出现了对暴力行为的集体抵制。本章将回顾那些导致恐怖主义组织终结的模式，尤其是那些让恐怖主义**自我摧毁**的诸多方式。

内部瓦解：犯错、斗志耗尽与崩溃

正如我们看到的，大多数恐怖主义组织不会存活很久。恐怖主义组织出现内部瓦解有四种典型情形：一是无法顺利地进行代际更替；二是毁于组织成员间的内斗；三是丧失了对行动的控制；四是在接受了政府提供的特赦或其他退出条件后随之消亡。上述几种情形都将在下文中依次提及。

代际更替的失败

那些投身恐怖主义的组织会面临一些脆弱的关口，也就是具有里程碑意义的历史时刻。如果不能成功度过的话，其结果只会是加速灭亡。

其中，组织代际更替时期可谓是一个特别敏感的节点。有些恐怖主义组织会比其他组织更具生存能力；其中必有一些特定的属性影响着一个组织能否坚持数代人。众所周知（并且上一章中也讨论过），如宗教或民族认同问题，尤其是与某一特定领土相联系时，就很容易让一个恐怖主义组织联系到一批支持它的群众，并借此长久生存下去。但总的来说，恐怖主义组织总是在它们将其管辖权由一个领袖或骨干交给另一个领袖或骨干时，表现得最为脆弱——这也是第一章提及的政府会热衷于定点清除战术的一个原因。

一种评判恐怖主义组织是方兴未艾还是日薄西山的方法，是找出其正处于哪个发展阶段，尤其是在不断异化或道德推诿的心理发展阶段。[2] 伦纳德·温伯格（Leonard Weinberg）和路易斯·理查德森指出，**冲突理论**（conflict theory）可以运用到对恐怖主义组织生存周期的研究中去，其周期包括兴起阶段、成长阶段和衰亡阶段。不幸的是，他们在结论中指出，这一理论框架仅适用于 20 世纪后期，在西欧发源并横行的恐怖主义组织（这也是对恐怖主义暴力分析最为深入的一个时期）；能否直接将这一研究方法应用于不同的地区和时期仍存在争议。[3] 还有人建议，某些特定类型的恐怖主义组织无论在哪里活动，始终都有一些固定的发展阶段。例如，已故的埃胡德·斯普林扎克（Ehud Sprinzak）指出，那些右翼组织就呈现出独一无二的循环模式。一个受不满情绪驱使的文化群体（a cultural group），其成员会收到指示去反对“敌人”群体，而“敌人”的认定不是基于他们做了什么，而是基于他们本身的性质——什么样的民族、什么样的宗教、什么样的性取向、什么样的种群及其他特性。一个试图去保卫“敌人”的政府，因此也就顺理成章地成为袭击的目标。暴力的循环反映了一些（催生暴力的）潜在要素持续地存在和发挥作用，而暴力的循环也要经过突发与平息的阶段，这两个阶段则取决于政府能将暴力活动控制到何种程度。[4]

一些特德·罗伯特·戈尔（Ted Robert Gurr）知识传人的研究者，致力于研究恐怖主义组织的发展演变，并将其作为某种社会运动进行考察。[5]例如，这一学派关于社会运动最为完善的研究文献假定，在各种大规模的群众抗议运动经历了由盛转衰的周期的末段，很可能会出现恐怖主义。[6]从这点来看，理解某个特定恐怖主义组织寿命长短的最好方法，就是去研究恐怖活动赖以展开的更大范围的社会运动。但是，极少有社会运动主要趋向于暴力，其更可能采取一些理想主义的手段。了解动员模式也许会对剖析一个恐怖主义组织最初如何建立大有裨益，但却未必能反映这个组织的可能归宿。尽管这一方法很重要，但其对社会运动的总体研究更有助于洞悉恐怖主义组织的源起而不是其衰亡。

最终，大卫·拉波波特（David Rapoport）基于历史研究对恐怖主义组织的生存周期给出了最具普遍意义的假设。他指出，在现代历史进程中，国际恐怖主义活动的浪潮基本都只能持续一代人（按照他的说法大约是40年）。每一波浪潮都有着扩张与收缩的特征，也都具有一定的国际性地位，他们分属不同国家却又基于共同的意识形态做出类似的举动。拉波波特所列举的那些浪潮中，有两个关键要素：一是沟通或是互通模式上的转型；二是新学说或新文化的出现。以此为起点，预测或是理解恐怖主义组织衰亡的最佳路径，就是研究其与更宽泛的代际更替模式之间的关系。当一轮国际恐怖主义浪潮达到其高潮并开始走向衰亡之际，个别组织会发现它们比其他组织更难生存下去。[7]

上述这些假设有助于人们洞察恐怖主义现象的全貌，但在面对诸多具体案例或特定组织时却缺乏说服力。每个恐怖主义组织衰亡的情节不尽相同——无论是普遍模式还是特殊模式，都很重要。要真正理解这一代际更替的过程，我们一定要剖析那些特定的恐怖主义组织或运动的案例。

代际更替模式：20世纪70年代的左翼组织

恐怖主义组织的意识形态属性似乎可以影响其跨代的生存能力。例如，20世纪70年代的左翼和无政府主义组织，因为无法表达一个清晰的奋斗目标而备受揶揄，这也让它们在组织的第一代激进派领导人离开或被消灭后根本无法将事业移交给下一代。“6月2日运动”（The Second of June Movement）、“气象地下党（也称‘气象员派’）”（Weather Underground Organization/Weathermen）及“共生解放军”（Symbionese Liberation Army），都是典型的极端危险和暴力的组织。但最终，是其左翼或无政府主义思想的破产导致它们无法将事业传承给第二代或第三代。[8]

在那些最为知名且不断被深入剖析的所谓“新左派”组织中，有一个就是“红军派”，它在媒体那里的称呼“巴德尔—迈因霍夫帮”可能更加为人熟知。说它们有自己的意识形态可能有些言过其实，它们的指导方针更像是以自助的形式，从马列主义（尤其是反帝国主义）、无政府主义及哲学家弗朗茨·法农的暴力有益论和暴力洗涤论中借鉴来的。它们崛起于20世纪60年代后期的德国，以学生动乱的形式开展起来，将人们对越战和巴勒斯坦人命运的不满引向对美国军队和西德的愤恨。安德里亚斯·巴德尔于1968年和他的伙伴古德龙·恩斯林（Gudrun Ensslin）一同创建了该组织，他后来被判定在法兰克福双子百货公司爆炸案中犯有纵火罪。之后，他在知名的左翼记者乌尔丽克·迈因霍夫的协助下从监狱逃出，后者以帮助巴德尔写书为由得以进入监狱。

这位犯人和他那位无私的搭救者的命运很快成为阴谋故事的流行素材，尤其在那些心怀叛逆的学生中间，他们那大胆的反主流的革命者形象产生了巨大的吸引力。巴德尔、迈因霍夫及其同伙继续着他们的爆炸狂欢，这些行为由迈因霍夫进行公布，他们最终于1972年再次被捕。当他们在监狱中日渐憔悴之时，开始崛起的第二代成员又重新担负起这一组织的策略制定与任务使命（特别是在越战结束之际），到后来逐渐变成了对前辈的单调模仿（a pale echo），只是为了让两位领导人重获自由。[9]新一代成员的平均年龄要比最初的成员年轻5岁，且很多是老成员的弟弟妹妹，或是朋友、配偶、雇员、情人。第二代人努力之下的一个高潮是在1977年10月，他们（与“解放巴勒斯坦人民阵线”联手）劫持了一架德国汉莎航空公司的班机。机上的德国旅客被作为人质，以赎回11名组织成员，其中包括他们的领导人。而当一支德国反恐部队突袭了飞机、杀掉了 4 名劫机者中的 3 名并成功营救了人质后，历史的大势似乎已明显地站到了这个组织的对立面。据说，巴德尔和恩斯林收听到新闻后，就在自己的狱间里饮弹自尽了。[10]

当恐怖主义组织处在代际更替时，它内部的自我反思会增加，在这期间它吸引忠诚的追随者的能力也在下降。尽管“红军派”（正如现在众所周知的）一直存在到 20 世纪 80 年代，但它在这期间也变得愈加孤立和无足轻重，这个组织到后期与其创始者之间还有多大关联着实令人怀疑。[11] 随着柏林墙的倒塌，所有西欧的左翼组织——比利时的“共产主义战斗小组”（Fighting Communist Cells, 或 CCC）、法国的“直接行动”、葡萄牙的“4 月 25 日人民军”（或称 FP–25）、德国的“红军派”和“6 月 2 日运动”，以及意大利的“红色旅”（Brigatte Rossa）和其他一些组织，相继承认马列主义革命的时代已然终结。[12] 在经历了几年的低潮期后，“红军派”屈服于显而易见的现实，于 1998 年宣布解散，解散之际留下了最后的话语：“过去有我，现在有我，将来还有我”。[13]

代际更替模式：20 世纪 90 年代的右翼组织

右翼组织，往往从法西斯主义或种族主义观念中获取灵感，它们同样也在代际更替时遭遇了生存难题。不过正如玛莎 · 克伦肖所观察到的，这一现象可能反映的是所面临的挑战，而不是组织真正的瓦解。[14] 这样的例子包括无数在美国和世界其他地区的新纳粹组织。[15] 此外，很多种族主义组织所从事的事业在组织消亡后仍长期存在着；它们遁迹并转入地下，[16] 或是以一个新的名字、新的架构东山再起，这种情况很普遍。[17]

专家学者和联邦调查局（FBI）曾对 20 世纪 90 年代美国的右翼组织进行了广泛的剖析，尤其是在 1995 年俄克拉荷马市爆炸案后，这类研究揭示了一种趋势：根据共同的手法（modus operandi）、共同的意识形态或共同的意图去行动，尤其是那些所谓的无领袖抵抗运动，这类运动都是朝着某种明确的目的去单独行动或小规模独立运作的。[18] 这样将组织分散化，使得关于右翼组织如何开始及如何结束的论断更加难以确定；不仅如此，这也对组织进行有效的代际更替产生了不利影响。此外，为了支撑自己的行动，一些右翼组织还实施犯罪行为，如抢劫银行、敲诈勒索和伪造货币。在美国，这类行为往往给警察提供了违法证据，直接削弱了组织的生存能力。

很多欧洲的右翼组织也出现了类似的分散化结构和偶然发生的暴力。例如，英国的新纳粹组织“一八战斗队”（Combat 18，其中1和8分别象征阿道夫·希特勒的英文首字母“A”和“H”在字母表中的排序数位）的筹建原本是为“英国国家党”（British National Party）的活动提供安全保护的，但自1992年起，它从后者中分离出来并开始实施暴力活动。[19]据称，该组织与北爱尔兰“阿尔斯特防卫协会”及“阿尔斯特志愿军”多有联系，它们还在英国军队和足球流氓中有着一定的支持者。[20]1996年，似乎是受到了俄克拉荷马市爆炸案的鼓励，“一八战斗队”发起了一次邮件炸弹行动，一个名叫大卫·科普兰（David Copeland）的新纳粹分子，在伦敦市一个少数族裔区和一家同性恋文化中心“苏豪区”（Soho）连环引爆了自制的铁钉炸弹，造成3人死亡，超过140人受伤。[21]科普兰这种所谓的**“独狼”**往往是受到一个同阶层、网络化的组织的诱导，他从互联网网站上学习了如何制作炸弹。独狼模式有其自身的缺陷，然而，与俄克拉荷马市爆炸的实施者提摩西·麦克维一样，科普兰的各种失误和他留下的各种愚蠢的证据线索，最终让他遭到逮捕并被判刑。一方面，在行动完全基于其个人选择的情况下，当局很难去预判或是抓到实施者；另一方面，实施者很难实施控制，缺乏生存能力，也就不大可能去培植接班人。

必须承认，生存能力并非恐怖主义组织的首要利益。他们的目标可能不是动员而是煽动：英国的右翼组织既没有实力，也没有意愿去发展一场基础广泛的运动，其目的是为了在少数族群中激起抵制情绪。与其分支组织**“白狼”**（White Wolves）一样，“一八战斗队”要求其成员去诛杀非白人（所谓的“外来人”，aliens），想以此挑起一场种族战争。“如果经常这样做，做得有效果了，做得残忍了，外来人就会通过任意攻击白人来报复，这也将迫使白人们跳下围墙并开始自卫。”它们的声明文件中就是这样写的。[22]“一八战斗队”及其他右翼组织，因为它们煽动少数族群的能力而变得十分危险。例如，2001 年 5 月，它们曾在英格兰北部的一次种族骚乱中扮演了重要角色。但对于美国的右翼极端主义者而言，他们已遭到线人和政府特工的全面渗透，而且他们的暴力行动也表现得越来越漫无目的。由于缺乏一个广泛的社会基础，在新旧两代人之间协调行动并延续事业就成了一个很大的挑战。[23]

加入一个从事暴力活动的地下组织，从来都是极具风险的事情；加入组织会让成员付出巨大的代价，他们随时可能被杀或被捕。有时，组织中个别人会突然离开，仅仅是因为他们看不到预期目标有兑现的可能——无论是组织的目标还是个人的野心——抑或仅仅是因为他们对自己的奋斗目标热情不再。在没有任何证据能够证明其可能成功或有所进展的情况下，成员的斗志普遍受到消磨。[24]革命活动是年轻人的游戏。如果无法将其向年轻一代的成员进行移交，那么这个组织就会亡于惰性。无法把遗产移交给新生代，成为恐怖主义组织衰亡或终结的一个普遍历史解释。

内斗与分裂

有些旁观者，尤其是那些不愿或不能对个别组织进行深入分析的人，经常会漏掉组织成员之间内斗和分裂的证据。这并没什么好惊讶的：恐怖主义组织向公众展示的画面往往经过精心制作，以便能清晰明了地传达该组织的意识形态追求。营造团结的画面是他们最起码应做的。但不加批判地全盘接受这样一幅画面是错误的，因为这种画面经常会遮掩恐怖主义组织内部很多严重的观点分歧，而这种分歧往往能导致恐怖主义组织的终结。

恐怖袭击的设计需要满足更广泛的活动需求；然而，参与恐怖主义活动的组织成员或支持者，往往对所发生暴力的级别和类型有着不同的见解。有时，在恐怖主义组织的主动或被动的支持者可能疏远他们的情况下，组织内的激进成员就想着通过发动袭击来保持斗志。例如，这种情况就发生在那些意大利和德国的左翼组织身上，他们实施的暴力活动在激烈程度上大大超出了其支持者所能承受的范围，而其目的只是为了确保组织的团结。[25]疏远还可能发生在组织内部。肖恩·欧卡拉汉（Sean O'Callaghan）从15岁起就加入了“临时派爱尔兰共和军”，后来当他的同伙想让一名即将被杀的受害者怀孕以得到“买一送一”的机会时，他明确表达了自己的厌恶之情。日益上升的不满情绪最终促使他成为警方的一名线人。[26]另外，个别成员在实施袭击时表现得很急切，只是因为他们有行动的迫切需要，或是想以此给同伙留下深刻印象，或只是个人接受了暴力观念的洗礼。尽管那些加入恐怖主义组织的个人，在心理上与一般民众是有可比性的，但组织风气的社会化会给其成员带来一种失控的暴力欲，如此下去只会产生反效果，最终将给组织的事业带来危害。

恐怖主义组织的内在动能（无论是其成员的还是其同情者的）很可能产生反效果，甚至让组织遭遇自我挫败。那些有野心的个别成员往往会为了在组织内争取一个显赫的地位而去斗争，20世纪90年代中期阿尔及利亚的“伊斯兰武装组织”（Groupe Islamique Armé，GIA）就是典型的例子，与此同时，政府也积极地鼓励该组织内部派系的增生。[27]不仅如此，各个派系也会竞相讨好特定的支持者，正如我们在第四章中提到的“法塔赫”和“哈马斯”在第二次起义期间的表现。还有一种情况，组织内的个别人会受到外部某个行为体的支配，后者出于自身的目的介入并操纵这场运动中的某个派系；国家资助者和它资助的组织经常会遵循这种模式，就如同利比亚的穆阿迈尔·卡扎菲和阿布·尼达尔（Abu Nidal）所为。所有这些行为都可能会削弱组织整体的生存能力，尤其是在其领导层隐匿或逃亡的时候，组织便无法掌控成员，同时也失去了与现实世界的联系。

组织内的成员还会对组织的行动、办事风格、优势或扩张步伐持不同意见。组织内的争吵能产生致命的后果，不仅对于个别成员，而且对于整个组织的生存能力来说都是如此，尤其是在报复性杀戮被用于确保对行动的掌控时。根据对一些入狱者的访谈，一些意大利左翼组织的成员开始对行动变得愈加残忍表现出厌恶，尤其是在一名年轻成员因被怀疑背叛组织而遭到刺杀后。[28] 西德“6月2日运动”（巴德尔—迈因霍夫帮的一个同盟）的一些成员射杀了他们的同僚乌尔里希·施穆克尔（Ulrich Schmucker），因为他们相信后者搞砸了一次爆炸行动，还成为了警方的线人。几个星期后，格茨·蒂尔格纳（Gotz Tilgener）因拒绝杀害自己的同僚而遭到谋杀。[29] 1997年2月，为了得到一部收益颇丰的音乐剧《白色权力》（*White Power*），前“一八战斗队”领导人保罗·萨根特（Paul Sargent），伙同他的组织成员马丁·克罗斯（Martin Cross）杀害了克里斯托弗·卡斯尔（Christopher Castle）。[30] 他的杀戮行为导致很多成员向警方检举自己的组织并开始试图脱离。同样，“魁北克解放阵线”（Le Front de Libération du Québec，FLQ）在围绕行动发生尖锐的争执后，最终不可避免地走向了自我毁灭。[31]

另一种内部分歧可能在于暴力使用的基本目的，而非其暴力本身的性质：历史上，最为普遍的引发派系内斗的原因之一，就是对组织意识形态的解释权之争。由于它们相对弱小，恐怖主义组织都极度依赖其引人入胜的叙说模式或愿景，并可能因此彼此暴力相向。例如在1969年2月，14名“日本红军”（Japanese Red Army）成员遭到同伙的折磨和杀害，原因是他们在意识形态问题上有不同的意见。[32] 与“民众”（the people）的关系，很可能会成为争吵的一个典型原因。“红军派”的成员有时指责领导层的**精英心态**（elitist attitude），总是将“突击队员”（commando）安排在行动的最前端，决策前从不征询普通成员的意见，并且总是忽视下属的观点。[33]

恐怖主义组织也可能因与其他组织竞争人员或物质支持时落败，而走向衰亡。除了国家的反恐行动外，恐怖主义组织之间的竞争也经常发生。在一场社会运动即将结束之际，很多组织发现它们都在争取同一批潜在的追随者，于是开始为此一争高下。这种争夺就曾发生在第二次起义时，巴勒斯坦的各个组织之间。另一个实例是20世纪70年代意大利左翼组织之间的**螺旋式竞争**（competitive spiral），斗争发生在“红色旅”、“不断奋斗”（Lotta Continua）和“前线”（Prima Linea）等组织之间。[34]如此看来，相比于对预定受众的袭击效果的关注，恐怖主义组织可能更加关心与其他组织之间的竞争。

另一种典型的自相残杀情形，发生在心怀不满的成员试图离开组织的时候。在很大程度上，这取决于周边民众对这种惩罚性暴力运用的支持或期望程度。根据一名前“红色旅”成员的说法，该组织成员进入和离开组织要相对宽松一些，很可能是因为意大利左翼组织的暴力活动几乎都是地方性的。[35]那些在更加险恶的环境中活动，或是有着更多怪异思想的恐怖主义组织，就会要求其成员的无条件忠诚。例如，“奥姆真理教”以追踪并杀害前成员及其亲属而声名狼藉。的确，一名成员因为暗中向警方通报了其组织的行动，他的兄长刈谷清（Kiyoshi Kariya）为之受到折磨并最终被杀。[36]信仰的背离会导致残忍的内部争斗，并很可能毁掉一个组织，这在它们总是暗中行动并时刻遭受到警方压力时尤其如此：这类争斗暴露出组织的某些前成员存在潜在叛变的可能性，让组织对那些持有异议的人更添疑虑，这类争斗也使得一些支持者对组织倒戈相向，沉重打击了组织的意识形态。在原先的合法性由于信仰的丧失而受到冲击后，维系成员的忠诚自然成为组织的头等任务。

失去对行动的控制

对恐怖主义组织而言，对行动的控制是另一个经典的难题。组织属性与其行动规划性质之间是一种此消彼长的关系。**网络化的组织**（networked organizations）可能更容易实施袭击，更容易辨识情报，也更容易保护自身不被发现，但它们是否能真正地朝着实现事业的目标迈进就另当别论了。安全与效能从来不能两全其美，这一困境从19世纪起就为众多恐怖主义组织所承认。在国家反恐的压力下，确定袭击目标的工作变得更加困难，恐怖主义组织也比过去更加经常地失去对行动的控制，这导致被确定的目标出现泛化，越来越多易于得手的“软”目标被纳入其中。与此同时，恐怖主义组织为了安全总是要对情报进行辨别，并对行动小组之间的通信进行限制，这也造成了行动的低效与失误。[37] 由于无差别的袭击必然会在潜在的支持者中引发抵制情绪，因此，不专业的行动很可能会让恐怖主义组织得到反效果。即使受过最好的训练并有着最佳的打算，恐怖主义组织也会发现，警方那里不断施加的压力削弱了他们勘察潜在目标的能力，这使得随意确定目标的情况越来越多，民众中的抵制情绪也越来越强烈，行动的失误越来越频繁，最终不愿看到的后果也接踵而至。

有时，恐怖主义组织会因一些人的出色技能而招募他们，但这些人随后表现得越来越难以管控。缺乏对行动的控制使得一个组织分裂成几个部分，并且相互之间多有牵制，其行动对组织战略性目标的实现起到了反作用。这种情况发生在北爱尔兰一些新教徒组织的准军事组织之间，“阿尔斯特志愿军”和“阿尔斯特防卫协会”的领导人在他们最后的日子里，已经无法控制其成员如土匪一样的杀戮行为。[38] 另一个例子是“气象地下党”，它在 20 世纪 70 年代分裂为 3 个分支，且缺乏统一的中央指令：它们分布在旧金山、芝加哥—底特律一带和纽约。由于对其他分支不甚了解，纽约分支曾突然炸掉了藏在一座市政厅下的炸弹工厂，结果炸死了 3 名本组织成员，这引来了执法机关的注意，也将组织最终引向了覆灭。[39]

接受退出方案

我们已经阐释了恐怖主义组织与政府进行谈判的动机。有一种形式的谈判是政府与恐怖主义组织的个别成员进行的，政府通过给予个别成员奖励或威胁，将其从团伙中剥离出来。国家时不时地会给它的敌人指明一条出路。在意大利，1979 年 12 月和 1982 年 5 月通过的一系列法律规定，若恐怖主义组织的行动人员自愿离开组织、协助侦破旧案，或帮助当局防范新的袭击，政府将给予其宽大处理。尽管很难给出大赦的条款，但这一方案仍拉拢了一大批组织成员：仅在1982年法令颁布后不久，就有130名“潘提托”（*pentiti*）成员举报了他们的前战友。无数的恐怖行动因此被阻止，无数的生命无疑也因此得救。[40]由于告密者的功劳，“红色旅”（与所有规模小于它的竞争者一样）到1982年年底处于全面退却之中。

有时，恐怖主义组织简单地就得出结论，认为已经无法通过恐怖暴力来实现其目标。即便是没有进行一次正式的谈判，国家也会大赦整个恐怖主义组织，以便达成一项协议，以推进富有成效的政治进程。在哥伦比亚，“M–19”组织被给予了一次集体大赦，接着他们就宣布放弃暴力活动，成立了一个名为“M–19民主联盟”（Alianza Democrática M–19，或AD/M–19）的政党，还于1990年推出了自己的总统候选人。[41] 1973年10月，美国联邦律师提出要解除对1970年后加入“气象地下党”的成员的起诉。很多好战分子随之自首，该组织最终于1976年解体。

政府提供的大赦方案还会造成恐怖主义组织内部的分歧，这种分歧会很快从那些愿意接受退出选择的个别人之间传播开来。北爱尔兰的“污点证人”（supergrass）就是被官方招募来告发同伙，以换取个人的特赦或是其他回报的；他们是导致整个共和运动（republican movement）涣散的重要因素。[42]对于那些分成若干独立行动小组、相互间很难进行追踪的组织来说，内部告密者会带来毁灭性的冲击。[43]当然，除了情报价值外，叛变的“幽灵”也会导致自相相残。“埃塔”的成员接受了1981年西班牙政府给予的特赦；这个组织虽然消亡了，但暴力活动仍在持续。[44]“埃塔”中那些已经接受了特赦的成员遭到年轻的新招募成员的骚扰、伤害和杀害，后者认为他们的前辈已经变得软弱，有的认为他们已经背叛了这场运动。[45]一系列谋杀在巴斯克民众中引发了愤怒，这严重削弱了该组织招募新成员的能力。此外，在其最后的日子里，平和对于恐怖主义组织来说也变得没那么必要了。例如，虽然“埃塔”在2004年再次与西班牙政府就特赦问题进行对话，但他们仍在这一年发动了一系列炸弹袭击。[46]

尽管本章罗列了恐怖主义组织内部瓦解的原因，但仍没有全面地提及**个别成员**因何原因主动离开其组织：退出恐怖主义的动机反映了人与人之间不同的人生经历与选择。这也许涉及他们除组织外所建立的社会纽带关系（浪漫的依恋、婚姻、生子或为家庭奉献），或是决定加入一个更有竞争力的组织，或是在组织内遭到降职，抑或只是太年迈而无法跟上同伴的节奏。他们很可能会对革命生涯的前景感到失望，个别人可能会失去自己的兴致或热情，他们会与其他同伴发生争执，或只是厌倦了现在的生活。他们还可能被捕或被关进监狱，并在此期间明显地改变了性格（尽管遭关押后决定脱离肯定不是必然的现象）。[47] 关于个体脱离恐怖主义的问题，精神病学家和心理学家已做了相关分析研究，具体而言，他们主要是对意大利、德国、以色列和北爱尔兰的一些关押犯人进行访谈，近年来南亚和东南亚的相关研究也很多。对恐怖主义组织个别成员的心理学分析，尽管很重要且需要进一步的研究，但这显然已经超出了本书的研究范畴。[48]

边缘化：民众支持的减少

恐怖主义组织都是战略行为体，总会仔细考量其目标，并估算袭击对于其支持群体的影响。然而，一旦失算，这将危及自己的事业，造成群众支持骤减甚至是组织的覆灭。如若没有来自周边民众主动或被动的支持，它们一般是不可能生存下去的。**主动支持**包括藏匿组织成员、募集资金、提供资金以外的用于维持生计的物资，还有最重要的，就是加入组织。而**被动支持**，正如这个词所表达的意思一样，是更加含糊不清的，包括忽略恐怖主义组织行动的明显征兆、拒绝配合警方调查、为组织输送资金，以及对组织的目标表示支持。

民众对恐怖主义组织的支持，可能会因为各种原因而丧失。第一，那些对恐怖主义组织政治目标并不十分感兴趣的人，可能会担心政府的反制措施。冷漠可以是一种强大的力量；同等条件下，绝大多数民众都会自然地选择那种无忧无虑的日常生活，即免于反恐法案、管制、制裁、突袭及威胁的干扰。有时，甚至一些原本激进的民众，也会突然退出对某个组织主动或被动的支持，尤其是在政府实施强力镇压，而民众也日渐疲惫的情况下。车臣恐怖主义组织显而易见地失去了当地民众的支持，就是一个极好的案例。

第二，政府很可能会给那些恐怖主义组织的支持者一个更好的选择。在欠发达地区进行改革、加大投入以及提供工作机会，都能成为侵蚀恐怖主义暴力活动的方法。但这种方法并不是万能药：它也可能导致更大的不稳定，并可能被恐怖分子视为一次政治机遇，此种情况下很可能会出现**更多的**恐怖主义活动。有证据显示，在转型期内，那些催生“恼怒”感或野心受挫感的社会条件，对于群众决定是否支持恐怖主义暴力活动至关重要。[49] 改革措施一定要针对当地的具体情况再三斟酌。有时，恐怖袭击被视作一种顺应历史发展潮流的努力。因此，如果历史朝着正确的道路（并以正确的步骤）前进，那么选择暴力行为的动机将会大大降低。

第三，民众可能对恐怖主义组织的意识形态或目标失去兴趣；很多事情都是按照自己的方式向前发展，在这种情况下，很多恐怖主义组织的既定目标会变得过时或不适切。它们原本期待的历史性收获或是历史机遇，很可能已经不复存在了。这样的例子包括很多马克思主义的组织，它们曾受到共产主义意识形态的鼓舞，也一度得到来自苏联的支持。为什么国际恐怖主义的性质从主要依赖国家的资助，发展为一种更加宽泛的创业行为，这也许是一个重要理由。关于这种衰亡的案例研究，将在下文中进行更加深度的探讨。

意识形态变得不适切

为了吸引追随者，恐怖主义组织的意识形态一定要包括：切实可行的目标，证明正在实现目标的证据，一定的组织化程度，以及与历史大环境的联系。虽然恐怖主义组织的成员可能会被压倒性的胜算所激励，但对于一份必然失败的事业而言，其败象最终将通过信仰显露出来。恐怖主义组织领导人都是业余的历史学家：背离历史是所有恐怖主义组织灭亡的丧钟。

恐怖主义组织从根本上被历史抛弃，这方面的例子很多。例如，“气象地下党”成员在躲避追捕方面的高效令人惊讶，但越南战争的结束却宣告了该组织的没落，原因就是他们行动的理由没有了。[50] 很多恐怖主义组织的背后都有直接或间接支持它们的国家，如古巴、东德或苏联，而它们在整个 20 世纪 90 年代发现自己正在淡出人们的视野。“红军派”、“正式派爱尔兰共和军”以及“埃塔”都经由东德从苏联那里获得间接支持；后来南也门也是如此。与之相类似，“解放巴勒斯坦人民阵线”也是由苏联提供武器的。[51] 苏丹在近 10 年来已经明显地结束了对恐怖主义的支持，而利比亚也驱逐了阿布·尼达尔，并减少了对诸如“巴勒斯坦伊斯兰圣战组织”和“解放巴勒斯坦人民阵线总指挥部”这些恐怖主义组织的支持。[52] 苏联的垮台和列宁主义意识形态的不适切性，严重削弱了很多左翼组织的力量。

希腊极左组织“11 月 17 日革命组织”（Revolutionary Organization 17 November）也是这样的一个案例，该组织的意识形态最终脱离了现实，就如同它脱离了自己宣称的所代表的人民一样。“11 月 7 日革命组织”的成立，得益于人民对 1967 年至 1974 年间由美国扶植的统治希腊的军事当局的愤怒，它最早通过 1975 年谋杀美国中央情报局情报站站长理查德·韦尔奇（Richard Welch）引起了人们的注意。在随后 27 年的时间里，它共实施了超过 100 起爆炸和刺杀行动，23 人为此丧生。[53] 然而，直到它被警方捣毁之时，这个组织仍不知晓其群众基础，而公众对该组织的态度此际变得异常的反感。2000 年 6 月 8 日，他们杀害英国武官斯蒂芬·桑德斯（Stephen Saunders）准将的行动造成了普遍的反感，尤其是在准将的遗孀希瑟·桑德斯（Heather Saunders）公开现身向公众请求帮助，追踪杀害她丈夫的凶手后。希腊东正教（Greek Orthodox Church）为恐怖主义的受害者举行了祈祷仪式，政治人物纷纷发声反对杀戮行为，随后公众对这次暴力行动的态度发生了戏剧性的逆转。希腊也于2000年年底签署了12部（所有的）联合国反恐条约。[54]

在该组织存在的大部分时间里，希腊当局似乎对“11月17日革命组织”的规模有多大，以及到底都有些什么人始终知之甚少（也有人说是没有兴趣），直到2004年一次搞砸的恐怖行动，终于让当局弄清了其成员之间的关系网。萨瓦斯·希洛斯（Savvas Xiros），一个宗教画师，站在港口城市比雷埃夫斯的赫拉斯海豚飞行表演游乐园（Hellas Flying Dophins）的售票处附近，引爆了藏在身上的炸弹，引爆的时机显然过早。希洛斯的脸、手和胸部严重受伤，他被紧急送到当地一家医院，警方得以在那里对他进行审问。[55] 希洛斯供出了组织的一些行动，透露了武器藏匿的位置，还说出了其他成员的名字。结果令人十分惊讶，该组织的成员在平时都是些普通百姓，包括学校老师、小店主、话务员——所有这些人本来都可以过着平淡的生活。其中有三个恐怖分子是兄弟，另有两个是堂兄弟，还有一个是孩子们的教父。[56] 与很多恐怖主义组织延续的方式相同，“11月17日革命组织”成员都出自家族和近亲关系，这种关系既能强化相互信任的纽带，也能确保组织不那么容易崩溃。[57]

“11月17日革命组织”缺乏组织能力，甚至都没有意愿去建立一支扎根群众的游击部队，或是发展一场有效的群众运动。它的左翼革命意识形态就如同一种历史的遗迹。该组织的战略是去煽动群众反对现政权；然而，随着那次小失误的出现，其恐怖主义活动暴露无遗，“11月7日革命组织”成为群众厌恶的对象，被政治主流思想所排斥，因而也就无法赢得广泛支持以强化自己的生存能力。

失去与“民众”的联系

意识形态和动员群众的作用如此重要，使得争议普遍聚焦于：恐怖主义组织到底是代表了“民众”，抑或实际上代表着一个小型的精英群体。

这并不只是马克思主义者（马克思主义者以阶级斗争为理论纲领）关注的议题，有证据表明，很多宣称自己是民族主义者、右翼分子，甚至是无政府主义者的组织，也同样关注自己的代表性。并不是所有组织都将接触人民作为其目标；但它们几乎都会在某些时候谈及发动或鼓舞群众，以获得群众基础。人天生就是社会动物，真正的政治转型最终需要追随者。

对于 20 世纪的许多恐怖主义组织来说，最大的难题之一就是维系与支持者的联系，哪怕从事的是地下活动。由于国家的镇压、警方的成功执法或公众的反感，恐怖主义组织越发地收缩，它们也就越发地倾向于根据它们自身的内在动能来行动，结果使得它们越发地远离大众，最终既动摇了它们存在的理由，又削弱了它们行动的能力。[58]

警方施加压力的主要成果之一，是阻止了恐怖主义组织与其受众之间的良好联系。例如，对"红色旅"而言，随着它们与其草根同情者之间愈加疏远，它们的地下活动也惨败了。[59]一方面，"红色旅"中的好战分子越来越多地为生存而从事暴力活动，另一方面，他们却无法意识到他们的支持者正在遗弃他们，这使得他们的行动愈加事与愿违，也愈加不适切。[60]为了成功避开警察，有必要进行隐蔽工作和使组织分散化，但这却与他们深入大众的中心目标明显格格不入。"红色旅"尝试解决这一难题的一大方法，是发明了它们称之为**"两面作战"**（double militance 或 *doppia militanza*）的方式，该组织成员既要参与地下活动，还要从事公共政治工作。然而，随着 1972 年 5 月大规模逮捕行动的实施，它们又一次回到了"隐秘"状态。[61]

通过与其他组织建立国际性的联系，一些恐怖主义组织已经开始试图弥补它们与大众之间的隔离现状。例如，"红军派"曾与西班牙的恐怖主义组织"10 月 1 日反法西斯抵抗组织"（First of October Antifascist Resistance Group，GRAPO）、比利时的"共产主义战斗小组"（Communist Combatant Cells，CCC）及法国的"直接行动"先后建立了联系。同样，日本的"红军"也与巴勒斯坦的恐怖主义组织建立了联系，尤其是与"解放巴勒斯坦人民阵线"关系匪浅。此外，它们还与哥伦比亚的"M–19"以及叙利亚、利比亚、泰国和马来西亚的伊斯兰主义者多有往来。[62]

目标设置错误与遭遇抵制

恐怖主义组织实施的袭击，可能在其现实或潜在的支持者中间产生强烈抵制。这是一个常见的战略错误，并很可能造成组织的内部瓦解。无论政府具体的反恐政策如何，恐怖主义组织都有可能会选择一个它的支持者普遍认为不合法的目标，这将极大地削弱该组织并将促使民众转而支持政府。正如我们下面看到的这个例子，奥马爆炸案当时就在北爱尔兰引发了极大的震惊和愤怒。尽管"真爱尔兰共和军"的领导人随后急匆匆地发表了一份声明，指出他们无意杀害平民，但这并没能弥补什么。[63]爆炸案发生后，"真爱尔兰共和军"也陷入了内斗的折磨之中；组织的士气如此之低，使得一些成员于 2002 年开始擅自寻求与爱尔兰政府间达成单独的停火协议。[64]还有一些在战术上失算的例子。1970 年 2 月，"解放巴勒斯坦人民阵线总指挥部"对一架飞往特拉维夫市的瑞士航空班机实施了破坏，导致机上的 47 名乘客（全部）死亡，其中有 15 人是以色列人。"总指挥部"最早宣称对此事件负责，但在看到公众的不满情绪甚嚣尘上后，它们又想收回此前的声明。在加拿大，"魁北克解放阵线"于 1970 年在拉波特市（Pierre Laporte）造成的杀戮，明显将魁北克的舆论由同情该组织推向了支持那些更加传统的政治参与形式。[65]公众的反感是削弱印度锡克教分离主义势力的主要因素，[66]别斯兰学校绑架案则摧毁了车臣分离主义原本在西欧得到的同情。[67]

这方面令人感兴趣的还有巴斯克案例。1978 年，为了激起公众对政府的愤怒情绪，"埃塔"炸掉了一座安置核反应堆的建筑。行动造成 2 人被杀，14 人受伤。然而，该组织完全错估了此次行动的后果。民众不仅没有受到这次追求象征意义的暴力行动的刺激去反对政府，相反，数万名巴斯克居民走上街头进行示威，反对该组织的暴行。[68]次年"埃塔"又犯了一个同样的错误，它们在一些旅游区及马德里安放了炸弹，杀死了10人，约有100人受伤，这次行动再次引发了民众大规模的愤怒的游行。自那时起，由于“埃塔”在选择目标时越来越无差别化，其得到的群众支持也就持续下降。[69] 1997年，一项调查显示，几乎半数的巴斯克人至少参加过一次反对“埃塔”的游行。[70]

西欧地区还有一个著名的例子，1978年意大利“红色旅”杀害阿尔多·莫罗的行动极大地伤害了该组织的事业。作为两任总理和民意领先的总统候选人，莫罗可能是战后意大利国内最重要的政治人物。在抓走他（行动中还杀害了他的司机和5名保镖）的55天后，“红色旅”将他枪痕累累的尸体扔在一辆红色雷诺牌卡车里，车就停在罗马市共产党总部通往基督教民主党总部的半路上（这暗示了莫罗尝试促成一个与共产党人的联合政府）。[71] 一度，这个组织逃避大规模搜捕的能力让它们显得很厉害，也让它们赢得了尊重：它们招募的新人在增加，它们获得的资源也在增加。[72] 特别是“解放巴勒斯坦人民阵线”将刺杀莫罗的行动视为一种证明，说明“红色旅”是一个与它们有着相同观念且值得认真对待的组织，随之开始向“红色旅”提供武器。[73]

但莫罗是一个广受欢迎的政治家，就连他的政敌都对他的被杀表达了深深的愤怒。在被拘禁的日子里，莫罗给他的家人和在政府的同事写了无数公开信件，请求他们做出妥协以换取自己的释放。[74] 杀戮发生后，数千人走上罗马的街头，高举写着“莫罗还活着”（Moro Lives）的标语，并宣誓结成反对恐怖主义的统一战线。政治领导人和教皇公开抨击这次谋杀，意大利议会通过了一项新的更加强硬的反恐法案。甚至那些在押的“红色旅”成员也表示他们不理解为何莫罗被选为目标，这些人之后便开始与警方合作，以追捕他们的同伙。该组织的内部分歧也在上升，一些成员如阿德里亚纳·法朗达（Adriana Faranda）和瓦雷里奥·莫鲁西（Valerio Morucci）就宣称他们反对这次刺杀行动，并最终与组织决裂。[75]

莫罗的被杀使得“红色旅”蒸蒸日上的事业走势被逆转了。整个国家开始了一场严酷的反恐斗争，这场斗争赢得了广泛的喝彩，“红色旅”的群众支持也在慢慢干涸，它们开始从内部崩溃；到1982年，它们已经明显淡出了历史舞台。结果，该组织自己正式宣布其命运终结：1984年4月，4个“红色旅”的核心领导人在他们的监狱房间里写下公报，宣布结束恐怖主义活动，并宣称“曾让这场斗争成为现实的国际局势业已不复存在了”。[76]

另一个臭名昭著的目标设置错误的案例是，1997年11月“伊斯兰组织”（GAI）在埃及南部的卢克索市（Luxor）杀害了62人的事件。该次袭击源于组织内部的斗争，即那些相信与埃及政府进行和解不可避免的人，与其反对者之间的决裂。[77]“伊斯兰组织”最早的计划是袭击威尔第（Verdi）的公演歌剧《阿依达》（*Aida*），苏姗妮·穆巴拉克（Suzanne Mubarak，总统穆巴拉克的妻子）当时正在观看那场表演。杀掉总统的妻子可以成为一次极富象征性的反国家行动，是一种野蛮的挑衅行为，也会让国家做出过激的反应。然而在晚上，表演现场——就在哈特谢普苏特女王神殿（Queen Hatshepsut’s temple）门前——挤满了3000名安全人员。袭击人员被迫选择一个更加软性的目标：卢克索的几处考古遗址。在1997年11月17日早晨，6名身着军事工作服和红色发带的人，共杀害了58名外国人和4名埃及人。死者中有1名5岁的英国儿童和4名正在度蜜月的日本年轻夫妇；有35名是瑞士人，此外，受害人中还有德国人、法国人、保加利亚人和哥伦比亚人。1名瑞士妇女看着她的父亲在她面前被斩首。杀手中1人死在现场，其余5人的死因至今不明：有说法是当地的村民用私刑处置了他们，但他们的死看起来更像是国家安全部门的手法，或是一种自杀行为。[78]埃及人对这次袭击十分反感，既因为这次袭击过于残忍，还在于遭到袭击的是当地所依赖的旅游经济。这一事件促使公众舆论开始反对恐怖主义，而很多在押的伊斯兰主义者也公开宣称他们被这次行动震惊了。埃及的伊斯兰恐怖主义几乎一下子就消失了。[79]根据劳伦斯·莱特（Lawrence Wright）的说法，在卢克索事件的前5年里，埃及的伊斯兰恐怖主义组织已经杀掉了超过1200人，其中很多是外国人；在卢克索事件后，袭击就突然停了下来。[80]（见表4.1）

表 4.1　恐怖主义组织失败的历史案例

内部瓦解：犯错、斗志耗尽与崩溃	
代替更替的失败	6 月 2 日运动 气象地下党 红军派 南非民族勇士 基督教爱国者 雅利安国民组织 /秩序党 铁锤皮国（Hammerskin Nation） 反犹太复国主义运动 一八战斗队 / 白狼 德意志人民联盟 欧洲民族阵线
内斗与分裂	魁北克解放阵线 临时派爱尔兰共和军 6 月 2 日运动 一八战斗队 日本红军 奥姆真理教
失去对行动的控制	阿尔斯特志愿军 阿尔斯特防卫协会 气象地下党
特赦 / 接受退出	红色旅 M–19
边缘化：民众支持的减少	
意识形态变得不适切	11 月 17 日革命组织 气象地下党 阿布·尼达尔组织
失去与“民众”的联系	红色旅 红军派 日本红军
目标设置错误与遭遇抵制	真爱尔兰共和军 解放巴勒斯坦人民阵线总指挥部 魁北克解放阵线 锡克分离主义分子 车臣分离主义分子 埃塔 红色旅 伊斯兰组织

失败是如何终结恐怖主义的

恐怖主义组织生存能力的关键，是宣称自己行动的利他性，宣扬它们的行动代表了一份更加远大的事业。这种合法性宣扬是其力量的源泉，也是其弱点的来源：如果一个组织做出了误判或设置了错误的目标，其潜在的恶果将比国家犯错时更加致命。在国际体系中，国家在某种意义上是永生的；而恐怖主义组织却不是这样。政府被认为本身就是伪善的；但恐怖主义组织却丝毫不能伴有这种名声。国家若不能及时公布或利用恐怖主义组织在目标设置上的错误，即意味着丧失了一次终结恐怖主义活动的绝佳历史机遇。

行动失误是最显而易见的导致快速自我挫败的方法。类型和动机各不相同的恐怖主义组织都知道，战术上的失误很可能会毁掉它们的事业。根据费尔·安德鲁斯（Phil Andrews）的说法，英国右翼组织“国民阵线”（National Front）的一名成员曾因袭击一名警官而入狱服刑，“草根中总有一些人希望我们走向恐怖主义，但这些需求又总会受到领导层的抵制。这并不是因为他们必须要处理什么道德上的难题，更多的是因为他们担心恐怖主义式的战术将引火烧身。”[81] 正如我们看到的，当一个恐怖主义组织选择错误的战术，或者是它的成员不听从集中指挥、擅自和盲目行动时，错误就随时可能发生。对于网络化的行动，人们表现出普遍的热情，这一热情的传导鼓舞了那些流氓行动或非专业行动，而这类行为容易引发人们之间的互不信任，且脱离了战略规划的控制。在境遇发生变化，特别是在好几个自封的“指挥官”为争夺主导权而相互倾轧时，对**“指挥官的意图”**（commander’s intent）这个词的理解也就只能如此了。恐怖暴力的象征意义、杠杆特性，以及愚蠢的袭击所造成的民众的反感，这些对于恐怖主义组织的危害要比国家的镇压更加严重；加速恐怖主义终结的最好方法，就是国家让公众注意到恐怖主义组织那些令人反感的杀戮，利用它们犯下的错误，这样就能在它们的支持者中引起抵制，以彻底扫除民众对恐怖主义组织事业残存的幻想。

导致恐怖主义组织“自杀”的其他原因有：恐怖主义组织无法激发第

二代或第三代成员继续斗争的兴趣、斗志耗尽、个别成员的离开或背叛、分裂成相互斗争的几派。所有这些原因都可能导致恐怖主义组织将暴力反过来施加在自己身上，而不是国家身上。尽管军事部门或安全部门持续施加的压力有助于所有这类情况的发生，然而，根据其地域文化、历史和政治环境来理解某个恐怖主义组织特有的动能，进而根据其单个成员和组织的弱点来量身设计反恐政策，依然不可替代。国家如果只是模糊笼统地进行概括、忽视文化倾向、无视意识形态、不注意成员间的纽带属性，在这种情况下制定出来的政策，注定只会帮助恐怖主义组织团结一致、联合对抗“外敌”。这简直就是国家拱手送给恐怖主义组织的一份厚礼。

当然，并不是所有的恐怖主义组织都依赖于大众支持，很多组织只是故意要激起政府的镇压以提高它们招募新成员的可能性。它们还会在短期内制造大量的破坏与伤痛。但由于缺少最起码的公众同情，组织成员将无处可藏，也很难在长时期内保持行动效率。某个组织或许能存活下去，但若是其目标没有可看得见的进展，它就将背负历史的重压：恐怖主义组织的意识形态可能会受到某些大事件的冲击，它的支持者可能会被政府的反制措施所吓倒，抑或是它找到了其他的解决方法来推进这场运动。

21 世纪有一些关键性的发展变化改变了恐怖主义组织与其支持者之间的关系，这些发展既有可能增加也有可能减少恐怖主义组织的潜在弱点。此外还有一点，由国家资助的恐怖主义出现衰落，意味着恐怖主义组织与其支持者之间的关系比以往更加重要。国家的援助在某种程度上避免了民众抵制和反感对于恐怖主义组织的不利影响，为其提供了另外的收益和保护。实际上，那些得到国家资助的恐怖主义组织，往往要比那些没有得到政府资助的组织灭亡得更加彻底。[82] 然而现在，大多数恐怖主义组织都在让自己的资源多样化，从更广泛的领域，包括慈善机构、犯罪活动和移民社群那里获取支持。互联网及其相关技术极大地提升了恐怖主义组织与个别成员之间的通信能力，能将他们的信息定向传给世界上任何地方的潜在招募对象。易于进入公众场所也能让恐怖主义组织通过相对隐匿的渠道进行联络，且看起来不会受到任何干扰。

尽管看似无懈可击，但这只是种假象。恐怖主义组织资产和联络渠道的多样化，同时也带来了一个负面效应，那就是随着多样化而来的相对敏感性，并表现在它们目标设置错误或公众态度发生改变时。当恐怖主义组织为了提升其吸引力和增加其潜在支持者而不得不变得更加“民粹”（populist）时，同样地，它们要日益受制于它们所拉拢的群众不时变换的古怪念头。国家现在也许不能再通过常规的外交或军事上的压力，来强迫另一个国家停止对恐怖主义组织的支持；同样，逼着另一个国家控制媒体或边境，以及切实地控制资源的流向，也不如过去那么容易了；但它们肯定能发布反制的信息、呼吁被恐怖主义组织拉拢的民众支持政府，并通过综合运用互联网来搜集情报。每一次个体与组织之间的联系，无论多简短，既是输出暴力的一条沟渠，又是让人洞悉组织结构与行动的一个窗口。恐怖主义组织即使在没有群众支持的情况下也能制造很大的破坏，但如果没有了群众的支持，它们至少不大可能制造什么政治上的变革，也不可能以最有效的方式去吸引一切所需的资源了。

从理解恐怖主义活动终会自食其果的这些特性来说，毫无疑问的是国家**不能不采取**行动、坐等着恐怖主义活动的自行失败。即便只能蹒跚前行，恐怖主义组织仍可以制造极大的破坏，尤其是在它们越来越有能力获得大规模杀伤性武器的情况下。但比较研究发现，一些反恐政策确实是按照让恐怖主义组织自我毁灭的路子来设计的，同时还有一些政策致力于提升它们延续生命的能力，甚至是在帮它们积攒能量。被动地等待恐怖主义的失败是远远不够的。故了解那些能够让恐怖主义组织自我挫败的力量，并通过仔细的、富有针对性的反恐行动同步推动之，是绝对必要的。恐怖主义的一个主要目的是，利用民众心理上的震撼与愤怒去动员民众。然而，如果民众真的到了被动员起来的程度，恐怖主义就可能产生反效果了，因为恐怖暴力本身就暗藏了遭到民众抵制和厌恶的种子。暴力是一种国际通行的语言，而正因为如此，它才会成为时尚而流行。

[第五章]

镇压：武力粉碎恐怖主义

我们已经在车臣取得了成功。这个问题已经解决了。

——俄罗斯国防部长谢尔盖·伊万诺夫，2007 年 2 月[1]

以镇压回应恐怖主义的威胁，是一个国家自我防卫的最有力的手段，这是很自然的——甚至是本能的（反应）。恐怖主义意在恐吓和煽动，而国家领导人也是那些被恐吓和被惹怒的人中的一员。以火攻火、以暴制暴及以恐反恐都是人类的基本本能。当恐怖威胁超越了对象国的领土边界时，国家就会采取干涉的方式（如以色列在 1982 年卷入黎巴嫩的争端）；当恐怖威胁主要出现在一国国内时，国家会采取内部镇压的方式（如土耳其对付国内的“库尔德工人党”）；当然，以上两种情况的结合（如哥伦比亚）也是很典型的情形。[2] 民族国家总是被视为法律与战略的独特结合体，拥有对内和对外权威；在这两个方面，恐怖主义都会予以攻击。[3] 所以，当国家设计出任何方式去回应恐怖主义时，我们都没什么好惊讶的。

关于愚蠢地使用武力是有勇无谋的虚伪的说法，是一种对历史的无知，或者至少是对历史的一种选择性记忆。从法国大革命到现在，**镇压**——意味着国家对武力全面的、无差别的且非对称的运用，包括对内和对外（抑或两者同时进行）[4]——已经成为对恐怖主义的一种普遍回应，而这往往伴随着巨大的代价。西方的民族国家就曾通过恐怖主义得以巩固：我们现在经常会追溯到1793年3月至1794年7月间雅各宾派的恐怖统治，那也是对于这一术语在现代意义上的最早运用。[5]历史已经向人们展现，极端主义和恐怖主义是国家诞生时的阵痛，这种阵痛在遇到一个更大范围的全球性转型时更为明显。在最近两个世纪的某些时候，世界各地的国家都曾使用过高压手段来扑灭本土或境外的恐怖主义。[6]事实上，找出**没有**使用过镇压手段的国家要比找出那些使用过的更加艰难。相比之下，尽管当下仍在阿富汗和伊拉克进行着反恐战争，但美国在其他时候极少使用军事力量——不是因为它特别能够抑制自己，而是针对美国利益实施的恐怖袭击离其本土相对更远或者相对来说不具有威胁性。[7]这一说法还没有得到类似的验证。

一些权威人士（pundit）认为，报复性地对恐怖主义使用（军事）力量，在今天是反常的或者是非同一般的，他们若不是伪善，就是健忘——或者两样都是。欧洲人发明了现代恐怖主义，然后对其进行了广泛的运用。那些幸运地度过19世纪至20世纪那个最为焦虑的时代——无政府主义者、社会主义革命者、法西斯主义分子、左翼分子和民族主义者/分离主义者所实施的恐怖袭击，威胁着各国政权、欧洲大陆可能还有世界其他地区的稳定——的欧洲领导人，很难声称自己不知道恐怖主义对国家构成的挑战。他们同样不能否认，用暴力回应恐怖主义的挑战有着悠久的历史。其他地区的新政权同样也倾向于用占绝对优势的力量去对付恐怖袭击，这可能是因为恐怖主义的挑战对于刚刚建立的政权更有威胁，也可能是因为更加克制、冷静的反恐政策需要用经验去积累，甚至需要一定的试验和失误去总结。关于那些残酷镇压的案例，比较突出的有阿尔及利亚、斯里兰卡、埃及和印度。

恐怖主义专挑国内法与对外战争、对内与对外权限范围这样易受攻击的缝隙处下手，攻击现代民族国家关键根基的最为薄弱之处。在争论什么样的范式最适合于应对威胁——战争或犯罪——时，人们谈论更多的是国家僵化的思想体系和官僚体系，而不是恐怖主义的特性，这完全是一种机会主义。如果以看待战争的方式来观察，会发现恐怖分子总是使用非常规的暴力手段，这是因为他们不能或不愿意在战场上直面政府。[8]如果以看待犯罪的方式来观察，会发现恐怖分子总是以政治上的动机来为其行为辩护，以此绕开法律的责难。[9]从国家的角度来看，武装力量提供了一种更容易的方式去推翻上述两种情况，让国家始终能控制住局面。缝隙总是很容易被劈开。为此，国家将暴力的使用转变为一种自己比较熟悉且更有优势的方式是可以理解的；这种方式与政府宣布戒严令或派出军队时所做的无甚区别。

就不利的方面来看，恐怖暴力试图在两个方面挑战国家：在国内民众中制造对国家保护人民不受伤害的能力的怀疑；在国际上逐渐削弱传统的国家主权的概念。在本土，恐怖主义组织出于政治动机对非战斗人员实施的随意攻击，破坏了国家的公信力。在海外，恐怖主义组织发动的一系列袭击，勾勒出一幅国家虚弱无能的画面并且削弱了国家的权力，至少有很多领导人是这么认为的；他们的这种看法无意中也提升了那些事件的战略影响力。不论国家的实力大小，恐怖主义都会被认为是对国家权力和对国家利益的一个威胁。例如，在“9 · 11”之前，还没有什么袭击足以让美国在事发后立即采用军事手段报复与之相关的国家，即使是美国的公务人员、前总统和两名大使馆人员遇袭时也没有过。[10]恐怖主义是有象征意义的暴力行为，而这种**象征意义**在政治领导人那里是不能失去的。

对恐怖主义战略的分析

随着大规模袭击的发生，官员们倾向于（理所当然地）去回应民众的情绪与焦虑，导致其最先出台的反恐政策都是**战术层面**的，并且破坏了他们的长远利益。战术性的反恐政策无法成为一种有效的方法，使得国家在对抗非国家团体时占据有利地位。作为一种从国家行为中攫取力量的战略，恐怖主义无疑表现得最有成效；而当政府默许恐怖主义的存在时，后者也就几乎没有了成功的可能。

在设计反恐战略时，很多西方国家的领导人，尤其是美国人，深受二战期间战略轰炸所取得的显著成功的影响。特别是在战争末期，战略轰炸对于赢得战争及摧毁法西斯国家贡献突出（至少对于盟军来说是如此）。正因为这样，此种方式成为20世纪战争的典型模式，对反恐而言也是一个诱人的范式：恐怖袭击通常包含爆炸，这种方式能杀害大量的平民，同时也能动摇公众的意志。故对这种袭击的回应就是大规模的报复。作为从海外发起的袭击，“9 · 11”袭击看起来特别像是一次战略轰炸，无论从物理效果还是从心理效应上——这就是歼灭战（a war of annihilation）中的一次偷袭。这十分符合20世纪发展完善起来的战略思想。无论袭击本身是对是错，此次针对美国平民的恐怖袭击引起同样的国家性的回应，这有什么令人惊奇的呢？

但这种想法遗漏了战略等式的另一半。战略轰炸是两个对等敌手之间战争所遗留下来的产物，是一个需要修正并且与国际恐怖主义的持续演变没有什么关系的战略遗产。由于缺少有力的军事组织，恐怖主义组织会规避国家的军事机器，并寻求各种机会将国家越来越深地拖入一场难以取胜的非常规战争。从恐怖主义组织的观点来说，一种更为可取的方式是，通过影响国家行为来实现自己的目标——以此来思考战略问题。对于非国家的这类挑战组织来说，消耗战与歼灭战是并行的战争行动，它们既削弱了国家与其公民的联系（**消耗**），还催生了国家采取一些对其没有任何好处的行动（**歼灭**）。换言之，今天的恐怖主义既威胁了国家目标，同时又影响了国家行为。这两方面都是**战略层面**的，在弱者面对强者时经常被使用。这两个方面足以强迫国家改变其政策，也足以击败国家自身。[11]

恐怖主义的使用有多种原因，但政府领导人中最普遍的一种观点是，恐怖主义组织是想胁迫政府——使用威胁手段来操纵或影响国家，以停止那些恐怖主义组织不愿看到的行为或做出其希望看到的事情。[12] **胁迫**（compellence）旨在迫使国家收回对外承诺，或是让那些需要履行的国际义务不被接受从而不得不予以抛弃。[13] 人们认为这一方法有时是可以成功的，如常被提及的美、法 1983 年从黎巴嫩的撤军，美国 1993 年从索马里的撤离，以及以色列 2000 年从黎巴嫩的撤出。[14] 很多人也认定 2004 年马德里爆炸事件是成功的，因为这一事件导致西班牙政府的更迭，以及西班牙从伊拉克的撤军。上述案例的真实情况被过度简单化了，恐怖主义也希望将复杂的局面简单化：因为这种简单化的表述对于很多听众而言很有说服力，尤其是在西方。还有一些人将伊拉克的恐怖主义看成是一个由外部主导的、试图将美国从美索不达米亚挤走的计划。胁迫旨在改变国家政策。考虑到 20 世纪那些关于空中力量和核威慑理论的经验，西方的决策者和战略思想家发现，以惩罚或消耗为核心的恐怖主义逻辑显然似曾相识。恐怖主义如同是非国家行为体实施的一种对称式的反击。[15] 在追求政治目标的道路上，还有什么比对平民实施极富象征意义的暴力行动更能给政府制造压力的呢？结果，政府完全关注于自己受到的胁迫，与此同时却对恐怖主义采用的其他类型的战略视而不见。胁迫强调的仅仅是恐怖主义之动机的两个方面——国家和目标，这与恐怖袭击中受众的角色及属性关系不大。由于满足于熟悉的范式，很多恐怖主义的战略被遗漏或是被忽视了。

挑衅（provocation）、**分化**（polarization）和**动员**都属于战略手段，尤其适合于恐怖主义，也确实在现代被不断地使用。[16] 与胁迫相类似，这些战略都能在政治和历史的脉络中找到其兴起的根源。第一种战略——挑衅，旨在强迫国家去**做某件事**——不是一项具体的政策而是某种有力的行动，而这种行动往往会反过来削弱国家的合法性。举例来说，它曾在 19 世纪成为恐怖主义追求的一个主要目标，也曾是俄国恐怖主义组织“人民意志”（Narodnaya Volya）的核心战略。我们将在后面的章节中看到，“人民意志”的目标是通过袭击沙皇政权的代言人以激起国家残酷的回应，以及激起农奴暴动。另一些关于挑衅的例子，包括西班牙“埃塔”组织的早期战略、尼加拉瓜“桑地诺民族解放阵线”（Sandinista National Liberation Front）的战略，以及阿尔及利亚“民族解放阵线”的战略。[17] 挑衅这种战略想要很有成效极为困难，因为国家在恐怖主义组织的刺激下所做的举动常常难以预料；但该战略设计旨在发起一场防御性质的战役，从而为其事业赢得支持。

第二种战略——分化，旨在分裂国家并使国家失去合法地位。这一战略直接指向恐怖袭击对国家内政所产生的效果，以推动政府急剧右转，并最终迫使民众在支持恐怖主义事业和支持国家的残酷压迫之间做出选择。其目标是，迫使业已分化的民众进一步疏远，让社会进一步分裂，直到难以在国内维系稳定的、温和的中间道路。这种战略在对付民主社会时尤其有吸引力，且在 20 世纪经常被运用。刻意去分化社会的恐怖主义组织的例子，包括斯里兰卡的“泰米尔伊拉姆猛虎解放组织”和北爱尔兰的“临时派爱尔兰共和军”。一战后德国和奥匈帝国的恐怖活动也是意图进行分化。[18] 同样，20 世纪 90 年代，“伊斯兰武装组织”（Armed Islamic Group）在阿尔及利亚内战中实施了较为极端的分化战略，屠杀了约 10 万人。[19]

第三种战略——动员，意味着去招募和团结群众。恐怖袭击有可能会鼓动既有和潜在的支持群体，其仍是将国家（对恐怖袭击）的反应作为一种手段以博得群众支持，而非一种目的。如 19 世纪后期无政府主义者实施的爆炸和暗杀行动，巴勒斯坦民族主义分子在 1972 年慕尼黑奥运会时发动的大屠杀。当恐怖袭击被用以发动群众时，就完全不需要改变国家的行为了；袭击直接用来鼓舞和激励那些支持恐怖主义组织或其事业的群众，并在国际上树立其形象，吸引更多的资源、同情者和盟友。如果一个组织成功地发动了一大批群众，这个战略就能延长恐怖主义活动的周期，并有可能将其转向其他形式的威胁，包括叛乱和常规战争。动员战略首要关注的是受众；所针对的目标人群和政治上的目标都要根据受众的需要来进行调整。这一战略非常适用于 21 世纪全球化条件下的国际社会，因为其能够使各种运动以前所未有的速度和规模组织动员起来；这也就是为什么如此多的人认为，与“基地”组织中由宗教所引发的军事活动进行斗争，将是一场经历数代人的“漫长战争”（long war）的关键所在。

以上四种战略相互之间并不排斥，如此我们就得出了第五种战略：在本土和境外同时对一个国家的合法性进行侵蚀。一个恐怖主义组织可以综合运用上述战略中的几种，甚至全部；但国家如何反应才是体现它们战略成效的关键。国家只在某个狭窄的战略框架内进行反击，可能会使其在其他方面收益甚微。不过，那些用来防止国家被恐怖主义组织胁迫的反恐战略，在后者的目标设计为煽动其国家、分化其民众或动员其支持者的时候，很可能会遭受失败。并且，恐怖主义组织也会调整其方法以适应不断变化的时势需求。正如没有证据能证明恐怖主义很少发生在民主国家（事实上，这个数据通过其他途径得到了一定证明），我们同样没有证据证明民主国家能更好地应对这些多层面的战略性挑战，尤其是在短期内。独裁政权，由于其严酷、无视人权且合法性存疑，往往会去粉碎挑战者。它们的错误和愚蠢众所周知。但民主国家面临着以无差别的武力运用去响应针对它的大规模恐怖袭击的压力问题，也同样引起了巨大的争议。正如此处研究所揭示的，历史上恐怖主义组织对**杠杆战略**（strategies of leverage）的运用案例，要比运用其他战略（包括胁迫战略）多得多。通过聚焦于恐怖主义活动真正终结的经验，本书将更加着重地突出杠杆战略。理解恐怖主义的战略是避免被其操纵的唯一途径。

在恐怖袭击后立即以武力还击是条件反射性行为，且有太多的理由去执行这种反击。第一，公开的军事报复是一种战略上的精神发泄。进行空中打击或军事入侵似乎是合理的。[20] 第二，军事报复是对国内压力的回应，即国内认为必须“做些什么”。在一次大规模恐怖事件发生后，通常会出现一波支持军事报复的公共舆论。[21] 精英们必须要回应这些压力——或是领导人所**感觉到**的压力。使用军事力量能够支撑国家的斗志和威望，在反击恐怖主义这种无耻的挑衅行为时更是如此。民主国家要开战会有很多的先天障碍，但这些障碍也可能成为反对恐怖主义的助推剂。[22] 第三，消灭行凶者可以看成是一种适当的“正义”，尤其是当袭击发生在国家领土之外时（现在越来越多地出现这种情况）。由于国际法和国际规范缺乏可靠的强制力，国家必须使用自己的军事力量去惩罚那些危害其公民的人，或照此逻辑行事。运用军事力量（进行惩罚）源自《圣经·旧约》中的正义观。

但是，对恐怖主义组织使用军事力量可能会威慑其他潜在的袭击者，也可能不会。那些认为威慑手段不能影响恐怖主义的人，其思考是极为肤浅的。[23] 像其他行为体一样，恐怖主义组织的行动人员作为**战略行为体**（strategic actor），也要考虑其行动的代价、收益和后果——尽管其采用了不同的方法并且追求的是不同的结果。要威慑恐怖主义，最好的方法就是让那些行动人员（或他们的操纵者）相信，他们总体或个体的目标是不可能通过恐怖袭击去实现的。也就是说，威慑不是通过惩罚，而是通过否定来实现的。有很多成功的威慑案例，有的甚至令恐怖主义组织自我削弱。例如，穆阿迈尔·卡扎菲于 20 世纪 70 年代后期解散了“解放巴勒斯坦阿拉伯民族主义青年团”（Arab Nationalist Youth for the Liberation of Palestine），他主要是担心其与利比亚的直接联系将暴露并因此招来报复。[24] 威慑的关键是了解其组织、了解它们的支持者以及了解它们的成员：要理解它们的政治目标，并确保国家的反应不会助成其目标。需要再次指出的是，军事力量可能会达成预想效果，也可能不会。

但与某些传统的至理名言相反，无所作为也会付出代价。以令人印象深刻的方式展示军事力量可以强化盟友（allies）和同盟（alliances）关系，展示政府的实力和决心。纵观整个 20 世纪，权力不仅是建立在军事能力之上，还建立在**预感的可能性**（perceived likelihood）之上，后者在运用时会更容易且更有效。西方核战略复杂神学体系的全部内容，在观念和现实中都是恰当而合乎实际的。认可一个国家的威望和信誉，其军械库只是其中被考虑的一部分因素。就战略层面而言，恐怖主义组织制造的一些令国家蒙羞的流血事件将产生深远的后果，比袭击本身所产生的即时效应要深远得多。[25]

国家进行反击是试图以决心来替代担忧，也希望能够逆转它与恐怖主义组织在精神较量中的胶着局面：国家需要重新夺回主动权，恐怖主义组织则想要击垮公众的意志。反击的核心逻辑是证明恐吓国家及其公民毫无意义，以此来平复恐怖主义在公众心理上造成的影响。与其说恐怖袭击通过恐吓目标迫使其顺从，不如说它进一步强化了政府反抗和反击的决心。[26] 国家的军事反击也需要规划好，以便摧毁敌人的行动能力。这类反击可在恐怖事件发生后实施，也可以先发制人阻止一场即将发生的恐怖行动，或者是用来预防将来出现某种恐怖事件的**可能性**。[27] 在袭击后展示力量也可能会影响其他潜在敌人的决策，表明国家不会屈从于勒索。基于这个逻辑，恐怖袭击就是对国家安全的威胁，因此它们将遭到国家最大程度和最有力的军事反击。

在恐怖主义和反恐怖主义的过程中，国家及其挑战者都会从中学习并汲取教训，其中几乎总是包括国家在早期做出的无差别的还击。[28] 报复性力量的使用能够助长进攻与反攻的动力，并且会出现一种为人熟知的行为模式。随着时间的推移，尽管民主国家可能会更有能力且更有意愿去调整其政策，但国家在初始反应阶段的力量运用，更多地反映了其文化和历史，而不是国家的智慧或政府的形态。至于上述那种攻击动力是如何终结的，问题的关键在于，哪一方能最快地从失败中学习和适应——并自始至终都能获得或保持其在民众心中的合法性。

因此可以认为，镇压是民族国家初期最为优先的反击方式，但同时也伴随着（政策）调整，会促使国家寻求本书中提到的其他反击方式。使用警察反击和使用军事力量反击之间的区别越来越难以厘清。例如，在20世纪60年代后期和70年代早期，尽管巴西、乌拉圭和阿根廷的军政府都卷入了对恐怖主义组织的严酷镇压，但每一个案例中的镇压行为也都包含了“（让人）消失”、专制性的逮捕行动、经常性的刑讯——这是一个警察国家所采用的典型手段。[29] 在今天的全球性恐怖主义运动出现之前，这些典型手段使用起来充满了各种困难。但镇压手段何时能成功？何时会失效？使用镇压手段会有什么样的得失？镇压会带来什么样的长远政治效应？现代恐怖主义的历史提供了关于其活动的丰富数据，足以产生多种看法，去回答镇压手段如何以及何时在终结恐怖主义的进程中发挥功效。

关于镇压的案例研究

下面是一些颇具代表性的样本，采集了大量的国家与恐怖主义组织之间的斗争，包括六个深度案例分析：俄罗斯与“人民意志”、秘鲁与“光辉道路”、土耳其与“库尔德工人党”、乌拉圭与“图帕马罗”、俄罗斯与车臣以及埃及与“穆斯林兄弟会”。选择这六个案例基于四个理由。一、它们在时间上都取自现代，从 19 世纪后期直到今天，跨越了不同的地区，包括欧洲、拉丁美洲和中东。这样做的目的是，减少以西方为中心的**“现在的暴政”**对不同的地区和不同的历史网络的辐射影响。二、这些被选取的样本都有着丰富、可靠的档案材料。政府通常都不太希望让有关使用镇压手段的反恐政策公之于众；但本书中的案例，其档案资料充分完整且客观。三、案例中恐怖主义组织的动机多种多样，包括分离主义分子、左翼革命派以及伊斯兰分子；其组织类型也多种多样，从蜂窝式到等级制。四、这些案例给我们提供了一个机会，去探究不同类型的政权所展现出的不同国家行为：独裁政权（埃及、沙皇俄国），新建或脆弱的民主政权（秘鲁、后冷战时代的俄罗斯、土耳其），以及成熟的民主政权（乌拉圭）。经常有人会做出这样的推断，即民主国家无法通过镇压手段终结恐怖主义，因为民主国家会发现自己难以长时间地保持这种烈度的斗争。对这六个案例的研究，主要是为了验证镇压手段是否在非民主国家中也同样无效。

此外，案例的多元化，是为了能够代表全世界不同的地区、不同类型的组织，以及不同的意识形态动机。以下内容将涉及镇压手段是否能终结恐怖主义，如何才能终结恐怖主义，以及在何种条件下才能终结恐怖主义等问题。

俄罗斯与“人民意志”

当代恐怖主义的思想源头要追溯到19世纪，理解古老的独裁政权如何镇压那些“来自下层的威胁”（threats from below），与应对今天的恐怖威胁息息相关——不是因为今天的恐怖主义组织与它们的前任一样（肯定是不同的），而是因为国家对于恐怖主义组织的过激反应仍然存在。19世纪后期，最知名的恐怖主义组织当数“人民意志”了。[30] 没有什么组织比它更能证明恐怖主义对国家的潜在影响，以及国家的愚蠢表现是如何提升了这种影响的。

“人民意志”崛起于19世纪俄罗斯的社会革命运动之中，这场运动受到当时欧洲进步哲学的鼓舞，尤其是受到德意志理想主义（German idealism）和科学实证主义（scientific positivism）的双重影响。[31] 那些年轻的俄国学者生活在一个相对落后但仍能接触到上述思想的国家中，所以非常关注这两股思潮。尤其是大学生，他们越来越相信，科学与智慧的力量将创造出新的人类和一个新的、更加完美的社会。[32] 与此同时，工业化带来的巨大经济和政治压力塑造着他们的感受。此外，随着克里米亚战争的失败，整个俄国弥漫着一股国家自信危机。显然，国家需要做出改变。沙皇亚历山大二世（他也因“解放者沙皇”[Tsar Liberator] 为人所知）开启了一系列引人注目的改革，以平复民众日益增长的不安情绪，同时也致力于让俄国社会实现现代化。从1855年开始，他重组了法院系统，推广义务兵役制，允许有限的自治，以及最为重要的一项，解放了农奴阶层。对于知识分子而言，被解放的农奴成为启蒙运动中不能忽视的目标，其地位也被提升了，成为完全自主的公民。自此，这一进程会轻而易举地推翻国家、教会以及所有的社会制度。做个不恰当的比喻，即便是对新人类而言，无论如何也会造成其功能紊乱的。

但这一切是如何发生的呢？第一个团体是基本本土化的“民粹派”（*narodniki*），相信农民必须要更好地了解一切，认为知识分子也应住在农村，停止传教并向人民学习。第二个派别则将其关注点转向西方，放弃了尽快革命（a near-term revolution）的观点，缓和了其言辞，并且热衷于社会民主。但第三个团体，因改革步伐过于缓慢而感到愤怒，同时受到阿尔弗雷德·诺贝尔在1866年所发明的炸药的启发，开始转向恐怖主义，以便激怒政府并刺激大众投入行动。

“人民意志”的第一次行动是发出一份最后通牒：如果政府不召开一次立宪会议，它将开始一场暴力斗争。[33] 当这一要求遭到无视后，“人民意志”便将自己短暂的组织生涯投入到刺杀沙皇的事业中去，意在证明沙皇的软弱无能，由此证明俄罗斯这个国家的软弱无能。经过8个月的活动，从1879年秋天开始，“人民意志”发起了6次精心策划却并不成功的暗杀尝试。[34] 不过，这些失败的行动却让这个组织开始受到社会的关注，既招致了警察的镇压，也引来了一大批年轻的志愿者。到1880年春天，该组织的成员已在逃。[35]

一年后，在圣彼得堡总督之女索菲娅·佩罗夫斯卡娅（Sophia Perovskaya）的指挥下，该组织进行了第7次暗杀尝试。[36] 1881年3月1日，“人民意志”成员尼科拉伊·里萨科夫（Nikolai Rysakov）在沙皇马车驶经圣彼得堡时，将一枚炸弹投至车底，炸伤了沙皇的一名哥萨克侍卫和一名男童，男童当时就躺在街道上痛苦地惨叫（几天后便身亡）。[37] 亚历山大二世从马车上爬下来并试图靠近袭击者。这时，另一名行动成员，科提诃·戈里内维茨基（Kotik Grinevitski）将第二枚炸弹直接投至沙皇的脚边。沙皇的腿被炸碎。还有约20人被炸伤，且大多伤势严重，包括戈里内维茨基自己也被炸伤，几天后不治身亡。沙皇亚历山大很快被带回冬宫，但一小时后死在了那里。[38]

刺杀沙皇的行动也害死了这个组织。150 人随后被捕。同谋者之间相互告发，这使得警察几乎抓到了全部的领导层。6 个领导人一一遭到处决，其中包括安德烈·热利亚波夫（Andrei Zhelyabov，该组织的幕后操纵者，在袭击发生的几天前被逮捕）和索菲娅·佩罗夫斯卡娅。"人民意志"在迈向以鼓动大众来重建一个更加公正和有代表性的新政府的目标中，可悲地失败了。但随着事件的展开，它们煽动国家走向狂暴的目标却取得了成功。从亚历山大二世被刺到 1905 年"十月革命"之间，俄国政府变得越来越僵化，对于这个国家本已显现的经济、社会和政治改革的反应也越来越迟钝。沙皇的遇刺引发了一场血腥的国内镇压行动，政府在改革进展上开始出现明显倒退。[39] 在沙皇之子亚历山大三世的统治下，俄国政权又退回到独裁、保守主义、东正教教权主义、排外和狭隘的俄罗斯民族主义之中。[40] 紧急措施开始在全国实行，一切社会、公共及私人的集会遭到禁止，警察的权力得到了极大的提升。看到自己的父亲——一位解放者和改革者——被恐怖主义分子几乎炸得粉碎，亚历山大三世相信，唯一的理性回应就是拥有一个强力国家。然而，在对恐怖主义做出非常人性的反应的过程中，他延续了已经腐朽的专制体制，疏远了群众，抵制本可防止出现叛乱力量的渐进式的改革。

在沙皇政权的覆灭过程中，有其他许多推动因素发挥了作用；但那次刺杀行动无疑是一个分水岭。不断发展的社会主义意识形态，与一个不能或不愿去面对现代化和工业化挑战、只想到镇压的政府之间出现了一道深深的裂痕，这也让沙皇政府的合法性开始出现动摇。在行家眼中，已经不存在什么保持稳定的中间道路了，渐进式的改革也没有什么希望了。而这个时候，国家没有汲取任何教训，它的挑战者亦同样如此。布尔什维克们在认真汲取了"人民意志"的经验教训后得出这样的结论：个别的恐怖主义行动只能挑衅政权并且没有任何前途，只有大范围的恐怖活动才能鼓动而且掩护革命。对于俄罗斯的知识界而言，"人民意志"给出的教训是两方面的：政府已是无可救药，而精心策划的暴力行动可以彻底改变历史的走向。

“人民意志”催生了一大批追随者和模仿者，包括一个自称为“人民意志恐怖分部”（Terrorist Section of the People’s Will）的新生组织，它致力于谋杀亚历山大三世。1886 年，一场失败的刺杀尝试再次引发了一系列审判和处决行动。遭到处决的人之中有一个就是亚历山大·乌里扬诺夫（Alexander Ulyanov）。在得知乌里扬诺夫的死讯后，他年仅 17 岁的弟弟弗拉基米尔（也就是后来名扬世界的弗拉基米尔·伊里奇·列宁 [Vladimir Ilyitch Lenin]）宣称：“我发誓将向他们复仇。”30 年后，他做到了。[41]

秘鲁与“光辉道路”

与俄国一样，秘鲁的恐怖主义是伴随着同时期急剧发生的社会、经济和政治转型而出现的。1980 年 5 月，正值这个国家从混乱的军政府统治向现代化、民主化社会转型的阶段，“光辉道路”打响了它们“毛派”革命战争的第一枪。秘鲁民主政府对军事力量的不当使用，反而助长了“光辉道路”的斗争运动。

正如我们在第一章中所讨论的，“光辉道路”是一个等级森严的狂热组织，其领袖亚比玛利·古兹曼·雷诺索（以“古兹曼”之名广为人知）是一个有暴力倾向的自恋的哲学教授，他在 1992 年遭到逮捕成为该组织走向灭亡的一个推动因素。古兹曼穿着条纹睡衣、在牢笼中蜷缩、乞求他的追随者放下武器的耻辱画面，对他的斗士们的士气产生了毁灭性的打击，此前那些人将古兹曼奉为神明。不过，他缔造的这场毛主义运动仍然残暴得让人震惊，其造成的平民死亡数字可以与柬埔寨红色高棉（Khmer Rouge）相比较。[42]“光辉道路”20 年的暴力活动导致超过 6.9 万人死亡，其中很多是被“光辉道路”所杀（54%），但也有相当比例的人（28%）死在秘鲁武装部队的手中。[43]秘鲁政府的反击，尤其是其在农村地区进行的臭名昭著的暴力活动，引发了可怕的恶性暴力循环，也让其成为历史上最为血腥的恐怖主义和反恐主义活动之一。[44]

20 世纪六七十年代，通过一系列的经济和政治举措，军政府开启了秘鲁的现代化进程，特别是农村的土地改革，通过剥夺大型私有地产（即大庄园，haciendas）的土地，将之分成小块划入国家控制的合作社（state-controlled cooperatives）。拥有一块属于自己的土地的美好前景提升了农民的预期，但却并没有真正改善他们的处境：由于大庄园主的逃离和政府合作社的糟糕管理，他们的总体情况较之从前更加恶化。改革的结果造成了深深的挫败感。为了得到自己想要的改变，农村居民在 1974 年组织了一次有 1.5 万人参加的草根游行，要求获得土地并反对国家的改革。当他们遭到警察的坚决镇压后，游行者的活动开始转入地下。这时已经没有妥协的余地，也没有任何表达异议的渠道。摆在农民面前的是一条三选一的道路：要么选择合作社，而农民怨恨它夺走了他们曾经的土地所有权；要么选择国家，而农民憎恨它与大地产者结盟以及推行失败的改革；当然还有第三条路，那就是与“光辉道路”合作。

古兹曼用了 17 年时间在秘鲁偏远地区——阿亚库乔为他的毛主义革命运动建设了一块根据地，并将他所发动的群众纳入到一个精心构建的等级体制之中。在与中央政府正式对抗之前，他的“光辉道路”就拥有一群坚定的、思想上充满热情的农村追随者。当“光辉道路”打响第一枪后，政府毫无准备，迟迟没能做出反应。[45] 而当政府最终在 1982 年 12 月认识到其威胁后，它却反应过火了。政府宣布在阿亚库乔地区实行紧急状态，并授权国家武装力量几乎完全的行动自由。军队获准可以逮捕任何人，它们确实也将这个权力滥用到难以想象的地步。在整个斗争过程中，政府军共执行了 7300 多例未经审判的处决，其中超过 45% 发生在战争的头两年（1983—1985 年）。[46] 警察和军队主要是由秘鲁中部的西班牙后裔构成，他们面对看起来十分落后的黑皮肤农民时所表现出的种族主义倾向促成了疏离、革命及暴力的恶性循环。在那一时期，平民（农民或“光辉道路”成员）对警察或军人的死亡比是 39 : 1。[47] 当 1985 年艾伦 · 加西亚 · 佩雷兹（Alan García Pérez）上台后，他开始关注人权并寻求结束冲突，但他的美好愿望在“光辉道路”极速加剧的暴力活动、试图暗杀他并组织大规模的监狱暴动之后，很快就破灭了。至1986年年中，加西亚政府也终于停下和解的步伐，转向了暴力镇压。在1987年，秘鲁政府创下了世界上最为糟糕的人权纪录。[48]

这场暴力活动在1990年达到了一个巅峰。[49] 由于无差别地使用武力，秘鲁政府已经失去了其合法性，全国有90个省进入了紧急状态，政府看来已经无法控制现在这场大规模叛乱了。“光辉道路”也成功地通过暗杀和恐吓阻止了新的选举。当阿尔贝托·藤森（Alberto Fujimori）成为总统时，秘鲁已经处于20世纪最为糟糕的经济危机关头。1992年4月5日，藤森以一场“**自我政变**”（*autogolpe* 或 self-coup）关闭了议会和司法部门。这种铁腕行动让他在国内获得了短暂的民意支持，民众希望暴力能够尽快结束；但这一系列措施亦打击了秘鲁的民主进程，并导致世界银行和国际货币基金组织中止了对秘鲁的经济援助，这进一步破坏了秘鲁经济。情况越来越不利。

然而幸运的是，军方已经开始从其行动中吸取错误的教训。[50] 他们启动了一项新的反叛乱方案，包括更有区别性的目标设置、努力避免侵犯人权，以及在易受“光辉道路”影响的地区推行各式各样的“关怀”工程。政府甚至开始武装各地的农民组织，让他们有能力抵御装备精良的“光辉道路”。最后，他们还提升了情报搜集能力。古兹曼和他的大多数领导层相继被捕。至1994年，“光辉道路”显然已无力回天。但多年的革命战争和政府不恰当的反击所造成的破坏仍然难以修复。除了数千人惨遭杀害外，有200万秘鲁人逃离家园，其中包括那些受过良好教育、拥有才华的群体移民国外。在“光辉道路”的威胁和军力的滥用之下，秘鲁国内出现了对立分化。斗争的创伤也包括对秘鲁民主造成的伤害，过度的反击措施削弱了民主的合法性，民主体制也因藤森总统“自我政变”的破坏性影响而难以修复。对这个邪恶组织使用武力的目的，本质在于保护国家，尤其是在政府错失了于早期扑灭它的机会之后；但数千人遭到非法杀害，人权遭到践踏，如此无差别地使用武力，让秘鲁政府只能长期处于一种暴力状态，而这一状态带来的只是反效果。[51]

最终，秘鲁政府还是从其错误中有所反省，并成功地粉碎了“光辉道路”。但到这时，成千上万的人早已无谓地死去，问题比原来预想的要严重得多。当政府开始了解这一挑战时，“光辉道路”已经成为一个严峻的、有着很强动员能力的威胁，且**只有**运用军事力量才能应对这一威胁。镇压手段最后奏效了；但要认清：在捕获古兹曼并使用更加有效的武力去驯服这个组织之前，政府不当的军事反击和普遍的权力滥用，实际上延长了“光辉道路”的寿命。

土耳其与“库尔德工人党”

土耳其政府与“库尔德工人党”之间的斗争主要集中在1984年至1999年，其间土耳其军方实施了无差别的镇压措施，包括大范围的践踏人权行径。当然，“库尔德工人党”也从来不是一个无辜的受害者：在整个动乱年代中，这个兼有马克思主义和种族民族排外主义色彩的恐怖主义组织，一直在与土耳其军队和安全部队作战，并实施了诸多恐怖行动，如自杀式爆炸、汽车炸弹、绑架外国游客以及袭击土耳其驻欧洲外交人员。尤其值得指出的是，该组织因最早将妇女作为自杀式袭击者而闻名，它公然指出女性是弱者，因而更值得去牺牲；但妇女又在其战斗人员里占据着突出地位。在土耳其东南部，“库尔德工人党”主要对那些他们认为代表了土耳其国家的目标进行袭击，包括中央政府派出的所有人员，尤其是教师。在其活动的高峰期（1988—1991年），这个组织大约拥有1.1万名行动人员。[52]

在这场斗争的早期，土耳其政府与秘鲁政府一样，并未严肃地对待库尔德地区出现的问题。这一地区长期动荡不安，其根源要追溯到1923年共和国建立之初。和秘鲁一样，土耳其也有着独裁主义的传统。在经历了三次军事政变（1960年、1971年和1980年）后，土耳其才最终迎来了文人政府（civilian governments）的回归，但军方仍扮演着一个强有力的角色。因此，我们在这里看到的也是一个脆弱民主体制受到下层发起的恐怖主义挑战的案例。当然，这一挑战最后也倒在了军方的镇压之下；军方在其间发起了一场残酷的战争，造成数千名非战斗人员被杀。这个似曾相识的无差别武力运用的模式，包括疏散村庄、强迫征召乡勇、未经审判的处决行动，以及将与“库尔德工人党”有勾结嫌疑的村庄整个扫平。[53] 在超过 15 年的暴力岁月中，大约有 3 万人死亡——包括“库尔德工人党”成员、平民和安全部队人员。[54]

与秘鲁一样，土耳其武装部队到后来终于提升了他们的战术水平，通过更加有差别地设定目标、更信赖小型机动部队，以及更好地对待情报工作——它们在整个东南地区部署了 25 万名情报人员，逐渐遏制住了“库尔德工人党”。但践踏人权的行为仍在继续，关于各种刑讯、杀戮、失踪、强制迁徙和放火烧村的报告层出不穷。无家可归的人潮从农村涌向城市，结果城市的军事存在尤其被强化，目的旨在更好地控制难民潮。一部严苛的反恐法案很快生效，将恐怖分子被告交由特别设立的国家安全法庭进行审判，并给恐怖主义下了更为宽泛和模糊的定义，在此之下数千人因莫须有的罪名入狱。与此同时，土耳其东南部的经济形势每况愈下，原因在于军方执行**焦土政策**，焚烧了庄稼，宰杀了家畜，并拒绝村民收割粮食的请求，以此来断绝“库尔德工人党”在这一地区的生计。[55]

土耳其对“库尔德工人党”的过敏性反应，不仅是出于它对该组织现实威胁的关切，还在于它对历史上外来大国试图分裂土耳其的前车之鉴的警惕。在其领导人心中，邻国背地里密谋制造土耳其分裂的梦魇始终挥之不去。尽管“库尔德工人党”从来就不是一个外来者，但它仍获得了令人印象深刻的国际支持，这些支持来自黎巴嫩、叙利亚、伊朗和伊拉克——这几个是最确定的支持者，其他的可能还有亚美尼亚、塞浦路斯、希腊和俄罗斯，如果土耳其政府的控告可信的话。例如，在 20 世纪 80 年代，“库尔德工人党”曾在黎巴嫩境内由叙利亚控制的贝卡谷地

（Beka'a Valley）接受训练，而党的领袖奥贾兰则在大马士革策划袭击。[56]该组织还多次从伊拉克北部的伊土边境地区发起行动。[57]长期对“库尔德工人党”直接或间接获得国家资助的关注，一定程度上解释了土耳其军方为何会过度反应（尽管这不能算是借口）。但另一方面，在“库尔德工人党”看来，外国力量的干涉实际上是十分脆弱的：1998年，在奥贾兰躲入邻国叙利亚之后，面对土耳其方面扬言越界打击的威胁，哈菲兹·阿萨德（Hafez al-Asad）最终驱逐了奥贾兰，后者的流浪生涯随着他一年后在肯尼亚被捕而宣告结束。

最终，军方在土耳其东南部赢得了这场战争，并让“库尔德工人党”迅速陷入衰亡，这一切直接得益于1999年奥贾兰的被捕。这一案例也证明了，无论民主与否，只要国家有意愿使用其全部武力，放下一切顾虑，它就能粉碎恐怖主义活动。土耳其的精英们相信，自己的国家面临着严峻的威胁，因而他们全权委托军方去粉碎这个威胁，并确保其行动能够得到广泛的支持。[58]他们的焦虑进一步激化了这场军事斗争。但库尔德地区平民所遭受的损失、屠杀中的受害者、大面积的流离失所、人权遭受的践踏以及地区经济的完全枯竭，同样也是不可小觑的；面临同样不堪处境的还有土耳其的国际地位，它志在加入欧盟的抱负，部分因为这场战争而破灭了。不仅如此，威胁并没有完全消失，而是散布到更大的区域。随后的一系列国际性事件，尤其是第二次伊拉克战争，以及伊拉克北部的库尔德人在战争期间向战斗人员提供避难场所，共同促成了“库尔德工人党”的复活，这一事实也暗示了写作本书时这场斗争还没有结束。

乌拉圭与“图帕马罗”

到目前为止，我们很容易从研究中得出，只有独裁政权或是需要独裁政权在一旁维护的脆弱民主体制，才会笨拙地想要以残酷的镇压手段来终结恐怖主义。在此逻辑之下，“图帕马罗”的故事应该是一个关于这个极左翼组织袭击乌拉圭后，乌拉圭的民主体制在面对恐怖主义威胁时，如何恢复运作的美好寓言。众所周知，乌拉圭是拉丁美洲最为进步，也是最为稳定的民主国家。但事实并非如此。

乌拉圭对异议有着足够的包容空间，它拥有强健的政党体系，受过良好教育的城市人口，还有健全的民主传统。乌拉圭是拉丁美洲第一个具有自由主义特性的福利国家，包括赋予妇女、工会和少数族裔进步权利，向穷人提供福利，并实施国家干预经济的政策。不同于秘鲁，这个国家几乎没有农民，88% 的人口集中在城镇和首都。乌拉圭强大的两党制成长于 19 世纪，在 20 世纪的大部分时间里，来自城市、代表进步主义的“科罗拉多党”（Colorado Party），在与传统的、来自乡村的“布兰科党”（Blanco Party）的竞争中更占优势。尽管在 20 世纪 30 年代有过一段短暂的独裁统治，但乌拉圭的民主价值观和公民的社会思想似乎已经在这个国家固化，同时就它的位置而言，乌拉圭对于那些独裁的邻国也是一个自由政府的楷模。两党制在乌拉圭运作得很好，而这个国家看起来也十分稳定，完全有能力满足公民的需求，包括对那些具有建设性的反对意见提供渠道。如果民主是恐怖主义的解药，那么乌拉圭就应该是免疫的。

然而，对于整个拉丁美洲来说，20 世纪中期是一个政治动荡、经济下行的时代。20 世纪 50 年代，拉美的经济开始出现停滞。至 60 年代，经济下行伴随着古巴革命的刺激引发了激进左翼势力的兴起，这股力量包括合法的政党，也包括一个极左的城市游击队运动组织，后者也就是人们熟知的“图帕马罗”。[59]“图帕马罗”将袭击目标锁定为“帝国主义政权”的标志物，如贸易场所、飞机场、巴西和美国的外交设施。最终，“图帕马罗”提升了它们袭击行动的尺度，成功地在贸易界和大地主中制造了恐惧妄想症，这也促使政府暂停了行使宪法权利。[60] 由于警察已无力稳定局势，政府于 1971 年召集军队来维持秩序。“图帕马罗”将军事干预看成是腐败的政府机构行将崩溃的征兆，也认为这是它们激起政府反应出现成效的体现。事实上，到 1972 年年底，军队就粉碎了它们。1973 年 6 月，一场政变接踵而至，军队在接下来的 12 年中接管了国家。

军队为其统治辩护的理由是，乌拉圭的主权不再仰赖于人民，而必须要靠军队来保护这个国家。这一观点被用于证明大范围的残酷镇压是合理的，军方的镇压手段包括对媒体和集会自由的限制、刑讯、杀戮、“令其消失”和对数千名政治犯的关押。有十分之一的乌拉圭人逃离祖国。1976年，“大赦国际”的报告称，乌拉圭遭关押人口的比例比世界上其他任何地方都多。[61] 到80年代初，随着经济问题的日显以及民众抵抗活动的加剧，军方开始与政党进行协商，而后民主政府在1985年得以恢复。在其短暂的辉煌时期，“图帕马罗”处决了1名人质，暗杀了8名反叛乱的国家人员。而1973年上台的军政府“令其消失”、刑讯和杀戮了数千人之多。[62] 尽管民主制度最终得以恢复，但乌拉圭的反恐成果就是杀戮自己的人民，这削弱了它的自由主义政治体制。镇压手段生效了，但代价高昂。

俄罗斯与车臣

俄罗斯使用镇压手段对付车臣的恐怖主义和分离主义时，会不自觉地运用19世纪沙皇执政时的模式，即提升警察和秘密机关的权力、侵犯个人权利、在自由化改革上出现倒退，以及强化中央集权。在车臣，俄罗斯的镇压又一次“终结”了恐怖主义；但对于车臣地区和俄罗斯国家而言，令人担忧的是其导致的更大范围的影响。[63]

当然，俄罗斯在车臣的斗争不仅针对恐怖主义，而且针对分离主义的叛乱，是一场内战。在苏联解体带来的动荡之下，车臣人民抓住机遇选出了一个代表自己的领导人——焦哈尔·杜达耶夫（Dzokhar Dudayev），正是他首先对外宣布了车臣的独立。俄罗斯总统鲍里斯·叶利钦（Boris Yeltsin）则宣称此次选举为非法，并宣布车臣进入紧急状态，同时向车臣地区派遣了2500名内务部（Interior Ministry，MVD）人员。俄罗斯联邦议会驳回了叶利钦使用武力的命令，内务部人员随后撤退，杜达耶夫则因为成功地顶住了“俄罗斯帝国”的压力而成为车臣的英雄。[64] 叶利钦及其追随者并没有忘记这一耻辱。三年后，俄罗斯对车臣的军事干预，理由据称是俄方对发生在该地区的一系列大巴劫持和绑架事件的回应；但无论具体为何，俄罗斯从 1994 年起就已经处在战争之中了。[65]

严格地说，第一次车臣战争并不算是反恐作战，而只能算是俄罗斯主要在格罗兹尼街头进行的一场计划不周的反叛乱行动。有证据表明，支持干预的俄军方人士相信，这次行动将只是一次简单的武力展示，不会遇到什么像样的抵抗——很可能会像 1968 年 8 月苏联坦克开进布拉格那样。[66] 然而事与愿违，从 1994 年 12 月 11 日开始，俄军的军事行动遭遇了普遍且坚定的抵抗——抵抗既来自车臣游击队员，也来自车臣的平民。

在第一次车臣战争中，俄军作战的核心是城市战战术，而他们的战术水平差得让人吃惊。俄国人的想法主要是开拔至格罗兹尼并包围叛军，俄方认定叛军都集中在城市中心。但他们并没有为城市战做好准备。[67] 第一次车臣战争中，俄军的伤亡数字至今仍有争议，但综合所有的数据，基本就在 5500 人至 1.4 万人之间。[68] 车臣平民的遭遇，相比于俄国士兵和他们自己的战士都要更为糟糕；尽管统计数字不断在变化，但死者肯定在 5 万人以上，其中包括居住在车臣地区的俄罗斯人，车臣三分之一的人口在战争中无家可归。[69] 车臣平民遭受如此巨大的伤亡，其中一个原因是，车臣的游击战术让俄国人极难在作战中分辨战斗人员和非战斗人员。这也解释了为何俄国人在第一次战争中并没有受到太大的舆论压力。但俄军还是要对有意造成平民伤亡负责任。缺乏纪律性的军队对当地平民多有抢夺、强奸和攻击。他们实施了“扎契斯科提”战术（zachiskti），即“清洗行动”，表面上是搜寻叛军的战斗人员和武器，但实际上只是以此为借口将男性人口集中后，洗劫并烧掉他们的住处。[70] 他们还建立了“过滤营”（filtration camps），将平民围挡拘禁在其中，特别是针对车臣的男性，有时连俄罗斯裔也不放过。在营地中，不时有人遭到杀害、刑讯，并被关押在最为原始的条件下。[71] 被隔离的平民要么逃离车臣，要么加入车臣军，要么就只能坐在家中听天由命。很多人主动或被动地向车臣战斗人员提供了援助。

俄军存在的诸多问题中，其中之一是，它们事实上没能搜集到什么情报。军队手中甚至都没有可靠的地图。[72] 例如，俄军以装甲纵队行进，寻求占领格罗兹尼的大型建筑和火车站；但车臣人并没有在那里部署防御力量，他们瞄准的目标经常改变且无章可循。最终，俄国人从他们的错误中吸取了教训。开始采用小规模战术部队并派来了更多有经验的作战人员。经过 1995 年春天的战斗，他们基本上算是控制了格罗兹尼。而车臣的作战人员则退至多山的丘陵地带进行重组。

然而，就在俄罗斯似乎占据优势的时候，车臣人也加大了注码。1995 年 6 月，叛军领袖沙米利·巴萨耶夫（Shamil Basayev）在距车臣 100 英里的俄罗斯南部小镇布登诺夫斯克（Budennovsk）劫持了 1200 名平民人质。布登诺夫斯克人质危机持续了 5 天，死在俄罗斯政府猛攻医院行动之中的人，几乎与车臣一开始袭击这个镇子造成的死亡人数一样多。[73] 而直到俄罗斯政府同意谈判，并给予巴萨耶夫及其战斗人员安全撤回车臣的条件时，这场战斗才宣告结束，车臣人将巴萨耶夫和他的同伴们当成得胜的英雄来迎接。布登诺夫斯克的这段插曲是一个分水岭，意味着车臣人愿意采用恐怖主义战术来追求他们的事业，在俄罗斯出现衰弱时强化其独立事业，并在欧洲安全与合作组织（Organization for Security Cooperation in Europe）的协助下迫使俄罗斯政府坐在谈判桌前。[74] 此外，布登诺夫斯克人质事件也增强了车臣人使用恐怖主义战术的意愿，甚至对其邻近的印古什共和国、达吉斯坦共和国、北奥塞梯共和国和俄罗斯都产生了相同的影响。[75]

车臣对于高调的恐怖主义战术的重视，成为推动叶利钦政府同意谈判并撤出军队的重要因素。结合军队在反叛乱作战中的尴尬表现，布登诺夫斯克事件直接促使莫斯科在《卡萨夫雅特协议》(*Kasavyurt Accords*) 上签字。根据协议，俄军将从车臣撤出以换取欧洲对俄罗斯的经济援助，此外车臣将在协议生效后的第 5 年（即 2001 年）进行全民公投以决定其地位。该协议在俄罗斯媒体和联邦议会中被视作“小车臣对大俄罗斯的羞辱”。的确，叶利钦也将车臣视作他总统任内的最大失误。[76] 国内当时普遍对战争持反对态度，而国际社会也尖锐地谴责俄军在打击敌人的过程中侵犯人权的行为，尽管他们的对手以当地人作为挡箭牌。

第二次车臣战争随着1999年8月巴萨耶夫领导的车臣武装入侵邻近的达吉斯坦共和国而爆发。巴萨耶夫公开宣称，此举是为了在当地建立一个伊斯兰共和国。此外，莫斯科和伏尔加顿斯克（Vologodonsk）出现的公寓连环爆炸案也被归咎于车臣的恐怖分子，尽管有争议称俄罗斯的安全部队可能与这一系列爆炸案有关。[77]爆炸共杀害了近300人，这为俄罗斯进行强力回击提供了需求和机遇。公寓爆炸案，无论其目的为何，似乎都刺激了俄罗斯公众的反车臣情绪。第二次车臣战争看来是一次复仇的机会，也是俄罗斯人恢复士气、洗刷第一次冲突时留下的国家耻辱的机会。作为对公众态度的一种反应，普京得以当选，部分得益于他关于“将车臣人冲入厕所”[78]和“从根源上扼杀害虫”的竞选承诺。[79]在第一次车臣战争中，俄罗斯领导层将敌人视为“土匪”和“叛乱分子”；而在莫斯科爆炸案后，后者就成了“恐怖分子”。[80]在“基地”组织袭击美国以及国际社会对此普遍关注很久之前，普京就将与车臣的第二次冲突设计为一场反恐战争，并通过打造这一概念让残酷镇压行动更加合法。

对俄国人来说，第二次车臣战争的军事战术与第一次有着很大的不同。在再次突击格罗兹尼的行动中，俄国人做了更加精心的准备和计划，他们的侦察与情报工作也同样如此。战斗依然缓慢、血腥和艰难，并给双方都带来了大量的伤亡；但到2000年年初，俄国人已经占领了绝大部分车臣地区，车臣部队也再次被挤到丘陵地带，并越过格鲁吉亚的边境，进入到潘基西峡谷（Pankisi Gorge）。根据俄国人的报告，车臣领导人建立了一个网络化的训练营，雇佣了约100名外国教官，主要是阿拉伯裔的阿富汗人，但也有巴基斯坦的军事人员。[81]在俄罗斯军装的伪装下，车臣对俄罗斯人驻扎的地点进行了夜袭。车臣对待俄国俘虏的方式十分骇人听闻，这使得俄国士兵和飞行员都很害怕被抓获——这可能会有利于针对车臣的战争，因为这使得俄国人战斗的意志越来越坚定了。车臣人伏击俄国坦克的努力并不像他们在第一次冲突中那么成功，因为俄军使用步兵作为坦克的护卫，还加装了主动反应装甲。双方都很看重对狙击手的运用，而格罗兹尼城中最高的建筑，因为它给瞄准带来优势，成为双方争夺最为白热化的一个地点。尽管装备水平有了某种程度的提升，但车臣游击队在两次战争中的游击战战术并没有很大的改变；然而，俄国人却适应并准备了更多有效的战术来对付车臣人。[82]

在发现自己处于劣势后，车臣人再次将战争从车臣战场转移到恐怖袭击上。与第一次冲突相同，标志着这一转折的仍是一次大规模的恐怖事件：2002 年 10 月 23 日，他们占领了位于莫斯科的杜布罗夫卡剧院（Dubrovka theater），剧院中的 800 名平民被全副武装的车臣恐怖分子劫持为人质长达 3 天，莫夫萨尔 · 巴拉耶夫（Movsar Baraev）领导了这次行动。在俄罗斯特种部队突击剧院的**“格罗扎行动”**（Operation Groza）中，一种未知的麻醉毒气被用于解除恐怖分子的行动能力。[83] 所有 49 名车臣行动人员在无意识地倒下后被击毙，这也让他们没有机会引爆炸弹。而后有 129 名平民在突击行动后不久因窒息身亡。在车臣人逐步将恐怖暴力转向车臣境外的过程中，杜布罗夫卡剧院事件成为了一个标志性事件。此后，车臣人对俄罗斯境内发动恐怖袭击的步伐开始加快，并在 2004 年 9 月 3 日达到一个顶峰，他们在北奥塞梯共和国的别斯兰造成了超过 300 人死亡的恐怖袭击事件，死者大部分是在校儿童。

俄罗斯对媒体的策略也在第二次战争中进行了重大调整，政府对媒体的控制明显加强。[84] 俄罗斯政府一致同意管控第二次战争中的所有图像，并严格限制俄国媒体和国际媒体进入车臣。[85] 批评性的电视节目基本都遭到了关闭。一些概念的语义内容也在变化：原本媒体将这场冲突定性为“战争”，而现在它们更多地接受了官方对其“反恐行动”的表述。限制进入及俄罗斯政府不断地在关于冲突信息上“兜圈子”，对国内公众的舆论产生了明显的效果，第二次战争得到的国民支持度远远大于第一次，这主要是因为“反恐”。

普京政府执行了**双管齐下**的政策，一面通过控制媒体限制公众对伤亡率、侵犯人权和战争的经济代价的感受，另一面强调战争对于国家安全的意义，这一政策十分有效——这在2004年3月普京以压倒性的优势、毫无异议地连任得到了确认。[86] 但这一结果肯定不会促进大多数西方人所鼓吹的多元化的公民社会之花在俄罗斯的绽放。车臣战争，包括政府的反恐斗争，侵蚀了后苏联时代俄罗斯的民主化。

尽管这场冲突很复杂，且有着很长的历史前因，但将其塑造成一场恐怖主义和反恐怖主义之间的大对决，双方都甚是适应。对车臣人而言，这样做有三个目的。第一，恐怖主义被作为一种恐吓对方的机制。在遭受俄军的残酷对待后，车臣人越来越多地使用恐怖主义去恐吓俄罗斯人，尤其是在莫斯科，当然也包括俄罗斯其他地方。这种恐吓还旨在用来影响国际和国内的公众舆论，以此促使普京政府做出让步。第二，在政治敏感期运用恐怖袭击可挑衅政府。例如，1995年的布登诺夫斯克人质危机，就推动结束了第一次车臣战争。1999年的莫斯科公寓爆炸案，无论始作俑者是谁，促成了第二次车臣战争的爆发。2002年10月的杜布罗夫卡剧场围攻战表明：只要一天不实现真正的和平，俄国政府就不会再去寻求政治合法性的外衣了，该事件实际上也毁掉了车臣温和派总统阿斯兰·马斯哈多夫的执政生涯。所有这些事件都在冲突过程中导致了戏剧性的变化。第三，恐怖主义是一种平衡战场局势的努力，通过拓展战场和扩大潜在目标的设定范围以挽救败势。在两场战争中，车臣人总是在不利的时候以及在俄罗斯的反叛乱行动取得优势的时候使用恐怖主义。上述这三个战略在面对俄罗斯不断加大的镇压力度时都失败了。

无论是对车臣人民还是对俄罗斯人民来说，恐怖主义都是有害无益的，但某种程度上，恐怖主义的出现反而符合普京政府的利益。面对恐怖袭击，普京在国内的地位得到了加强，他手中的行政权力不断上升，这让他几乎可以随心所欲地对付车臣。简言之，恐怖主义让俄罗斯人付出了代价，但车臣人所付出的代价要大得多。回击恐怖主义给俄罗斯实施熟悉的镇压模式提供了完美的土壤，就这一意义而言，俄罗斯的反击是成功的。

镇压导致了社会的分化，不仅在俄罗斯内部，也包括在车臣共和国内部：一方面，每当出现归咎于车臣武装分子的恐怖袭击之后，情绪激动的俄罗斯人对车臣人的憎恨都溢于言表；这似乎产生了明显的影响，推动着俄罗斯国家向行政权力更大、公民自由更加收紧、武力使用意愿更强的方向转化。恐怖袭击在动员俄罗斯民众**反对**车臣人方面取得了成功，同时他们也惹怒了车臣人民。另一方面，车臣内部发生了分化，例如克里姆林宫支持的车臣政府似乎在实施反对自己人民的犯罪行为，而车臣人日益上升的伤亡数字也有当地伊斯兰军事组织的"贡献"。镇压一旦使用就没有回头路；政府要想谨慎地进行谈判同样不可能：2005 年 3 月，俄罗斯安全部队刺杀了阿斯兰·马斯哈多夫，他是车臣独立政府选举产生的总统，也是唯一有可能站出来谈判的人。[87]

至 2007 年，车臣的局势开始稳定下来。作战的节奏开始放缓，尤其是在俄罗斯政府成功实施了几次高调的暗杀之后，其中包括 2006 年 7 月暗杀了别斯兰事件的主谋沙米利·巴萨耶夫。[88] 克里姆林宫将大量的金钱投入到车臣经济的重建之中，包括建设学校、医院和住宅，也有足够的理由宣布车臣战争已经结束。车臣人民业已筋疲力尽，他们中没有人去领导作战了。[89] 另一方面，俄罗斯对车臣分离主义的镇压将斗争扩散到了邻近的北高加索地区，尤其是在印古什共和国、达吉斯坦共和国、卡巴尔达–巴尔卡尔共和国（Karbardino-Balkariya）及北奥塞梯共和国。[90] 例如在印古什共和国，据传闻有敢死队（death squads）对所谓的"瓦哈比教徒名单"（Wahhabi lists）上的人进行了处决。[91] 在车臣，军事镇压终结了恐怖主义；但严酷镇压之后叛乱不断的历史循环模式是否仍将重复，还有待观察。

人们很容易得出这样一种常见的论断，即在运用军事力量回击恐怖主义的过程中，好的战术和有区别的目标设定是十分重要的。但在讨论恐怖主义如何终结的问题时，有一个程度的问题：在扫除恐怖行动出现失利的情况下，错杀数万名无辜平民是一回事；而刻意使用传统军事力量将一座城市炸回到石器时代（正如某些人说过的），以及实际上将整个地区的人口从其家乡土地上驱赶出去（俄罗斯人在第二次车臣战争中对格罗兹尼的所作所为），又是另一回事。这与二战中对德累斯顿的轰炸无甚区别——残忍而有效地走向终结。在某种情况下，特别是运用武装力量来对付国内某个特定区域的威胁时，前者之所以能够摧毁恐怖主义，是因为它摧毁了这个地区的**一切**。这也是俄国人在车臣的所作所为。换言之，如果你想要的仅是终结恐怖主义，且不惜一切代价，那么你就一定能通过军事镇压手段去实现它。

埃及与“穆斯林兄弟会”（1928—1966年）

“穆斯林兄弟会”（al-Ikhwan al-Muslimeen）与众多伊斯兰组织有着密切的联系，而这些伊斯兰组织的教义有各种不同的解释或者被曲解为不同的意思，这也对今天最有威胁的恐怖主义做出了解释。[92] 有一个话题总是让专家们激烈争论不休，那就是：最早的“穆斯林兄弟会”组织在多大程度上要为其后代的暴力行径负责，这些后代中有一些与“基地”组织联系密切。[93] 对于“穆斯林兄弟会”的起源、演进、信仰、当代角色和大量分支的详细讨论，超出了本书的研究范畴。正如受人尊敬的历史学家理查德·米切尔（Richard Mitchell）所写，这是一个“其展现的历史始终伴随着无法预料的积极和消极的歇斯底里行为”的组织；而这些决斗式的歇斯底里在这里并不能解决问题。[94] 无论如何，对于“穆斯林兄弟会”的早期历史，人们仍有广泛的共识，其历史直到今天仍在产生共鸣，并足以让我们洞悉国家的镇压行动对于那些恐怖主义组织和对抗恐怖主义的国家的发展演进所产生的影响。

“穆斯林兄弟会”于1928年由哈桑·班纳（Hasan al-Banna）在埃及创立。[95] 班纳的第一份工作是在苏伊士运河地区的伊斯玛利亚（Isma’iliyya）执教，这个城市当时仍在英国军队的占领下，到处可见居住在奢华住宅中、不断俯视着埃及工人所住的肮脏住所的外国人。[96] 班纳对埃及的穆斯林青年，因为受到外国的影响、折服于唯物主义且被缺乏自信（self-doubt）所困扰，因而远离信仰目标给予了很大程度的关注。他逐步将自己的崇拜者们聚集起来，致力于反对英国人的占领，反对外国对埃及政治、经济和文化的控制，并急于为他们自己和他们的社团寻求一个有意义的发展方向。公民义务的概念在班纳的哲学思想中居于核心地位，强调个人应超越个人利益或物质追求以便为社会尽义务。终极目标是要朝着缔造一个伊斯兰秩序（*al-nizam al-islami*）前进，这一秩序主要基于“沙里耶”(sharia)，或称为伊斯兰教教义。[97]“穆斯林兄弟会”的宪章中如此写道：“真主就是我们的目标，《古兰经》是我们的宪法，先知（穆罕默德）是我们的领袖，‘吉哈德’是我们的手段，为真主而死是对我们最高的奖赏。”

班纳很快前往开罗，在那里他得以接近更有影响力的圈子。他是一个天生的组织者和鼓吹者，很快就召集了一支成分多元化的队伍，包括公务员、学生、城市工人和农民。在20世纪30年代后期，这一社团越来越多地涉入政治，如为巴勒斯坦的阿拉伯人筹集资金。一个关键的问题很快出现了：通过伊斯兰教来拯救埃及是否意味着需要通过暴力来实现。班纳反对使用武力，指出通过讲道理、劝说和渐进的方式会更好；但其他人却指出，必须通过**“手中的力量”**（the force of the hand）立即纠治对于伊斯兰教的厌恶情绪。1939年，这一辩论导致该组织出现第一次分裂，“我们的真主穆罕默德青年党”（Youth of Our Lord Mohammad）从“穆斯林兄弟会”中脱离。这次“出走”对于整个运动的影响不大，但却预示着一个关键性的哲学分歧的产生。

在第二次世界大战期间，“穆斯林兄弟会”对英国人的反感促使班纳开始与埃及陆军军官中一个名叫安瓦尔·萨达特（Anwar el-Sādāt）的革命组织成员接触，商讨如何让埃及脱离外国统治。这些阴谋活动导致了英国人对班纳的驱逐，他被迫于1941年前往上埃及。在战争期间，班纳还正式建立了“穆斯林兄弟会”的一个武装分支——“秘密机构”（Secret Apparatus）。“穆斯林兄弟会”对外国统治的厌恶，日益增加的秘密行动，以及早期与埃及陆军之间的联系，这三者在后来被证明都是极为重要的。

在战后，随着中东地区权势的重组，埃及陷入了动荡不安。“穆斯林兄弟会”在这时已经是一个动员能力很强的草根组织，在埃及政治中是一个有力的角色，也被视作对政府的一个潜在威胁。该组织对自己的成员数量没有一个清楚的概念；从 1946 年到 1948 年，队伍成员大概在 30 万至 60 万之间增减。[98] 在 1947 年联合国决定让巴勒斯坦分治后，一些“穆斯林兄弟会”成员借机获得了武器。埃及境内的一系列袭击事件随之出现，包括发生在伊斯玛利亚的乔治王酒店（King George Hotel）爆炸案和全国各地发生的纵火案。之后不久，“秘密机构”刺杀了一名曾判处“穆斯林兄弟会”成员终身监禁的法官艾哈迈德·哈兹达尔·贝（Ahmad al-Khazindar Bey）。哈桑·班纳对这次刺杀行动表示了反对，随后宣称他担心“秘密机构”已经脱离了他的控制。但显然，“穆斯林兄弟会”的道路选择已经发生了变化。1948 年 12 月，“穆斯林兄弟会”因被控“试图颠覆现秩序，实施恐怖主义和谋杀”而遭到解散。

很快，“穆斯林兄弟会”的一些成员使用暴力的倾向变得十分明显。1948 年 12 月 28 日，总理努克拉什遭到“秘密机构”成员阿布·玛吉德·艾哈迈德·哈桑（Abd al-Majid Ahmad Hasan）的刺杀。在努克拉什的葬礼上，有民众高呼“处死哈桑·班纳”。[99] 而另一边，班纳则为“穆斯林兄弟会”的前景充满了忧虑。他看到“秘密机构”在行动中切实的战术失误并考虑要解散“秘密机构”。王室也声言准备对暴力有所回击：阿布·哈迪，王室内阁首相及“萨阿迪党”（Sa’dist party）党魁，针对埃及所有的政治和社会部门进行了一场正式的国家恐怖主义活动，招致了广泛的怨恨和敌意，在陆军军官中尤其如此。与此同时，班纳也在与政府进行谈判，并要求“穆斯林兄弟会”的年轻成员克制暴力的冲动，声称那些行凶者“既不算是兄弟会的人，也不能算是穆斯林”。班纳称，他下一步将把所有的暴力行为都视作针对他本人的行为，还告诉政府他将对下一步的袭击承担全部法律责任，以此告诫组织成员不要再使用暴力节外生枝。政府并没有相信他的话，并于 1949 年 1 月底继续颁布法令解散了“穆斯林兄弟会”。

接下来，这个国家所有合法和不合法的力量都砸向了“穆斯林兄弟会”，尤其是砸向了“秘密机构”。其成员遭到关押、刑讯和虐待。班纳写了一本小册子——《突出之经》(*Qawl fasl*)，其中谴责了埃及政府的解散法令。在小册子中，他否认了一切指控，坚称“穆斯林兄弟会”的武装已得到了政府的合法许可，这是“穆斯林兄弟会”与阿拉伯联盟之间关于巴勒斯坦的有关协议的一部分。这本册子也列举了各种冤情：监狱中的刑讯，工作与财产遭到剥夺，无任何许可的搜查以及新闻审查制度。班纳声称，解散“穆斯林兄弟会”的真实原因是来自外国政府的压力，是给英国与犹太复国主义者之间的谈判献礼，加上政府希望转移人们对巴勒斯坦问题失败的关注，“那些国际上的犹太复国主义者、共产主义者及信奉无神论的堕落党派都是藏在幕后的推手”。[100] 1949 年 2 月 12 日，几乎可以肯定是在政府的授权下，班纳遭到了政治警察的暗杀。哈桑 · 哈达比（Hasan al-Hudaybi)，一个受人尊敬的法官以及各方都能接受的候选人，被选为班纳的继任者。

1952 年 7 月 23 日，一群少壮派陆军军官借着英国人撤离之际，在“穆斯林兄弟会”的支持下推翻了埃及的君主立宪制，建立了以贾迈勒 · 阿卜杜勒 · 纳赛尔（Gamal Abdel Nasser）上校为首的军人政权。在巩固政权的同时，纳赛尔也建立起了他称之为阿拉伯社会主义或伊斯兰社会主义的体制，并大张旗鼓地前往麦加进行了一次朝圣以彰显其宗教虔诚。[101] 纳赛尔做出了很多关于新的政治、经济和社会机会的承诺。很多人认为新政府将根据“穆斯林兄弟会”的纲领进行运作，但大大出乎他们意料的是，那并没有发生。1954 年 10 月 26 日，“秘密机构”的一名成员试图在亚历山大港的一次大型群众集会上暗杀纳赛尔。杀手连续射出了 8 发子弹，纳赛尔在子弹从身边擦过后一度中断了演讲，之后他又在全国民众的聆听下冷静地完成了这次鼓舞人心的演说。

这次暗杀企图似乎给了纳赛尔一个他所需要的借口，让他一劳永逸地解决“穆斯林兄弟会”的问题。至少有3000名“穆斯林兄弟会”的成员被送进了监狱，尽管大部分人不承认参与了这次有勇无谋的行动。[102]被抓的大部分人在政府刑讯之下做出“信仰告白”（profession of faith）保证后得到了释放。有2000人被关得更久，另外被关押的“穆斯林兄弟会”成员中有1000人承认自己是刺杀者的同谋。超过半数的被关押者被无罪释放或得到了缓刑，但仍有15人被处以死刑，另有6名骨干被绞死。[103]这次打击使得该组织急剧萎缩，部分原因是加入“穆斯林兄弟会”带来的巨大风险；但还因为纳赛尔政权同时发起了一场旨在打击“穆斯林兄弟会”声誉的媒体闪电战。而那些身陷囹圄的人——被其穆斯林兄弟刑讯、遭到政府的背叛——在后来发展出更为坚韧的纽带关系，他们出来后变得更加偏激，并永远疏离了世俗的民族主义政府。

被关押者中有一个名叫赛义德·库特卜（Sayyid Qutb）的书卷气很浓、奉行理想主义的年轻人，这个知识分子加入“穆斯林兄弟会”的时间较晚，在1950年前后。[104]他的作品，早期都是关于社会公平的进步思想，但逐渐向伊斯兰教理转变。在狱中，他坚持写作，但由于长期遭受虐待和刑讯，他也日益成为一名极端的伊斯兰教徒。库特卜最激进的作品都出现在1957年之后，那一年有超过20名“穆斯林兄弟会”的成员被狱卒残忍杀害。[105]自此，他的思想也从改良派（evolution）向革命派（revolution）转变。尤其是1964年出版的名为《里程碑》（也有译为《路标》）的书，谴责了所有反对伊斯兰教的国家的政权，包括以穆斯林为主体的政权，以及成员中的变节者（*kafireen*）。库特卜号召他的教友推翻当前“蒙昧时代”（*jahiliyya*，即野蛮与无知）的秩序，将“圣战”看作是反对世俗体系的武装起义。他还在《古兰经》上写下了很多有影响力的注释，其中有很多直到今天仍被不断引用。库特卜于1966年被绞死，但他的作品在当代伊斯兰复兴事业中仍是鼓动和动员的源泉。

关于“穆斯林兄弟会”在伊斯兰运动中的作用，其核心问题在于，该组织到底在多大程度上受到班纳或库特卜思想的支配。班纳是在这一体制内逐步推动，向伊斯兰教基本教义的非暴力回归并且服务于穆斯林社团，以便建立一个更好的秩序。[106] 在利他主义社团化的哲学方面，库特卜的学说走得更远，他分析社会问题，刻意回避某些同一教派的人士，鼓励通过暴力来消灭背离伊斯兰教的行为。他的这种意识形态设计与鼓动，非常适合用在恐怖主义的战术之中。恐怖主义一直在证明自己是利他性质的，总是将公共利益凌驾于个体对自我利益的追求之上。它也一直声称要将事业扩大。缺少了无私的外衣，恐怖主义就是毫无意义的犯罪暴力，无法发动任何一个人。

当还在监狱中时，领导人哈达比就与库特卜产生了争论，尤其是关于库特卜将其他穆斯林判定为背教者（*takfir*）的问题。很多人认为哈达比更具包容性的宗教解释是为了跟随班纳的早期思想，这一思想也适用于今天的“穆斯林兄弟会”。[107] 其他人则坚持所有的伊斯兰教徒，包括主流的“穆斯林兄弟会”，都渴望政治权力并强制推行伊斯兰教义，这必然带来独裁与不民主。[108] 这一争议直到今天仍没有平息。与此同时，尽管早已没有纳赛尔时期那么极端，但埃及政府至今仍在继续限制“穆斯林兄弟会”的活动，交替运用和解方式和镇压战略。[109]

无论今天“穆斯林兄弟会”的真实意图是什么——由于其早期受到的来自埃及政府的不当应对以及此后出现的极端主义理论，早期的“穆斯林兄弟会”组织迷惑了来自埃及国内外的很多激进且危险的后辈。当他们遭到驱逐后，很多人都在沙特阿拉伯找到了避难所，而赛义德·库特卜的作品也在他的兄弟穆罕默德·库特卜进行了编辑和出版之后，赢得了越来越多的追随者。[110] 在巴勒斯坦，“哈马斯”或称伊斯兰抵抗运动，作为“穆斯林兄弟会”的地区分支于 1988 年成立。在 1976 年至 1982 年间，“穆斯林兄弟会”在叙利亚组织了强烈反对哈法兹·阿萨德领导下的“复兴党”（Ba’athist）世俗政权的暴力活动，随即遭到残酷打压，这个战略性失利是“基地”组织的战略家阿卜·穆萨布·苏里（Abu Mus’ab Al-Suri）

进行分析的一个主要案例。[111] 还有些分支组织包括埃及“伊斯兰组织”（Egyptian al-Gama’a al-Islamiyyah，EIG）和“圣战”组织（al-Jihad），这两个都是“基地”组织的核心暴力分支，其领导人都是“基地”运动背后的智囊成员，尤其是艾曼·扎瓦赫里（Ayman Zawahiri）。[112] 事实上，扎瓦赫里的叔祖父（great uncle）就是赛义德·库特卜的律师[113]——这是另一种充满势将爆发的仇恨和意识形态关联的跨代际传承。1954 年，纳赛尔的镇压是有效的：埃及“穆斯林兄弟会”的恐怖主义被终结了；最为极端的伊斯兰思想在极权主义国家中顽强地生长起来，不仅获得了公信力，而且大量催生了数十年后我们要面对的其危险的接班人。

镇压是如何终结恐怖主义的

单单靠镇压很少能终结恐怖主义，因为恐怖主义组织所设计的战略就是借助国家的力量反过来对付国家。采取无差别的、报复性的政策或是动用军事力量正面进攻——无论是在本土还是在境外——都可以挫败一场运动。压倒性的和无所顾忌的力量运用甚至能够消灭那些采用恐怖战术的组织。但这可能会是一场付出极大代价而获得的胜利。如果恐怖主义组织动员群众资源的思想一直坚持的话，那么镇压的作用将是暂时性的，甚至是反效果的，正如纳赛尔对付“穆斯林兄弟会”和沙皇对付“人民意志”及其社会主义革命继承者的案例所示。更为重要的是，如果在镇压的过程中国家的性质发生改变，那么其取得的胜利也就毫无意义了。镇压总是残酷的，它在巴西、乌拉圭、阿根廷、秘鲁和沙皇俄国都成功地彻底摧毁了恐怖主义组织；然而，这一回击恐怖主义的方式本身也会极大地削弱国家政权的合法性。

决定镇压手段是否能够终结恐怖主义的中心问题是：恐怖主义组织争取民众支持做得有多好；哪些人会成为支持恐怖主义的民众——换言之，

恐怖分子想用自己的行动争取哪些特定的支持群体；他们到底能在多大程度上通过暴力手段影响那些支持者；以及国家的行动将如何影响他们争取民众的能力？也就是说，镇压手段能否终结恐怖主义的关键变量，在于民众会在多大程度上被动员起来加入恐怖分子的事业，以及政权会在多大程度上因自己的回击不当而遭到民众的鄙视。归根到底，这是认知和认同问题，是一场围绕民意支持的社会—政治领域的较量；在这场较量中，国家或政权经常能取得胜利，但总要付出很大的代价。

恐怖主义不是仅靠运用某种单一行为体理论进行分析的一种威胁，这种单一行为体理论是构成20世纪西方战略思想的基础。国家的正常运转得益于选民大众的支持，以及使用武装力量的权力。而那些投身恐怖主义的组织上述两样均无；它们既是前现代的又是后现代的，既有次国家的一面又有跨国家的一面，而且超出了威斯特伐利亚国家体系。没有什么存在主义的恐怖主义组织；相反，恐怖主义组织实际上是政治、宗教、种族和意识形态的结合体。当国家像对待另一个国家一样来对待这样一个结合体时，是从根本上误读了这一挑战。国家可以通过使用武力来增强自身权势，并影响其他国家的行为。大多数恐怖主义组织都关注通过发展广泛的群众基础和一定程度的民意支持的合法性来首先获得一个立足点，然后以此去实现它们最终的目标。相比于不同的奉行恐怖主义的组织的行为（几乎都是消极并且各具特点的），不同国家的行为（很难完全概括）反而体现了更多的相似之处。把所有奉行恐怖主义的组织看成铁板一块是很愚蠢的。相反，我们一定要对各个恐怖主义组织进行分解，分析它们信仰的动员体系，找出它们思想中的同与不同，并仔细分析它们的战略思维——之后再评估怎样的国家特别行动会助力或挫败它们。

镇压不仅仅是简单地让国家对来自下层的挑战残酷地使用武力。两分法的框架会让我们忽略以全维视角去看待长期战略的实效，这就是指不同的受众——同情国家的或者同情恐怖主义组织的——对暴力的观感是不同的。暗指恐怖主义组织为“非国家行为体”，表明了着手处理这些威胁的学者和决策者思维的僵化。这种思维导致了错误的分析，尤其会掩盖并难以认清革命运动的力量源泉，只会将关注重心错放在革命者的武器和战术上。相反，国家行为体与暴力的次国家行为体或跨国群体之间的斗争，则是围绕着忠诚和身份认同问题展开的。镇压手段只有在不会刺激特定群体发起更大规模的反动员，或者伤害政府自身获得支持的动员能力时，动员起国家的合法力量有效地在该群体内对付暴力实施者（及其支持者）才能取得良好效果。

对恐怖主义进行镇压会将威胁转移到别处，几乎就形同将疾病转移到不再威胁关键器官的地方。我们研讨的案例证明了针对恐怖主义组织无差别地使用武力，只会让那些拥有草根支持的组织转入地下或是转移到其他地区。例如，土耳其东南部的“库尔德工人党”为土耳其政府所粉碎，但该组织的很多战斗人员只是被驱赶到伊拉克北部的避难所。“人民意志”在沙皇的镇压下分裂了，但它的思想转入地下，在组织的灭亡中生存下来，并促成了后来的俄国革命。埃及的伊斯兰保守派和极端意识形态，事实上就是发端于镇压之下，现在已迅速发展成为一场国际性的暴力运动。作为一个负责任的行为体，国家不得不承受这个角色所带来的所有优势和劣势。尤其是在我们这个全球化互通的时代里，再多的武力也不能消灭有感染力的启示与激励，特别是其在国家机器的捕捉下仍能通过非正式的网络进行传播——这也是恐怖主义组织发起政府动员的潜在根源。

另一方面，确定国家动员其国内**积极支持**的可能性，关键变量在于国家及其行为被视为合法的程度。秘鲁、俄国和埃及的恐怖主义都是在政治体制出现变革的有利时机出现的。一国的权力转型会给叛乱行为提供机会之窗。而在镇压恐怖主义的过程中，国家总会改变它们原本的属性，从而导致其合法性的丧失。当意识到恐怖威胁规模之大时，秘鲁政府别无选择，只能以军事手段回击“光辉道路”。而一旦它这样做了，就等于解禁了一场毫无约束的大屠杀，使得数万百姓遭到杀戮，直到总统藤森实施了“自我政变”，即取缔了原有的民主制度。土耳其政府也未能迅速地回击

“库尔德工人党”，导致这一问题后来只能求助于军事手段，而且还是用残酷的和无差别的方式去解决。“图帕马罗”在追求其事业的过程中并没有很强的社会群体来支持它们，因而在政府运用武力后，它们迅速解体理所当然：这更是乌拉圭军队后来使用武力时如此骇人听闻的原因。民主体制是否对恐怖主义更有抵抗力，可能取决于这个国家中敌对派别是否坚信自己是更好的选择，同时取决于国内民众是否对现状感到恐惧并希望早日**脱离**恐惧。随着时间的推移，关键变量是这个国家及其行动在其人民眼中究竟有多少合法性，这一变量与其政府是否民主无关。

总体而言，民主体制是现代世界中最为合法的政府形式，因此它在面对恐怖主义时也拥有最持久的生存能力。也就是说，民主体制或是自由开明的政府在镇压恐怖主义组织时，只会面对一定的短期困难。因为军队或警察的行动需要一个目标，只有在将恐怖分子与普通民众分开的情况下，对恐怖分子使用武力才能发挥最佳效果。这实际上需要强制进行“特征勾画”或是掌握分辨恐怖主义组织成员的某些方法——这永远是一个敏感话题，特别是当唯一可行的分辨方法涉及当局如何定义其成员（种族、年龄、宗教、国籍等），而与其成员做了些什么（或计划做什么）没有关系时。出色的情报工作对于掌握恐怖主义行动计划最为关键，尤其是在袭击发生之前，但即使是在最佳的环境下，情报也是极其稀缺的。镇压措施还需要大量的资源和机会。对恐怖分子嫌疑人的长期镇压措施，将会挑战公民的自由与人权，削弱政府在国内的支持度，造成政党间的分化，还会让整个国家负担加重，进而将进一步削弱国家有效回击未来恐怖袭击的能力。政府——包括民主政府——的失误与权力滥用在反恐过程中极为普遍，但通常情况下，民主体制能更长久地保有国内的支持，因为随着时间的推移，民主国家学会并适应了所使用的方法。

诚然，恐怖主义是一种绝望拼命的战术，但其原因并非人们经常提到的那些（如贫困、耻辱、挫败、镇压）。相反，恐怖主义拼死一搏是因为其需要使用引人瞩目的暴力活动来发动群众支持其事业。恐怖主义杀害无辜平民，对于大多数人来说是不可接受的。那些能较好地动员起群众的恐怖主义组织，一般来说不用依靠这么一种高风险、很可能取得反效果的战术，去赢得人们对它们事业的关注。国家总是无视这一逻辑，因为它们是**满足于现状的行为体**（status quo actor），一般不用担心构建自身合法性的问题。革命组织就不是这样，如果有足够的群体支持，它们不会采取恐怖主义的战术。正如我们已经看到的，有很多使用武力的更为有效的方法。

要理解当今使用恐怖主义的问题——事实上也是21世纪各种形式使用武力的问题，最为重要的是理解全球化互通对于激发暴力和暴力合法化产生的独特的、革命性的影响的能力。与其他形式的政治暴力相似，恐怖主义源于信仰和社会群体的精神鼓动，因而需要将其置于一定的社会和政治条件下进行分析。国家与“非国家行为体”之间不存在战略动态的关系——“非国家行为体”是一个落伍过时的词汇，是一个已被否定而非创新的概念。更为核心的关系在于，国家与国内各社会群体之间为赢得更多的支持而相互竞争的能力，这方面的成与败将最终决定镇压能否终结恐怖主义。

［第六章］

重新定位：向另一种方式转型

人谓我为海盗，只因我以一小船行事；而汝以雄壮舰队行事，人则谓汝为帝王。

——无名海盗，载于圣奥古斯汀的《上帝之城》[1]

恐怖主义可能在暴力活动仍旧进行，但却改换了方式的情况下告以“终结”。恐怖主义组织可能会将原先对恐怖主义战术的依赖，转变为犯罪行为或是典型的常规战争或非常规战争样式。这种转变对国家而言可能是好消息也可能是坏消息。当暴力组织停止杀害平民并转向小规模犯罪后，这种转变就是好消息，正如《北爱尔兰和平协议》签署后“临时派爱尔兰共和军”身上所发生的那样。[2]国家在职能设计上更适合用来对付这类犯罪行为，后者在法律框架内很容易被直接区分出来，并且通常不会对民众产生同等程度的威胁。抑或，当暴力组织随着实力的增长不再像早先那样需要依赖恐怖主义（正如我们看到的，这本身就是弱者的战术）时，因为他们发展出更多有效的手段，如游击战争、叛乱或甚至是进行大规模的常规战争，这种转变绝对是坏消息。举个例子，这一情况在“泰米尔猛虎解放组织”的发展史上就多次出现。[3]恐怖主义能够发起或是逐步升级为其他形式的暴力；在这种情况下，恐怖主义的终结并不一定是“和平”

的开始。

向犯罪行为转型，意味着不再为了追求政治目标而聚集资源，转而只为了自己去追逐好处和利益。近年来出现此种转型的恐怖主义组织，包括菲律宾的“阿布沙耶夫”武装和哥伦比亚所谓的毒枭恐怖组织。[4]当然，国际性的恐怖主义和犯罪网络经常会出现交叠，让原本简单的语义概括变得更加混淆；但只要一个组织转向犯罪行为，它就不会再将其精力花费在挑战现状的政治性目标上，而是会在现秩序框架内追求其个人或集体的物质利益。驱动组织的目标变成了个人利益。这必然会在吸引大众追随者的能力和影响力方面产生变化，也必然会引发国家及国际体系所面对的威胁方式和威胁程度的变化。

恐怖主义组织为了实现其政治目标，也有可能逐步将活动升级为叛乱甚至是常规战争。知名的案例有“泰米尔猛虎解放组织”、克什米尔分离主义组织、“红色高棉”和尼泊尔“毛派”共产党。纵观20世纪，在种族民族分离主义组织中，反复向叛乱转型的现象较为普遍，这类组织往往与一定的领土相联系并根植于一定的种族群体之中，这为其提供了保持或者扩大支持的天然的根据地。在这种情况下，暴力方式的演进包括了两个方面，一是组织在行动规模或行动方式上的变化（它们是否会像一个军事单位那样行动并主要袭击其他军事目标？），二是它们能否守住自己的领土（哪怕是暂时的）。恐怖主义和叛乱并不是一回事；但它们是近亲，主要区别在于组织的实力和对目标设置的不同。根据地领土较薄弱的组织会采用恐怖主义袭击，而在它们获得实力后就会转向叛乱，特别是在它们的对手只是单个国家时（20世纪大多数组织都是如此）。而当叛乱者有代表性地运用恐怖主义战术并伴以非常规游击战时，叛乱和恐怖主义的概念就开始重叠了；在20世纪，我们理解恐怖主义和叛乱之间的区别，关键在于分析它们的动机、它们对追随者的吸引力、它们的规模、它们的实力、它们的目标设置以及它们的目标与其控制下的那块领土的关联程度。

当恐怖主义组织有能力根据自身利益使用恐怖袭击手段去影响国家

行为，或恐怖主义的行为已经产生了意想不到的后果时，它会转向全面的常规战争。一战的爆发就是一个经典的例子：正如亚当·罗伯茨（Adam Roberts）指出的，1914 年 7 月刺杀弗朗茨·裴迪南大公的行动，原本并不是为了引起一场国际性灾难。[5]然而，恐怖主义有着如此大的煽动性，以至于让国家的过激行为如瀑布一样倾泻而来，最终引发了体系化战争，特别是当最初的恐怖袭击被认定是由某个国家在背后操纵的情况下。在这种条件下，因恐怖袭击而导致的大规模国家间战争所产生的后果，很可能与袭击最初追求的政治目标大相径庭。

上述概念——恐怖主义、犯罪、叛乱、战争——有着不同的侧重点和目的。它们相互之间发生联系时经常会引发歧义，而且在 21 世纪变得**更加**模糊不清。语义上的模糊反映了民族国家与新兴国家及非国家变体在使命、结构和组织上的相互作用，同时还混合了武力使用的新旧方式时，这些民族国家的性质发生的变化。在这些概念之间构建一个虚假的清晰界限，只会为我们使用这些术语设置限制性障碍。是的，我们如何使用这些术语**事关重大**，因为术语对政府怎么做以及随后暴力的演进都有实质性的影响。例如，当我们宣称“对恐怖主义开战”，或将“基地”组织运动定性为“叛乱”后，我们就会对这些术语所唤起的内容进行深入研究。术语对以下方面有着重要影响：我们设计冲突的方式，我们如何与之作战，它们的叙说模式，以及最为重要的，各方在这场斗争中能够动员群众支持或反对的程度——上述这些都影响着恐怖主义组织的生存能力。

犯罪和恐怖主义

犯罪组织和恐怖主义组织经常会做出相似的行为，包括绑架、暗杀和制造爆炸，但它们的目的是不同的。尽管不是绝大多数，但确实有很多恐怖主义组织通过犯罪活动来筹集行动资金。特别是在冷战结束初期，很多暗中进行的国家资助纷纷叫停之际，恐怖主义组织不得不让自己的收入来源多元化，其中主要分为合法途径和非法途径。例如，为了筹措资金，“真主党”煞费苦心地在美国从事香烟走私，这还只是该组织众多非法收入来源中的一种。[6]但它们的中心任务仍是政治目标追求，这一事业需要具有象征意义的暴力活动来推动。[7]正如一位评论员所说：“我们可以说，犯罪分子是通过施暴去获得资源，而恐怖分子是通过获得资源去施暴。”[8]犯罪集团将自己的目标锁定在个人收益上，它们的行动通常也是见不得光的。事实上，一个组织是否想得到关注就暗示了它是否从事的是恐怖主义，恐怖主义就是要以具有象征意义的暴力来影响特定受众的心理；而犯罪只会产生个人物质上的收益，曝光对于满足这种需求没有任何好处。

另一种分辨犯罪和恐怖主义的简单方法是，看这个组织是否希望现行的政治秩序继续存在下去。犯罪组织是一个满足现状的行为体，在现行秩序之下活动并从这一秩序中获取非法利益。在国内，犯罪组织虽然规避了法律制度，但并不会直接威胁国家的政治基础或政府性质。它们也许会很残忍，但几乎不会想去自己运作政府。恐怖主义组织属于修正主义的行为体，其终极目标是根据自己对公正、虔诚、职责（fulfillment）或公民福利等概念的理解去改变国家，或是改变国际政治体系。恐怖主义组织有转型成为国家政治领导层的可能——就像我们在第三章中看到的，只在极少的情况下才会真正成功；但是，它们渴望决定政治体制并确定谁来操纵它。由于犯罪组织是满足现状的行为体而非修正主义者，因而它们较少直接威胁现行的全球秩序。[9]

然而，与前文中恐怖主义、叛乱和战争三者间的关系一样，犯罪和恐怖主义的概念也是有瑕疵且有重叠的。民族国家的演进同样影响了它们的内涵：由于民族国家的对内权威（法律方面的）和对外权威（战略方面的）已经越来越难以划清界限，恐怖主义和犯罪行为也就随之进一步错综交织。一个逐渐远离其政治目标的组织为了生存下去，很可能会利用它已有的那些能力，如绑架、抢劫、敲诈、贩毒和攻击竞争者。比如南非和北爱尔兰的准军事组织，在面临解散之际就出现了这样的状况。[10] 当组织为了满足自己的非法需要（尤其是在富裕的西方国家）而不断获取巨额利益时，它们的政治动机就会在贪婪面前黯然失色。[11] 在世界上很多地方，国际毒品交易愈加紧密地与地区冲突相结合。[12] 虽然毒品交易会强化非国家行为体并弱化国家，但这一犯罪行为的目标并不是为了建立一个新的政治体制而去推翻国家和更迭政府。犯罪从来不是什么好事情，但在既有的法律框架内，它毕竟要比恐怖主义好对付得多。

现在让我们探讨两个从意识形态动机向犯罪行为转型的组织：哥伦比亚的“哥伦比亚革命武装力量”和菲律宾的“阿布沙耶夫”武装。

哥伦比亚与“哥伦比亚革命武装力量”

哥伦比亚从 19 世纪起就有长期的国内暴力记录，作为一个国家，它似乎与内部相互厮杀联系得格外紧密。由于在历史上既没能用武力实现中央集权，也没能完全控制全部的人口和领土，国家司法体系更远没有发挥预期功能，故哥伦比亚从未成为一个真正的现代民族国家。其领土上长期派系林立缘于哥伦比亚与众不同的国内窘境，即中央政府过于羸弱，同时地方上腐败严重、目无法纪、斗争不断。在这样一个糟糕的政治环境中，给各种暴力行为贴上准确的标签是很困难的事，权威人士分别称之为恐怖主义、毒品恐怖主义、叛乱、犯罪和内战。人们对上述标签始终存在着争论。然而，国际毒品交易和哥伦比亚国内派系斗争之间的联系，给这个国家创造了一种独特的犯罪生态环境。一些作家甚至用“哥伦比亚化”（Colombianization）这个名词来形容陷入一般性犯罪活动的过程。[13] 政治暴力与犯罪动机的奇特联姻，可以从一个主要的非国家行为体的活动中看出一二，这个行为体就是“哥伦比亚革命武装力量”（Fuerzas Armadas Revolucionarias de Colombia，FARC）。

“哥伦比亚革命武装力量”成立于 1964 年，即“暴力时期”（La Violencia，1948—1958 年）结束后不久。它是哥伦比亚最古老的次国家组织之一，制造了拉丁美洲最长、最持久的武装暴动。最初，“哥伦比亚革命武装力量”是由一群失去土地的反抗者构成，这些人也构成了哥伦比亚共产党的军事分支。该组织公开宣称的目标是（在行动上也始终是），在哥伦比亚建立一个马克思主义的国家。“哥伦比亚革命武装力量”富有传奇色彩的创始人曼纽尔·马鲁兰达（Manuel Marulanda）是一个身板矮小的人，因“神枪手”（*Tirofijo*）的称号而闻名，他领导这个组织长达44年。1982年，“哥伦比亚革命武装力量”将“人民军队”（*ejército del pueblo* 或 people's army）几个字加到它们的名称后面，因而得到了“FARC-EP”的简拼，但我们在这里选择了更简单的那个表达，原因至少是由于它们所宣传的内容与一场典型的人民革命战争相比较，似乎越来越不相符。

“哥伦比亚革命武装力量”在政治和贩毒活动之间异常复杂的关系，有违一般常理。一方面，它控制着世界上最富有、最强大的一支叛乱武装，守护着自己的领土并像一个（职业化的）军事组织那样行事。2007年，伦敦国际战略研究所（International Institute for Strategic Studies，IISS）估算该组织约有1.2万名武装人员。[14]“哥伦比亚革命武装力量”所从事的活动威胁着哥伦比亚政府的稳定，它攻击哥伦比亚的政治和军事设施、将选举的候选人设置为袭击目标，甚至曾直接用迫击炮轰击总统官邸。但“哥伦比亚革命武装力量”的政治根基——“毛主义”的武装叛乱——因该组织的贩毒活动及利欲心而黯然失色。也许，冷战结束后左翼事业的衰落能够在一定程度上解释，“哥伦比亚革命武装力量”为何会向一个主要从事有组织犯罪和毒品交易的武装组织转型。该组织已经成为全球最大的可卡因生产者和出口商；根据美国联邦政府的一份公诉，“哥伦比亚革命武装力量”中的50名高级领导人控制着世界上50%的可卡因流通渠道。[15]虽然这类数据很难计算清楚，但仍有学术研究指出，“哥伦比亚革命武装力量”的大多数暗杀行动都与非政治性的经济目标相关，约占其谋杀总数的75%—88%，这其中主要是为了保护毒品的贸易路线与相关资产。[16]该组织的大部分目标都锁定在交易的竞争者、乡村哨所和公共基础设施上，它们通过袭击这些目标来确保其控制力和优势地位。由于很多成员都是出身贫寒、受教育程度低的农村居民，“哥伦比亚革命武装力量”对成员的主要吸引力已经不再是其政治信仰，而更多的是依靠加入者对财富的渴望。[17]

尽管从事的还是杀戮和绑架，但“哥伦比亚革命武装力量”已经偏离了其最初的毛主义政治目标，转而对在自己的领土上长期保有随时更迭“政府”的能力更感兴趣，毒品帝国便是其力量所在，常规军事力量则为之提供保护。[18]“哥伦比亚革命武装力量”从毒品生产和毒品交易中获得的收益，已足以让它发展出一个服务于组织利益的稳定体制。仅 2003 年一年，“哥伦比亚革命武装力量”就通过毒品、绑架和敲诈从邻国获取了 10 亿美元。[19]它在自己的领土上建立了一个伪政权，以该政权的名义用暴力控制民众。[20]它还建立起一套精心设计的、自给自足的经济结构，从古柯种植者那里收缴税赋，同时还负责代收勒索金、绑架赎金以及地主和商人交纳的保护费。

哥伦比亚与美国的关系，是哥伦比亚政府与“哥伦比亚革命武装力量”及其他次国家组织之间冲突发展的重要因素。[21]哥伦比亚是美国的第三大援助对象，仅次于以色列和埃及，仅 2000 年和 2004 年的援助就高达 40 亿美元。在克林顿执政期间，美国对禁毒和内战做了严格的区分，要求哥伦比亚政府只能将“哥伦比亚计划”（Plan Columbia）项目中的美国援助用于前者。[22]美国国务院官员甚至在 1998 年 12 月与“哥伦比亚革命武装力量”代表进行了会谈，讨论承认后者为**“交战部队”**（belligerent force）的可能性，这也是该组织的一个重要目标。[23]然而，在“9 · 11”事件发生后，布什政府开始对恐怖主义开战，禁毒战争也同时打响；2002 年，美国国会放松了对使用援助的限制，让哥伦比亚政府可以自由地使用美国的援助资金与“哥伦比亚革命武装力量”及其他组织直接作战。同样是在“9 · 11”事件后，哥伦比亚政府不断宣称有“基地”组织及其他一些激进伊斯兰分子潜入了哥伦比亚，声称美国当局人员已在哥伦比亚境内遭到袭击。但目前没有任何可信的证据，能够表明“哥伦比亚革命武装力量”与“基地”组织有勾结。[24]

“哥伦比亚革命武装力量”的命运在2008年急转直下。在哥伦比亚民选总统阿尔瓦罗·乌里韦（Álvaro Uribe）的授权下，警察和军方开始持续地向“哥伦比亚革命武装力量”施加压力，后者只能被动防御，进而被驱赶至靠近国境线一带的丛林中，随之也放松了对毒品贸易和收益链的控制。在美国的资金支持下，乌里韦将政府军的规模扩大了40%，取缔了该组织用于洗钱的交易场所，并利用美国提供的窃听设备极大提升了监控能力。2008年3月，“哥伦比亚革命武装力量”的副指挥官劳尔·雷耶斯（Raul Reyes）在厄瓜多尔遭到突袭被杀，行动方还收获了大量情报，包括其他高层领导的姓名和行动记录。[25]有报告称，该组织出现了内部自相残杀的行为，包括成员间的不信任和对叛变者的处决。上述进展对后来哥伦比亚南部一处飞地发生的人质救援行动起到了积极作用，15名人质中包括英格丽德·贝当古（Ingrid Betancourt），这位法裔公民曾是哥伦比亚的总统候选人，这场具有轰动效应的大事件（*cause célebrè*）没有放一枪一弹就让人质获释，对于“哥伦比亚革命武装力量”的声誉是一个极大的打击。在获释后，那些人质不断提到他们在囚禁期间的可怕情景，这更加增添了民众对“哥伦比亚革命武装力量”的反感。[26]

随着“哥伦比亚革命武装力量”群众基础的瓦解，很多评论人士开始提及该组织何时会突然崩溃。该组织失去合法性的一大关键，就是它从一个对自己的法律地位不满的政治性组织向一个有组织犯罪集团转型。随着“哥伦比亚革命武装力量”成为一个犯罪集团，它不再去收买或保护它的支持者，那它的支持者们自然也就抛弃了它。写作本书时，我们尚不清楚这一案例的结局将如何发展；但“哥伦比亚革命武装力量”的未来绝对不容乐观。[27]

菲律宾与“阿布沙耶夫”武装

另一个对犯罪活动的兴趣大过改变现状的组织是“阿布沙耶夫”武

装。它主要活跃于太平洋上一个被称为苏禄海的矩形小块区域，这个区域从婆罗洲海岸向东北延伸到菲律宾群岛的主岛，两侧被细长的巴拉望岛和由1000个小岛组成的苏禄群岛岛链所包围。“阿布沙耶夫”武装的传统指挥部位于霍洛岛（Jolo Island），在菲律宾群岛的南部。几个世纪以来，菲律宾与马来西亚之间的这块小地方一直是海盗们的乐园，受到西方军舰的防卫并始终超然于国家的执法范围之外。

“阿布沙耶夫”宣称的斗争目标是建立一个独立的伊斯兰国，这一目标要追溯到几个世纪前菲律宾的穆斯林少数派和基督教多数派之间的冲突。在20世纪90年代早期，该组织与“摩洛民族解放阵线”断绝关系，后者曾在20世纪七八十年代长期与菲律宾政府处于战争状态；1996年，它与菲律宾政府达成了一项和平协议。[28]规模相对较小（大约只有200名成员）的“阿布沙耶夫”直接从学院和大学中招募年轻人。[29]在其创始人阿卜杜拉贾科·阿布巴卡尔·简加拉尼于1998年逝世后，该组织分裂成多个派系[30]并开始向犯罪组织转型，尤其是从事以勒索赎金为目的的绑架活动。

在简加拉尼之后继承领导地位的是阿尔达姆·提拉奥（Aldam Tilao，也被称为“阿布·萨巴亚”[Abu Sabaya]，意为囚犯持票人）。提拉奥曾是一名表现浮夸的犯罪学专业的学生，有人怀疑他先后被棉兰老岛的三宝颜学院和利比亚的“基地”组织训练营赶了出来。他喜欢做焦点人物。在抓住了几十名游客并拖着他们遁入丛林后，他会定期通过自己的卫星电话进行一些意在炫耀的访谈，并将访谈内容在整个棉兰老岛进行广播。即使在亲自监督下属奸杀人质后，提拉奥还是能从菲律宾的那些执着于革命理想的年轻人中发展出各色各样的追随者。而且他固化了这样一幅画面：他系着一条黑色头巾，挂着一只耳环，还戴着奥克利牌眼镜——一副嘻哈海盗艺术家的造型。他甚至给自己取名为DJ。他的受害者中有美国基督教传教士格蕾西亚·伯纳姆和马丁·伯纳姆。自2001年5月被抓直到“9·11”事件的发生，伯纳姆一家事实上都处在被忽视的状态下，美国政府是从“9 · 11”之后才开始将“阿布沙耶夫”看作一场大范围的伊斯兰主义运动的一部分，并开始向菲律宾派出增援部队，以及为其政府提供情报支持。[31]

“阿布沙耶夫”是否真的有某种意识形态，仍是极具争议的问题。菲律宾总统格洛丽亚 · 马卡帕加尔 · 阿罗约（Gloria Macapagal Arroyo）称该组织是一个“想钱想疯了的犯罪团伙”。[32]它从向马来西亚、利比亚、德国和法国政府索要的赎金中捞到了数百万美元，这些钱被用于建设一支由最新型的快速船艇组成的大型舰队。该组织还逐步在马尼拉增加了毒品贸易量。[33]无论是“摩洛伊斯兰解放阵线”（Moro Islamic Liberation Front，MILF）还是“摩洛民族解放阵线”（MNLF），都谴责“阿布沙耶夫”的犯罪活动并试图与其保持距离。也有人指出，“阿布沙耶夫”仍是一个激进的恐怖主义组织，因为它与“基地”组织关系暧昧。[34]在 1996 年之前，“阿布沙耶夫”与“基地”有着密切的合作关系（有说法称，该组织在 20 世纪 90 年代早期获得的资金，就是由本 · 拉登的姐夫穆罕默德 · 贾迈勒 · 哈里发筹集的）。它长期与东南亚一个活跃的伊斯兰极端组织“伊斯兰祈祷团”（Jemaah Islamiya）保持着联系。从 2003 年至今，“阿布沙耶夫”与菲律宾发生的爆炸事件多有关联，这也暗示了在该组织内部伊斯兰原教旨主义的复活。

此外，能够证明它意识形态使命的具体证据依然很少。根据格拉西亚 · 伯纳姆的说法，抓她的人是一个未经世事、理解能力还很幼稚的伊斯兰教徒，对《古兰经》一无所知，只有一些关于宗教行事准则的粗浅认识，而那些规矩在他们那里也可以随便打破。[35]“阿布沙耶夫”不能被看作伊斯兰运动的有机延展。尽管它确实危险，但直到目前，“阿布沙耶夫”的使命——一种残暴的机会主义——更多地表现为一种对“黑胡子船长”的怀念，而不是效仿本 · 拉登。挣钱的欲望似乎是该组织对追随者的最大吸引力所在，也暗示了它的地区属性、它的弱点所在以及它的特殊性。

叛乱和恐怖主义

“**叛乱**”和“**恐怖主义**”这两个术语的意思有重合。叛乱者将恐怖主义当作诸多战术之一使用。断言恐怖主义组织和叛乱者能被很好地区分的想法是愚蠢的：两个词恐怕都没有令人满意的解释。然而，当我们要分析一个组织想实现什么目的、它到底造成了多大的危害，以及如何以最佳的方式去回击它的时候，这两个词的差异性和侧重点就显得十分重要了。

在国家武装力量看来，恐怖主义组织转变为武装叛乱，将使自己置于更加熟悉的战场之中。它们最好是将自己包装为反对本国政府或外国占领的叛乱者，将自己视为现政权的一个替代选项，对领土和人民实施某种主权权利，像准军队或游击队那样去使用武力。为此，他们会将国家武装力量视作首要目标，常态化地使用游击队式的袭扰战术。[36] 但叛乱者也会使用恐怖主义手段，特别是当他们锁定一些“非战斗人员”作为袭击目标时，如政府官员、警察力量或固执的平民领袖；但不同于恐怖主义组织的是，它们能够守住领土并组织起军队。[37] 在总结两者的区别时，布鲁斯·霍夫曼（Bruce Hoffman）指出，与恐怖主义组织相比，叛乱者的武装人员数量更多，使得其作战时与军事单位无异，以军队为打击目标，并占领和控制领土（至少是临时性的）。[38]

上面我们使用的这些标签是有现实意义的。[39] 其中一个现实意义是，这类标签传递了其事业的合法性：“恐怖主义”是一个蔑称；“叛乱”则不是。但两者的交汇点仍是现代国家：叛乱是由对民族国家的不满造成的，它暗示了自己与民族自决的内在关系，也被认为具有严重的好战性。军队里的军官更喜欢形容他们的对手为叛乱分子而非恐怖分子：“叛乱”这个词让他们的对手更值得成为对手，给他们的对手增添了一定的职业化色彩，同时还能给与他们的交战建立起一个军事性框架。使用恐怖主义的组织成员同样也倾向于使用“叛乱”这个词，原因同上。但使用的术语决定了回击的方式。叛乱者以民众的不满情绪作为生存的基础，同时也会最大限度地遭遇到应对这些不满情绪的传统反叛乱技术的回击，如提升安全感、消除贫困、提供更好的工作机会和更加平等的待遇等。简言之，就是（国家）在特定的区域范围内给人民提供更好的生活出路。恐怖分子也会利用不满情绪，不过由于缺乏足够的军事实力，它们将其能力定格为通过借助国家自身的政治和军事行动来威胁民族国家。它们的目标是通过实施具有象征意义的暴力活动来妖魔化政府，并鼓动潜在的追随者，抓住民众的注意力并将其由对现状的关注引向对未来的憧憬，以此去证明它们为达目的而对平民采用的非常规的、可怕的和非法的手段是合法的。

一言以蔽之，大多数恐怖主义组织**“渴望”**成为叛乱者——尽管它们可能预见不到自己发动进攻后暴力活动的逐步升级。在下文中，我们将仔细研究某个组织如何将重心从恐怖主义袭击转向武装叛乱，并最终引燃了大规模暴行及内战。

阿尔及利亚与“伊斯兰武装组织”

1991年，阿尔及利亚似乎即将成为阿拉伯世界最为民主的国家。作为一个刚刚从血腥的反法解放战争中崛起的国家，阿尔及利亚拥有一个稳定的中央政府，足以向世人展示它已经从一个由精英控制和资助的后殖民时代政权向成熟的、运转良好的多元化国家过渡。[40]“民族解放阵线”，这个在对法斗争中获胜的政党，在20世纪80年代吸收多个意在平衡权力分配的政党和组织后进一步扩大。这些后加入的组织中最有分量的是“伊斯兰救国阵线”（Front Islamique de Salut，FIS）。像本书中其他的诸多案例一样，20世纪90年代在国家希望和政治机遇出现大问题之际，阿尔及利亚血腥的恐怖主义和悲剧的爆发便找到了推动力。

关于阿尔及利亚动荡之根源的看法是存在分歧的。有些人认为主要问题是经济：阿尔及利亚的经济严重依赖油气收入。1986年，石油价格下跌了三分之二，从每桶30美元跌落至10美元，这动摇了阿尔及利亚原本脆弱的平衡体系。[41] 还有人指出，自 1962 年起就掌权的“民族解放阵线”的元老们仍将国家当成是私有财产一般，他们生活优越、开着豪车且丝毫没有让位的意思。[42] 还有一些人则归咎于政府的管理失当，政府 28 年的威权治理引发了高通胀、高失业、住房短缺、教育落后和普遍贫困。[43] 不过有一个重要事件是毫无争议的，那就是 1988 年 10 月，5000 名年轻人制造的一场骚乱导致恼怒的政府宣布实施戒严，并授权国家安全部队可以对骚乱者当场射杀。10 月 4 日一天之内，至少 500 人被杀，3500 人被逮捕，其中包括大量的年轻人和儿童。根据一位作家的描述，这次动荡并不是由任何组织唆使或操纵的，而是一场“反政府游行的直接大爆发”。[44] 而伊斯兰主义者抓住了这次机会，将民众的情绪引向了更大规模的游行。

在这次后来被称为“黑色十月”的事件发生后，总统沙德利·本贾迪德（Chadli Benjedid）断定国家需要政治自由化。1989 年 2 月，他推动通过了一部新的宪法，提升了媒体的自由度并向其他政党敞开了参政的大门。一系列新成立的小党得以兴起，它们主要围绕一些社会问题或杰出人物展开活动。在 20 世纪 50 年代追随民粹主义的“民族解放阵线”进行改革后，“伊斯兰救国阵线”正式成立并于 1989 年 9 月获得了合法地位，它很快便成为阿尔及利亚最有组织性且最受欢迎的团体。[45] 在 1991 年的国会选举中，“伊斯兰救国阵线”得到的选票是“民族解放阵线”的两倍还多——约为 330 万张（占 47%）对 160 万张（23%）——由此获得了国会多数席位。[46] 这是对执政当局的一个重大打击，武装部队受到的冲击则更大。军方发动了一场没有流血的政变，迫使沙德利总统辞职，替换上自己的人。[47] 新政府宣布国家进入紧急状态，并在全国取缔了 400 个由“伊斯兰救国阵线”控制的各级地方议会，还将该党的两名创始人投进监狱。[48] 该组织于 1992 年 3 月被当局以法令的形式正式取缔。“伊斯兰救国阵线”称这次取缔行动为“刀剑统治的回归”，随后便开始了小规模的恐怖主义暴力活动，将目标锁定在当局的官员身上。[49]

由于在对政府的斗争路线上出现分歧，“伊斯兰救国阵线”很快出现了分裂和派系化。1992年9月，该组织在塔姆斯盖达（Tamesguida）举行的团结会议遭到政府安全部队的袭击，多名领导人被杀，其主要追随者认定它们的谈判对手遭到了国家安全特工的渗透。[50]在愤怒和受挫感的驱使下，一个新的组织再度成立，它开始只是一个由诸多小帮派联合起来的松散组织，缺乏协调性，但很快就发展成为后来人们所知道的“伊斯兰武装组织”。“伊斯兰武装组织”的大多数基层单位都是由一名“埃米尔”（emir）带领着一群位于郊区和贫民窟的年轻人进行活动。据称其成员包括很多犯罪分子，还有相当数量的以“萨拉菲派教理”（Salafist dogma）为行事准则的阿尔及利亚“阿富汗人”。由于分散化、纪律涣散且没有一以贯之的战略，“伊斯兰武装组织”让残酷的暴力成为了自己的商标。某种程度上，其拥有一套可辨识的基本原则，优先目标**首先**是实行一种激进的社会再伊斯兰化运动，接着便是寻求政权的更迭。[51]“伊斯兰武装组织”反对选举，反对民主化，反对与其他组织联合，也反对任何妥协，这暴露了它极端暴力、伪宗教的虚无主义。

政府当局这边同样是既有温和派也有极端派，后者主要存在于军队之中，他们想要彻底扑灭伊斯兰势力，并建立一个完全世俗化的国家。1994年，总统泽鲁阿勒（Zeroual）曾试着与“伊斯兰武装组织”展开对话，以达成一个妥协方案，但遭到了军方领导人的阻挠。一系列和平倡议与对话还是接踵而来，但仍受到双方阵营中的极端势力的冲击。在1995年11月大选后，“伊斯兰武装组织”声称整个国家已经“**变节叛教**”。[52]该组织随后对“伊斯兰救国阵线”宣战，军方也针对所有伊斯兰教派武装发动了大规模的常规攻势作战，至1995年，整个局势已经严重恶化，从孤立的恐怖主义行动发展成为一场全面的内战。[53]

在“伊斯兰武装组织”的推动下，杀戮的规模扩散得令人瞠目结舌，并于1997年达到了一个顶峰。该组织的暴力活动直接针对那些反对伊斯兰主义者的要求，或是违反诸如保守着装这类伊斯兰教原则的人。“伊斯兰武装组织”成员曾将几名16岁的女孩从教室中拖出并杀害，原因只是她们胆敢上学。一些曾在1991年选举中支持过“伊斯兰救国阵线”的封闭农村地区，由于拒绝向“伊斯兰武装组织”捐款或是表态支持（或表态不给予优先支持）而使得整片整片的村庄遭到屠戮。老年人和新生儿被挖出内脏或是直接被砍死，女人和儿童就像动物一样被随意划开喉咙。[54] 记者和传教士更是被杀无数。但在另一边，军方的行为同样也是灾难性的：挨着安全部队兵营和岗哨的村庄都遭到了屠杀；安全部队既没有阻止对手的袭击，也没有真正去搜捕行凶者，这使得人们开始怀疑安全部队人员在屠杀行动中与“伊斯兰武装组织”成员沆瀣一气。[55] 极端分子明显渗透到双方的组织之中，有时没有人能肯定谁应当为那些犯罪行为负责，有人宣称军队是故意唆使或纵容“伊斯兰武装组织”的暴行，以便于妖魔化后者。无论真相如何，“伊斯兰武装组织”发布的公报日益极端化。有一份通讯稿曾这样写道：“只有鲜血和尸体才能创造荣耀……而死亡才能创造生命。”[56] 这些话肯定不是用来发动群众的，群众中的绝大多数已经不支持任何一方，只能在恐惧和绝望中颤抖。

1999年，新当选的总统阿卜杜勒－阿齐兹·布特弗利卡（Abdelaziz Bouteflika）向“伊斯兰武装组织”游击队提供了一个特赦机会，“伊斯兰武装组织”中的很多人都选择进行“忏悔”；剩下的人则遭到了军队的射杀。几年后，安全部队也得到了一份无条件的大赦，大赦法令认为他们“实施的行动是为了保护人民及其财产，守护国家及捍卫（阿尔及利亚）体系”，随后这个国家就进入了一段并不稳定的平静期。[57] 但仍有至少12万人在此期间死亡，而且暴力活动仍不时显现。2006年，由“伊斯兰武装组织”成员组成的“萨拉菲斯特呼声与战斗组织”（Groupe Salafiste pour la Prédication et le Combat，GSPC）拒绝接受特赦，宣布与“基地”组织结成联盟，并于一年后在阿尔及利亚开展了一场以绑架和恐怖袭击为主的活动。[58] 因此，这个案例中的恐怖主义活动最后转向了一场全面的常规战争。

恐怖主义作为大规模战争的催化剂

与常规战争相比，恐怖主义并不是一种非常重要的战术。但它却能起到强有力的杠杆作用，这才是恐怖主义的威胁所在。有两种途径可以让恐怖主义强大到足以杀戮数百万人并动摇现存的国际体系。第一，由一个非国家行为体使用“大规模杀伤性武器”(尤其是核武器)，这是一个很多人都已意识到的愈加迫切的威胁。核技术与核材料的扩散是随着苏联的解体和冷战的终结而出现的，这给诸如“基地”（及其同盟）这样的组织带来了更大的可能和机会，去购买或盗取小型核装置。国际社会聚焦这一问题是非常正确的；尤其是，一大批在冷战期间处理过核武器和核战略复杂神学体系的学者和决策者，已经将他们的关注点转向了国际核不扩散机制面临解体的现实，并正在抓紧研制新的控制或追踪核物质的手段（尤其是高浓缩铀)。他们对自身技能的绝佳运用极有可能降低上述威胁。[59] 唯一的希望是拥有广博知识的核武器技术提供方，能与需求方一样老练世故、与之旗鼓相当，尤其是在非国家行为体拥有动机和机会时（这方面的研究现在还相对较少)。在任何一个案例中，如果恐怖主义组织要使用一种非常规武器，毫无疑问，这几乎马上就会引发一场大规模战争。

第二，较少争议或广为人知的一大威胁，就是利用传统的恐怖主义来诱发国家间的战争。正如我们看到的，恐怖主义既给人们希望又给人们带来了不安全感。非国家行为体的袭击会开启一个恶性循环，即一国旨在提升其安全感的努力将导致另一国不安全感的上升，如此下去将引发国家间消极的螺旋式竞争关系，并最终可能引发毁灭性的战争。当然，这一结果的出现还需要其他因素。首先，非国家行为体所针对的目标政府，没有能力或没有意愿采取措施以彻底解除恐怖主义进行煽动的潜在可能。这可以包括从建立信任措施到全面了解恐怖主义威胁的一系列行动。换言之，这样的国家一定是易受操纵或易被挑衅的，因此才会在遭到恐怖袭击后做出不明智或情绪化的反应，尤其是在民众支持他们的国家以军事力量回应恐怖主义时。其次，这种恐怖袭击要被视为得到另外一个国家的资助。这将给军事报复行动提供一个明确的指向，随后的军事行动就有可能升级直至失控，进而造成局部或地区性大国权势的失衡，并导致其他国家认为一定要武装保护自己不受邻国的侵害。再次，国际体系要处在一种不稳定的状态下，不断变动的军事关系和联盟体系让国家产生了危险和机遇并存的感觉。

这种环境因素与大事件的结合，在历史上至少发生过一次，最著名的要数一战的爆发。1914 年 6 月 28 日，奥匈帝国的王位继承人弗朗茨·斐迪南大公在萨拉热窝遇刺，就其本身而言，并不是那么重要的事件。刺杀行为在各个地方已经出现了几十年，显然没有哪个国家得以完全避免：正如我们所见，沙皇亚历山大二世在 1881 年被刺；其他的受害者还有法国总统萨迪·卡诺（Sadi Carnot，于 1894 年被刺）、西班牙总理安东尼奥·卡斯特罗（Antonio Cánovas Del Castillo，于 1897 年被刺）、意大利国王亨伯特（Humbert，于 1900 年被刺）及美国总统威廉·麦金莱（William McKinley，于 1901 年被刺）。但由于 1914 年时还有一些其他因素在起作用，这场发生在萨拉热窝的刺杀成为一场引发大变动的体系化战争的导火索。

战争的起因是复杂的，是浩瀚的历史学科研究的主题。就本书的目的而言，只要认清当下我们提到的全部三个因素就足够了。[60] 首先，奥匈帝国，一个由 11 个民族组成的不甚稳定的王朝国家，当时正处于弗朗茨·约瑟夫皇帝（Emperor Franz Josef）的统治下，他是被刺者的叔伯，是唯一要对宣战负责的人。根据当时的记录，这位 84 岁的老人在其继承人被刺后极为震惊，同时对由此可能产生的对君主政体未来的广泛影响感到担忧。[61] 其次，维也纳政府确信，刺杀行动是由塞尔维亚精心策划的。[62] 最后，欧洲当时处于不断变动的状态，原本的帝国秩序正在逐渐完成转型，西欧开始走向以民族认同、人民代表性为基础的国家体系，而东欧则走向了共产主义极权体系。因此，一个具有标志性的恐怖主义个案就这样触发了战争。

对大公的谋杀引发了一系列看似无法逆转的决策，最开始是奥匈帝国在7月23日对塞尔维亚的最后通牒，接着是它在一个月后正式对塞宣战，这直接导致了俄国的总动员，然后德国于8月1日对俄宣战，而法国和英国也分别于1914年8月3日和8月4日对德宣战。[63]到8月初，整个欧洲大陆已经被战争吞没，这场战争在接下来的四年中带走了数百万人的生命。没有什么恐怖主义以及它所造成的损失和人员伤亡，能够与这场不可思议的人间灾难相提并论——除非再有一次恐怖行动能够调动所有潜在的动能，并且在一定的国际环境的配合下让这场悲剧再次发生。

印度、巴基斯坦和克什米尔分离主义组织

如果现在还有哪个地区能见证恐怖主义有潜能引发大规模战略后果的话，那就是南亚了。而南亚最可能的爆发点就是克什米尔，这一地区已经让印度和巴基斯坦为此进行了三场大规模的常规战争，分别在1947年至1948年、1965年和1971年。克什米尔地区的恐怖主义是印巴关系中一个关键的不稳定因素，双方的对抗已经让两个国家有了大规模使用武力的一切可能，包括进行核打击。

查谟和克什米尔由五个区域构成，其中三个（克什米尔峡谷、查谟和拉达克）在印度的管辖之下，另两个（“自由克什米尔”和“北部地区”）在巴基斯坦的治下，两处为**实际控制线**（Line of Control, LOC）所分割。[64]由于印度控制着大部分的争议领土，因而当前的现状最有利于它。为了改变这一现状，巴基斯坦政府不得不暗中支持或资助一定规模的叛乱武装和恐怖主义组织，为它们提供训练、武器、物资援助并帮助它们越过实际控制线。其中规模最大、训练最优良的是“虔诚军”（Lashkar-e-Taiba或LT）、“圣战党”（Hizb-ul Mujahideen或HM）、“穆罕默德军”（JeM）和“圣战者运动”（HuM）。[65]阿富汗连年的战争给克什米尔分离主义分子供应了大量的武器。[66]更为复杂的是，印巴两国划

分的实际控制线由一条原始的公路穿过，道路状态糟糕且地形崎岖，使得控制这条道路极为困难。[67] 岔路口（或疑似岔路口）随处可见——这是一个有利于间接打击和非常规作战的因素。

印度和巴基斯坦最近一次围绕克什米尔爆发直接冲突是在 1999 年，起因是一些激进分子和巴基斯坦正规军越过了卡吉尔（Kargil）的实际控制线。[68] 印度陆军于 5 月 26 日以空袭作为回应，重炮覆盖和正规部队的大规模集结同时展开。在后来 6 周的战斗中，双方约有 1000 人死亡，数千人流离失所。一种歇斯底里的情绪开始包围这两个国家。[69] 恰好在一年前，双方的核试验让这场危机的意义得到了急剧的提升。双方都对核武器的使用心怀恐惧。最后，危机在美国的帮助下得以平息，这包括比尔 · 克林顿总统的直接介入，给巴基斯坦政府施加压力，促使后者将军队撤至实际控制线之后。但卡吉尔冲突的教训是：发生在偏僻的克什米尔的地区性事件将有可能引发一场大规模灾难。

两年后，即 2001 年年末，两次严重的恐怖袭击再次将这一地区推向了大规模战争的边缘。10 月，克什米尔斯利那加市的一个集会上发生了自杀式袭击，造成 38 人遇害。[70] 随后在 2001 年 12 月，武装分子突入了印度新德里的议会大楼，开枪击毙了 14 人。“虔诚军”和“穆罕默德军”被认为要对此次袭击负责，而印度政府则对印巴实际控制线和印巴国境线上的 50 万军队下达了动员令——这是印度历史上最大的一次常规战争动员。[71] 印方还要求巴基斯坦向其移交 20 名关键的恐怖分子嫌犯，关闭其境内的恐怖分子训练营，截断恐怖分子的经济和武器供应，并阻止武装分子进入查谟—克什米尔境内。[72] 印巴两国的航班停飞，边境关闭，两国民众的情绪也再次燃烧起来。巴基斯坦军方发言人拉希德 · 库雷西（Rashid Qureshi）少将指出，整个事件就是一场炒作。“针对议会的袭击是由印度情报部门导演的一出戏，旨在诽谤被占克什米尔领土上的自由斗争。”他如此说道。[73] 2002 年 1 月 1 日，巴基斯坦也对边境上的本国部队下达了动员令。这一僵局持续了 10 个月，100 万印巴军队就这样在战线上互相对视，而美国政府则公开表明，它“对这场常规战争……可能升级至一场核对抗……表达了严重关注”。[74]

此次危机并非由边境附近的军事行动所挑起，而是由渗透进印度境内的恐怖主义组织所实施的一次针对立法机构的颇具挑衅意味的袭击引起的。这是一次象征意义鲜明、极具影响的暴力行动。美国和英国再次介入其中。巴基斯坦总统佩尔韦兹·穆沙拉夫（Pervez Musharraf）向美国承诺，他将停止向克什米尔境内的武装人员提供援助，同时巴基斯坦也宣布参与此次袭击的两个组织是非法的。此后不久，即 2001 年 12 月 24 日，美国将“虔诚军”和“穆罕默德军”列入了“外国恐怖主义组织”名单，这一具有法律效力的举措意味着美国将对这两个组织实施更加广泛的经济和政治制裁。印巴之间的一系列高级别会议随后进行，也产生了一些积极的成果，包括在实际控制线停火、在印巴控制的克什米尔地区之间新加开一趟巴士，以及其他一些安抚性措施。在暴力活动开始降温的同时，渗透活动却仍在继续，而印度仍在克什米尔部署着大量的军队（25 万名正规军和超过 10 万名的准军事部队）。[75] 更大的边境问题仍没有得到解决，暴力和不稳定局势依旧。例如，有报告称印度陆军已经准备好对巴基斯坦的目标实施报复性打击，以应对下一次源自伊斯兰堡的大规模恐怖袭击。[76]

巴基斯坦军政府显然暗中实施了一项吸纳宗教极端分子的政策，以此来平衡国内自由主义世俗派施加的压力。[77] 结果，巴基斯坦政府与那些军事组织的关系显示出高度精神分裂式的特点，这些组织与在克什米尔、阿富汗、印度甚至是巴基斯坦境内发生的恐怖袭击有着直接或间接的关系。仅 2003 年 12 月就发生了两次针对穆沙拉夫总统的暗杀行动，这就是巴方政策风险的明证。然而，正如人们通常警示恐怖主义圣战组织会成功刺杀印度总理或其他高级官员，抑或是成功地在印度土地上实施其他大规模恐怖行动一样，也发生了一次较为成功的针对巴基斯坦总统的恐怖袭击，此次袭击由几名心怀不满、进而将枪口对准本国政权的极端分子实施，这破坏了该地区原本极为微妙的平衡。无论真相如何，此类事件都会被看成是由巴基斯坦政府资助的。结果又会是双方如暴风骤雨般的行动，极可能一发不可收拾。

随着巴基斯坦的卡迪尔汗（A. Q. Kahn）走私网络的暴露及其核技术的扩散，人们的注意力已经集中到核技术向非国家行为体扩散的前景上，这里的非国家行为体显然包括恐怖主义组织。这些关注被认为是合理的，而近年在印度—巴基斯坦—克什米尔三边发生的这些事件也表明，该地区在短期内最为现实的威胁就是，非国家行为体有意或无意地运用恐怖主义挑起两个核国家之间的摩擦。由于两国缺乏坚实的相互信任措施，加之文化上的不信任和交流不畅，地区性核威慑的经验不足，以及圣战者组织这一始终存在的不稳定因素，所有这些都给灾难的发生提供了理想环境。[78] 可以想象，南亚的某次恐怖袭击很有可能会以核战争作为结局。

过时的范式，现实的含义

“恐怖主义”、“叛乱”和“战争”都是用来描绘，现代民族国家在崛起之初和在 19 世纪至 20 世纪的巩固时期，使用武力或是进行武力对抗的术语。它们在今天的意涵都与民族国家的组织结构和智识架构，特别是与其法律和战略的架构有关。21 世纪早期是另一个大转型时期——但并不是朝着国家解体、进而被非国家行为体替代转型，这是那些短视的学者采用不顾历史事实的两分法得出的错误结论。相反，作为一种存在已久的模式，我们所熟悉的民族国家今天正在演变成其他类型的国家。无论好坏，我们都在见证着 19 世纪欧洲民族国家形态向着新的、更加灵活的结构形态自然演进，这种新形态能够更好地适应 21 世纪全球化、信息化条件下的各种挑战，拥有让国会相形见拙的虚拟社区、正在替代政府部门的国际公司，还有正在替代军队地位的私人武装承包商。

国家和非国家行为体使用武力也很自然地处在演变之中，我们对其概念的阐述也将随之与时俱进。“恐怖主义”概念仍保持着它不变的核心思想，包括最为基本的政治属性，对看似任意选择的目标突然实施具有象征意义的暴力行动，以及将平民设置为目标。但这里同样也有非常模糊的区域。这些无法弄清的方面并不是因为我们在思考上无法做到严谨，也不是我们伪善，更不是我们为了粉饰暴力而进行欺骗——尽管恐怖主义被公认是一种主观知觉，这一点从未发生改变。我们的不确定性反映的是，对于民族国家以及它们使用武力的方式发生的改变，我们了解有限。

上述改变给一些旧的观念带来了新色彩，而这些旧观念源自国家架构。一个最为突出的问题是：平民的定义是什么？在一个国家边界越来越易于渗透、国家武装力量组织形态正变得愈加分散、私人武装承包商正日渐取代传统军事人员的世界里，这一概念（本来就很困难）变得更加的微妙。从世俗和宗教传统中剥离出的那些历史的、跨文化的规范坚称，平民当然不在合法的攻击目标之列，应通过有差别地使用武力来避开任何平民目标。国家可能会将平民受到的伤害定义为**“附带伤害”**（collateral damage），专指在结束战争过程中无可避免地牺牲掉的平民（这是一种只反映主观立场的很自我的借口）。但无论是对是错，国际社会已经赋予了民族国家在一定条件下使用武力的权力，而这些国家在合法性上的得与失，要看它们是否有差别地致力于使用武力。事实上，这一规范也是恐怖主义何以为错的根本原因：它**刻意**将平民列为攻击目标。[79] 但是，当我们不能清楚定义“平民”的界线在哪里时，我们又如何将平民置身于袭击之外呢？令我们不安的是，即使拥有最能证明对方是“无辜妇女和儿童”的证据，但这在一个儿童士兵被迫成为作战人员、妇女成为肉弹的世界里，也变得毫无意义。[80] 无论好坏，我们正在倒退，回到那个前民族国家的时代——冒着让同族人回到 16 世纪和 17 世纪内战和宗教战争的混乱之中的风险。部分由于我们自身的原因，部分由于更宏大的历史张力，今天的民族国家已经越来越难以按照合法的标准去使用武力了。

平民的概念是有漏洞的，需要与时俱进，因为随着民族国家的演进，平民定义的界线（无论是生理上的还是政治上的）会越来越难以划清。一个人是否穿军装或是否从国家那里领薪，对于我们在今天分辨“平民”不会有太大的帮助，因而，以此来判断针对平民的武力运用是否合法的问题，在今天同样不会有什么帮助。我们只能通过就未来那些构成国家合法性的要素达成共识来解决这一问题，毕竟这才是问题的核心。[81]例如，一些人指出，未来新型国家应该将合法性与“民主”相剥离。作为回应，一些恐怖主义组织反驳道，由于普选是民主的核心内容，全体平民都要为他们政府的种种行为承担一定的责任，故他们都应是合法的袭击目标。这一表述让有差别地使用武力的规范成为了一个笑柄，当然也反映了21世纪国家所面临的困惑状态。

那么，国家行为体和非国家行为体之间的区别又是什么呢？在一个充斥着军阀、合同承包商、互联网和私人保安公司——甚至还包括无政府组织、基于网络的活动、区域性网络和全球性跨国公司——的世界里，谁是非国家行为体？**国家恐怖主义**（state terror）意味着国家非法使用武力对付本国的平民而不用受到惩罚（至少历史上如此）。这类镇压行为已经在第五章中进行了阐述，也被贴上了“国家恐怖主义”的标签，或被称为自上而下的恐怖主义。在现代，国家使用武力要遵守某些规范，这些规范早已存在且得到了很好的长期且合理的发展（尽管并没有很好地执行）。另一方面，自下而上的恐怖主义被认为是非国家行为体针对国家中无辜平民发动的突然袭击。但是，除了国家行为体就一定只有非国家行为体吗？难怪我们在这二者之间很难辨别并定义众多毫不相关且不断激增的非国家行为体所使用的武力。我们还需知道，当那些非国家行为体毫无羞愧地将目标刻意锁定为无辜群众时——他们实际上只是自以为是地宣称如此将推动历史发展或修正以往的不公正——这种行为不仅是错误的，而且必须予以清除。这些其实就是

“恐怖主义”。

正如我们所见，叛乱是一个复杂且不断演变的概念。一位博学的评论员曾将叛乱定义为“一场旨在通过颠覆破坏、政治活动、暴动、武装冲突和恐怖主义来**推翻现状**的大众运动”。[82] 但是，现状的定义是什么？当然，现状首先就是 20 世纪的民族国家。如此可见，叛乱的定义参照的是它所反对的政体，一个一直在演进的政体。通过强调其行为像军事单位，且以军队为打击目标，试图占领并守卫领土，我们已经将叛乱定性为一种模仿和挑战民族国家武装力量的行为。叛乱者只与国家的武装部队交战，并将自己作为当局的替代者。将“**叛乱**”看成是一个比“**恐怖主义**”更有军事内涵的术语，是没有什么疑问的：对于一个需要打击的叛乱组织而言，它远不止是一个恐怖主义组织——它针对的是军队。非国家组织同样也能从这一概念中获益：叛乱典型地属于抵抗敌人的占领，并得益于游击战这一悠久传统。但接下来我们又将面临两难境地。若将目标锁定为私人武装承包商，这算是一种叛乱行为还是恐怖主义行为呢？关于私人武装承包商是军队还是平民尚无共识，因为它们在多大程度上拥有国家使用武力的那种权限是有争议的。难怪我们一边拼命分析这些行为，一边还要拼命反对这些行为！业已存在的这些范式日益显得不够，且有些过时。

在面对这些范式以及它们漏洞重重、意义重叠、有时还缺乏逻辑的术语和定义时，唯一的路径就是透过现象来认清现代国家的核心本质：动员群众支持的能力。在民族国家的时代，这种动员会在追求民族目标的过程中出现。欧洲大国证明了这样一种物质和精神动员能力在工业化时代所能达到的高度，这种力量在两次血腥的世界大战中达到顶峰，随后由一些主要大国之间的分歧予以进一步发展完善，如美国、苏联和中华人民共和国之间的斗争。自人为的冷战结束以来，我们已经见证了武力使用的目的或要义所发生的变迁，这反映了民族国家属性的变化，尤其是它的对内权威和对外权威的变化。在这一大的变迁中，非国家组织最为重要的战术是，它有能力动员群众和一切资源，去武力对抗国家或挑动国家采取行动。仅仅是通过群众动员，这些组织就获得了它们需要的资源、合法性、成员和军事能力，这对于国家来说无疑是严重的威胁。

我们已经看到，在国内或国际转型时期，尤其容易催生恐怖主义使用武力。特别是在21世纪全球化互通的环境下，恐怖主义组织作为非国家行为体，将社会中最为脆弱的成员作为目标来激起仇恨，引发关注；而最为重要的，是以此为其事业拉拢追随者——一种大众运动的动员手段。游击队和叛乱者都是成功地在物质和意识形态两方面进行动员的行为体，他们以此获得足够的群众支持，并通过袭击国家代表人员和为其事业寻求军事上的收益，彰显其强大到足以代行国家权力。这两种战术易于辨别，且仅与它们催生的大规模运动相关联。叛乱者在规模上更大，组织动员能力更强，他们有足够的实力和群众支持去运用非常规战争策略代行国家武装力量功能。他们优先将军队或政府力量而不是普通公民作为打击目标，这是因为他们意识到如若锁定非法目标，将有遭到抵制和内部瓦解的风险（详见第四章）。但是，恐怖主义和叛乱现在已经变得较以往更加危险，同样是因为在全球化互通的背景下，它们动员群众的手段已经成倍地增加；而与此同时，国家动员群众的手段却在相对减少，这使得非国家行为体的杠杆作用显著增强，而民族国家的合法性却遭到了削弱，这极大地超出了个人交战所得到的结果。

因此，在转型的过程中，当现代民族国家的传统架构开始变得越来越不那么清晰，甚至越来越不那么合法时，其他类型的人类组织已经在强调自己的地位作用了。部落组织、宗派、犯罪财团、家族、社会关系网都已存在了很长时间，但都被纳入能包罗一切的民族国家认同和民族国家目的之中，而上述这些组织使用武力的方式也都受到了工业化的民族国家的压制和控制；就动员民众和掌控权力而言，民族国家无论在本土还是在海外都拥有无与伦比的能力。[83] 然而，这一情况正在发生改变。尽管国家目前仍拥有无与伦比的实力，但它的动员能力大不如前。在全球化互通的助推下，其他的一些行为体正在获得自己的竞争优势。这些优势不仅表现在使用武力上，还包括其他更为重要的方面，如动员和激励群众支持、参与并认可其使用武力。投身于恐怖主义的非国家组织正借由各种早已存在的人类关系网络崛起，以及借助21世纪的诸多新手段，使其动员和激励其他群体的能力得到了前所未有的提升。无论我们如何命名它们，无论我们如何对付它们，它们动员和发动大众运动的能力是当前秩序的真正威胁之源。只有意识到这些，我们才不会一直将20世纪的过时解决方案（和过时术语）用于解决21世纪出现的各种现象；也只有意识到这些，我们才不会被历史抛在身后。

战争是如何终结恐怖主义的

恐怖主义可能会在向另一种暴力形式的演变或认同中“终结”自己，这既包括犯罪行为亦包括核战争。今天，我们曾用以描述暴力的术语已不合时代（anachronistic）。为了更好地理解21世纪政治暴力的作用，我们要从两个维度去检视它：一是组织进行动员的能力，二是组织塑造国家行为的能力。恐怖主义作为一种动员手段，可谓是一种悠久的历史现象，就像恐怖主义战术一样古老；但在今天，得益于特别有利的国际环境——新的通信手段的出现、经济壁垒的破除以及国家间边界愈加易于渗透的现实，恐怖主义进行动员的能力得以提升。无论我们如何命名，动员追随者的成与败将决定暴力以何种形式继续，是恐怖主义、叛乱、游击战还是内战。

更为严重的是，恐怖主义行动会挑动国家做出危害自身利益的事情。在全球化转型的背景下，如果恐怖主义行动被认为威胁到了国家的稳定或是受到某个敌对国家的资助，那么它将尤其危险。除了本章中关于克什米尔的例子，其他一些极易受恐怖袭击挑衅的热点地区还包括伊朗和朝鲜。简单地认为（无论对错）某些国家卷入了某次恐怖袭击将无益于地区稳定，很容易在确认袭击源头之前就招来相关国家（尤其是美国）的大规模报复。在一个焦虑的时代，恐怖袭击是动荡的催化剂。使用所谓的大规模杀伤性武器并不会必然导致一种所谓的“**存亡威胁**”（existential threat）（尽管人们对使用这类武器存在着严重的担忧情绪）。我们感到忧虑的，应该是恐怖主义、叛乱、战争这类范式（它们经常在我们的词典、学说和理论中被人为地割裂开来，但现实中并非如此）之间的**诸多联系**。除了使用核、化学或生物武器之外，那些急剧改变着主要大国的政策和认知的恐怖袭击事件，将引发一系列的消极反应，导致更为严重的国家间暴力冲突，直到引发核战争。

[第七章]

“基地”组织是如何终结的：历史的适切性与不适切性

我们要做的就是派出两队圣战者……（并）升起一副上面写着“基地”二字的条幅，迫使美国将军们策马赶到，以便见证美国遭受生命、经济和政治上的损失。

——奥萨马·本·拉登，视频讲话，2004 年[1]

在西方分析家还没就“基地”组织的准确定性问题达成一致的情况下，如何让“基地”组织走向终结呢？“基地”组织的名号出现于 20 世纪 80 年代，其作为一个计算机数据库，记录了在阿富汗的外国战斗人员的信息，目的是便于让一个有钱的沙特业余人士能在那些作战人员死后通知他们的族人。而在接下来的 20 年内，该组织一跃成为一个遍布全球的实体组织，能够让一个超级大国在自己的国土上血流成河，让这个大国数以百万计的人民日夜恐惧，进而支持他们的国家“向恐怖主义开战”。在 2001 年 9 月 11 日的袭击发生后，美国和它的盟友将自己所有的资源都用来对付这个组织，包括在阿富汗和伊拉克发起的两场大规模战争，一场世界范围内的反恐怖主义斗争，由联合国出台的旨在截断恐怖分子资金的新举措，美国外交和国防政策的大转向，美国在国内外实施的新法规，以及数十亿美元的支出。如此这般许多年以后，其结果却是美国及其盟友被困在伊拉克的内战之中无法脱身，丢失了阿富汗的控制地区；用一些流行的专业术语来说，这在整体上使得恐怖主义的威胁更加**严重化**了。[2] 从部分结果来看，"基地"组织确实遭受到西方军事力量的打击，它最初的领导层中有 75% 的人被俘或身亡。得益于 21 世纪通信方式的推动，它本身也从一个等级森严的小型组织向一个全球性行为体转型。结果，它的触角几乎无处不在，它对年轻穆斯林的激进化影响也似乎难以遏止。[3] 在经济、军事和外交政策等诸多长期性的压力牵扯着美国的优先关切的时段里，这个神秘的组织代表了一种持续的挑战，使得穆斯林世界的未来、西方的安全，甚至间接地使得国际体系的稳定，均面临着巨大的风险。直到现在，我们和我们的盟友似乎还没能击败它。为什么呢？所有这类历史是否能提供一些特别的启示，将我们从这个难题中解放出来呢？

首先，我们需要沉着冷静、让理性占据上风，而后才能正确地看待这个挑战："基地"组织必将终结。**所有**以恐怖主义为战术的组织必将走向终结，尽管它们给自己的打击对象和组织成员都带来了可怕的伤害，但它们很少能实现战略上的目标。除了伦理上的缺陷外，已有的经验清楚地表明：对平民实施恐怖袭击，对于实现政治变革而言，并不是一个特别**有效**的手段。

前文已经探寻了六种造成现代恐怖主义组织衰亡或终结的主要原因，或曰六个关键要素，它们是：(1) 抓捕或清除其领导人；(2) 让其进入合法的政治进程；(3) 其实现了战略上的目标；(4) 出现边缘化和内部瓦解；(5) 以武力予以粉碎；(6) 转向另一种方式。在现代历史条件下，这些因素反复出现在不同类型的组织身上，这些组织分布在世界不同地区，其动机也各不相同；我们已经收集了广泛的案例并对它们进行了逐一分析。每个恐怖主义组织的衰亡均显示了不止一种因素在起作用，而那些相关因素并不一定要分开和区别开来；但通常总有一个因素是主导性的。这样，有关恐怖主义组织衰亡的原因也就不证自明了。广泛的历史资料研究让我们得以找出某些典型情境，甚至是在某些特定的条件下，例如利用斩首、谈判和镇压可能或多或少地成功促使某个恐怖主义组织走向灭亡。但是，这些手段多大程度上可用于“基地”组织及其盟友身上，或者更直白地说，多大程度上可用于一个更为广泛的、主张暴力极端主义并刻意模仿“基地”组织话语的所谓圣战运动呢？本章的任务就是要从恐怖主义衰亡的历史经验中，找出哪些经验适用于“基地”组织，哪些不起作用。

“基地”组织是独一无二的吗

“基地”组织总结了其他恐怖主义组织延续和消亡的原因，还吸取了从过去到现在各类反恐怖主义行动成功和失败的教训。[4]“基地”组织的高级成员十分清楚可用以对付“基地”的历史经验，因为他们同样也在刻苦地研究那些历史案例，并将其中的教训运用于自己的斗争之中。其研究既包括取材广泛的**历史对比研究法**，也有专注于伊斯兰世界、西方或其他地方某个恐怖主义组织的**具体案例剖析法**。[5]为了找出其他恐怖主义组织的某些衰亡模式是否可以用于“基地”组织身上，我们必须弄清哪些是“基地”组织及其盟友（或模仿者）的真正独特之处，哪些不是。“基地”组织身上有四个关键的特性，可在性质或程度上将它与其前辈区别开来：弹性的结构，激进化的方法，获得支持的手段，以及通信手段。下面将逐一进行详细阐述。

弹性的结构

这种情况的出现部分是由于**“基地”**这个名词太模糊，使得该组织有点神话色彩，且显得无处不在，但事实并非如此。因此，在研究“基地”组织改变自身形态的非凡能力时，我们对“基地”组织的定义一定要力求准确。“基地”创始人所确立的目标一直没有改变，即要在穆斯林民众中掀起一场大规模的反抗运动，首先是打击中东国家的政府，之后打击西方，激起民众寻求报复，最终引发起义去推翻腐败的政权。他们所思所想的实际上是一个有着悠久历史的恐怖主义战术，旨在通过煽动和动员群众来影响国家。当我们过于随意地使用“基地”这个术语的时候，我们实际上是在帮助那些鼓吹者去强化其建构和维持他们渴望的意象（image），以及强化他们动员群众支持的能力。不仅如此，我们用于设计反恐政策的智识框架在打击“基地”组织的过程中并不是很有效。

这个组织最初的领导人从来也没想要称它为“基地”。这个名字的来源要追溯到阿卜杜拉·阿扎姆（Abdullah Azzam），他是逊尼派激进穆斯林的主要理论家，曾在 1987 年纠集了一个名为**“强力先锋队”**（*al-qaeda al-sulbah*）的组织，以之作为穆斯林世界反对其压迫者的样板和鼓动器。[6]尽管本·拉登的追随者从 20 世纪 90 年代开始就一直在从事军事活动，但这个特别联合体被冠以“基地”的名号乃是十年后的事情，它诞生于 1997 年埃及当局对卢克索游客屠杀事件的反击行动中，这一事件我们在第四章中已经提及。当埃及舆论清晰地转向反对伊斯兰激进分子后，艾曼·扎瓦赫里于 1998 年 2 月 23 日在《阿拉伯圣城报》（*Al-Quds al-Arabi*）上以伊斯兰教令（fatwa）的方式宣布了这个联合体的成立，并称其为“反犹太教及反十字军伊斯兰圣战阵线”（Islamic Front for Jihad Against Jews and Crusaders）。最初加入的签署人包括奥萨马·本·拉登、扎瓦赫里、里法伊·艾哈迈德·塔哈（Rifai Ahmed Taha，“伊斯兰武装组织”前领导人）、谢赫·米尔·哈姆扎（Sheikh Mir Hamza，巴基斯坦神学协会 [Jamiatul Ulema of Pakistan] 秘书长）和法兹鲁尔·拉赫曼（Fazlul Rahman，“孟加拉国圣战运动”领导人）。但这个组织从一开始就存在争吵和分歧：尤其表现在塔哈的“伊斯兰武装组织”不接受伊斯兰教令；“伊斯兰武装组织”的骨干对于没有经过他们同意就决定入伙表示震惊，塔哈很快被迫退出该组织并交出领导权。直到现在，“基地”这个名字也没得到最初那些签字人的青睐。[7] 最早是西方将这个名称用来指代本·拉登所部：由于法律上需要有个具名实体，联邦调查局在调查 1998 年美国驻肯尼亚和坦桑尼亚大使馆爆炸案后，给这个组织贴上了“基地”的标签。[8] 这也是分析家对于“基地”的形成（shape）、状态（status）、构成（form）和性质（nature）存在争议的一个原因。

在“9·11”之后，“基地”组织一直由三个主要部分构成：一个由领导人和战略家组织的核心团体，成员有本·拉登和扎瓦赫里的直接联络人；与核心团体正式或非正式结盟、有时接受核心层领导的更加传统的恐怖主义组织集群（经常被称为“[组织] 网络”）；还有一些地方性的派系（甚至是个人），它们与核心层没有实际的联系却努力让自己的世界观与后者保持一致，并给自己贴上“基地”的标签。[9] 最后那部分人尤其让人头疼：一些被称为“基地”成员的激进分子，要么是因为他们靠这个名字进行鼓噪，要么就是一些精神容易紧张的政治人物的主观臆断，他们与“基地”**并没有**正式的联盟关系。[10] 那些将每个地方性小组织都称为“基地”组织的西方领导人，只是在帮助那些组织继续演绎着它们的神话。而这一结果正是那些人想要的：一盘特别录制的训练录像带就可指示其支持者们假装宣称对世界上发生的恐怖袭击活动负责，目的是推动恐怖主义运动的进一步发展。[11]（不得不再次说，西方对于“基地”组织的了解普遍少得可怜，这毫不奇怪。）上述三个构成部分之间的平衡在“9·11”之后出现偏转，首先是核心层在反恐军事行动的打击下不断被挖出，接着是正式加入“基地”的组织先减后增，再后来是越来越多的业余人士跑出来加入了他们认为的“传奇事业”。但基本的三重结构依旧存在着。有一些人在提到“基地”组织的性质时，经常是指那些环绕着核心层的各个星云状组织，由此他们对“基地”组织的状态和生存能力就有了不同的结论。

不幸的是，“基地”的三个部分——核心领导层、组织网络和追随者——如今已与时俱进，适应了新的环境。2001 年 9 月 11 日，原本的等级制体系随着阿富汗遭受入侵以及核心层的分散而瓦解；那些最初的领导人有很多被杀并被新的人选替代。[12] 最初的组织顶层被掏去后，该组织被迫进行变革，并越来越多地依赖互联网和其他通信手段来传达“基地”的信息和目标，这些最终都是为了发动伊斯兰民众。[13]（美国）对伊拉克的入侵在这一过程中起到了极大的帮助作用，同时伊拉克战争给越来越多的组织成员提供了实战训练的机会，这些人不久后就逃返原籍。[14] 最初的联合阵线包括阿尔及利亚、孟加拉国、埃及和巴基斯坦的一些组织，后来又有其他以各种形式取得联系的新成员的加入。这些新成员包括“摩洛伊斯兰解放阵线”（菲律宾）、“伊斯兰祈祷团”（东南亚）、“埃及伊斯兰圣战组织”（Egyptian Islamic Jihad，2001 年完全融入“基地”）、“信徒圣战者”（al-Ansar Mujahidin，车臣）、“伊斯兰组织”（创建于埃及，散布在世界各地）、“阿布沙耶夫”武装（菲律宾）、“乌兹别克斯坦伊斯兰运动”（Islamic Movement of Uzbekistan）、“萨拉菲斯特呼声与战斗组织”（Salafist Group for Call and Combat，阿尔及利亚）、“圣战者运动”（巴基斯坦/克什米尔），以及其他一些组织。[15] 随着与其他组织的联系日益增多，“基地”领导人也开始践行发动一场“全球性圣战运动”的野心，这场运动主要纳入了那些可以通过网站定向和讯连技术应用软件进行联络的组织，同时“基地”组织宣传的世界观也催生了各种临时的小型行动队。

今天的“基地”组织既是一场虚拟的运动，也是一个传统的等级制组织，对那些正式或非正式与它联合的组织不同程度地进行着行动控制。从 2004 年下半年开始，“基地”的核心层开始在巴基斯坦和阿富汗交界处，主要是在北瓦济里斯坦（North Waziristan，巴基斯坦西部）的部落地带进行重组，重建了指挥作战的能力。[16] 来自阿拉伯世界、巴基斯坦和阿富汗的行动人员在山区重建了一个基地，其运行受扎瓦赫里的总体指导。这些基地包括邻近阿富汗边境部落地区的若干训练营。除了 10 至 20 人的筹备小组外，每个训练中心还配有一套新购置的行动指令转发器，用于与中东、北非和欧洲的“基地”分支进行联络。就这样，核心层又能够发挥指挥和控制的功能了，这种方式有时较以前更便于核心层发起行动，领导层也会鼓励并授权下属的组织独立发动袭击。[17] 至 2007 年，“基地”组织重新拥有了一个核心层、一个分散的联合网络，以及一批追随它的业余人士和崇拜者，而最后一类人有时只是将追捧组织核心作为一种获得资源的途径而已。

在其演进过程中，“基地”组织已经展示了一种非比寻常的弹性和国际影响力。“基地”组织是一个富有的资源中心，有时也是一个行动促进者，一个为发动大范围社会运动而塑造当代传奇思想并进行鼓吹的集散点。它仍保持着三重的威胁性，因为它重建了一个核心层，这个核心层仍有能力以中央名义控制或通过广大的组织网络来唆使其分支发动各种独立行动；而最为重要的是，它仍有能力进行巧妙的舆论战，通过维持某种意象来吸引多元化的追随者。此前从没有哪个恐怖主义组织表现出“基地”这样的弹性（elasticity）、灵敏性（agility）和全球影响力（global reach），其流动不定的运作模式越来越基于一个共同的使命宗旨和巧妙的舆论战，而不是标准的行动程序和无处不在的组织结构。[18]

激进化改造和招募的方法

与“基地”组织生存能力有关的居于第二位的是，它不断对追随者进行激进化改造，这些追随者既提供了人力又提供了物质支持。依靠由核心层、组织网络和外围（追随者）组成的三重结构，“基地”组织更像是一场社会运动，而不是一个典型的恐怖主义组织。这场运动的外围参与者并不是因为“基地”高层的压力，而是各地的组织或志愿者为了争取得到“基地”的训练或直接参加“基地”组织，而自愿参与的。[19] 这一过程与其说是被动的招募，不如说是一种主动的“加入”，因而用传统的结构化方法来分析该组织就显得不是很贴切了。但“基地”组织的感召吸引力也不应被夸大：在它的发展模式中，使命或意识形态的吸引力十分必要但却并非充分条件。“基地”组织对于思想的宣传仍显不足，这反映在它最初在阿富汗和苏丹招募时所遭遇的挫折，本·拉登分别于 1991 年至 1996

年、1996年至2001年定居在那里。[20]意识形态“传播”（contagion）的观点，是因为先前的社会纽带在“基地”组织的发展演进模式中发挥了关键作用而被误导的。[21]因此，仅仅说“基地”是一个“组织”或是一种“意识形态”，都不是很准确，因为它兼具了二者的特点，它展现给人们的是一种由动态的社会运动产生的内聚力，而其内里又有着清晰的叙说模式。

“基地”组织（运动）并不是唯一一场重要的伊斯兰主义社会运动，但它却是唯一一个有能力利用既有的社会关系网，在全球范围内动员支持者并将同情者发展为暴力分子的组织。马克·萨吉门（Marc Sageman）通过对那些实施过袭击的“基地”行动人员之间的关系进行开创性研究，发现他们加入该组织主要是因为亲属关系和友谊关系，借助于萨吉门所称的**牵线者**（a bridging person）或**进入点**（entry point）而加入。例如，这种情况在马格利布和东南亚的很多地方族群中一直存在。其他的学术研究表明，“基地”组织依赖并利用了中东穆斯林之间业已存在的跨国网络，作为对阿拉伯国家多年镇压的回应，这些网络许多是由已深深根植于其中的各种经济和政治联系所构成的。[22]这也是为什么有些学者指出，将“基地”中低级别行动人员称为“组织成员”，其本身就是被误导的。[23]“基地”组织并没有**创造**这些联系纽带；有些人几乎从未被组织联系过。社会运动理论指出，关于参与一场运动的最佳预测方法，就是知道哪些人已经参与了这场运动；这一方法在“基地”身上得到了证实。[24]

“基地”组织同样也会发掘西方穆斯林的社会联系，利用建立起来的关系网去感召他们，对他们进行激进化改造，拉拢他们投身于恐怖主义活动之中。“基地”的核心成员与欧洲当地的行动人员是否有明确的联系，这一点很难去断定，尤其是在2004年以后。[25]有些行动人员是通过间接或非正式渠道联系到“基地”组织和它的代理机构，他们既没去过“基地”的营地，也没受过正规的训练：这样的例子包括2007年6月29日和30日在格拉斯哥和伦敦发生的袭击阴谋，2004年3月11日的马德里爆炸案，以及2003年5月16日的卡萨布兰卡袭击事件。[26]尽管很多人宣称自已认同“基地”组织的激进思想，但这一说法没法从逻辑上去溯源，因此也就无法用传统的情报手段去调查。[27] 例如，这能说明恐怖袭击过后（更别说是在袭击之前）追踪线索存在的巨大难度，以及判定某次袭击是否真的是“基地”所为的模糊性。那些居住在英国的巴基斯坦裔群体和“基地”组织之间的特殊纽带还是相对容易追踪的：2005 年 7 月 7 日伦敦爆炸案的实施者穆罕默德·西迪基·汉（Mohammad Sidique Khan），所依照的就是“基地”领导层给他的录音信息，他显然是通过前往巴基斯坦旅游与对方建立了联络。但即便如此，伦敦爆炸案的另外三名实施者并没有这种直接的联系。[28] 还有一些人留在伊拉克与西方军队作战，这一渠道通往两个方向：它吸引年轻人到这里来锻炼自己的技能，获得与“异教徒”（the infidels）——特别是英国人和美国人——作战的经验；这里也是一条通往西方社会的管道，通过这条管道对那里的穆斯林进行激进化改造、招募，以及实施恐怖行动。[29]

这些人中有很大一部分被“基地”组织的运动所吸引，他们在收看到互联网上传播的有关萨拉菲派的信息后与之联系，或是强化了自己的信念，随之又想到必须在现实世界中做点什么。一些线上资源，诸如沙特“圣战”组织的战略家穆罕默德·本·艾哈迈德·萨利姆（Muhammad bin Ahmad as-Salim）的文章《你不需要去伊拉克参加圣战》和 2003 年出版的著作《服务和参加圣战的 39 种方式》（*39 Ways to Serve and Participate in Jihad*）已经广为流传，并从最初的阿拉伯文翻译成多种语言。无论是加入“基地”组织，还是自觉追随“基地”的行动和世界观，这一过程在西方国家与在穆斯林占主体的国家大不相同，因为穆斯林国家中已经建起了萨拉菲派联系网络。比如在欧洲，加入这场运动的冲动可能萌生于一种寻求归属感的欲望，或是在西方社会中受到排斥、遭到厌恶或难以成功融入的情形下所采取的行动。[30]

欧洲的反恐官员一直在观察那些被疏远的移民——有时是第二代和第三代移民——所表现出的激进化现象，这些人面对“基地”的腐蚀十分容易动摇，因为他们没有完整地接受伊斯兰基本理论的教育，远离自己的父母，同时感到自己被西方社会所背弃。那些发在互联网上的信息并没有经过伊玛目（imam，指“领袖”）的传统审查程序。例如，很多居住在英国的人发现，他们邻近的清真寺中的伊玛目过于老派且不谙世道：他们是在传统的南亚神学院中接受培训的，只会用乌尔都语传道（甚至都不会讲英语），对那些熟悉互联网的年轻穆斯林很少能提供帮助。“基地”组织的世界观主要通过在网上传播那些能激怒和刺激观看者的精致画面表达出来，其诱惑力难以抗拒——特别是当发生在车臣、波斯尼亚、以色列和伊朗的袭击画面被推销给易受蛊惑的年轻人时，画面直接告诉他们，西方人对伊斯兰世界的攻击只能由英勇的圣战者来还击。其结果很可能是造成那些原本表现正常、遵纪守法的欧洲年轻人变得激进化，这一过程往往就发生在他们家中的私密空间里，或是在体育馆或社区中心。

“基地”组织颠覆了20世纪关于恐怖主义组织结构和功能的看法。它进行激进化改造和招募的过程高度复杂，且在世界不同的地方，其方式也不尽相同。在一场不断变化的运动中追踪其“指挥—控制”关系是很困难的，而单一地关注“基地”的核心层或者组织网络或者各地的激进分子，根本无法看清其运动的来龙去脉。[31]它所做的那些革新，使得我们更难将它与早期更为传统的恐怖主义组织作比较，但也绝不是没有可能。例如，“基地”组织和19世纪后期的全球恐怖主义运动就有相似之处，其中包括无政府主义者和社会革命者所发起的社会变革浪潮，这些都在本书第五章中提及过。[32]

获得支持的手段

“基地”组织获得的财政支持同样是强大的，其中既包括从慈善组织流入“基地”的资金，还包括“基地”给各个地方组织提供的、让它们配合“基地”的总目标而实施袭击的资金。此前，国际社会为堵住这些资金流而做出的努力并不是很成功。“基地”大部分的行动都是依靠本·拉登集团所提供的被称为“种子基金”的小型账户，其余的要靠行动人员自己进行小规模犯罪和诈骗活动作为补充。确实，一些专家也认定“基地”最应被看成是一个挂着醒目“商标”的特许经营组织，而不是那种自上而下策划袭击、提供资源、调配人员的传统组织。[33] 实际上，“9 · 11”事件后随着时间的推移，“基地”组织往往表现得更像是一个促进者而不是组织者，以它的名义发动的大部分袭击只需要相对较少的资金就能实现。[34]

另一个能够支持“基地”组织的要素是，其所拥有或受它控制的那些独立存在的业务。就这一点而言，本 · 拉登曾因在世界范围内同时指挥大约 80 家公司而闻名。这些公司中有很多能自主创收，为它们的活动提供生存所需资源。国际社会旨在控制“基地”资金流的努力也很有力，包括联合国安理会第 1373 号决议所提及的重要举措，这些举措至少已经冻结了 1.47 亿美元的资金。[35] 不过，据称“基地”已经积累了数十亿美元的资金，其行动灵活且成本较低，在实施袭击时几乎不会消耗什么资源，想要切断它的资金命脉显然是一个巨大的挑战，甚至可能无法实现。很多人想知道目前的努力到底还有多少现实的可行性，因为这些努力只是简单加大了激励措施，来对付那些可规避西方情报搜集、踪迹难觅的非法资金渠道。[36]

想要通过常规监管来堵住流向“基地”的资金，面临着诸多障碍。很多转移资金的人并不需要通过正式的银行渠道，他们只需要通过一些非正式渠道就可以实现，诸如人们熟知的“代替汇款系统”（alternative remittance systems）、“非正式价值转移系统”（informal value transfer systems）、“平行银行”（parallel banking）以及“地下钱庄”（underground banking）。这样的系统包括很多人都提到过的“哈瓦拉”（hawala），也被称为“信贷证券转移网络”（hundi transfer network），还有“黑市比索交易所”（Black Market Peso Exchange），它们主要是通过家族纽带或非官方互惠协议来运营的。价值能以货物的形式存储，如钻石和黄金，这些东西可以顺利通过那些国家只享有部分主权权利或问题重重的地区。“基地”还会利用慈善机构来筹集或转移资金，并伴随着少量的慈善礼物，这些都被用于非法目的，且通常都发生在捐赠者不知情的情况下。[37] 切断前往贫困地区的慈善物流的行动极大地损害了那些需要救济的人的利益，同时还激起了他们的怨恨，这反而会产生更多支持“基地”组织的群众。[38] 近来就出现了很多令人担忧的证据，表明有资金开始从伊拉克回流至“基地”在巴基斯坦北部重建的总部，这些资金中既有捐赠，也有反美叛乱和犯罪活动所得。[39]

“基地”满满的钱袋让它比很多20世纪后期由国家资助的恐怖主义组织更加独立，但它并不是独一无二或是前所未有：“泰米尔猛虎解放组织”与加拿大和斯堪的纳维亚的移民之间就有着庞大的资金往来，“库尔德工人党”从无家可归的库尔德人那里接受资金，“临时派爱尔兰共和军”与居住在美国的爱尔兰流亡者有着资金上的联系，这些例子都能立即出现在我们的脑海中。还有很多通过合法或非法的国际贸易网络来获取资源的组织；“真主党”、“埃塔”以及又一次得提到的“临时派爱尔兰共和军”都是很合适的例子，更不用说所谓的毒枭恐怖组织了，如“哥伦比亚革命武装力量”。它们之间只有程度上的差异，而不存在本质上的区别。

通信手段

“基地”组织最重要的一个新内容就是它的通信手段。由于其富有成效的招募工作及激进化改造措施，“基地”组织利用全球化工具来联系它的广大受众，包括潜在的新成员、新招募的对象、积极的支持者、消极的同情者、中立的围观者、敌对的政府以及潜在的受害者。这些工具包括移动电话、短信信息、即时通信，特别是网站、电子邮件、博客、聊天室和其他互联网工具，它们被用来完成各种任务，从行政管理、筹集资金到开展研究和为袭击协调补给等。[40] 尽管“基地”组织绝不是唯一一个开发这些手段的恐怖主义组织，但它在这方面已表现出了特别的天赋。新兴的联络方式与“基地”激进化宣传的快速传播之间的紧密关系，标志着恐怖主义进化到一个新的阶段。“基地”领导层十分清楚这一点。在一封被截获的写给毛拉·穆罕

默德 · 奥马尔（Mullah Muhammad 'Omar）的信中，奥萨马 · 本 · 拉登如此写道：“很明显，在 20 世纪，**媒体战**已经成为最有力的方法之一；事实上，对于整个战争准备而言，媒体战可能占据了 90%。”[41]

举个例子，“基地”组织恐怖主义活动之所以经久不灭，一个关键的促进因素就是使用网站来传达信息、伊斯兰教令、袭击声明以及对美国大众的警告，它们同时还利用网站来教化未来的参与者，向行动人员传递指令，为事业拉拢更多同情者。互联网是“基地”用以刻画和维持自身形象的一个重要因素，也维系着它自身的名声。借助互联网很容易进入其他媒体形式，这有助于“基地”对穆斯林的动员和反对西方的心理战。训导和教育新“招募者”的工作由于互联网而得以加速，特别是以此广泛传播“基地”公开编写的训练手册（绰号为《圣战百科全书》[*The Encyclopedia of Jihad*]）；该手册介绍了如何组织和运作一支小分队，以及如何利用这支小分队去实施袭击。[42] 它还通过讯连空间来招募自杀式爆炸袭击者，同时作战人员的信息也可以通过非常规的网络手段传递至伊拉克、阿富汗、车臣及其他任何地方。网站和聊天室被用于提供实战建议和培植友好关系，这些对于“基地”组织来说十分关键。某种意义上，这场运动的参与者已经完全不需要“加入”某个组织了，对那些个体参与者而言，他们只需要敲几下键盘就行。围绕“基地”的规模、结构和成员的争论，无疑是 20 世纪的离奇产物，这些已然被 21 世纪科技带来的**扁平效应**（leveling effect）所替代。

“基地”本身就是互联网的产物。其宣传让人想起这场运动似乎发生于公元 7 世纪，但从某种意义上说，它又是 21 世纪通信技术的杰出开发者。[43] 除了被当作一种动员手段，这一新工具还表现出诸多实际操作上的优势。“基地”成员把互联网当作一个进行研究和数据流挖掘的庞大资源，用于评估未来的袭击地点，或用于开发新的武器技术，其成本低但成熟度很高。美国军队曾在阿富汗取得了一份“基地”组织的训练手册，其中告诉受训者，关于敌人的必需信息至少 80% 可以从公开合法的途径获得。[44] 但其成员也清楚什么时候**不能**使用电子化的手段：重要的信息仍是通过人力情报员从“基地”在巴基斯坦部落地区的新建总部带出。“基地”并不是唯一一个使用互联网的恐怖主义组织——几乎每个大型恐怖主义组织现在都拥有一个网站，并使用互联网来募集资金和进行宣传——但“基地”在其中最为领先。[45] 信息时代所具有的全球化、无国界的特性，对所有冲突方式的演进均产生了革命性的影响，对“基地”恐怖主义事业的影响尤为明显。本·拉登和扎瓦赫里最早认识到正在发生的这场巨大变革的寓意，并在恐怖主义活动中充分利用之，借以延续他们历史悠久的动员目的。[46]

因此，“基地”流动不定的组织结构、招募方法、募集资金的模式和通信手段，使之成为21世纪众多恐怖主义组织中的翘楚。它是我们这个时代的产物，但它仍对历史上前辈们所缔造的长期经验怀有依赖。大多数分析家为“基地”的巧言令色所蒙蔽。人们很容易忘记：靠着自己精心描绘出的一幅团结、非凡的画面，“基地”组织得以延续，为此它针对不同的受众展开宣传，特别是针对西方受众。“基地”毋庸置疑是危险的，但它绝不是不死的。它是新与旧的糅合，反映了21世纪时它在方法上的进步或者说重要程度加大，而不是真正的发明创造。因此，在回顾了导致恐怖主义衰亡的六种分析模型后，关于“基地”组织如何终结，我们又知道了些什么呢？

运用理论框架对“基地”组织历史的适切性与不适切性

斩首：抓捕或清除领导人

关于恐怖主义的过往经验表明，假设奥萨马·本·拉登被杀，“基地”也不会终结。[47] 我们还有很多的理由去追缉本·拉登，包括维护正义，清除他的领导力和专长，以及提升西方阵营的团结精神（西方的公信力因本·拉登持续的神出鬼没而逐渐消耗殆尽）。本·拉登一直是一个重要的标志。除掉他和他的埃及同伙艾曼·扎瓦赫里的努力，在“9·11”袭击前的那些年可能更有效一些；在那段时期里，对于推动这场恐怖主义运动，他们的作用至关重要。[48]在“基地”放开近在咫尺的民族主义政府、转而向所谓的“远方的敌人”发动袭击的决策中，他们发挥了无可替代的作用。如果他们两个在20世纪90年代末期就被除掉，这一重大的转型也许不会发生。

但这只能算是愚蠢的事后诸葛亮。有关这两个人的死就能终结现在的“基地”组织的想法明显带有情绪化的色彩，而非出于冷静的分析。因其领袖被杀而遭到削弱的组织，一般都是等级制结构，这意味着组织内存在一定程度的个人崇拜，同时还缺乏一个明确的接班人。“基地”组织现在并没有遇到这些问题中的任何一个：它有一套多变的组织结构，既有等级制的元素，也十分倚重小型作战单位和地方的主动性。它也不是第一个如此运作的组织；与其相近的、以小单位为基础构建起来的恐怖主义网络，还包括19世纪后期的社会主义革命和无政府主义运动。[49]“基地”的这些历史前辈在走向衰亡的过程中，失去的远不止是一两个人的生命。如果说斩首可能会导致一个组织的覆灭，那么“基地”早已迈过了这个坎。

尽管拥有极高的知名度，但本·拉登仍始终小心谨慎地避免让“基地”过于围绕他个人运转。相反，他更喜欢私底下维持自己的偏好，公开谈论他自身命运的无关紧要，给人一幅谦卑的样子，并表现得急于为自己的信仰去献身。“基地”肯定不是一个搞个人崇拜的组织，它与“库尔德工人党”及“光辉道路”不同。甚至在考虑抓住或除掉“基地”组织高级行动人员的潜在好处时，美国也需要倍加审慎地思索，这样的行动还将带来什么样的后果。例如，本·拉登的被捕或被杀将导致“基地”发起反制行动的恶果，包括（最可能）制造极具标志性的大规模殉道袭击，这将切实提高本·拉登的形象，实际情况也正是如此。在“基地”的集权式管理仍然继续的情况下，这必将是由扎瓦赫里来接手。至于他们两人之后谁是可靠的接替者，本·拉登在世时经常公开谈及接班计划，而这一计划很大程度上已经生效了。[50]将这两个人都除掉，可能会有重大的潜在好处；但就此相信斩首能消灭“基地”组织，无疑是缺乏历史常识和幼稚的。

西方也许关心“基地”领导人的命运远甚于关心它的追随者。本·拉登和扎瓦赫里已经不再对下一代圣战者有任何思想上的塑造影响。随着2001年9月11日“基地”组织的基础结构开始逐步瓦解，“基地”的线上图书馆，即“真主独一”(Tawhed)，已经在信仰传播中变得愈加重要。此外，至少还有4500个圣战者网站，以各种形式传播着“基地”的意识形态思想，并围绕战术和战略问题展开争论。[51] 通过对网上流传的数千本小册子中记载的生动且翔实的论述进行仔细分析后，我们从中发现，在“基地”运动的发展演进中，其他思想家至少已表现出举足轻重的作用。[52] 线上的“基地”在没有本·拉登的情况下一定会继续发挥它的指导和鼓动能力——而本·拉登在现在的各种论述中已经很少被提及了。

“基地”组织在“9·11”之后出现的扩张和派系化，对西方的反恐战略而言既是机遇又有危险。机遇在于向各个派系之间打入一个楔子有了可能性，因为许多派系之间在战略问题上存在尖锐的分歧。在基础领域也存在着争论。由于语言、无知和目光短浅之类的原因，西方国家花了好几年时间才了解到“基地”的下属组织之间存在着这些争论和分歧；我们自身的不足加上互联网的匿名特性，足以表明还有一些事情是我们不知道的。在我们除掉各个派系的所有领袖之前，我们一定要百分之百地确定：继承他们的人不会比他们更加极端且数量更多。斩首并不只是为了造成行动上的影响，它的首要目标应当是破坏恐怖主义组织动员群众的引擎，正是这个引擎驱动了组织这辆汽车。对我们而言，至少有一件事情是明确的：这些汽车已经不是必须靠本·拉登和扎瓦赫里才能跑起来的。

抛开历史和理论上的争议，我们关于除掉“基地”领导层的论述，已经证明了这一手段在战略上并不是很有效。美国的领导层为了抓捕或除掉那些在“9·11”之前参与创建“基地”组织的人物，已经在这场他们高度关注的斗争中投入大量的情报人员和特种作战部队，包括派出“一大批”中情局特工在2006年初进入巴基斯坦；但好消息仍是少得让人沮丧。直到很多特工被杀之后，专家才指出那里的行动收效甚微。[53] 更为重要的是，前文提到，一个新的领导层已经在阿富汗和巴基斯坦交界的山区重新组建起来。[54] 这个领导层中多是30多岁的少壮派，拥有在车臣、伊拉克和阿富汗作战的战场经验。与很多反恐官员所笃信的相反，这些躲在巴基斯坦的新领导人，一定程度上控制着其行动。例如，一个名为阿布·乌拜达哈·马斯里（Abu Ubaidah al-Masri）的埃及人被发现出现在巴基斯坦，他费尽心思，谋划对多架从伦敦起飞的商业航班实施破坏。马斯里之所以萌生此念，是由于另一名埃及人阿布·哈姆扎·拉比耶（Abu Hamza Rabia）的死，后者在2005年的一次导弹袭击中丧生。看来我们要面对的是，这个组织既有地方主动性，还有重要的区域性规划指挥中心，包括在巴基斯坦和伊拉克；反恐官员们却声称，他们并不知道这些指挥中心与本·拉登和扎瓦赫里之间的公然联系达到了什么样的程度。[55] 我们需要一个更为广泛、更为易懂的政治性战略：斩首可能对“基地”组织并不具适切性。

简而言之，当“基地”的行动人员能取得重要的战术和行动收益时，对其最高领导层的斩首策略就不能被看成一条能够摧毁“基地”组织的可靠路径。如果我们的目标还是要终结这个组织，那么破坏本·拉登和扎瓦赫里在公众中的声誉，并分化他们的追随者，在战略上将更加有效。

谈判：与“基地”组织或其盟友进行对话

正如历史记录所显示的，要实现谈判或向合法的政治途径转型，首先要有可商讨的条件，以及双方对进入僵局的共识。双方陷入僵持时，谈判的可能性最大，特别是恐怖主义组织判定进入“政治”僵局时，这是因为其成员认为此际自己已经无法动员支持者，也无法将斗争再进行下去了。恐怖主义组织寻求谈判，大多是为了给它们认为即将失败的事业找到一条出路。这并不适用于“基地”组织，它动员支持者的能力在近些年正日益得到提升。

但“基地”组织的谈判条件又是什么呢？这个问题并不像看上去的

那么好回答。这个组织的领导层已经对他们的具体目标做了不止一次的修改，而且也将相关的信息传递给了特定的对象。在本·拉登和扎瓦赫里的论述中出现了很多反主流文化的另类意识形态元素，如包含反帝国主义、反全球化、反美主义、反西方和反现代化等，这绝不是偶然。[56]他们挖开了一口蕴藏着愤怒、挫败、羞耻和怨恨情绪的深井，这些情绪是从伊斯兰世界数十年的政治失败中积聚而来的，尤其体现在沙特阿拉伯、埃及和巴基斯坦等国家中。[57]愤怒的情绪被“基地”组织巧妙地引入它的各种论述之中，这些论述的内容包括推翻非伊斯兰政府、巴以冲突、伊拉克战争、阿富汗战争、西方军队在神圣领地上的出现等等。“基地”指出，基督教和犹太教正在酝酿一个旨在摧毁伊斯兰教的阴谋，一场摩尼式的斗争正在出现，一方是美国和它的盟友，另一方则是穆斯林民众或是**乌玛**[a]。[58]

然而，除了消极的信息之外，“基地”有关用以**替代**当前国际环境的具体愿景被刻意地模糊了。它们所描绘的内容充斥着大量鼓动性的语言，主要指向恢复和平制度，构建伊斯兰律法，以及设置一个现代化的哈里发制度——通过一场防卫性的圣战便可实现的更美好更公平的未来之梦。而这个新的伊斯兰“国家”（或实体）具体又是什么样子呢？这个内容并不会被具体化，因为这样做只会削弱“基地”组织自身。“基地”的强大之处——它日益显示出的分散化——也是它的弱点。其吸引力越大，它的意识形态弱点就越多。毕竟，克什米尔、车臣、中国新疆维吾尔自治区、印度尼西亚、菲律宾和巴基斯坦的穆斯林所追求的具体愿景并没有太多的共性，他们只是一起被“基地”拉进了同一个宽敞的帐篷。无论是不是穆斯林，各地的组织都有自己的不满情绪，想要的东西也各不相同。这种情况在欧洲和美国的穆斯林身上更为明显，而他们只是被“基地”发布的信息所吸引。“基地”外围组织的目标各不相同，而核心层在任何情况下都没有足够的资源去控制那些千里之外的“成员”。[59]与“基地”核心领导层之

[a] 译注：本意为民族。乌玛是穆斯林最早政教合一的政权。即伊斯兰教初期穆罕默德及其门弟子建立的以麦地那为中心的穆斯林公社。

间进行的谈判，除了令人厌恶之外，也不会有什么实际意义。

那么愿景是什么呢？鉴于“基地”组织已经成为一个兼有地方分支和等级制指挥中枢的混合型组织，这时若还相信它的宣传并将其视为一个整体就大错特错了。我们可以说本·拉登和他的副手们想要把这些不甚相干的组织堆到一起（或是这些组织想投机地依附于他们），让它们超越各自的利益代表“基地”行动。但比起“基地”组织，一些近年来宣称与它结盟的地方组织和个人，在过去这段时期内的表现更像是那些种族民族主义分离组织，如“巴勒斯坦解放组织”、“爱尔兰共和军”和“泰米尔伊拉姆猛虎解放组织”；地区盟友的例子，如印度尼西亚、摩洛哥、突尼斯和土耳其的一些地方组织。与一些地方性组织如“摩洛伊斯兰解放阵线”或是更温和的克什米尔分离组织的谈判如果得以成功，将表明当局愿意考虑穆斯林组织对自身处境的不满，弱化二元对抗的印象。但这并不是说这些地方组织的目标就是合理的，也不是说它们的战术有任何合法之处；这只是为了说明三个问题：一、由于美国执迷于认定“基地”组织是一个整体，结果那些地方性组织及其目标（与“基地”之间）的巨大差异也就被掩盖了起来；二、这些组织对于“基地”组织的议事日程（或“意识形态”）确实存有重大的分歧意见；三、由于没能很好地分析和发掘这些地域性的差异，结果是美国毫无作为（“基地”组织可能的贡献除外）。

我们的目标一定要能放大恐怖主义组织的内部矛盾和差异，同时向其展示一条具有光明前景的大道，一条不需要通过伊斯兰暴力活动就能实现的未来希望之路。我们更希望通过传统的方法去终结这些恐怖主义组织，只要传统的手段能除掉它们，甚至包括基于各种不同情势（on a case-by-case basis）向特定的地区组织做出妥协或与之谈判，只要有可进行谈判的条款（尽管要通过非法的战术手段去实现之）。关键在于强调那些地方组织与“基地”组织在议事日程上存有分歧，并且在“基地”组织和那些新近的追随者之间打入一个楔子。对付恐怖主义的历史经验暗示我们，将“基地”看成一个整体是错误的，同样错误的还有过分高捧它，仿佛“基地”组织前所未有，能将所有要素聚合起来用以追求很多开放性的目标，这样下去只会强化我们的焦虑情绪，增强潜在群体与其结盟的欲望，还会让我们忽略很多可以终结它的反恐手段和技术。同样错误的还有助力“基地”组织提振其当下的号召力，如西方的恨意，美国及其联盟政策中的愤怒情绪（尤其是在伊拉克和巴以问题上），结果只会帮“基地”组织掩盖诸多严重的内部分歧。

在第二章的最后，我们探讨了有助于或无助于与恐怖主义组织谈判的条件，最有可能实现谈判的条件包括：各方之间的政治僵持，各方都有一个强有力的领导层，第三方的调停或资助，放弃自杀式袭击，政府能有效应对恐怖主义组织中的小派别及其他搅局者，以及有一个幸运的国际环境。正如我们看到的，这些实现谈判的先决条件并不适用于“基地”组织的核心层。然而，很多组织只是与“基地”保持着松散的联系，它们主要关注的是区域性的、长期存在的民族主义目标。在这种情况下，谈判的先决条件是要基于各种不同情势进行详细的评估。要将“基地”组织那些虚无主义的目标，与至今还同它保持着一定程度联盟关系的恐怖主义组织的目标区别开来。我们的总体战略利益在于，甄别出这些目标，并将其剥离出来。

对恐怖主义的谴责是必要的。但正如“9·11”之后一系列事件所揭示的，“基地”核心宣传者和一些正与地方恐怖主义组织作战的国家领导人之间存在着奇怪且矛盾的共同利益，即均强调“基地”的联系能力与中枢指挥的重要意义。这些组织之间是否与“基地”存在真正的联系，并不是主要问题。事实上，随着伊拉克战争的爆发，这些关系网还在进一步扩大。[60] 真正的问题在于，这些联系会否让我们产生一种战略意识，即将“基地”严格地视为这种联系的基础，进而改变我们长期以来的局部斗争模式。如此，则会让美国不断将其资源投入到深不见底的政治斗争之中，这意味着所有相关的斗争都涉及美国的利益，也将“基地”抬高为一个全球性组织。我们应该做的恰恰相反：将我们的资源按国家利益投放在相关地区，分化那些存在竞争关系的组织和地区性的政治目标，以及削弱“基地”标志性的意象和吸引力。

成功：“基地”组织实现其目标

“基地”组织实现其战略性目标的可能性几乎是零。很难相信“基地”能完全实现它的目标，在某种程度上是因为这些目标随着时间的推移已然发生改变，其中一度包括实现泛伊斯兰的哈里发制度，推翻非伊斯兰政权，以及将所有异教徒从穆斯林国家中驱逐，还有如支持巴勒斯坦的建国大业，对美国人及其他所谓异教徒的杀戮等就更毋庸赘言了。从历史上看，那些实现了目标的恐怖主义组织都能够表达一个清晰有限的目标。比起对付西方世界，“基地”对所谓的伊斯兰世界的兴趣要大得多；它的首要目标是消除西方的影响，以便按照伊斯兰法则建立一个政治治理体系。而21世纪的世界已经变得越来越相互依赖且盘根错节。“基地”的那些目标，至少是近年来其宣称的那些目标，在不推翻当前以美国权势为主导的、以全球化为特点的国际政治经济体系的情况下，是不可能实现的。在我们持续的助力之下，这个组织很可能会继续改造这个世界，但不会是按照它想要的方式。成功可能并不一定按“基地”组织所希望的结局出现。

因内部瓦解而失败

那些让许多恐怖主义组织走向灭亡的失误和失败方式，已经在“基地”的行动中得到充分的证明。这些方式能否在未来成为导致“基地”覆灭的手段，将取决于其领导层的表现，还取决于美国及其盟友能否发现并利用好“基地”的失误。正如我们在第四章中指出的，恐怖主义组织走向灭亡的一个共同点，要么是因为组织内部的瓦解，要么是因为失去了群众的支持。关于前者，我们列举了四种典型的情形，包括代际更替的失败，被成员间的内斗消耗殆尽，失去了行动控制权和接受了政府的特赦或其他退出条件。

第一，尽管“基地”曾经有一段时间确实面临有可能导致其灭亡的**代际更替失败**的困局，但那是很久以前了。现在的“基地”已经传到了第二代、第三代，并有可能即将传给第四代。其中原因主要在于前文提到的“基地”特性中的第二条：它对追随者的激进化改造，无论是对个人的改造还是对组织的改造，这些受到激进化改造的组织和个人中，很多都与各地方上的恐怖网络有着联系。“基地”的壮大就如同一种病毒或是细菌，将同一种疾病传播到原本毫无交集的地方。[61] 尽管这是一个很有意思的比喻，但它也有一定的误导性：“基地”的延续是一个有意识的过程，其中包含了深思熟虑的营销战略和精心设计的战术决策，而绝非一个无意识的“传染”过程。将其看成是一种传染病，只会让美国人产生不愿努力分析敌人想法的倾向，这将令人十分遗憾。“基地”的运行基于一个长期的战略，它绝不会步 20 世纪 70 年代那些左翼组织的后尘，始终表达一种一成不变的意识形态观念；它也不会成为 20 世纪那些摇摆不定的右翼组织。它已经超越了自己最初的结构形态，实现了转型。与 20 世纪的种族民族主义组织相比，现在的它拥有能够持续数代人的生存能力，也意味着它将是一个持续数代人的威胁。

第二，以前，在恐怖主义组织的衰亡期内，**内斗和派系化**表现得尤为明显，如意大利和德国的左翼组织、“临时派爱尔兰共和军”、“魁北克解放阵线”、“一八战斗队”、“阿布·尼达尔组织”及其他在第四章中提到的恐怖主义组织。但对于“基地”而言，内斗和派系化是普遍的，从一开始就存在。20 世纪 80 年代，穆斯林圣战者中的一些部落派别和民族派别就阻碍了在阿富汗的对苏战争。约有 3.5 万名穆斯林激进分子，从 43 个不同的国家涌入阿富汗，参加战斗。[62] 由于语言、国籍、习俗、喜好及某种程度上的信仰等方面的差异，在面对同一个敌人时，他们看似能团结一致。阿拉伯作战人员中的部分瓦哈比教徒也会在行为上冒犯阿富汗人，后者则将他们看成是不受欢迎的外来人。本·拉登曾绝望地谈及他们内部的斗争，或是他们组织内的分支和派系，这些都是先知穆罕默德明令禁止的，却始终萦绕在战斗人员身上。等到持无神论的苏联人一走，圣战游击队员们立即陷入了争执不断的派系主义，阿富汗部落想自己控制这个国家，而“阿拉伯—阿富汗人”——包括埃及人、阿尔及利亚人、也门人、苏丹人、沙特人、塔吉克人、乌兹别克人等——又重新关注他们自己国家的优先利益。[63] 这些分支并没有消失，尽管它们现在又重新聚集在“基地”组织反西方全球圣战的口号之下。

几个主要的圣战理论家围绕教义的争论，反映了“基地”高层中存在关键性的意见分歧，这些分歧甚至出现在同一个民族的内部。在一些组织中，不同意见是可以协调的；然而，“基地”组织在其内心只对萨拉菲派的伊斯兰教义解释抱有坚定的信仰，同时对一切体现民主色彩的多元主义怀有深深的厌恶。[64] 例如，有一个长期的争议发生在两派人之间，其中一派追随地位崇高的萨拉菲派和圣训派（Hadith）学者谢赫·阿尔巴尼（Shaikh al-Albani），他们认为“圣战”也应接受必要的妥协；另一派如扎瓦赫里，则认为在清除异教徒问题上，任何退让的想法都是“姑息养奸”。[65] 此外，还有一个容易引发混乱的分歧性和敏感性问题，即能否接受杀害穆斯林的问题，尤其是杀害穆斯林女性、儿童和长者。这一议题一再出现，尤其是以批判具体行动的方式出现。对这个问题的一般性回答是：暴力是宗教所认可的，也是必需的，它实际上能够打击以色列和西方的底层。[66] 但“基地”的战略家们定期或不断地对此做出辩解，本身就说明了这是他们的一个弱点。另一个长期存在的导火线是，是否应该号召其他穆斯林变节，让他们去打击穆斯林国家的经济（尤其是打击它们的旅游业和石油工业），或是去制造政治和社会混乱。[67] 宗派纷争同样也是普遍存在的，并不只是出现在伊拉克：在已收缴的训练录像带中，阿布·穆萨布·苏里，这个扁平化等级体制的设计师和后“9·11”时代“基地”外围“个体恐怖主义”的发明者，对什叶派和逊尼派之间一切形式的合作都表达了鄙视。他指出：如果让“真主党”这样的什叶派组织参与巴勒斯坦事务，只会对巴勒斯坦人起到消极影响。[68]

这些争论都是可以公开获取且很容易得到的，特别是在互联网上，从其他媒体上也都能了解到。收集和分析这些内容是有益的，有些工作正在进行之中，比较知名的有纽约州的西点军校反恐中心。例如，该中心从“基地”的图书馆中找出了超过3000份由重要的圣战派作者撰写的书稿和文章，这些文字都悉数被翻译和分析，且对西方的研究者完全开放。[69]我们只不过才刨开了表面而已。但很明显，这个组织充满了严重的派系之争和意识形态分歧，这些都能加以利用来很好地削弱它。

第三，**失去行动控制权**是严重威胁组织生存的另一大要因，它能极大地促使恐怖主义组织的内部瓦解，如“阿尔斯特志愿军”和“红色旅”这些毫不相关的组织。这方面，“基地”组织不同寻常的三重组织结构确保了它在遭受毁灭性的军事攻击后得以生存和重建，同时也成为它的一个弱点。其第一层级即核心层，理所当然地要负责组织的日常工作和控制管理；不过，那些领导人并不能对所有称自己为“基地”的卫星组织实行行动控制。新的和刚成立的组织网络现在不过是一堆地方性组织的大杂烩，其中有一些根本就不按照中枢指令行动，有的甚至没有中枢的同意就擅自行动。无可否认，“基地”从一开始就没有真正想要对下属的组织拥有完全的行动控制权；它的崛起源自一种渴望，它渴望在一场普遍和自发的起义中动员大众，用“基地”自己的话来说，就是“保护乌玛不受压迫”。这意味着它是一种资源和催化因素，而不是一个军事组织。以“基地”名义采取的行动并不都是为了实现“基地”的目标。很多依附“基地”的组织，尤其是那些外围的，会反对“基地”的政治目标中的某些重要内容，那些外围组织还经常袭击一些没有得到“基地”核心层同意的目标。令其感到矛盾的是，“基地”无处不在的名声和影响力，使得核心层必须对所有以“基地”之名实施的行动负责，无论它是否同意过这些行动。恐怖主义走向终结的经验教训已经暗示我们，让“基地”对侵犯和伤害穆斯林的行为承担直接和间接的责任，将对反对“基地”的人有利。

“基地”组织的高级成员对那些并非中枢下令或控制，却以“基地”名义实施的袭击可能造成的影响异常担忧。《野蛮的管理》（*The Management of Barbarism*，在“基地”的电子图书馆里可以得到阿拉伯文版）[70]是一本于2004年出版的、广受追捧的书，该书的作者、战略家阿布·巴克尔·纳吉（Abu Bakr Naji）指出，那些中低烈度的自发袭击是可以接受的；然而，如果大规模的袭击没有得到他称为“最高指挥部”（High Command）的许可的话，组织就会遭到民众的群起反对。[71]至于规模小一些的袭击，纳吉暗示，如果有圣战者在事后被捕，那么当地需要一个来自不同国家的行动小组发起袭击以扭转其被捕带来的持续影响，同时维持一个世界性组织的形象。[72]有一个失去作战控制权的著名案例，出现在伊拉克战争中。从2005年开始，伊拉克国内的主流舆论开始反对以“基地”之名展开行动的组织。[73]这些组织手段残忍，诸如对反对者的刺杀，强制性的自杀式爆炸，逼婚和强制实施伊斯兰教法，排挤伊拉克的逊尼派。例如，在巴古拜的一个“基地”派别，由于绑架、杀戮和征用房屋，以及宣布巴古拜为“基地”的“伊拉克伊斯兰国”（Islamic State of Iraq，ISI）首都，在当地人中被孤立。[74]哈里斯·达哈希尔·哈米斯·达里瓦斯（Harith Dhahir Khamis al-Dariwas）是逊尼派叛乱组织“1920革命旅”（1920 Revolution Brigades）的领导人，他在2007年3月遭到“基地”的杀害，据称是因为他拒绝对“伊拉克伊斯兰国”的“埃米尔”阿布·奥马尔·巴格达迪（Abu Omar al-Baghdadi）效忠。[75]同样，复兴党叛乱组织“伊拉克武装部队”（Iraqi Armed Forces）的一个领导人，在其两名成员于拉马迪遭“基地”组织杀害后，也开始调转枪口。还有曾作为伊拉克最大的逊尼派“圣战”组织之一的“伊斯兰军”（Al-Jaysh Al-Islami），也发布公告宣称拒绝向“伊拉克伊斯兰国”效忠，并指控在伊拉克的“基地”组织有多项违反伊斯兰教法的行为。[76]

这些遭到抵制和分化的例子正是“基地”面临的窘境所在，也是它自我宣传画上的一个污点。在伊拉克的“基地”地区分支组织，多大程度上能够准确地回应或是反映其中枢的意图不是很清楚。可以肯定的是，在一封曝光率很高、由扎瓦赫里于 2005 年 7 月写给扎卡维的信中，前者力劝后者停止对什叶派的袭击，停止残忍的斩首行为，并在打造群众基础上多下功夫，以便从大局出发帮助“基地”组织，这反映了“基地”核心层是缺乏控制力的。事实上，还有很多针对无差别杀戮无辜伊拉克穆斯林的强有力的批评，认为他们“搞乱了真正的圣战”。[77]

第四，过去的那些恐怖主义组织从内部瓦解的经验教训暗示了，可以向“基地”的外围人员**提供一条退出路径**，将有助于削弱这个组织。尽管特赦“基地”核心领导层和与其联系紧密的盟友显然行不通，但给予那些不赞同“基地”组织所有狭隘教义的个人以特赦的确是一种明智的选择。[78]考虑到除了死之外还有一个选项，一些心怀不满的个人很可能会选择背叛这个组织的其他成员，这将带来更有价值的情报，并能削弱一些地方行动小组，就像意大利“红色旅”和“临时派爱尔兰共和军”的“线人”得到的宽大处理一样。较之“基地”组织跨越国界且虚无的意识形态，有些组织对于民族主义目标更感兴趣。故作为一种选择，它们往往会改变自己效忠的对象和战术。尽管特定的历史案例不一定适用于“基地”组织（它的意识形态被公认为更加极端），但只要有这方面的设想并公布可行的退出路径，就将引发“基地”成员间的不信任（特别是在“基地”的外围组织那里），而且还会迫使其增加必要的资源去审查新的加入者。[79]比如在对待被抓住的行动人员时，进行公开审理，甚至直接释放他们归队，很可能是一条削弱“基地”组织内部成员相互信任的有效途径。[80]就像“6 月 2 日运动”组织那样，组织的其他成员到时很可能会翻脸并自相残杀。还有很多其他制造内讧的办法。通过了解更多关于“基地”的内容，并充分挖掘过去的历史经验，美国和它的盟友就能更加容易地撬开这个组织内部不断扩大的天然裂痕。

因民众支持的减少而失败

群众支持的减少，无论是主动的还是被动的，对一些恐怖主义组织而言，都会是加速其灭亡的有效手段。前文中的案例研究已展示了恐怖主义组织遭到边缘化的三种常见情形：意识形态变得不适切，组织失去了与“民众”的联系，以及组织在目标设置上的失误招致支持者的抵制。正如“基地”的主要领导人在其稿本中时常承认的那样，以上三种情形对他们都是威胁。

圣战者们围绕教义发生的激烈争执公然见诸网络，从中我们明显能看出“基地”是一个在思想上十分混乱的复杂组织。因此，像一些西方人那样习惯性地称“基地”为“一种意识形态”，对于我们的反恐没有任何帮助；那些正式或非正式地称自己为“基地”的组织之间存在着严重的观念分歧。[81] 在 2001 年出版的《先知旗帜下的骑士》（*Knights under the Prophet's Banner*）一书中，艾曼·扎瓦赫里号召与西方进行一场“意识形态斗争，一场争取生存的斗争，以及一场永不妥协的战争”。[82] 如果扎瓦赫里是对的，那么西方的自由主义和“基地”组织所代表的思想必然有着巨大的认识鸿沟。但这场斗争真正的裂痕却是在伊斯兰内部。尽管扎瓦赫里想要将斗争看成是“意识形态斗争”，但这一特性并不准确。也就是说，首要的是，穆斯林之间自始至终存在着一场关于意识形态的内部斗争；而这在伊斯兰信众内部也绝对不是第一次。“基地”只是从伊斯兰教中分化出来的众多激进组织中的一员。[83] 例如，那些持有“**全球性圣战**”宽泛信仰的组织，它们对“全球性圣战”是什么意思，它们的圣战对象是谁，它们所追逐的是什么样的总体目标，以及它们成功后的世界应该是怎样的，都有着不同看法。大量的证据显示它们之间存在激烈的争议，主要围绕应该**反对**什么的问题，而不是**支持**什么的问题。

即使它们能够结成松散的联盟，但相比于“基地”声称的目标，很多组织对区域性的政治目标更感兴趣。有些组织在动机、世界观、战术和奋斗目标上和“基地”有着巨大的差异，比如“孟加拉国圣战运动”、菲律宾的“阿布沙耶夫”武装、“东突厥斯坦伊斯兰运动”（在中国新疆维吾尔自治区）、“利比亚伊斯兰战斗组织”和盘踞在巴基斯坦的“虔诚军”——它们都在一定程度上与“基地”有着合作关系。甚至包括近年来公开对本·拉登表示效忠的那些组织，如“真主旅”（Allah’s Brigade，巴勒斯坦）、“基地马格里布戒命”（Al-Qaeda Maghreb Commandment，摩洛哥）和“库尔德旅”（Brigades of Kurdistan，伊拉克），它们在具体的区域性目标方面也存在着不同。[84] 不过，这些地方性组织选择与“基地”联合仍是有利可图的，至少它们的公开声明中是这样说的，它们完全是自愿套上“基地”的标志。自伊拉克战争以来，这些将“基地”加到自己名号上的地方组织网络，已经覆盖了至少 12 个国家。通过自称为“基地”，这些下属分支可以利用伊拉克战争和此种全球性协调方式，去增强它们筹集资金和招募人员的能力。它们从“基地”核心层那里能收到多少指令，甚至包括直接联络的程度，均处于变化之中；不过在事实上，这个问题几乎是无关痛痒的。核心层对它们而言，只是某种引导者、行动建议的来源，有时只是它们学习制作炸弹、爆破技术、目标锁定等内容的培训样板。而最大的作用是：核心层是它们的中枢所在。

掩盖这些差异对我们没有任何帮助，只会将那些地方性组织都看成是“基地”，或因为这个原因将**所有**使用恐怖主义的组织都认定为是“基地”。有这样一种强力主张，认为在多数情况下应避免使用“基地”这个名字。因为这样只会产生出一幅有利于这个组织的画面，显得它很团结，而实际上并非如此。正如我们看到的，这个名字只是随意编造出来的，就连它内部的人也指出了这一点。阿卜杜拉·纳西尔·拉希德（‘Abd Allah b. Nasir al-Rashid）是一个重要的圣战理论家、战略家和作战策划者，他在 2003 年写了一篇线上文章，指出**“基地”**这个名字是由西方强加的，并不是组织精心选择的名字。他极为严肃地看待这件事情，认为这个名字只能指代阿富汗的原政权，特别是指奥萨马·本·拉登；而**圣战者**则是出自《古兰经》，唯有它才能唤醒神圣的伊斯兰历史，将更多的伊斯兰活动分子包括在内。[85] 拉希德因此支持使用更为广义的术语。他想寻求一个包含更多内容的普世主义名称，这反映了一些圣战参与者对于本·拉登和他的朋友所鼓吹的神话感到不安，尤其是宣传这些神话的关键后果是，直接把意识形态的解释权及作战指挥的归属权拱手送给了“基地”。[86] 这又证明了我们之前的结论：团结**从来不是**这场运动的代表。

我们如何看待这一威胁非常重要，因为这意味着引导和描述我们的反恐努力的一种叙说模式。称“基地”组织为“圣战国际”，如以色列情报局就是这么做的，只会鼓励一帮互不相干的威胁再次聚在一起，进而阻碍我们实现最佳的反恐效果。[87] 这是我们实实在在犯过的错误。在 20 世纪 50 年代和 60 年代早期，我们曾将中国人和苏联人混淆在一起，称他们为“国际共产主义者”。也只有在我们开始认识到它们之间的巨大分歧（包括围绕不同信条的争论、民族主义的利益、在第三世界的竞争以及相互对抗的野心）后，我们才能利用这些分歧作为平衡手段，设计一个卓有成效的应对方式。我们最大的错误在于，我们不愿去学习它们的历史和文化，也不愿抛弃过于简单化的意识形态教条。如果我们和“伊斯兰主义者”中的“奎特卜派”（Qutbist）做同样的事情，那我们就不能有效地应对它们，进而使得其他派别有充分的理由更加紧密地团结起来对付我们，这是一个即将在现实中应验的预言。

“基地”的民众支持已经在它的多次行动中受到了考验。它在目标设置上已经犯下无数次严重的错误，那些错误已经让它遭到了自身支持者的谴责，不过西方仍没有充分利用这一点。在伊拉克的安巴尔省，美国确实已经很好地探知到，“基地”过度招募逊尼派同盟对其伊拉克分支不利；但我们还需要做更多的工作，去探知“基地”在全球范围内的弱点。美国从本质上将“基地”当成是一个战术性的对手，习惯于对它见招拆招，但这样却不能一直有效并从战略上对该组织的失误做出反应。不过，正如“真爱尔兰共和军”和“解放巴勒斯坦人民阵线总指挥部”向我们展示的那样，“基地”组织可能会削弱它自己，只要我们能让它这么做。

扎瓦赫里曾在自己的《先知旗帜下的骑士》一书中，回忆了一个有名的目标设置失误的案例。该案例是关于一个名为沙依玛 · 阿卜杜勒 – 哈利姆的小女孩的命运，她在 1993 年一次针对埃及总理阿提夫 · 西德基（Atif Sidqi）车队的袭击中丧生，此次袭击正是由扎瓦赫里自己的组织“伊斯兰圣战”所发动的。[88] 总理只受了轻伤，但 12 岁的沙依玛由于当时正站在距离很近的运动场边，被爆炸掀起的车门砸中。专栏作家劳伦斯 · 莱特描述道，沙依玛的死深深地激怒了埃及群众，因为在过去的两年中已经有超过 240 人在各种恐怖袭击中遇害，为此他们开始走上街头表达抗议，大喊“恐怖主义是真主的敌人！”其后接踵而来的镇压和逮捕几乎摧毁了扎瓦赫里的整个组织机构。[89] 他在埃及的整个行动事实上已就此终结。

扎瓦赫里如此敏感地关注目标设置不当和群众抵制的问题，就不奇怪了。在一封受到广泛报道的被截信件中，扎瓦赫里非常严厉地批评了后起的阿布 · 穆萨布 · 扎卡维对什叶派的野蛮袭击，以及他制作的斩首录像，因为这将在普通穆斯林中引起极大的反感，并产生潜在的抵制情绪。“普通民众中那些崇拜你们的穆斯林，对于你们袭击什叶派感到疑惑。这种疑惑会在他们的某座清真寺遭到袭击时被放大，而伊玛目阿里 · 本 · 艾比 · 塔里克（Ali Bin Abi Talik）的陵墓遭到袭击将会使这种疑惑成倍放大，愿真主保佑他。我的意见是，这种针对穆斯林大众的行为决不会被接受，无论你如何解释都一样，对此产生的厌恶感一定会存在下去。”他又补充道，“置身于爱你、支持你的穆斯林大众的感受之中，你永远不会感到轻松愉快，就像置身于屠杀人质的场景之中，不会感到轻松愉快一样。你不应被身边一些狂热年轻人的赞美和将你描述为行刑长老（shaykh of the slaughterers）等话语所欺骗。他们可不会表达出远在伊拉克抗争的那些信众和支持者的普遍想法。”[90] 扎瓦赫里的主要关注仍放在动员穆斯林大众身上。他强调指出，他和他的盟友们一定要避免“直面这类拷问并去回应这类质疑。我们不需要这样”。[91] 随着诸多事件的完结，扎瓦赫里是正确的：当扎卡维精心策划的战略成功地挑起了宗派内战之时，他的战术也激起了抵制，最终让什叶派和逊尼派都转而反对伊拉克“基地”——这正是扎瓦赫里警告他要避免的。

“基地”发动的无数次袭击已经造成了大量穆斯林的死亡，其中包括妇女和儿童。2002 年 10 月对巴厘岛的袭击[92]，2003 年 5 月对沙特阿拉伯的袭击[93]，2003 年 11 月对伊斯坦布尔的袭击[94]，2004 年 3 月 11 日对马德里的袭击[95]，2005 年 7 月 7 日对伦敦的袭击——所有这些都导致了大量穆斯林的伤亡。同样，2003 年 5 月，在卡萨布兰卡同时发生的五起袭击中，绝大部分的伤亡者都是穆斯林；2003 年 11 月 8 日发生在利雅得的袭击也是如此。[96] 2005 年 11 月 9 日由“基地”策划的约旦安曼酒店爆炸案，令一场穆斯林婚礼上的 38 人遇害，包括新娘的父母和新郎，这样的事情同样也在约旦人、巴勒斯坦人和伊拉克人身边上演着。[97] 那些“基地”资助的恐怖袭击所造成的穆斯林伤亡总数，目前已经很难再准确地统计清楚了，但可以肯定数字很大。在“基地”宣称负责的那些袭击中，被害者中穆斯林的比例至少达到三分之一，而这些行动本应是特别策划作为穆斯林反压迫的标志。[98]

简言之，穆斯林公众和西方公众的态度已经越来越趋同；而西方仍只把关注点放在自己身上，很少去提倡合作。对于杀戮无辜平民——在他们度假时，在他们工作和上学的路上，他们中很多人都极为虔诚，很多被杀的碰巧就是穆斯林——的愤怒情绪正在不断上升。如果西方未能了解这一观点，与当地的文化融合，并与当地民众一道去树立共同的目标，使他们疏远这个组织，那么西方就将失去一个足以终结“基地”的早已存在且行之有效的手段。

镇压：武力粉碎“基地”组织

第六种衰亡情形，即运用压倒性的军事力量终结“基地”组织的问题，并没有多少可以叙说的。即使军事和情报机构在追踪和除掉其高级成员方面取得重大进展，这个组织随后的发展已经显示出这类手段的局限性，尤其是在武力手段无法与其他手段相协调，且是由单一民主国家主导实施的情况下。对阿富汗的入侵扫除了一个危险的政权。然而，“基地”在巴基斯坦边境的北瓦济里斯坦山区的重建就是一个令人沮丧的新消息。对伊拉克的入侵成为布什政府军事回应“基地”组织的核心内容，罔顾有效的情报工作，将各类资源（情报、军事、外交和人员援助、重建资金等）从阿富汗战后的稳定工作中调动过来，而这并没能降低“基地”的整体威胁。尽管很多情形在表面上卓有成效，比如土耳其政府在境内对“库尔德工人党”的镇压，俄罗斯人向车臣的挺进，以及秘鲁政府对“光辉道路”的扼杀，但在针对“基地”的斗争中，却没能起到同样令人满意的效果。我们没有任何理由相信，继续加大压倒性军事力量的运用，即使我们还有能力这样做，就能终结“基地”组织。

重新定位：向其他方式转型

对“基地”而言，从恐怖主义道路上转型并走向犯罪或是全面叛乱，是它所能借鉴的最后一个令人担忧的历史先例。某种意义上，该组织网络已经包括了这两种行为。切断它们经正规银行系统筹集资金的方法，已经极大增加了它们从事犯罪活动的动机和必要性，尤其是从事毒品贩卖。随着阿富汗罂粟产量的提升，“基地”已拥有了一条天然的致富之路。这一进程早已开始。[99] 至于“基地”何时会成为一个全面的叛乱者，一些分析家相信它已经在这么做了。[100]

可以肯定的是，转型目前在伊拉克已然出现，如今“基地”组织也竭力表现出一个出色的“叛乱者”的样子，但其水平不应被夸大。本·拉登一扎瓦赫里和扎卡维的组织于 2005 年在伊拉克举行了旨在结成联盟的谈判，这对双方来说都是一个有效的战略，也是一个有效的公关举动，这在“基地”领导人四散逃亡之际给了这个组织新生，并给“基地”在伊拉克的叛乱活动提供了合法性和新鲜的血液，如此它就有机会去诛杀美国人并学习有效的手段去反抗对方。正如很多评论员所观察到的，伊拉克对于一场假想的全球性叛乱而言，会是一个理想的聚焦点和训练场。然而，这一方法的局限性也早已显而易见。那些进入伊拉克、为“基地”事业战斗的阿拉伯裔外国人（主要是叙利亚人、约旦人、沙特人和埃及人），在当地人的眼中与伊拉克这片领土毫无关联。即使伊拉克国内局势在宗派暴力、部落冲突、犯罪活动、权力斗争和反对西方“占领者”的袭击中每况愈下，但部分逊尼派仍在抵制“基地”所带来的外来影响。“基地”正努力将逊尼派的叛乱纳入掌控之中，并试图在伊拉克建立一个宗教极权主义（religio-totalitarian）的伊斯兰国，这让逊尼派叛乱组织不得不面临两个仅有的选择：要么与美国人合作对抗“基地”组织，要么与“基地”合作并抛弃统一伊拉克的希望。伊拉克局势的长期走向并不明朗，特别是考虑到伊朗由此而来的权重的提升，这尤其令人不安。但就此而言，我们至少可以肯定，未来的伊拉克**既不会**成为稳定的西方式民主政体，**也不会**成为一个与“基地”联合的“伊斯兰国”。

在伊拉克对“基地”组织实施的最有效的反制，和在世界其他地方对付“基地”的地方分支一样，就是借助不同民族、不同部落和不同地域之间久已存在且深入的合作关系，利用它们对那些强加于它们的外来机构的本能的怨恨情绪，同时还要尽力确保美国不会被视为上述机构之一。民族主义在现代世界中是最容易实施动员的理由，因为它以现在民族国家间的国际秩序为基础，并利用了认同感和领土这两个概念之间的交集。这就是为什么（正如我们在第三章中看到的）利用民族主义情绪这一资源的恐怖主义往往最有潜力和最持久，也最有能力发动群众去支持它并成功地向叛乱转型，甚至偶有可能会成为国家的领导人。二战之后，其他利用民族主义取得事业成功的例子，包括社会主义和共产主义；但削弱这类事业的关键因素——逆转它们动员和激励群众的能力——往往也是去找寻意识形态和民族主义力量二者之间的交集，然后加以利用。

伊斯兰主义是一种强有力的激励和动员手段，目的旨在让穆斯林世界中作为国家基础的民族主义黯然失色，以便取代民族国家。这才是威胁之源。本·拉登和扎瓦赫里早已集中精力去发掘一些东西以便替代车臣人、维吾尔族人、"乌兹别克斯坦伊斯兰运动"、阿尔及利亚的"萨拉菲斯特呼声与战斗组织"及其他组织各自的地区性关切，它们同时想找到一个国际性的机构取而代之。[101] 鉴于20世纪阿拉伯世界的民族主义已然失败，伊斯兰主义给出了一个可选的愿景；但这并不意味着伊斯兰主义一定能满足和替代上述组织的地区性关切。21世纪的伊斯兰主义，能否像曾经的民族主义那样动员到群众的支持，将取决于两个变量：第一，伊斯兰主义者能在多大程度上只用一个贴着"伊斯兰是出路"的标签，而不用去解释真正的出路是什么这一虚幻憧憬，去弥盖130万穆斯林族群之间的鸿沟；第二，西方大国能在多大程度上提升和加速它们反恐的行动力和决策力。

有很多种视角可用于发现"基地"各分支组织之间的分歧。回击这种威胁的明智方法仍然是，切断伊斯兰主义与那些独立的地方性背景下的政治暴力之间的联系，并分别予以解决。问题的答案并不是让我们回到我们所熟知的民族主义本身，民族主义如今在阿拉伯地区已成为彻底失败的一个概念；与过去典型的民族国家相比，21世纪的国家正发生明显的变化。答案也不可能是民主化，因为民主化在美国已经成为一道符咒（mantra），并日益作为"美国化"的代名词随处可见。真正的答案是：我们不要想着能找到一个放之四海而皆准的答案，要认识到不同文化背景下包容性政治体系特有的复杂性和差异性，并通过剥离那些原本支持恐怖主义的群体，以此达到化解威胁的目的。[102] 我们正见证着一个新的现代化伊斯兰国家实体的诞生，而只要它不试图动摇当前的国际体系，不攻击我们或屠杀自己的人民，就用不着由外来人去决定它将以哪一种形式（或哪些形式）存在。沿着它目前的道路，"基地"只会发现自己与上面的那种方向渐行渐远，尤其是在它被迫表明夺权后将如何作为的情况下。与很多恐怖主义组织相同，"基地"也会以极大的效率去杀戮和摧毁；但它终要**在某个地方**构建一个能够生存发展下去的政治实体。

“基地”的衰退与消亡

面对“基地”的威胁，美国及其盟友让自己陷入到非此即彼的两难困境之中，即：不作为将无法阻止袭击发生，而有所作为又将刺激“基地”制造更多的威胁。要从这个悖论中解脱出来，我们一定要采取一种更全面、更有高度的战略方式，去应对恐怖主义带来的身体和心理上的挑战。“基地”当前正在从西方的压力政策中获取自己的力量。要消除它的力量，美国及其盟友的政策就必须更加巧妙。历史上那些终结恐怖主义的有效方法，可以在今天加以改造，运用到我们对决“基地”组织的新环境之下。

“基地”跟它的前辈们并不完全一样，而我们盲目地照搬早年间写就（制订）的计划就显得愚蠢可笑了。该组织极度危险，已经夺去了数千人的生命，它在一次袭击中造成的生命损失就能超过过去任何一个恐怖主义组织杀戮的总和。它受到了一种极端意识形态思想的驱使，这一思想还能够在现有的强大网络中动员群众获得支持，使得很多地方成为愤怒情绪和激进主义的集中爆发点。它拥有一套直到 21 世纪才会出现的弹性结构，以及基于网络通信和讯连空间联络手段的匿名行动人员，只需要敲几个键盘就可实施行动。经过十年的打造完善，“基地”还拥有一套传媒战略，魅力十足，无处不在，颇具效率且运作成熟。此前没有哪个组织能够拥有这样流动不定的组织形态，能够拥有这么多的资金来源，能够发掘出这么新式的通信手段，能够精心设计出如此激进化的改造方法。通过充分发掘互联网的功能，“基地”在其叙说模式中将它的敌人和支持者二元对立起来，一如它的**二元论**（Manichaean view）世界观，其创意根本在于：设想在一场核袭击之后，它作为一个军事组织能够生存且匿迹于世。最先完全理解并试验在现代冲突中网络的实际功能的革新者，居然是一个微不足道的伊斯兰主义派系，而且其早先成员主要是一两百个在阿富汗山洞中作战的战斗人员，这是何其讽刺的事情。

但是，我们一定要克服自己因这一奇怪现象的出现而产生的过分惊诧，让我们歇斯底里的情绪平静下来，恢复我们对历史的认知，将“基地”身上的新东西与过去那些革命组织进行对比。“基地”无疑是一个严重的威胁，而且它几乎一定会对我们再次发动新的、让人痛苦的袭击；然而，它本身仍没有完全摆脱那些传统的恐怖主义组织身上诸多的固有的弱点。目前来看，围绕“基地”性质的争论反映出的是我们的政策功能失调，即行动和不行动的二元化困扰。一方面，分析家和决策者认定“基地”是独一无二的，正是这些人让美国人恐惧并愿意耗费数十年去长期反对他们自认为将成为必然实现之预言的伊斯兰主义；因为“基地”有自己的反击方式，它们不再体现传统革命暴力所特有的缺陷和共性。另一方面，还有一些人认为“基地”跟以往那些威胁无甚区别，他们满怀希望地以“恐怖学”（terrorology，吉勒斯·柯佩尔 [Gilles Kepel] 如是说）中的狭隘视野来看待“基地”组织，却没有看到这场斗争的特殊性，没有看到它不同寻常的历史和文化根源，并提出了一些并不适切的反恐模式。我们应将这两者中各具建设性的方面结合起来，通过考量如何终结“基地”组织，去得出一个新的综合性意见。

我们历史分析框架中提供的三种情形：成功、镇压和斩首三种模式，用以终结“基地”组织，成功的希望渺茫。第一，“基地”将不可能实现其目标，因为在当前的国际环境下，它并没有可供实现的有限目标。它是以“过程”为导向的组织，它的目标会随着时间的推移而出现投机式的变化。[103] 它并不是当代的“伊尔贡”或“埃奥卡”。第二，即使西方民主国家能够召集力量持续这样一场战争，甚至以比现有力量更为强大的力量去粉碎这个组织，“基地”仍然不会被毁灭。就像埃及的“穆斯林兄弟会”一样，它的威胁只会继续进化并可能在任何一个地方重新出现。我们已经检验了军事力量的有效性，但是也发现了它的短板。第三，尽管我们已经取得了一些重要的战术性收益，但“基地”的完全终结不可能通过一项斩首政策来实现。我们沉迷于将他们每个人都就地正法，沉迷于让他们的讥讽销声，沉迷于让他们的威胁活动不再，这种沉迷本身就有着天然的局限性。“基地”的宣传者，尤其是艾曼·扎瓦赫里和奥萨马·本·拉登，已经壮大了这个组织，让它比以前任何一个恐怖主义组织都要庞大。其核心意识形态主张在其组织之外也四处传播。与古兹曼的“光辉道路”或奥贾兰的“库尔德工人党”相比，这完全不能算是个人崇拜。“基地”的中层管理者已有几十人被杀；但又会有人去接替他们的位置。这个组织的能量已经超出了个人的推动，所以，我们现在一定要将我们的部分资源转而投入到那些能产生更多整体性效果的行动之中，这样才能将“基地”引向灭亡。

我们理论框架中的另外三个要素可能更有启发性，更有可能终结“基地”组织。首先是谈判，这绝不是说与“基地”核心领导层谈，而是和该组织外围的一些心怀异心的组织去谈，这极有可能产生效果。我们的目标必须是：将我们称之为“基地”的那些组织一一区分开来，然后将近来宣称与“基地”有联系，但在过去却一直有着自己传统的种族民族分离主义目标的地方性组织及个人剥离出来。美国及其盟友可以通过一些传统手段去分析和发掘“基地”内部的不和谐，有时可以基于各种不同情势选择谈判手段。其次与上述要点相关，就是要利用好“基地”组织局部性的严重失误，这将帮助我们将它们推向失败。“基地”是一个派系林立的组织，充满了内部矛盾、内斗、意识形态争论与不和谐，这些都极易导致它的终结。它与自己的支持者之间的联系也同样十分脆弱，因为有很多明确的证据证明它会丧失行动控制权，并一再地在目标设置上犯下严重错误——这些错误受到了其他穆斯林的谴责。凡是有这方面长期行动记录的恐怖组织，无不导致其自身的衰亡，甚至像“基地”这样稳固的恐怖主义组织也无法幸免。最后，该组织有可能结束其恐怖主义活动，转向更为恶劣的行动，如叛乱、常规战争甚至催化大国之间的体系化战争。化解这种威胁同样是对这一“幽灵”的回应——不要再对“基地”无处不在的威胁这一神话反应过度。针对“基地”组织对现实世界的不满，要迫使其给出政治解决方案，并深化各地民众与其领土的联系。“基地”恐怖主义是否会以这种方式终结，取决于国家的行为，包括美国及其盟友的行为，它们一定要能承受一定程度的风险，并抗拒一切可能产生不当效果的政策，因为这种不当政策只会壮大这个组织并造成不稳定。

如果美国继续将“基地”看成是一个前所未有的组织去对付，或是觉得数十年与现代恐怖主义斗争的经验不具适切性，那么它只会继续犯下意料之中却又本可避免的错误，同时错失重要的战略性机遇。以往经验特别强调，应通过了解和发掘“基地”与其地方分支之间的分歧去分化二者，而不是将其看成是一个整体；如何更加有效地破坏该组织与其支持者在政治和补给上的联系，同样十分关键。然后，满怀信心地重新使用历经时间考验的反恐战术针对“基地”的特性予以打击，这些特性包括它发布信息的连续性、激进化改造过程和通信方式。“基地”组织继续在穆斯林世界发掘本质上堪称内战的战争可能性，包括离间分布在全球的广大穆斯林移民群体，从而让他们加入到这个充满仇恨情绪的组织之中。只要西方将自己从这场斗争的旋涡中心移开，确立反对恐怖主义的国际规范，削弱“基地”与其追随者之间的联系，并有效地利用“基地”组织自己曾犯下的众多失误来攻击它，如此，“基地”必将走向终结。

结 语

尽管战略的范畴仅限于战争，但大战略却着眼于战后的和平，超越了战争。

——B. H. 利德尔·哈特[1]

了解恐怖主义是怎样终结的，是有效应对**任何**恐怖主义活动的大战略所必须迈出的第一步。我们在危机中学到，分析战争的结束至少与剖析战争的起因同等重要。同样，终结恐怖主义组织的过程也给我们提供了一个最好的视角，去洞察哪些战略在终结恐怖主义方面获得了成功，哪些战略遭到了失败，以及为何如此。因此，关于当前恐怖主义活动和反恐斗争的最重要问题不应是“我们要怎么做？”，而应是“它将如何终结？”此外，结合头脑中学到的经典杠杆战略，第二个重要的问题也不应是“下一次袭击何时发生？”，而应是“袭击发生后我们该怎么办？”

思考恐怖主义如何终结，不能降低恐怖主义威胁的严重性。美国及其盟友可能会在任何时间再次遭受恐怖主义袭击，甚至要考虑遭受大规模杀伤性武器（如核武器或生物武器）袭击的可能性。但考察恐怖主义活动是如何**真正**终结的，给我们提供了最好的机会去消除我们自身的战略短视——这种短视正牵扯着西方大量的反恐工作精力，确保在可怕的事件发生时我们不再反应迟钝或反应过度，避免以情绪化的政策去应对恐怖主义；而任何情绪化的政策往往只会在战术上取得令人满意的效果，而在战略上却是不明智的。对恐怖主义行将终结最后阶段进行的思考，是能让我们领悟应对恐怖主义战略之法的最佳途径，如此才能避免出现行动 / 反应上的失能，赢得先机，进而（也是最重要的）去**取得胜利**；也就是说，让威胁重新变成一个易于管控的麻烦。除非将自己从进攻和反攻的心理定式中解脱出来，并确定我们想要的结果，否则美国及其盟友将不可能设计出一个更加有效的战略，去应对“基地”组织制造的威胁。

关于恐怖主义组织如何灭亡的历史记载，对于我们研究当代恐怖主义灭亡的模式和前景没有什么太大的意义。本书旨在构建一个概念框架，来洞察恐怖主义是怎样终结的，以便后来的学者和实践者能在这一架构之上继续构建。撰写本书的目的，是为了填补业已裂开的理论鸿沟，补充一些可获取的文献；这些文献内容丰富，涵盖了特定组织、地区性分析、意识形态动机，以及与恐怖主义有关的其他方面，如原因、武器、战术、技术和目标。本书希望能为反恐战略的缔造夯实更加广泛的思想基础。为此，在论述中，本书对复杂的历史作了必要的简化，用精简的案例对（恐怖主义组织）不同的衰亡模式进行了比较分析，提出问题的同时也给出了答案。本书也搭建了一个分析恐怖主义组织通往终结之路的逻辑框架，从而超越了大量详尽的反恐个案研究，也超越了资料集——目前可供研究的（但一般没什么人看的）资料集，即本书是一项全面的综合性研究，以服务于美国及其盟友的战略。通过对恐怖主义活动最后阶段的历史研究所得出的经验教训，能够强化我们客观思考的能力，制定出更好的政策，在未来让恐怖主义的效能降至最低。聚焦于恐怖主义如何终结这一主题，是避免受其操纵的最好途径。

有能量才有动力。恐怖分子从它们强大的对手那里汲取活动能量。任何战略都必须建立在了解对手的基础之上，但在恐怖主义的案例中，集中了解恐怖分子是如何通过斗争获得他们的力量、动力以及合法性的，也同等重要。与历史上无数次恐怖袭击发生后一样，我们在“9 · 11”事件后所犯的最致命的错误在于过度反应，以及将恐怖主义活动看成是传统军事斗争的一部分，以便使用残酷的武力让敌人屈膝投降。正如我们所见，历史中不断出现的经典杠杆战略都是从国家的行动中获取力量，利用国家所运用的武力间接地伤害其使用者——国家。过度动用执法力量予以镇压同样也会为恐怖主义制造动力：将这一挑战当成是在执法队伍与武装力量之间找到一个适度平衡的问题，意味着主要在诉说我们当前不甚合理的官僚体系和理论模型，而不是探究 21 世纪反恐战略的有效性。民族国家的对内（法律）权威和对外（战略）权威正处于发展演进之中；（恐怖主义）操纵民族国家的手段同样正处于发展演进之中，也就不足为奇了。问题的关键是：在我们向前发展的进程中，权势和政府应摆在什么位置。

恐怖主义是弱者的战术，目标是从更加强大一方的身上找出“盔甲”间的缝隙。恐怖分子在面对国家权势时，会想尽办法撬开当前国家形态中的缺陷、裂缝、瑕疵及弱点，并将其放大，以此让自己的影响最大化。这就是今天恐怖主义的危险之处。作为一种历史模式的重演，它能让我们洞悉未来可能面临的威胁。

恐怖主义与它出现时的历史、政治和社会环境密不可分，包括地区环境和全球环境两个维度。恐怖主义组织的战略，与战争、国家和国际体系的性质演进之间始终有直接的关系。但在一个西方占主导地位的时代里，这种关系最终却使得无赖的非国家行为体拥有了相对优势。在 21 世纪，恐怖主义一方面通过削弱国家保护其人民的能力来破坏国家的国内法律权威，另一方面通过削弱国家有效发动战争的能力来破坏国家的对外战略能力，从而使其得以威胁国家的统一及其价值。不明智的、自伤式的反击只会加速这一进程。因此，我们必须更加冷静地分析恐怖主义组织用来损害国家权威，以及用以达成它们目标的那些由来已久的战略。

现代恐怖主义一直在考验国家的合法性并将继续这样做下去。19 世纪的恐怖袭击信奉挑衅战略，在社会面临重大变革的情况下敢于考验那些陈腐的独裁政权在人民心中的合法性。当时正在发生的转型包括民族自决和普选所产生的广泛力量。在激起国家过度反应的过程中，诸如“人民意志”及其继承者这样的恐怖主义组织，在推动这类国家政权非法化的过程中发挥了重要作用。胁迫战略最适合于20世纪中期，因为它与当时以领土为诉求的民族主义运动很好地结合了起来。面对胁迫理论指导下的恐怖主义，欧洲国家纷纷从其殖民地撤离，在那里它们的控制力和影响力早已式微，而随着欧洲殖民帝国合法性的逐渐消散，当地的组织也从恐怖主义发展为叛乱乃至寻求国家独立。分化是20世纪早期马克思主义运动的核心，这一特征在20世纪末伴随着恐怖袭击再度出现，而这些袭击无不沿着人种、宗教、部落、语言或种族的分界线进行。在反对民族国家的过程中，分化的运用效果极佳，它主要是为了塑造或保持一种认同感而进行斗争，并通过从内部腐蚀国家的力量和影响，去否定国家对不同族群实施管辖的合法性。内战已经替代了贯穿整个20世纪的共产主义、法西斯主义和资本主义之间的传统斗争。那些成熟的民族国家对分化更具有免疫力，这也是为何分化战略目前只在那些民族国家形态仍不稳固的发展中国家才经常看到。

当代的恐怖主义试图从动员战略中发展壮大自己。现今，国家都在为跟上全球化的步伐而奋斗，它们要面对通信联络和经济交往、不设防边界以及文化和政治上的显著发展等带来的全方位变革。一个沟通方式更加民主化、公众知情权大幅增加、成本急剧下降、信息更新频率不断加快以及影像实时传播的全球环境，赋予了“基地”这样的恐怖主义组织更多的机遇，让它们能以一种前所未有的方式去利用恐怖袭击所产生的效果。如果一个恐怖主义组织能够在不同的领土上成功地动员到大量民众，那么它的这种战略就可以延续其斗争并有可能使之向其他形式转型，如转向叛乱、更大范围的常规战争甚至是争夺霸权的战争——尤其是在一个民族国家以愚蠢的方式回击这一战略的时候。动员不同的对象，给恐怖主义提供了打击最先进的民族国家之合法性的最好机遇；通过这样做，恐怖主义甚至可能造成整个国际体系的动荡。一个动员工作极佳的恐怖主义组织，在遍布世界各地的民众的广泛支持下，可以从那些无法有效保护自己公民的民族国家那里获得核武器或生物武器，进而使用这些武器发动袭击。它的威胁远不限于袭击带来的直接伤亡，尽管造成的直接伤亡也极为惨烈；即使伤亡人数以数万或数十万计，也未必能击垮一个国家。关键的危险在于像美国这样一个受伤的巨人，在**下一步**如何行动的问题上没有一个好的可选项，接着是很多国家先发制人的行动与行动反应可能如瀑布一样倾泻而至。这就是为什么直到今天，恐怖主义仍不失为一种有效战术的原因——这也是为什么我们必须运用历史的经验教训，以便**提前**确定如何终结恐怖主义。

最为重要的是，今天的恐怖主义强调了由原先那种线性的、二维的战略观念向动态的、多维的观念转型的必要性。尽管杠杆战略并不是什么新发明，但它在不断演进的历史大背景下呈现出特殊影响的程度，它混淆西方决策者们所熟知的 20 世纪经典的二元战略框架——其造成的混乱的程度，都是**全新的**。我们已经习惯于思考现代国家与战争之间的复杂关系，包括战争如何塑造国家，以及国家又是如何塑造战争的。但讽刺的是，同样的相互塑造关系出现在使用恐怖主义手段的行为体和对恐怖主义作出反应的国家之间，而且是以一种更为温和的方式出现：它们二者最初都以看不见的方式影响着自己现实和潜在的追随者，这些方式随着时间的推移越来越格式化，尤其是在国家的动员能力越来越受到明显伤害的时代里。

21 世纪，国家在处理恐怖主义时，已经不再享有从弯路中汲取教训的奢侈条件了。为了降低可能发生的恐怖主义事件的灾难性与破坏性，同时为了给应对上述事件制订一个要做什么和不要做什么的清晰计划，美国及其盟友一定要再度检视恐怖主义是如何终结的普遍模式，并将它们的资源集中到长期的战略性目标之上。

透析恐怖主义是如何终结的

关于恐怖主义是如何终结的，本书给出了一个分析框架，它包括六个部分——斩首、谈判、成功、失败、镇压和重新定位。作为一个谱系，其选项从国家粉碎恐怖主义活动到恐怖主义组织自我毁灭无所不包；这六种选项也都可以结合起来使用。本书用六章内容分别讨论了恐怖主义灭亡的六种模式，从中我们还是能够发现一系列一以贯之且时常会产生连锁效应的灭亡模式，这些模式对于我们处理当前和今后的威胁有着启示作用，有助于我们将恐怖主义推向终结。

政府在回击恐怖主义时，会本能地尝试捕获或除掉元凶。但正如我们看到的，逮捕一个领导人要比杀掉他更有意义，因为控制其领导人使之无法行使权力对遏阻恐怖主义的动能具有重要意义。对于所有想对恐怖主义组织实施“斩首”并终结它的努力来说，影响其效果的关键要素不仅仅是对象组织的性质和结构，也包括对手迫在眉睫的袭击威胁（当然这两方面都是重要的战术性关注），还包括失去领导人对于主动或被动支持恐怖主义活动的那些群众所带来的可能影响。从第一章中我们得到的一个明确的结论是：总的来说，逮捕一个领导人对于恐怖主义活动的破坏性要大于杀掉他，这很可能是由于监禁生活点醒了被囚禁的领导人，也向他证明了国家法律体系的权威。亚比玛利·古兹曼和“光辉道路”的案例，米基·麦凯维特和“真爱尔兰共和军”的案例，以及麻原彰晃和“奥姆真理教”的案例，都能佐证这一选择的效用。杀掉恐怖主义组织领导人的问题在于，这一做法是降低威胁还是加大威胁，因为这么做很可能会引发殉难行为并激励新人加入。例如，车臣的伊斯兰分子和巴勒斯坦的恐怖主义组织在遭受了大量领导人的损失后，依旧构成了严重的威胁。杀掉领导人带来的深层次影响是难以预料的。正如了解领导人与其下属之间的关系具有重要意义一样，如果我们的目标是要让一个恐怖主义组织走向终结，那么顺理推之，我们去了解恐怖主义组织领导人与其可能的追随者之间的关系，可能更为重要。

谈判本身不太可能终结恐怖主义，但巧妙的外交工作却可以成为引导恐怖主义活动走向衰亡的一个强大的战略工具。大多数谈判都是毫无结果地在拖延时间，几乎从未给出一个干脆的解决问题的方案。事实上，根据研究得出的统计数据表明，每五个恐怖主义组织中只有不到一个会去谈判。然而，一旦某个组织决定去谈判（政府也同意与其谈判的情况下），任何一方完全失败的可能都会降至 10% 以下。谈判中最主要的情形就是拖延，其过程夹杂着谈判中断和挫折，还不时会有持续的低烈度暴力活动，但就是没有明显的成果产生。正因为如此，对恐怖主义组织与政府而言，谈判最好是被看成恐怖主义组织和政府进行互动的一个备选方案——可以肯定，平民仍将继续成为袭击目标并遭受苦难；但较之不进行谈判，其遭受的苦难可能要小得多。

但对于国家来说，好消息是谈判在大多数时候会促进或补充其他可能导致恐怖主义终结的进程的出现。北爱尔兰的例子显示了一场缓慢、无限延长的谈判所能起到的作用，以色列—巴勒斯坦的谈判进程一直都是出了名的毫无建树，而"泰米尔伊拉姆猛虎解放组织"与斯里兰卡政府之间的和平进程则既有希望又有挫折。这些案例与其他取样更加广泛的统计分析一样，表明有七个关键条件将决定谈判能否让人有所期待。第一，双方都处在一个无论如何强化暴力均已无济于事的处境之中——恐怖主义组织很可能一步步落后于竞争者，无法再招募到新的成员，或是它们因诸如目标设置错误这类原因不断失去追随者。这种"僵局"反映了恐怖主义组织对是否还能取得战术性成果，**政治处境**是否变得恶化的算计。第二，无论是挑战者还是政府，都必须有一个强力的领导层。缺乏强有力的领导人，对话不会产生任何进展，甚至会使形势恶化。第三，需要有坚定的担保人——不论是调停者、第三方保证者或是其他外来行为体，只要是愿意推进对话继续的就行。有一种推论指出，最麻烦的恐怖主义活动往往都是发生在邻国不愿扮演建设性角色的国家之中。第四，自杀式战术让恐怖主义活动尤为棘手，因为这种战术最能伤害互信，并降低了双方共处一地的可能性。搭建隔离设施分隔民众增加了这一战术的困难，但其只能作为一个短期办法，因为它无法增强国家的治理能力（毕竟治理能力才是重点）。

第五，谈判能导致一个组织分裂成好几个派别，这可能在短期内增加暴力活动，但也同样分散了威胁，且通常还能让我们看到恐怖主义组织内哪些部分最为激进，以及如何获得有用的情报。这些结果从长期来看，对我们是有利的。第六，与近年来出现的一些看法相反，搅局者的存在并不会必然影响谈判。谈判结果并不取决于试图使用暴力袭击破坏对话的那些人，而是取决于**应对**破坏行为的一方：关键的变量在于谈判各方及担保人是否都共同且公开地将这些袭击定性为非法。第七，国际环境十分重要。不同地区但却共享精神资源的那些恐怖主义组织之间，实实在在的或想象中的相互联系十分关键。当恐怖主义组织从事的事业在国际舞台上处于优势时，相关的对话不会取得成功。尽管恐怖主义组织的地区性关切优于国际意识形态关切，但恐怖主义活动仍会从全球叙说模式中获得动力。尤其是在一个有着全球化通信手段的世界里，地区与国际间的联系显得至关重要——即使是在讨价还价的谈判桌上。

谈判不太可能迅速终结恐怖主义；单单靠这一种方式也不可能终结恐怖主义。但谈判确实提供了能够管控暴力，并推动恐怖主义组织最终走向衰亡的手段。对于恐怖主义组织和政府而言，关键的问题是如何将谈判演绎成一个全局性的动员战略，并让双方头脑中的预期慢慢接近。

恐怖主义活动获得成功的情况极少，不过仍有一些恐怖主义组织因此而走向终结。大多数的恐怖主义活动都只是处在一个艰难的求生阶段：每个组织的平均寿命只有八年，且只包括那些在发动多次袭击后还能表现出一定生存能力的组织。像其他组织一样，恐怖主义组织往往只是为了一个宗教性的目标而勉强生存着，并为实现战术性目标或曰“阶段性”目标而坚持斗争。这离实现政治目标还有着相当长的距离。实现战略性目标或是“成果性”目标远没有那么普遍，但还是有一些现实的案例：“伊尔贡”在建立以色列的过程中发挥了作用，而“非洲之矛”推动建立了后种族隔离时代的南非。在**不使用**暴力的情况下，上述那些成果还能否实现，是一个有待商榷的问题。我们有理由相信，采用恐怖主义的战术很可能适得其反。无论如何，我们这里所回顾的案例表明，在恐怖主义组织的目标清晰且有可能实现的情况下（比如关于领土问题或支持同族），或是在恐怖主义战术被更加合法的武力使用手段（比如叛乱）替代的情况下，以及在恐怖主义活动迎合了更大范围的历史趋势（比如非殖民化或民族自决浪潮）的情况下，成功的可能性更大——这让我们再次关注一个组织动员支持者致力于其事业的基本能力。

恐怖主义活动为了保持自身的动力，就得进行艰苦的抗争：它们中的大多数会崩溃，倒在自己不受欢迎的战术所带来的重压之下。只有当国家（的不当行为）给了它们再生性力量，或是它们自己获得了足够的群众支持，并由此向另一种暴力形式转型后，它们才有可能获得更长的寿命。但在现代恐怖主义的历史长河中，这些情形都只是例外，而非规律。恐怖主义组织从内部瓦解主要是由于失误、衰竭和崩溃，也有一些是由于警方或军方巧妙地施加精准的压力所造成的。关键之处在于，要明白恐怖主义组织内部瓦解是一个长期存在的过程，并且要**具体问题具体分析**，避免犯一些常见的错误而将在其支持者看来令恐怖活动继续下去的能量拱手交出。

被追随者边缘化，对于现代恐怖主义组织而言如同敲响了丧钟。即使是那些小规模、流动性强的地下组织，如果无法从周边民众那里获得主动或被动的支持，它们也将难以生存下去。当强有力的叙说模式受到突发事件的冲击时，就会出现失去支持的情形，而这类突发事件与普通民众丧命有关，或者首要的是因为：如果恐怖主义组织将支持者中的潜在成员列为袭击目标，将激发其抵制反应。正如我们在第四章中所讨论的，这种情况出现在诸如“真爱尔兰共和军”、埃及“伊斯兰组织”和意大利的“红色旅”身上。但是，预见这种可能性并不是我们保持乐观的借口。这绝不是暗示政府可以被动地等待那些组织自行走向覆灭。那些蹒跚度日的恐怖主义组织仍有能力也确实制造出了大规模的破坏，它们杀害无辜群众，并利用当局无力防范袭击的事实去破坏其执政的合法性。从长远来看，恐怖主义一定会终结；但就长远来说，也会有大量的人民丧生。这里的重点在于：反恐政策要与受到恐怖暴力推动的民众意愿趋势相互作用，这才能产生使（恐怖分子）边缘化的效果，并最大限度地增加其失败或首先被清除的可能性。

恐怖主义如此残暴和可憎，以至于负责维护秩序和保护公民的国家，自然地倾向于运用势不可当的镇压手段去粉碎恐怖主义，无论是在国内使用警察和安全部队还是在国外使用军队。以暴制暴是最基本的本能，在此就是通过毁灭性的反击去回应邪恶的力量，这一思想在《旧约》和马基雅维利的《君主论》中早已有之。令人遗憾的是，现代历史记载却未能支持这样一种纯粹的凭冲动行事的行为。可悲的是，尽管每一个旨在打击恐怖主义的战略都需要军事和强力部门的参与，但反恐战略的军事化可能带来反效果。在第五章中，有关俄罗斯和“人民意志”、秘鲁和“光辉道路”、土耳其和“库尔德工人党”、乌拉圭和“图帕马罗”以及俄罗斯和车臣的案例，都体现了武力这一手段的局限性。甚至连国内镇压都越来越不足以终结恐怖主义活动，因为在一个全球化的世界里，政府在地区邻国甚或是非接壤邻国强行施加的影响力，将模糊边界的概念并考验着国家的能力。合法性对于动员群众来说是最为重要的，这一问题的复杂性在今天达到了一个新的高度，这是因为群众日益出现分化，同时他们对于斗争的性质、进程和结果也更有影响力。

镇压手段之所以难以终结恐怖主义，是因为恐怖主义组织通过运用**杠杆战略**，借国家之力来对付国家自身。借用美军常说的一句话，如何作战，对手也握有投票权。**挑衅战略**、**分化战略**和**动员战略**，均与以武力将敌人击倒在地的冲动相抵触。的确，这种重击可能正是恐怖主义活动为了重建追随者的积极性而急需的。

不过，对国家来说仍有好消息，那就是终结恐怖主义的成功战略正处于发展完善之中。那些取得成功的国家都懂得学习，通常它们以无差别的报复开局，然后不断地去适应恐怖主义活动带给它们的挫折，最终获取经验从而将自身失误降至最低，据此制定出更有针对性的反击措施。即使一定要使用武力，21 世纪的国家也一定要能区别对待诸多受众——不仅仅是本土的民众，还需要越来越关注国境之外的受众。只要政府沿着这条道路坚持下去，理性的反恐战略就能战胜情绪化的反应。换言之，以武力镇压手段来终结恐怖主义，其成功的秘诀在于：通过合法地运用国家力量，在某个群体之中有效地打击暴力的实施者（和支持者），同时避免激起更大规模的反对情绪，避免削弱政府的群众基础。

导致恐怖主义终结的最后一种情形是，恐怖主义活动向其他方式重新转型，包括转向犯罪行为、叛乱甚至是常规战争。这几个概念本来就存在重合：它们相互之间的界线一直很模糊，在 21 世纪不断变化的范式中，这种情况只能是变得更加严重。断言它们之间毫无联系就有些蛮不讲理了，因为很多恐怖主义组织会利用诸如犯罪行为之类的活动为其行动筹集资金。但有时，恐怖主义组织会将用于追求公利目标（它们也是这么看待自己的）的核心资源，转而用于追求个体利益，并将之视为组织的目标。恐怖主义组织向犯罪组织转型对国家来说并不算是好消息，但在现行国际体系内，至少能确保那些组织处于可管控的状态之下，且向我们展现了一个终结恐怖袭击的潜在方向。

然而，向叛乱甚至是常规战争转型的恐怖主义组织，又是另外一回事了。当组织强大到足以放弃对恐怖主义（一种天生的弱者战术）的依赖，转而向更有效的暴力运用方式转型时，它们也就获得了一定的合法性，并强化了自己接管国家的能力。与恐怖主义组织不同，叛乱者像军事单位那样运行，将军队作为袭击目标，占领和守卫领土，并通常会模仿国家的权势和行为，这一进展可好可坏（具体如何，取决于人们怎么看待叛乱背后的斗争事业，怎么看待被当作打击目标的政府——毕竟劣势一方也有可能是正确的）。但无论我们的观点如何，这些转型都不会有利于维持现状。一个恐怖主义组织向常规战争转型，其前景将更加令人担忧，因为它有可能会造成动荡的升级，不仅将其他国家卷入其中，并有可能导致局势失控，最终引发一场体系化战争。在转型进程中，核心的变量仍是非国家行为体有多大的能力动员群众和资源去武力对抗国家。只有通过发动群众，恐怖主义活动才能获得资源、支持、人员和军事能力，进而才有可能向更加“常规”的武力运用方式转型。其核心始终是对于合法性的争夺。除了国家因回击恐怖袭击（正如我们讨论过的，这也是一个严重的威胁）而可能引发自我毁灭行为外，恐怖主义唯一能从根本上威胁到民族国家的地方，就是它可以在一定程度上成功地动员起人民的希望、梦想、激情和资源，而与此同时政府却无计可施。

当其领导层遭到取缔，当谈判改变其资源投向，当其内部出现瓦解，当其遭到镇压，当其堕落到追逐自利目标，当其向主流战略（strategic mainstream）转型时，恐怖主义活动均可能会终结。这些模式会不时地重现，而我们可以借助历史的力量制定出一个能够终结恐怖主义的战略。好消息是：恐怖主义几乎一定会失败，只要政策制定者有足够的智慧去避免将国家的权势完全投放在不太可靠的武力运用上。对于过去的经验教训，必须仔细地思量和领会；然后，谨慎地将之运用于特定的环境，运用于特定组织的特定战略，这样才能有针对性地将资源用于保护特定国家的弱点。一项成功的反恐战略，其核心在于：能基于不断演进的国际环境理解恐怖主义诉求的性质。在今天全球化的世界里，反恐的重心必须要聚焦于阻止敌人动员起民众的意愿去反对国家，进而运用杠杆战略而不是用胁迫战略去阻止恐怖主义活动从国家的反击中汲取能量，将恐怖主义无差别的暴力活动的后果完全地展现在那些声称支持恐怖主义活动的人的面前。一旦我们全身心地关注于如何终结恐怖主义的问题，那么缔造一个成功战略的工作也就开始了。

附录

恐怖主义活动数据统计分析

对世界范围内的恐怖主义组织进行**综合比对**，对于本书中的那些案例研究而言是一个必要的补充，有助于以一种更加广阔的比较性视野来审视恐怖主义活动的动能。这里进行的分析只是一小步，即对有关恐怖主义组织发展轨迹的共有假设（common assumptions）进行实证分析，检验 1968 年以来 457 个活跃着的恐怖主义组织的基本动能。这种统计研究提供了恐怖主义组织如何终结的信息，包括有多少组织选择进行谈判，恐怖主义组织生存周期的分布规律，以及恐怖主义组织在多大程度上能够实现自己的战略性目标。但提出（终结恐怖主义的）问题也只是第一步，我们还要回答这些问题；不过，这并不意味着（统计分析研究得出的结论）会比那些基于不甚完整的信息所推导的结论更加准确。

本书中针对恐怖主义组织过往诸多行为模式的讨论，都源于一个独特的恐怖主义组织数据库提供的信息，即“预防恐怖主义纪念学会”的“恐怖主义知识库”。“预防恐怖主义纪念学会”数据库已经成为一般研究者所能公开利用的最具综合性的现代恐怖主义数据库之一。然而，想在该数据库留档查询的恐怖主义组织会故意提供一些不确定的和不断变化的信息，包括变更名称、各种别名、分支组织，以及多个组织对某一个袭击事件同时宣称负责或谎称对其负责。除了恐怖主义研究中固有的（信息）重复和遗漏情况，“预防恐怖主义纪念学会”数据库也因对不同恐怖主义组织详情的了解良莠不齐而备受诟病。不仅如此，对于某些恐怖主义组织制造的事件，该数据库没能一以贯之地进行数据上传。但不管如何，至本书完成之时，这个数据库仍是全世界范围内恐怖主义研究所能用到的最好的、可能也是最客观的在线资源，尤其是将它与新闻类素材进行交叉验证之后更是如此。在本研究完成后，“预防恐怖主义纪念学会”的恐怖主义知识库被转移到马里兰大学的“国立恐怖主义研究及应对恐怖主义联合会”（National Consortium for the Study of Terrorism and Responses to Terrorism，START）里，网址为 http://www.start.umd.edu/。

在该项目中，这个独特的数据库所关注的是恐怖主义组织而非恐怖事件，它利用“预防恐怖主义纪念学会”提供的信息，创建了一个包含 457 个恐怖主义组织的索引，这些组织在筛选时都尽可能地符合本书前言中给出的恐怖组织的定义。这个索引可以通过登录 www.howterrorismends.com 获取。457 个恐怖主义组织选自“预防恐怖主义纪念学会”在 2006 年 12 月之前所列出的 873 个组织名录，它们符合“持续（或不断）发动袭击令平民受到肉体伤害或致死”的标准。“预防恐怖主义纪念学会”罗列却未被数据库收录的组织，其绝大多数要么是未被认定为单个或偶发恐怖事件（例如，在某一天中发生的连环爆炸事件）的主谋，且它们的袭击只造成了财产损失却未有任何平民伤亡的报告；要么是让人觉得它们的袭击只针对军事目标。只收录那些能持续生存，并能证明自己具有一定水平的持久活动能力的恐怖主义组织，对于务实讨论恐怖主义组织的发展趋势来说，是必要的。不幸的是，排除那些生存能力不强却发动了多次袭击的恐怖主义组织，意味着这个数据库没能统计恐怖主义活动中最为普遍的那类，即那些通过一次袭击而声名鹊起但却很快遭到镇压或直接解体的恐怖主义组织。这很可能会导致某些数据上的偏差，使得结果更多的是反映那些生存周期长、更可能走向谈判或获得成功的恐怖主义组织。但我们还是认为，这个方法是目前最为公平和最为可取的。例如，我们并没有发现哪个组织只实施一次袭击就实现了其目标。因此，本项研究所得出的结论更多地反映了生存能力较强的那些恐怖主义组织的情况。

数据库在收录过程中的筛选工作和其后对所有变量的编码工作（下文中将进行详细讨论），都是基于对“预防恐怖主义纪念学会”列出的每个恐怖主义组织的所有数据进行详细调查的基础之上，包括对恐怖主义组织的描述和统计、事件报告及媒体报道。考虑到数据本身的限制，本书只能对 1968 年以来的恐怖主义组织进行一次并不完备的调查；但这已经是本项研究进行之时所能获得的最好数据了，也被我们认为是在当前阶段研究恐怖主义组织模式的一个极具代表性的尝试。

筛选与编码（Selection and Coding）

在建立数据库的过程中，会有大量的标准用来筛选案例，以便选出的案例都能符合定义恐怖主义组织的基本要求。筛选过程通常以如下方式展开：

a. 去除那些只锁定财产目标或军事目标、从未造成平民伤亡的所有组织；

b. 去除那些不具备持续生存能力的组织，即只进行过一次袭击，或相互间在几天内进行过一系列协同袭击行动，然后就没有再活动和联络的组织。

这一规则对大部分案例都很有效，但同时也必须面对“预防恐怖主义纪念学会”数据库中固有的一些混乱情形。其中最普遍的一种是，“预防恐怖主义纪念学会”在记录同一个恐怖主义组织时会出现前后不一致的情况。在很多案例中，“预防恐怖主义纪念学会”的事件统计，会显示某个组织的袭击行动没有造成平民伤亡。对于这样的案例，我们要仔细揣摩该组织的属性描述，如果发现它在数据库统计之外还有其他的袭击记录，这个组织就应该被视作恐怖主义组织，除非有文件能明确证明其未造成平民伤亡。

另一个普遍的混乱情形是，数据库中组织名称的变化和分支组织的情况。出于解释上的合理性和前后一致性，每个符合恐怖主义标准的在列组织，都被视作一个独立的组织进行收录，而不管它与其他组织有何联系。

只有极个别的例外，即将那些明确且始终被定义为“武装分支”的实体与它们的常规组织（general organization）同时列出并相互指代；为了避免重复计算，这些例外只将“武装分支”收录进“预防恐怖主义纪念学会”（可见 Resistenza Corsa 和 Accolta Nazinuale Corsa 的案例）。总之，只要恐怖袭击与其名称挂钩，无论这一名称是分支组织、别名还是变更后的称谓，都会一概收录其中。

最后必须要注意的是，如何处理绑架（kidnapping）和劫持（hijacking）的关系问题。为了前后一致，劫持和绑架都被看成是伤害平民的一种标尺，与其他恐怖袭击的界定无异。在“预防恐怖主义纪念学会”的数据库中，这两种袭击类型只在平民受伤或被杀的情况下，才能算作是恐怖主义行动。

对于符合恐怖主义组织筛选标准的组织，我们将对其生存周期，围绕该组织根本目标或战略性目标进行谈判的水平，以及该组织实现其战略性目标的程度进行编码。至于那些变量价值存疑的极个别案例，“预防恐怖主义纪念学会”的数据库则无法提供，这里我们就会将那些变量编记为丢失。经过统计，测算中含有如谈判、取得成功等变量的组织的总数一般不到 457 个。所有其他案例都将按如下内容进行编码。

生存周期（life span）

有关恐怖主义组织生存周期的精确数字不可能一直都很清楚，因为它们经常会被故意掩盖起来。我们基于恐怖主义组织从开始到结束的大概时间，估算出其生存周期。为了获得一个大概的生存周期，我们对仍在运作中的所有恐怖主义组织进行编码时，都以 2006 年年底（年份都要编订）为时间截点。

开始年份主要根据以下内容决定：

a. 建立的年份或时期主要使用“预防恐怖主义纪念学会”所提供的数据（如 20 世纪 70 年代早期这样的大概时期，将被编为相近的年份，如 1972 年）；

b. 如果无法获得建立的确切年份，那么开始年份就从该组织发动第一次袭击或进行首次联系开始计算。

结束年份主要根据以下内容决定：

a. 如果有相关数据，其年份或时期由“预防恐怖主义纪念学会”数据库所表述的有关该组织终结的时间为准；

b. 以该组织进入停火、宣布放弃暴力活动、加入政府或是其他标志该组织停止恐怖活动之形式的年份为准，**只要这一表现持续 3 年以上（即这一表现出现在 2003 年或之前），且不得再有以该组织名义进行的任何暴力活动的发生**；

c. 如果“预防恐怖主义纪念学会”的数据库显示在 3 年或 3 年以上（出现在 2003 年或之前）的时间里，该组织没有进行活动或实施袭击的迹象，则以该组织发动最后一次袭击的年份为准。

生存周期是通过计算恐怖主义组织终结年份和开始年份之间的时间差得出来的。鉴于数据库中恐怖主义组织建立和结束的日期相对地不够精确，为此我们进行了微调，即生存周期中的日期往往以 5 年作为一个区间。当一个组织的生存周期中间值为 8 年时，那么更加精确的数据表述应该是，其生存周期为“5 至 9 年”。

谈判（negotiation）

如果恐怖主义组织与其他任何外来机构——通常都是它所活动的国家的政府——围绕其根本目标或战略性目标进行任何形式的商讨，这类组织就可以被编为“参与谈判”。只进行战术性谈判（如人质问题谈判）的那些恐怖主义组织，则不能被编为已经开始谈判（这与本书中的战略性关切相一致）。除了对参与谈判的行为进行编码外，谈判对冲突的影响程度也要涉及。这一数据通过“预防恐怖主义纪念学会”中的组织概述就能知晓，有时也要通过媒体的报道来进行二次验证。

谈判的编码如下：

0 / 无谈判（No Negotiation）：该组织没有进行任何战略层面的谈判。

1 / 谈判结束冲突（Negotiation, Resolved conflict）：该组织已经加入到谈判之中；谈判已经有效地解决或缓解了冲突，而该组织或已切实解散，或已完全转入正常合法的活动。

2 / 稳定的谈判（Negotiation, Stable）：该组织已经加入到谈判之中；谈判已经向结束冲突的方向稳步迈进，但仍缺乏一个根本的解决方案来最终确保暴力活动不再发生。

3 / 不稳定的谈判（Negotiation, Unstable）：该组织已经加入到谈判之中；在没有公开放弃或破坏谈判的情况下，一方或双方人员已经表现出不尊重或是忽视谈判的态度。这一现象既包括在恐怖主义组织已经克制暴力活动的情况下，国家拒绝履行协议条款；也包括恐怖主义组织出现实质性分裂的情况（不只是分支组织分离的情况），此时一部分组织成员想要维持谈判或遵守谈判的条款，而另一部分举足轻重的组织成员却要将斗争继续下去。

4 / 失败的谈判（Negotiation, Failed）：该组织已经加入到谈判之中；但是，所有的协议和停火共识已然遭到了明显而公然的破坏，或是在没有达成任何结果的情况下全面公开对抗，或放弃对话。

谈判的变量要根据最新的谈判情况来编码。换言之，如果某个恐怖主义组织早先的几轮谈判失败了，但最近的几轮谈判又出现了稳定的迹象，该组织就应被编为“稳定的谈判 / 2”。

成功（achievement）

“成功”这一项衡量的是一个组织实现其战略性目标的程度。“预防恐怖主义纪念学会”收录的很多恐怖主义组织，除了表达出其理想或是意识形态之外，并未表述其具体的战略性目标。尽管某些组织凭借自我表达而被认为“实现”了其目标，但这类组织仍被编为未获得成功，因为“表达出”在性质上完全不同于实现特定的战略政策（strategic policy）或政治变革，后者作为变量是可以进行衡量的。还有很重要的一点需要指出，“成功”反映的是恐怖主义组织是否在其生存周期内全部或局部达成了其目标，而**无关乎其是直接达成还是通过谈判得来的**。通常在冲突中，某个恐怖主义组织的战略性目标往往为其他的恐怖主义组织所“共享”，而“预防恐怖主义纪念学会”的数据库无意去探究是哪个组织在实现目标方面承担主要责任。

“成功”的编码如下：

0 / 未能成功（No Achievement）：没有任何迹象表明恐怖主义组织的战略性目标有任何程度的实现；或该组织没有明确表达过任何的战略性目标。

1 / 完全成功（Achievement, Full）：完全实现该组织所宣称的战略性目标，诸如领土的完全独立、控制政府或是成功破坏了政府的某项行动。

2 / 实质性的成功（Achievement, Substantial）：从质上看，恐怖主义组织的主要战略性目标获得了实质性的成功，诸如在尚未独立建国的情况下首先建立起地区自治。

3 / 有限的成功（Achievement, Limited）：恐怖主义组织的战略性目标追求小部分得到实现。

结　论

生存周期

图 A.1 展示了“预防恐怖主义纪念学会”的数据库所收录的 457 个恐怖主义组织的生存周期的分布情况。考虑到分布图中的数据误差过大，取中间值是衡量恐怖主义组织平均生存周期的最适切办法。我们经过计算得出的生存周期中间值大约为 8 年，但考虑到恐怖主义组织开始和结束日期的数据往往并不精确，我们更倾向于将其描述为“5 至 9 年之间”。

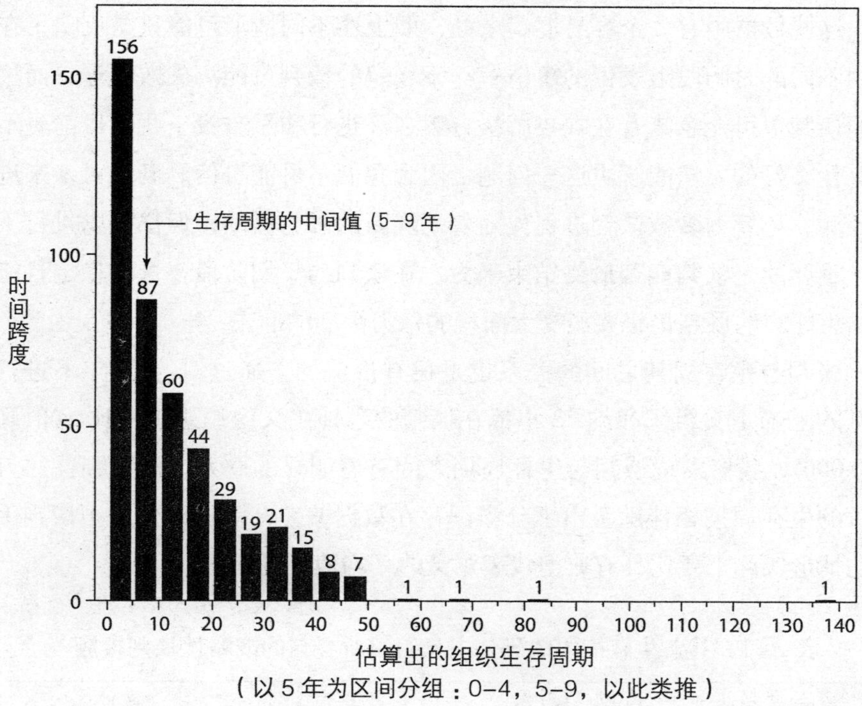

图 A.1　具备生存能力的恐怖主义组织的生存周期分布图

来源：MIPT Terrorism Knowledge Base, December 2006. Figure 1, from " Ending Terrorism: Lessons for Defeating al-Qaeda," *Adelphi* (2008), p. 24. Taylor and Francis, Ltd., reprinted by permission of the publisher.

谈判

表 A.1 显示出只有 17.8% 的恐怖主义组织能进入到战略性谈判阶段。表 A.2 显示的是谈判对恐怖主义组织产生的不同程度的影响；这个表格体现了谈判结果的高度不确定性。它表明大多数谈判都无法产生某种解决方案或是停止冲突或是明确的失败，谈判带来的更多是一个不确定的中间状态，介于稳定却没有明确的全面解决方案的停火状态、高强度的暴力和不时违约状态乃至组织分裂状态之间。尽管只有不到 10% 的谈判最终完全失败了，但最终能结束冲突的谈判也不到三分之一，大多数的情形都没能真正平息冲突。

这些数据中有一个容易混淆之处，即上述不同情形可能只是反映了在谈判不同的时间段上发生的事情——不稳定的谈判可能离失败不远，而稳定的谈判很可能意味着在找寻解决方案之前进行和平公投；我们目前看不到有什么好的方法能解决这一问题，因为我们不可能自信满满地对未来进行预测。尽管大多数谈判进程伴随着不间断的暴力活动，但都得以进行下去；重要的是谈判能否**最终**结束暴力。在谈判的早期阶段，进程稳定且能够结束冲突的谈判仍将要经受大面积的暴力活动的冲击。

谈判与生存周期之间的关系也是很有价值的。通过对约 11 年不进行谈判的恐怖主义组织和约 22 年都在谈判的恐怖主义组织进行对比 (p 值高达 0.000)，我们发现谈判与生存周期之间有着明显的联系，即谈判往往与更长的生存周期相伴随。由于分布图存在数据偏差，采取谈判或不谈判手段的情形实际上要比具有典型代表意义的平均值更高一些。

表 A.1　具备生存能力的恐怖主义组织所参与的战略性谈判接触

参与谈判	观察对象	百分比	累计比
否	374	82.2%	82.2%
是	81	17.8%	100.0%
总和	455	100.0%	

来源：MIPT 数据库，2006 年 12 月。

表 A.2　具备生存能力的恐怖主义组织进行谈判的不同效果

谈判的效果*	观察对象	百分比	累计比
谈判解决冲突	24	29.6%	29.6%
稳定的谈判	22	27.2%	56.8%
不稳定的谈判	26	32.1%	88.9%
失败的谈判	9	11.1%	100.0%
总和	81	100.0%	

来源：MIPT 数据库，2006 年 12 月。

* 对谈判效果界定如下：**谈判解决冲突**意指通过谈判完全解决冲突；**稳定的谈判**意指冲突中谈判一直在进行，但未能达成根本的解决方案；**不稳定的谈判**意指谈判的一方或多方尽管没有公开放弃谈判，但谈判被忽略搁置；**失败的谈判**意指谈判彻底破裂或同意公开放弃谈判。

图 A.2 就体现了这一情况，该图也显示了恐怖主义组织的生存周期越长，其参与的谈判得到关注的概率就越高。这表明随着恐怖主义组织生存周期的变化，谈判也存在发生变化的可能性。例如，在一个生存周期为 50 年的恐怖主义组织身上，我们可以期望它有近乎 60% 的可能性参与谈判。又或者，在一个生存周期为 10 年的恐怖主义组织身上，我们对谈判概率出现的期望只有约 17.5%（考虑到一个生存周期中间值为 8 年的恐怖主义组织参与谈判的概率为 17.3%，这里的概率应该是合理的）。这些概率是将参与谈判的恐怖主义组织的生存周期作为单个变量进行**逻辑回归**（logistic regression）[a] 而得出的，因而也得出了一个统计学意义上的极重要系数（*p* 值 =0.000；见表 A.3）。然而，这个曲线图中很多内容并不是十分有价值，因为有一半的恐怖主义组织的生存周期不到 10 年，而存在超过 50 年的组织非常之少。

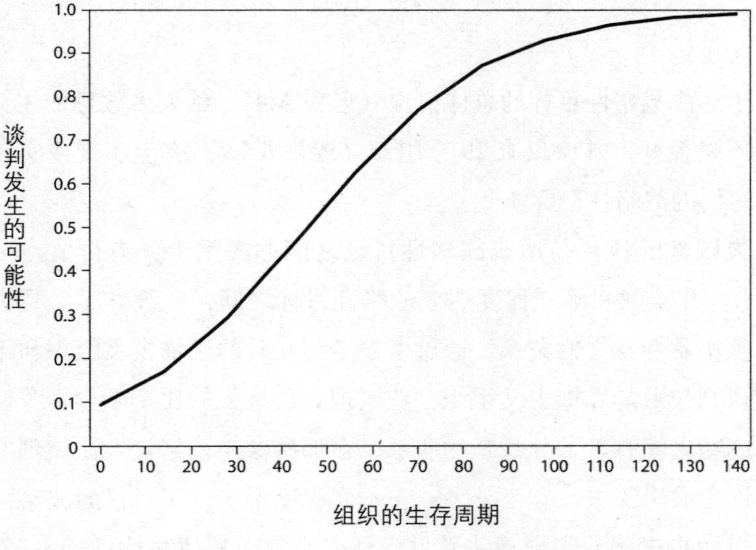

图 A.2　具备生存能力的恐怖主义组织的生存周期与谈判的关系

来源：MIPT Terrorism Knowledge Base，对参与谈判的恐怖主义组织的生命周期进行逻辑回归后得出的谈判概率。（*P* 值高达 0.000）

---

[a]　译注：逻辑回归是一种广义的线性回归分析模型。

表 A.3 具备生存能力的恐怖主义组织的生存周期与谈判的关系：t 测试的结果

参与谈判	大概的平均生存周期
否	10—15（11）
是	20—25（22）
相差	11
P 值	0.000
观察对象	449

来源：MIPT 数据库。

我们必须记住，这一结果并不意味着一个组织生存得越久，就越可能接受谈判，因为我们对某个恐怖主义组织首次加入谈判的时间往往得不到一个前后一致的答案。在未来的研究中，这应该作为其中的一个重要内容。

成功

至于达成战略性目标的总体情况（见表 A.4），绝大多数恐怖主义组织都做得不是很好，其中仅有 29 个组织（或是 6.4%）完全实现或实质性地达成了它们的战略性目标。

非失败性的谈判与达成战略性目标之间的关系十分有价值。正如表 A.5 所示，在谈判和不同程度达成战略性目标之间，从统计学上看存在极大且具有实质性意义的关系。通过考察参与谈判的恐怖主义组织和不参与谈判或谈判失败的恐怖主义组织，在实现其目标上的比率差异，我们发现谈判与成功之间有着十分清晰的联系。在那些参与谈判且未让谈判明显流产的恐怖主义组织中，有三分之一在不同程度上实现了自己的战略性目标（从通过让步来部分实现战略性目标到完全实现其战略性目标不等）。与此相比，只有不到 10% 的恐怖主义组织在没有坚持谈判的情况下有所收获。4.38 倍的比率差意味着：就至少部分地实现其战略性目标而言，进行非失败性谈判的恐怖主义组织成功的概率，要比那些不进行谈判或是谈判失败的恐怖主义组织高出近 4.5 倍。

表 A.4　具有生存能力的恐怖主义组织的战略性目标实现情况

实现的程度*	观察对象	百分比	累积比
无	392	87.1%	87.1%
完全实现目标	20	4.4%	91.6%
实质性地实现目标	9	2.0%	93.6%
有限地实现目标	29	6.4%	100.0%
总和	450	100.0%	

来源：MIPT 数据库，2006 年 12 月。

* 实现的程度界定如下：**完全实现目标**意指恐怖主义组织宣称的主要战略性目标完全实现；**实质性地实现目标**意指恐怖主义组织战略性目标中的大部分实质性内容得到实现；**有限地实现目标**意指恐怖主义组织的战略性目标追求小部分得到实现。

表 A.5　具备生存能力的恐怖主义组织的战略性目标实现情况与谈判的关系

目标实现情况	未进行谈判或失败的谈判	其他程度的谈判	所有组织
否	344	48	392
横向 %	87.8	12.2	100.0
纵向 %	90.5	68.6	87.1
是	36	22	58
横向 %	62.1	37.9	100.0
纵向 %	9.5	31.4	12.9
所有组织	380	70	450
横向 %	84.4	15.6	100.0
纵向 %	100.0	100.0	100.0

来源：MIPT 数据库。

注：Pearson χ^2 =25.3771；p 值 =0.000。

有趣的是，如表 A.6 所示，我们不能就此理解为谈判与完全实现战略性目标有某种关系。就完全实现目标而言，参与谈判的恐怖主义组织与未参与谈判的组织相比，其结果并没有太大的区别。这意味着对于参与谈判的恐怖主义组织而言，只有成功地实现妥协，才能增加不同程度地达成其战略性目标的可能性。

表 A.6　具备生存能力的恐怖主义组织完全实现其战略性目标与谈判的关系

目标实现情况	未进行谈判或失败的谈判	其他程度的谈判	所有组织
否	364	66	430
横向 %	84.7	15.4	100.0
纵向 %	95.8	94.3	95.6
是	16	4	20
横向 %	80.0	20.0	100.0
纵向 %	4.2	5.7	4.4
所有组织	380	70	450
横向 %	84.4	15.6	100.0
纵向 %	100.0	100.0	100.0

来源：MIPT 数据库。

注：Pearson $\times^2$=0.3147；p 值 =0.575。

表 A.7　具备生存能力的恐怖主义组织的战略性目标实现程度与谈判的关系

目标实现情况	未进行谈判或失败的谈判	其他程度的谈判	所有组织
否	344	48	392
横向 %	87.8	12.2	100
纵向 %	90.5	68.6	87.1
是（完全）	16	4	20
横向 %	80.0	20.0	100.0
纵向 %	4.2	5.7	4.4
是（实质性）	5	4	9
横向 %	55.6	44.4	100.0
纵向 %	1.3	5.7	2.0
是（有限）	15	14	29
横向 %	51.7	48.3	100.0
纵向 %	4.0	20.0	6.4
所有组织	380	70	450
横向 %	84.4	15.6	100.0
纵向 %	100.0	100.0	100.0

来源：MIPT 数据库。

注：Person $\times^2$=32.9257；p 值 =0.000。

表 A.7 考察了非失败性谈判与不同程度地实现战略性目标之间的关系。该表反映了这二者确实有着很大的联系，同时也反映出谈判（对于有限目标的实现）的作用是最大的。就完全实现目标的高概率而言，谈判与之没有任何关系这一结论在这里再次得到了强化；该表也反映了谈判关乎恐怖主义组织部分实现或有限地实现其目标的概率，如对某个组织的目标进行有限和部分的让步。若将整个恐怖主义组织群体作为一个整体进而思考其行为模式，我们可以发现，有限地实现其目标要比实质性地实现其目标更具可行性。相较于实现部分目标，谈判看起来在达成有限目标上仅能发挥次要的作用。

外国恐怖主义组织

生存周期

美国国务院会定期公布一个专门的“外国恐怖主义组织”名单，该名单上的恐怖主义组织都将遭到美国的制裁。这只是众多官方公布的恐怖主义组织名单中的一个，这类官方名单还包括英国和欧盟国家政府确立的名单，这些名单被广泛运用于政治学者的比较分析或定量分析之中。

尽管该名单因给诸多分析研究提供了案例而显得十分重要，但名单中所列的恐怖主义组织并不能完全反映整个恐怖主义组织群体的情况。其中最显著的差别在于，“外国恐怖主义组织”名单中恐怖主义组织的生存周期。正如图 A.3 所示，“外国恐怖主义组织”名单中恐怖主义组织生存周期的大略中间值为 15 至 20 年，这一数字是将所有具有生存能力的恐怖主义组织一起纳入计算所得出的生存周期中间值的两倍。对于那些生存周期较短的恐怖主义组织而言，“外国恐怖主义组织”名单中所列的分布情况实际上是有偏差的。

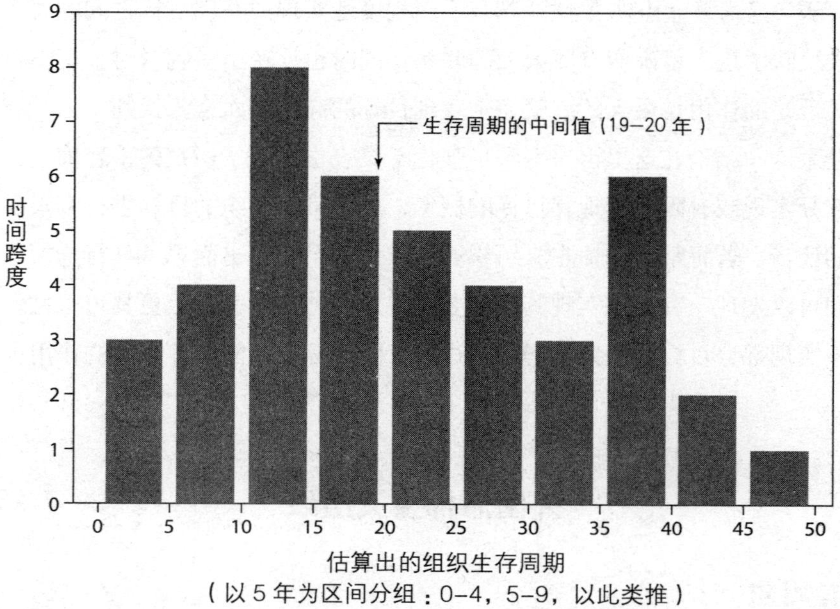

图 A.3　外国恐怖主义组织生存周期分布图

来源：MIPT Terrorism Knowiedge Base.

谈判

正如表 A.8 所示，相比于所有恐怖主义组织中参与谈判的组织的占比（大约占参与谈判的所有恐怖主义组织的 18%）而言，“外国恐怖主义组织”名单中列举的参与谈判的恐怖主义组织的占比稍微高了一些，但这一差异并没有大到过于明显。

表 A.8　外国恐怖主义组织参与战略性谈判的情况

参与谈判	观察对象	百分比	累计比
否	33	78.6%	78.6%
是 *	9	21.4%	100.0%
稳定的谈判	3	33.3%	33.3%
不稳定的谈判	5	55.6%	88.9%
失败的谈判	1	11.1%	100.0%
总和	42	100.0%	

来源：MIPT 数据库，2006 年 12 月。

* 行显示的是参与谈判的外国恐怖主义组织进行谈判的不同效果。**稳定的谈判**意指冲突中谈判一直在进行，但未能达成根本的解决方案；**不稳定的谈判**意指谈判的一方或多方尽管没有公开放弃谈判，但谈判被忽视或搁置；**失败的谈判**意指谈判破裂或同意公开放弃谈判。

成功

同样，“外国恐怖主义组织”名单所列的那些实现了战略性目标的恐怖主义组织的占比，与实际情况也没有什么实质性的差别。在所有具备生存能力的恐怖主义组织中，有 12.9% 已经不同程度地实现了其目标，而“外国恐怖主义组织”名单显示的占比是 11.9%（见表 A.9）。“外国恐怖主义组织”名单所列恐怖主义组织中同样也没有哪个能完全或实质性地实现其目标，但考虑到名单的数据较小，所以这一结果不应被我们理解成：进入“外国恐怖主义组织”名单的恐怖主义组织必定无法实现其目标。

表 A.9　外国恐怖主义组织实现战略性目标的情况

实现目标的程度	观察对象	百分比	累积比
无	37	88.1%	88.1%
有限地实现目标 *	5	11.9%	100.0%
阿克萨烈士旅			
哈马斯			
真主党			
巴勒斯坦解放阵线			
解放巴勒斯坦人民阵线			
总和	42	100.0%	

来源：MIPT 数据库，2006 年 12 月。

* 恐怖主义组织的战略性目标追求小部分得以实现。

生存周期最长的恐怖主义组织

在关于恐怖主义组织生存周期的数据库中，还有一个有价值的子库，即生存得最久的那些恐怖主义组织。在我们的数据库中，有 19 个恐怖主义组织的生存周期超过了 40 年。这些组织都列在表 A.10 中。

表 A.10　生存得最久的恐怖主义组织

名称	大概的开始年份	大概的生存周期
贫民游击队	1954	41
伊斯兰行动组织	1961	42
民族解放军（哥伦比亚）	1964	42
巴勒斯坦解放组织（PLO）	1964	42
哥伦比亚革命武装力量（FARC）	1964	42
全国革命阵线（BRN）	1963	43
卡宾达飞地解放阵线	1963	43
危地马拉劳动党	1952	44
自由巴布亚运动（OPM）	1961	45
安哥拉人民解放运动	1956	46
巴斯克祖国与自由（ETA）	1959	47
克伦民族联盟（KNU）	1959	47
红色高棉	1951	47
库尔德民主党	1946	47
革命共产主义同盟联合委员会（Chukakuha）	1957	49
叙利亚社会民族主义党	1931	58
伊斯兰学生营（ICS）	1941	65
爱尔兰共和军（IRA）	1922	84
三 K 党（KKK）	1866	140
全部观察对象	19	

来源：MIPT 数据库，2006 年。

名称和生存周期

谈判

前文已经讨论了谈判与生存周期之间的关系，而生存周期最长的那些恐怖主义组织参与谈判的比例更高，它们中有接近 50% 的组织参与了谈判（见表 A.11）。在参与谈判的恐怖主义组织中，有很大一部分比例（三分之二）成功进行了稳定的谈判，或是通过谈判解决了冲突问题。这或许是因为谈判往往是一个长期且复杂的过程，经常会耗时很多年才能推动局势实现稳定或找出解决方案。

表 A.11 生存得最久的恐怖主义组织进行战略性谈判及其效果情况

参与谈判	观察对象	百分比	累计比
否	10.00	52.6%	52.6%
是*	9	47.4%	100.0%
谈判解决冲突	3.00	33.3%	33.3%
稳定的谈判	3.00	33.3%	66.7%
不稳定的谈判	2.00	22.2%	88.9%
失败的谈判	1.00	11.1%	100.0%
总和	19	100.0%	

来源：MIPT 数据库，2006 年 12 月。

* 行反映的是生存得最久的恐怖主义组织进行谈判的不同效果：**谈判解决冲突**意指通过谈判完全解决冲突；**稳定的谈判**意指冲突中谈判一直在进行，但未能达成根本的解决方案；**不稳定的谈判**意指谈判的一方或多方尽管没有公开放弃谈判，但谈判被忽视或搁置；**失败的谈判**意指谈判彻底破裂或同意公开放弃谈判。

成功

如表 A.12 所示，生存周期最长的恐怖主义组织更能实现自己的目标。在 18 个恐怖主义组织中，有 4 个（22%）都不同程度地实现了其战略性目标。

表 A.12 生存得最久的恐怖主义组织实现其战略性目标的情况

实现目标的程度	观察对象	百分比	累计比
无	14	77.8%	77.8%
实质性地实现 *	1	5.6%	83.3%
库尔德民主党			
有限地实现 **	3	16.7%	100.0%
危地马拉劳动党			
贫民游击队			
巴勒斯坦解放组织（PLO）			
总和	18	100.0%	

来源：MIPT 数据库，2006 年 12 月。

* 恐怖主义组织战略性目标中的大部分实质性内容得到实现。

** 恐怖主义组织的战略性目标追求小部分得到实现。

致　谢

本书写作于2005年至2007年间，即我担任牛津大学“变化中的战争属性”（Changing Character of War，CCW）研究项目主任期间。在“9 · 11”袭击事件后的危机气氛中，我在华盛顿特区度过了一段令人窒息的日子，故远离华盛顿让人感到神清气爽。那些负责保护美国人民的人们不得不专注于下一次恐怖袭击的“幽灵”，这是可以理解的；但是，每日威胁简报对战略思考并无益处。所以，我庆幸自己是牛津大学群体中的一员，否则我将永远无法写作本书。

该项目的具体想法在2003年第一次萌发，当时我是国会研究服务部（Congressional Research Service，CRS）的一名研究恐怖主义问题的专家。一天，一位资深参议员问我是否可以给他提供一个关于“基地”组织活动的广阔的历史视角，以便与其从成打的每日简报中获得的令人焦虑的图景知识进行一番比较。我回答说，“基地”组织会像它的前辈一样，终将走向终结，并探讨了一些可能的前景。虽然我很快就沉浸在其他的短期事务之中，但这次谈话打开了我的思绪。在某种意义上，本书从产生概念到最后出版历时达六年之久。尽管缺陷难免，但本书已是五易其稿，内容较之原稿已经删减了40%。亲爱的读者，如果您认为我还应该着手第六稿的修改的话，那我只能深表歉意了。

一路走来，许多人给予了我帮助。首先，我要感谢国会研究服务部下属的外交、国防和贸易处工作的同事们。我喜欢这里激励性的智识环境和杰出分析人员给予的指导帮带，十分荣幸能与他们一起共事，特别是拉里·罗威尔斯、弗朗西斯·麦克、卡罗尔·米格达罗维茨（Carol Migdalovitz）、罗达·马杰森。其次，我要感谢国家战争学院（National War College）里我的学生和同事们，尤其是大卫·奥尔斯瓦特、弗兰克·莫拉、巴德·奥尼尔（Bard O'Neill）、马克·皮佐、哈维·雷什科夫和奥默·塔斯皮娜。我的好友、来自美国空军的凯伦·威廉上校（已退休），费心尽力地审阅了我从牛津大学发给她的整个初稿。她理应得到（另一枚）勋章。我特别感谢她在深夜和周末挤出时间为我分忧。

在牛津，我有一个很棒的团队从事“变化中的战争属性”项目的研究工作。项目主任休·斯特罗恩（Hew Strachan）、牛津大学万灵学院战争史专业的“奇切利教授”，给予了我不可多得的善待和支持。我欠他很多。我也要向亨利·舒尔、盖伊·古德温－吉尔和安妮·戴顿教授表达敬意。我还要特别感谢我的博士生导师兼好友亚当·罗伯茨教授。他一以贯之的支持，不仅对于本书的写作至关重要，而且对于牛津大学读书时生活起起落落的我同样至关重要，在牛津大学圣安东尼学院学习期间我曾是他的学生。我也要感激他的妻子普林基恩，她体贴入微，慷慨大方。“变化中的战争属性”项目组的助理研究员亚历山德拉·戈茨伍、托马斯·西普勒、帕特里夏·欧文斯、萨拉·珀西和乌维·斯泰因霍夫，均智识超群，是我珍爱的朋友。所有的访问学者和参加牛津大学研讨会的其他项目组高级助理，均让我获益良多，他们中许多人就我的工作提供了反馈意见。特别是已故的迈克尔·昆兰（Michael Quinlan）先生，不止一次地委婉而又坚决地纠正我的错误，总是面带微笑，总是一贯正确。认识这样一个才华横溢、敬业的群体，是我的荣幸。我尤其要感谢利弗休姆信托基金（Leverhulme Trust），其资金支持确保了整个项目得以顺利完成。

在牛津大学期间，“变化中的战争属性”项目从政治与国际关系系那里获益良多。我要感谢系主任尼尔·麦克法兰教授，感谢系里人员的支持，特别是艾莉森·亨特、马尔加·莱尔和玛丽亚·莫雷诺，他们伴我愉快地度过了在庄园路的那段时光。我的两位高级研究助理是约翰·伍丁

（他已经去学习法律了）和卡罗琳纳 · 约翰逊（现在攻读政治学博士学位）。这本书很大程度上受益于他们的严谨、勤勉和才干。牛津国际研究中心（Center for International Studies at Oxford）也提供了宝贵的支持，包括资金和智力方面的支持。我的老朋友安德鲁 · 瑞尔（Andrew Hurrell），现为牛津大学国际关系专业的“蒙塔古 · 伯顿教授”，其独创性的意见也是我的一大智识来源。他和他的妻子优思明（Yasmin）多年来一直是我们家庭要好的、慷慨大方的朋友。此外，我还收到牛津大学费尔基金（Fell Fund）支持该研究项目的一笔拨款，对此我深表感谢。

许多专家学者和顾问阅读了书稿。布莱恩 · 迈克尔 · 詹金斯、艾德里安 · 古厄勒克（Adrian Guelke）、迈克尔 · 布朗（Michael Brown），以及一名匿名审稿人给出了重要的、详细的和建设性的意见。玛莎 · 克伦肖读了两个不同版本的书稿（难为她了），且每次都毫无保留地给我提出了富有洞察力的反馈意见。我对他们所有人感激不尽。还有些人阅读了书稿的部分章节，包括拉胡尔 · 罗伊 – 钱德拉、马蒙 · 樊迪、布鲁斯 · 詹特森，以及上面提及的莎拉 · 珀西和亚历山德拉 · 戈茨伍。

我至今仍未看过一本堪称完美的书，当然我也没能写出一本堪称完美的书来。故上述人员无须为本书尚存的缺陷负责。

伊恩 · 马尔科姆，普林斯顿大学出版社的编辑，相信这一项目富有价值，对此予以了坚定的支持，并自始至终给我提了很好的建议。我也要感谢彼得 · 多尔蒂主任和编辑委员会的成员批准出版这本书。特里 · 奥普雷是高级制作编辑，对本书给予了全程指导。对于普林斯顿大学出版社团队的其他成员，包括理查德 · 伊索玛奇、珍妮佛 · 罗斯、金伯利 · 约翰逊、詹姆斯 · 柯蒂斯、鲍勃 · 贝腾多尔夫，在此一并表示感激。最后，要特别感谢马修 · 弗利，英国一位睿智的、富有耐心的自由编辑，他对我的书稿的修改让我学会了如何更好地写作。

我还收到了来自华盛顿特区美国和平研究所（U.S. Institute of Peace，USIP）的大量拨款，以支持本书的研究工作。我要感激美国和平研究所所长理查德·所罗门（Richard Solomon），一位有远见卓识的领导人，正是在他的带领下，研究所才达到目前如此显赫的地位。还有研究所的卡罗拉·维伊、泰勒·瑟伊博尔特和安德鲁·布卢姆，他们对项目的支持理应得到我发自肺腑的感谢。和平研究所做了大量有价值的工作，作为它的一分子我倍感荣幸。

在支持项目研究方面，伦敦国际战略研究所同样发挥了突出的作用。我曾是该所的一位助理研究员，期间受益于所里才华横溢的同事们的勤勉和关照。总干事约翰·奇普曼从一开始就热情地支持这一项目，对此我十分感激。我还要感谢伦敦国际战略研究所的凯特琳·布兰南、迈克尔·德尔格、凯瑟琳·弗莱彻、伊丽莎白·希尔斯、拉法埃洛·潘图奇、莎莉·泰勒、汉娜·乌可、亚当·沃德和彼得·韦伯，他们自身潜藏的能量和才华让我无比的惊讶。

还有，对于那些在此无法一一提及的人们，我要表示歉意并致以真诚的感谢！

我也要感谢我的家人，包括我的父母罗纳德·库尔特和莎琳·库尔特，我的兄嫂史蒂夫·库尔特和罗伊思·库尔特，他们总是在我需要的时候支持我，在我表现得沉闷和严肃时宽慰我。我那活泼且很有主见的孩子克里斯托弗和娜塔莉，时常让我像个青少年那样的捧腹大笑或开心微笑，令我自省。我希望这本书能够略微有助于他们俩走向更有希望的明天，他们确实是我完成这本书的动力所在！最后，帕特里克·克罗宁值得我用长长的一段文字来致以感谢，但这可能会令他局促不安。他读过每份稿本的每一个章节，参与讨论了每一个难题，诅咒过每一个挫折，也为每一项进展欢呼。如果没有他的建议、热情、坚定的支持、睿智的反馈意见，以及不断的鼓励，完成这本书将是不可想象的。本书理应献给他！

缩略语

ANC African National Congress（南非非洲人国民大会）

ANO Abu Nidal Organization（阿布 · 尼达尔组织）

AUC Autodefensas Unidas de Colombia（哥伦比亚联合自卫军，United Self-Defense Forces of Colombia）

BR/PCC New Red Brigades/Communist Combatant Party（新红色旅 / 共产主义战斗党）

BR/UCC Red Brigades/Union of Combatant Communists（红色旅 / 共产主义战斗联盟）

CCC Communist Combatant Cells（共产主义战斗小组）

EIG Egyptian al-Gama'a al-Islamiyyah（埃及伊斯兰组织）

ELN Ejercito de Liberacón Nacional（民族解放军，National Liberation Army）

EOKA Ethniki Organosis Kyprion Agoniston（埃奥卡）

EPL Ejército Popular de Liberación（人民解放军）

EPRLF Eelam People's Liberation Front（伊拉姆人民解放阵线）

EROS Eelam Revolutionary Organisation（伊拉姆革命组织）

ETA Euskadi Ta Askatasuna（埃塔）

FARC Fuerzas Armadas Revolucionarias de Colombia（哥伦比亚革命武装力量，Revolutionary Armed Forces of Colombia）

FBI Federal Bureau of Investigation（联邦调查局）

FIS Front Islamique de Salut（伊斯兰救国阵线，Islamic Salvation Front）

FLN Front de Libération Nationale（民族解放阵线）

FLQ Le Front de Libération du Québec（魁北克解放阵线）

FP–25 Popular Forces of April 25（4 月 25 日人民军）

FPMR-D Manuel Rodriguez Patriotic Front Dissidents（曼努埃尔 · 罗德里格斯持异见者爱国阵线）

GAI al-Gama'a al-Islamiyya（伊斯兰组织）

GIA　Groupe Islamique Armé（伊斯兰武装组织，Armed Islamic Group）

GRAPO　First of October Antifascist Resistance Group（10 月 1 日反法西斯抵抗组织）

GSPC　Groupe Salafiste pour la Prédication et le Combat（萨拉菲斯特呼声与战斗组织，Salafist Group for Call and Combat）

HM　Hizb-ul Mujahideen（圣战党）

HuM　Harakat ul-Mujahidin（圣战者运动）

IFP　Inkatha Freedom Party（因卡塔自由党）

IISS　International Institute for Strategic Studies（[伦敦] 国际战略研究所）

INLA　Irish National Liberation Army（爱尔兰民族解放军）

IRA　Irish Republican Army（爱尔兰共和军）

ISI　Islamic State of Iraq（伊拉克“伊斯兰国”）

IZL　Irgun Zvai Le'umi（伊尔贡）

JeM　Jaish-e-Mohammad（穆罕默德军）

JVP　Janatha Vimukthi Peramuna（人民解放阵线）

KGK　KONGRA-GEL（库尔德劳工党）

LT　Lashkar-e-Taiba（虔诚军）

LTTE　Liberation Tigers of Tamil Eelam（泰米尔伊拉姆猛虎解放组织）

LVF　Loyalist Volunteer Force（保皇派志愿军）

MEK　Mujahedin-e Khalq（伊朗人民圣战组织）

MILF　Moro Islamic Liberation Front（摩洛伊斯兰解放阵线）

MIPT　Memorial Institute for the Prevention of Terrorism（预防恐怖主义纪念学会）

MK　Umkhonto we Sizwe（民族之矛）

MNLF　Moro National Liberation Front（摩洛民族解放阵线）

NAP　Nuclei Armati Proletari（无产阶级武装核心，Armed Nucleus）

PAC　Pan Africanist Congress（泛非洲人议会）

PFLP　Popular Front for the Liberation of Palestine（解放巴勒斯坦人民阵线）

PFLP-EO　Popular Front for the Liberation of Palestine-External Operations（解放巴勒斯坦人民阵线对外行动小组）

PFLP-GC　Popular Front for the Liberation of Palestine-General Command（解放巴勒斯坦人民阵线总指挥部）

PFLP-SC　Popular Front for the Liberation of Palestine-Special Command（解放巴勒斯坦人民阵线特别指挥部）

PIJ　Palestinian Islamic Jihad（巴勒斯坦伊斯兰圣战组织）

PIRA　Provisional Irish Republican Army（临时派爱尔兰共和军）

PKK　Partiya Karkaren Kurdistan（库尔德工人党，Kurdistan Workers' Party）

PLO　Palestine Liberation Organization（巴勒斯坦解放组织）

PLOTE　People's Liberation Organisation of Tamil Eelam（泰米尔伊拉姆人民解放组织）

RAF　Red Army Faction（红军派）

RIRA　Real Irish Republican Army（真爱尔兰共和军）

SDLP　Social Democratic and Labour Party（社会民主及劳工党）

SL　Sendero Luminoso（光辉道路，Shining Path）

TELO　Tamil Eelam Liberation Organisation（泰米尔伊拉姆解放组织）

TNA　Tamil National Alliance（泰米尔民族联盟）

UDA　Ulster Defence Association（阿尔斯特防卫协会）

UDA/UFF　Ulster Defence Association/Ulster Freedom Fighters（阿尔斯特防卫协会 / 阿尔斯特自由战士）

UDF　Ulster Defence Force（阿尔斯特防卫力量）

UN　United Nations（联合国）

UVF　Ulster Volunteer Force（阿尔斯特志愿军，又称北爱尔兰志愿军）

注 释

前言

1. Alexis de Tocqueville, "Why Democratic Nations Naturally Desire Peace, and Democratic Armies, War," book 2, chap. 22, *Democracy in America*.

2. 这些特例还包括：Martha Crenshaw, "How Terrorism Declines," *Terrorism and Political Violence* 3, no. 1 (1991): 69-87, and Jon B. Alterman, "How Terrorism Ends," Special Report No. 48, U.S. Institute of Peace, May 25, 1999。此外还有少量的案例比较研究，诸如：Jeffrey Ian Ross and Ted Robert Gurr, "Why Terrorism Subsides: A Comparative Study of Canada and the United States," *Comparative Politics* 21, no. 4 (July 1989): 405-426; Rogelio Alonso, "Pathways Out of Terrorism in Northern Ireland and the Basque Country: The Misrepresentation of the Irish Model," *Terrorism and Political Violence* 16, no. 4 (Winter 2004): 695-713。

3. 有关"基地"的各种组织形式及其意义的讨论，详见第七章。

4. 认为这种威胁从根本上说是全新威胁的作者包括：Daniel Benjamin and Steven Simon, *The Age of Sacred Terror: Radical Islam's War against America* (New York: Random House, 2003) and *The Next Attack: The Failure of the War on Terror and a Strategy for Getting It Right* (New York: Owl Books, 2006); Michael Scheuer, "The Plotters against America," *Washington Post Book World*, November 26, 2006, 4; Ian O. Lesser et al., *Countering the New Terrorism*(Santa Monica, Calif.: RAND, 1999); L. Paul Bremer, "A New Strategy for the New Face of Terrorism" *National Interest*, November 2001, 23-30。

5. 保罗·约翰逊曾巧妙地表达过这一立场，参见：Paul Johnson, "The Age of Terror," *New Statesman*, November 29, 1974, 763-764。

6. Caleb Carr, "Terrorism as Warfare: The Lessons of Military History," *World Policy Journal* 13, no. 4 (Winter 1996-1997): 2.

7. 大多数袭击都发生在民主国家或是以民主国家的平民为目标。支持这一观点的有：Audrey Kurth Cronin, “Rethinking Sovereignty: American Strategy in the Age of Terror,” *Survival* 44, no. 2 (Summer 2002): 119-139。

8. Abu Daoud, quoted by Zeina Karam, “For Planner of Assault on Munich Olympics, No Regret Three Decades Later,” Associated Press, February 23, 2006.

9. Robert A. Pape, *Dying to Win: The Strategic Logic of Suicide Terrorism* (New York: Random House, 2005); and Martha Crenshaw, “Coercive Diplomacy and the Response to Terrorism,” chap. 8 of *The United States and Coercive Diplomacy*, ed. Robert J. Art and Patrick M. Cronin (Washington, D.C.: U.S. Institute of Peace Press, 2003), 305-357.

10. 在 20 世纪 90 年代，世界范围内发生的恐怖袭击事件年均数字都低于 400 起，而在 20 世纪 80 年代，这些事件每年都要发生 500 起以上。参见：Cronin, *Rethinking Sovereignty*, 123-124 and 128。

11. Chris Quillen, “A Historical Analysis of Mass Casualty Bombers,” *Studies in Conflict and Terrorism* 25, no. 5 (September-October 2002): 279-292; and Quillen, “Mass Casualty Bombings Chronology,” *Studies in Conflict and Terrorism* 25, no. 5 (September-October 2002): 293-302。奎伦将死亡人数超过 25 人的袭击定义为大规模伤亡袭击事件。

12. 关于恐怖主义定义中面临的困境，参见：Omar Malik, *Enough of the Definition of Terrorism!* (London: Royal Institute of International Affairs, 2001); Alex P. Schmid, *Political Terrorism: A Research Guide* (New Brunswick, N.J.: Transaction Books, 1984)。施密德用超过 100 页的篇幅试图得出一个（恐怖主义的）定义，最后却只得出了“没有哪个定义能得到普遍认可”的结论。

13. 认为恐怖主义是一种政治行为，并不等同于说恐怖主义的政治目标是可以谈判的。如果没有一个政治目标，暴力活动就沦为了普通的犯罪活动，这将在第六章中进行讨论。

14. 沃尔特对这些概念都进行过介绍，参见：E. V. Walter, *Terror and Resistance* (New York: Oxford University Press, 1969)。

15. 有很多关于恐怖主义组织的名单，包括美国的“外国恐怖主义组织”名单和欧盟的恐怖主义组织名单。上述所列的恐怖主义组织在本书中都有涉及，但并不是指本书涉及的所有恐怖主义组织都能被记录在这类名单之中。参见：Audrey Kurth Cronin, *The “FTO List” and Congress: Sanctioning Designated Foreign Terrorist Organizations*, CRS Report for Congress, No. RL32120(Washington, D.C.: Congressional Research Service, October 2003), available at http://www.fas.org/irp/crs/rl32120.pdf。

16. 参见：Alexander L. George and Andrew Bennett, *Case Studies and Theory Development in the Social Sciences* (Cambridge: MIT Press, 2005), esp. chap. 1, “Case Study and Theory

Development," 3-36。

17. 参见：Alexander L. George and Andrew Bennett, *Case Studies and Theory Development in the Social Sciences* (Cambridge: MIT Press, 2005), esp. chap. 1, "Case Study and Theory Development," 3-36。

18. MIPT 数据库中合并了兰德公司（RAND）的《恐怖主义年鉴（1968—1997）》（*Terrorism Chronology*）和《Rand-MIPT 恐怖主义事件数据库（自 1998 年起至今）》中的内容。《恐怖主义年鉴》中涵盖了国际恐怖主义事件，《RAND-MIPT 恐怖主义事件数据库》则包含国内和国际的恐怖主义事件（自 1988 年起）。兰德公司只是对事件数据进行了编译，而关于恐怖主义组织的介绍是由一家咨询公司"DFI 国际"（它在 2007 年以"德蒂加"的名称成立，后更名为"德蒂加 DFI"）完成的。这个数据库并不完美（见"附录"）；但这已是目前可公开获得的最好的数据来源。正如本书提到的，因为显而易见的资金原因，预防恐怖主义纪念学会已将其数据库并入了马里兰大学的"国立恐怖主义研究及应对恐怖主义联合会"项目之中（www.start.umd.edu）。

第一章 斩首

1. James Macgregor Burns, *Leadership* (New York: Harper Collins, 1982), 237。在该书中，伯恩斯阐释了毛泽东在不同时期领导哲学的核心信条。这一表述事实上并非直接引用，而是伯恩斯根据毛泽东的"红宝书"对领导概念所进行的著名总结。参见：*Quotations from Chairman Mao Tse-Tung*（New York: Bantam Books, 1967）。

2. 在一些著名的案例中，诸如"红军派"的安德里亚斯·巴德尔和"红色旅"的雷纳托·库乔（Renato Curcio），他们在早期就被抓获，但其组织却生存了下来。斩首往往并不能让一个组织很快走向终结。实现这个目标取决于斩首时的具体状况。

3. 这并不是说反恐部队总能控制结局。有时，恐怖主义组织的领导人会在战斗中阵亡。为了论述的需要，他们会被计入死亡人数。

4. 艾隆·曼纳斯尝试对不同恐怖主义组织实施的斩首行动做一个统计分析，参见：Aaron Mannes, "Testing the Snake Head Strategy: Does Killing or Capturing Its Leaders Reduce a Terrorist Group's Activity?" *Journal of International Policy Solutions* 9, no. 40 (Spring 2008): 40-49。在承认他的结论从统计学角度来看并无太大意义后，曼纳斯得出结论认为：斩首战略对于减少恐怖主义活动收效甚微，除非是面对伊斯兰恐怖主义组织时，而对其实施斩首行动也会切实增加恐怖袭击的伤亡数字。

5. 例如可参见："Ba'asyir Release: Implications for Islamist Militancy in Indonesia," IDSS Commentaries, June 13, 2006, accessed at www.idss.edu.sg, July 25, 2006。他们也可能就死在狱中：纽约左翼联盟的萨姆·梅尔维尔（Sam Melville，与"气象地下党"有

联系）被判入狱，并于1971年死于阿提卡监狱（Attica prison）的暴动之中，他也因此成为“新左翼”中最受爱戴的殉道者。

6. 参见：Jeremy Varon, *Bringing the War Home: The Weather Underground, the Red Army Faction, and Revolutionary Violence in the Sixties and Seventies* (Berkeley and Los Angeles: University of California Press, 2004)。该组织后来发展到了第二代，它的目标也随之变成报复和争取其领袖出狱。见第四章。

7. MIPT database, http://www.tkb.org/Incident.jsp?incID=1057, accessed on January 15, 2007。“红军派”也以“巴德尔—迈因霍夫帮”的名号而闻名。

8. Simon Reeve, *One Day in September: The Story of the 1972 Munich Olympics Massacre, a Government Cover-up, and a Covert Revenge Mission* (London: Faber, 2000), 178.

9. Brian Michael Jenkins, “Should Our Arsenal against Terrorism Include Assassination?” RAND Paper No. P-7303, January 1987, 4-5.

10. Brian Michael Jenkins, “Should Our Arsenal against Terrorism Include Assassination?” RAND Paper No. P-7303, January 1987, 4-5；另见“预防恐怖主义纪念学会”恐怖主义数据库。阿卜杜拉是黎巴嫩革命武装力量（Lebanese Armed Revolutionary Faction）的一名成员。

11. 这来源于秘鲁真相与和解委员会（Peruvian Truth and Reconciliation Commission）。具体数目不详的一部分受害者应归因于军方。Comision de la Verdad y Reconciliacion Peru, *Informe Final*, vol. 1, part 1: *El proceso, los hechos, las victimas* (Lima: Navarrete, 2003)。

12. 详见：David Scott Palmer, “‘Terror in the Name of Mao’: Revolution and Response in Peru,” in *Democracy and Counterterrorism: Lessons from the Past*, ed. Robert J. Art and Louise Richardson (Washington, D.C.: U.S. Institute of Peace Press, 2007), 195-220。

13. Gustavo Gorriti, “The War of the Philosopher-King,” *New Republic*, June 18, 1990, 15-22; and Gorriti, *The Shining Path: A History of the Millenarian War in Peru* (Chapel Hill: University of North Carolina Press, 1999).

14. 古兹曼用了17年为“光辉道路”打下基础，可谓时间异乎寻常的久。根据马莎·克伦肖的说法，这一时间一般平均为2年。参见：Crenshaw, “Theories of Terrorism: Instrumental and Organization Approaches,” in *Inside Terrorist Organizations*, ed. Dave C. Rapoport, 2nd ed. (London: Frank Cass, 2001), 13-31; and Palmer, “Name of Mao,” 198。

15. David Scott Palmer, “Conclusion: The View from the Windows,” in *Shining Path of Peru*, ed. Palmer, 2nd. ed. (New York: St. Martin’s Press, 1994), 265-266.

16. 例如可参见：Gabriela Tarazona-Sevillano with John B. Reuter, *Sendero Luminoso*

and the Threat of Narcoterrorism (Washington, D.C.: Center for Strategic and International Studies, 1990), 23。也有人不同意这种观点。帕尔默（Palmer）就在《秘鲁的“光辉道路”》一书中准确地预测了古兹曼被捕后的影响。

17. Gordon McCormick, *The Shining Path and the Future of Peru* (Santa Monica, Calif.: RAND, March 1990), 74 and Figure 6, p. 68.

18. Gustavo Gorriti, “What Happens When the Queen Bee Falls？” *IPI Report* 41, no. 10 (October 1991): 3, 6.

19. 古兹曼是通过传统的警察办案手段抓获的。他患有牛皮癣，这种皮肤病需要用药，而他需要的药品又可以通过处方记录来追踪到。参见：Charles Lane, “Superman Meets Shining Path: Story of a CIA Success,” *Washington Post*, December 7, 2000。

20. Palmer, “Conclusion,” 261。在 1993 年年初，其支持者也得到了《悔改法》（*repentance law*）赋予的一次特赦，有效期到 1994 年 11 月。

21. 杜兰在 1999 年 7 月被捕，这明显促成了该组织的衰亡。2002 年至 2003 年一系列袭击发生后，一些人开始担心该组织会再度复兴。在 2002 年 3 月布什总统来访之前，驻利马的美国大使馆附近发生了一起汽车炸弹爆炸事件，造成 9 人死亡和 30 人受伤。参见：Audrey Kurth Cronin, Huda Aden, Adam Frost, and Benjamin Jones, *Foreign Terrorist Organizations*, CRS Report for Congress, No. RL32223, February 6, 2004, 103; accessible at http://www.fas.org/irp/crs/RL32223.pdf。“光辉道路”复兴（或称为重振）的可能性极小。

22. 例如可参见：William F. Buckley, “Execute Guzman,” *National Review*, November 2, 1992, 70-71。

23. 例如可参见：Monte Hayes, “Shining Path on the Rise Again,” Associated Press, May 30, 2008。

24. 这一术语最终随着苏联的崩溃而逐渐改变。

25. Roger Cohen, “Arrest Uniting Europe’s Kurds in Indignation,” *New York Times*, February 19, 1999.

26. 奥贾兰个人下令将平民列为袭击目标，其中特别针对教师，同时也下令对 137 所学校进行破坏。Chris Kutschera, “Mad Dreams of Independence: The Kurds of Turkey and the PKK,” *Middle East Report*, No. 189, The Kurdish Experience, July-August 1994, 12-15。

27. “U.S. Welcomes Ocalan Capture,” Agence France-Presse, February 16, 1999。奥贾兰明显得到了驻内罗比的希腊大使馆的庇护。希腊外交官所扮演的角色致使三名高级阁员辞职。

28. U.S. Department of State, *Patterns of Global Terrorism*, 43, http://www.terrorisminfo.

mipt.org/pdf/2000pogt.pdf, accessed on January 12, 2007.

29. 参见：James Brandon, “Mount Qandil: A Safe Haven for Kurdish Militants—Part 1,” *Terrorism Monitor* (Jamestown Foundation) 4, no. 17 (September 8, 2006), accessed at http://www.jamestown.org on September 20, 2006。

30. Cronin et al., *Foreign Terrorist Organizations*, 88-89; and U.S. Department of State, *Patterns of Global Terrorism 2003*, DoS Publication 11124, Office of the Coordinator for Counterterrorism (Washington, D.C.: U.S. Government Printing Office, April 2004), 133。有关的尝试包括：2003 年 6 月使用一颗 1200 磅的化肥炸弹，对伦敦德里郡一处警察站实施的袭击，该次袭击因被提前发现而遭挫败。

31. 持不同政见的共和派也被怀疑于 2001 年 8 月和 11 月，在伦敦和伯明翰分别实施了汽车炸弹袭击，两起事件均造成了人员受伤但无人死亡。

32. Government of Japan, Public Security Intelligence Agency, “Review and Prospect of Internal and External Situations,” January 2006, 51-54; and U.S. Department of State, *Country Reports on Terrorism, 2005*, U.S. Department of State Publications 11324, April 2006, 190-191。尽管只是个祭祀仪式，但该组织还是实施了非常高调的恐怖袭击，这也是为何将“奥姆真理教”包含在内的原因。这个组织已经分裂成多个派系。其中一个在东京的皇家宫殿（Imperial Palace）附近策划了一次不太成功的炸弹袭击，解救了麻原（彰晃）并帮其偷渡至俄罗斯。

33. 关于这些问题，可参见：Elizabeth B. Bazan, *Assassination Ban and E.O. 12333: A Brief Summary*, CRS Report for Congress, No. RS21037, January 4, 2002, accessible at http://www.fas.org/irp/crs/RS21037.pdf。

34. 例如，美国曾在二战期间偷袭并击落了载有海军上将山本五十六的飞机，而这一决定也得到了富兰克林 · 罗斯福总统的完全赞成。

35. Michael L. Gross, “Fighting by Other Means in the Mideast: A Critical Analysis of Israel’s Assassination Policy,” *Political Studies* 51 (2003): 350-368.

36. 印度前总理拉吉夫 · 甘地于 1991 年 5 月 21 日、斯里兰卡总统普马达撒（Ranasinghe Premadasa）于 1993 年 5 月 1 日，分别遭到“泰米尔伊拉姆猛虎解放组织”的自杀式袭击而身亡；而斯里兰卡总统钱德里卡 · 库马拉通加也因为一次自杀式袭击失去了一只眼睛（1999 年 12 月），这次袭击同时还造成 26 人丧生。

37. 关于恐怖主义组织的目标和行动情况，参见：Thomas Marks, *Maoist Insurgency since Vietnam* (London: Frank Cass, 1996), 166-169。

38. Jenkins, “Arsenal against Terrorism,” 1-2.

39. Jenkins, “Arsenal against Terrorism,” 8.

40. 这方面的原因很多。有些人认为，巴勒斯坦人只是在其组织受到威胁时才予以还击。也有人认为，当有平民被杀时，恐怖主义组织会减少其活动，以便让媒体更多地聚焦于平民被杀的悲剧。Edward H. Kaplan, Alex Mintz, Shaul Mishal, and Claudio Samban, "What Happened to Suicide Bombings in Israel?" *Studies in Conflict and Terrorism* 28, no. 3 (May-June 2005): 232。

41. 以色列人在 1995 年刺杀了"巴勒斯坦伊斯兰圣战组织（吉哈德）"的领导人法特希 · 什卡奇，导致其活动迅速减少。而在拉马丹 · 沙拉赫（Ramadan Abdullah Shallah）继承了该组织领导权之后，该组织的行动效率很快就有所恢复。参见：Mannes, "Snake Head Strategy"; and Daniel Byman, "Do Targeted Killings Work?" *Foreign Affairs* 85, no. 2 (March-April 2006): 103。

42. 同时被杀的还有简加拉尼的副手埃德温 · 安吉利斯（Edwin Angeles）。Alfredo L. Filler, "The Abu Sayyaf Group: A Growing Menace to Civil Society," *Terrorism and Political Violence* 14, no. 4 (Winter 2002): 132。

43. 据报道，年长的简加拉尼与本 · 拉登的姐夫穆罕默德 · 哈里发关系匪浅，并通过慈善机构哈里发网络获得了培训和资金。

44. Steven Rogers, "Beyond the Abu Sayyaf: The Lessons of Failure in the Philippines," *Foreign Affairs* 83, no.1 (January-February 2004): 17.

45. 关于这类案例的更多情况，尤其是恐怖主义组织向犯罪组织转变的情况，可参见第六章。

46. U.S. Department of State, *Country Reports on Terrorism, 2005*, 185, and 252-253. See also Alastair McIndoe, "Tip-off on Terrorist: Two Get $800,000," *Straits Times*, June 1, 2006, 15.

47. IISS Armed Conflict Database, "Abu Sayyaf Group: Latest Developments," January-March 2006.

48. C. S. Kuppuswamy, "Abu Sayyaf: The Cause for the Return of U.S. Troops to Philippines?" South Asia Analysis Group, No. 417 (February 2002), accessed at http://www.saag.org/papers5/paper417.html on April 14, 2007.

49. 更多的深度分析，参见：Audrey Kurth Cronin, "Russia and Chechnya," chap. 12 in Art and Richardson, *Democracy and Counterterrorism*, 383-424。

50. 关于哈塔卜的死亡日期，众说纷纭。吉姆 · 尼科尔（Jim Nichol）报道称，哈塔卜是在 2002 年 3 月死于俄罗斯秘密实施的生物毒杀。参见：*Russia's Chechnya Conflict: An Update*, CRS Report for Congress, No. RL31620, April 16, 2003, 20。

51. Peter Baker, "Russia Moving to Eliminate Chechen Rebel Leaders; Separatists

Defiant after Series of Setbacks," *Washington Post*, April 20, 2004, A13.

52. "Chechen Leader Maskhadov Killed," BBC News, March 8, 2005, http://news.bbc.co.uk/2/hi/europe/4330039.

53. Ariel Cohen, "After Maskhadov: Islamist Terrorism Threatens North Caucasus and Russia," Backgrounder, Heritage Foundation, No. 1838, April 1, 2005, at www.heritage.org/research/russiaandeurasie/bg1838.cfm。该媒体将巴萨耶夫形容为"普京的奥萨马·本·拉登"。

54. Steven Lee Myers, "Chechnya Bomb Kills President, a Blow to Putin," *New York Times*, May 10, 2004, 1; and Susan B. Glasser and Peter Baker, "Chechen President Killed in Bomb Blast," *Washington Post*, May 10, 2004, 1.

55. 多库·乌玛洛夫（Doku Umarov）也出现在视频中，这份视频被公布在一个叛乱组织的网站上。Steven Lee Myers, "Russian Troops Kill Leader of Chechen Separatists," *New York Times*, June 18, 2006。

56. Andrew McGregor, "Russia Threatens Hit-Squads after Murder of Its Diplomats in Iraq," *Terrorism Monitor* (Jamestown Foundation) 4, no. 14 (July 13, 2006): 6-8.

57. "暗杀"（assassination）很难定义。根据国际惯例法，其定义为"通过奸诈的手段对个别敌人进行有选择的杀害"。这一定义也被本书所采用。参见：Jami Melissa Jackson, "The Legality of Assassination of Independent Terrorist Leaders: An Examination of National and International Implications," *North Carolina Journal of International Law and Commercial Regulation* 24 (1999): 687。有关该术语的定义，参见：Daniel B. Pickard, "Legalizing Assassination? Terrorism, the Central Intelligence Agency, and International Law," *Georgia Journal of International and Comparative Law* 30, no. 1 (2001): 8-10。

58. 贾马尔·盖什（Jamal Al-Gashey）、阿德南·盖什（Adnan Al-Gashey）和穆罕默德·撒法迪（Mohammed Safady）逃往利比亚，他们在利比亚被当作英雄来欢迎。参见：Reeve, *One Day in September*, 155-159。

59. 无辜平民也会在行动中被杀和受伤，尤其是一位名叫艾哈迈德·伯基奇（Ahmed Bouchiki）的摩洛哥籍服务员，他被错当成"黑色九月"的一个领导人。

60. 两名分析家研究了特拉维夫证券交易所对一系列暗杀行动的反应后发现，积极的反应取决于两个方面：被杀行动人员的级别（低级别成员不会引起什么反应，而高级别成员则会引起热烈反应）和被杀成员的派别（军事领导人会产生积极反应，而政治领导人则会产生消极反应）。Asaf Zussman and Noam Zussman, "Assassinations: Evaluating the Effectiveness of a Counterterrorism Policy Using Stock Market Data," *Journal of Economic Perspectives* 20, no. 2 (2006): 193-206; and Byman, "Do Targeted Killings

Work?" 95-111。

61. 例如，据称以色列人以赠送毒巧克力的方式杀害了“解放巴勒斯坦人民阵线对外行动小组”（PFLP-EO）领导人瓦迪·哈达德。这一刺杀行动给哈达德的组织制造了一条长长的裂缝，而后导致两个分支组织“5 月 15 日”组织和“解放巴勒斯坦人民阵线特别指挥部”（PFLP-SC）的成立。

62. 定点清除政策一经出现就充满了争论。尽管军方人士否认在巴勒斯坦人第一次起义期间实施过暗杀政策，但以色列人权组织“贝赛林”一直宣称大约有 90 名巴勒斯坦人在被捕的地点遭到秘密杀害。参见：B'Tselem, *Special Units Activities in the Occupied Territories*, May 1992。

63. 根据“贝赛林”的说法，从 1987 年 12 月 9 日到 1993 年 9 月 13 日，约有 1378 名居住在被占领土上的巴勒斯坦人，在第一次起义期间遭到以色列安全部队的杀害。在第二次（阿克萨）起义中，这一数字达到了 3441。http://www.btselem.org/english/statistics/first_intifada_tables.asp, accessed December 6, 2008。

64. Kaplan et al., "Suicide Bombings in Israel," 232.

65. 在第二次起义期间，遭到定点清除的巴勒斯坦人的数字可通过登录 http://www.btselem.org/english/Statistics/Casualties_Data .asp?Category=19 得到结果。

66. Amos Guiora, "Targeted Killing as Active Self-Defense," *Case Western Reserve Journal of International Law* 36, nos. 2-3 (2004): 319-335.

67. 更多的相关内容，参见：David Kretzmer, "Targeted Killing of Suspected Terrorists: Extra-judicial Executions or Legitimate Means of Defence?" *European Journal of International Law* 16, no. 2 (2005): 171-212; Gross, "Fighting by Other Means"; and the lengthy exchanges between Steven R. David and Yael Stein in *Ethics and International Affairs* 17, no. 3 (2003): 111-140。也可参见：Molly Moore, "Israel's Lethal Weapon of Choice: Assassinations of Militants Increase, Citizens' Uneasiness Grows," *Washington Post*, June 29, 2004, A1, A20。

68. 根据一名不愿透露姓名的以色列官员的说法，“对受通缉的人员进行清除看来十分有用……这一行动破坏并震慑了所有村落，而且到最后，那些地区的人民都不敢再采取任何敌对行动。”参见：Eldar Akiva, "Liquidation Sale for the Peace Process," *Ha'aretz*, January 4, 2001, cited in Michael L. Gross, "Killing Civilians Intentionally: Double Effect, Reprisal, and Necessity in the Middle East," *Political Science Quarterly* 120, no. 4 (2005-2006): 564。

69. Kaplan et al., "Suicide Bombings in Israel," 233-234.

70. Mannes, "Snake Head Strategy."

71. Yael Stein, "By Any Name Illegal and Immoral: Response to Israel's Policy of Targeted Killing," *Ethics and International Affairs* 17, no. 3 (2003): 127-137.

72. Gross, "Fighting by Other Means"。用格罗斯的话来说："在这样一个狭小的地理区域进行的这场道义上对等的斗争，最终会让两个民族和解，届时暗杀、人为的破坏和这些行为所激起的愤怒，都将不再有容身之所。"(365)

73. Mohammed M. Hafez and Joseph M. Hatfield, "Do Targeted Assassinations Work? A Multivariate Analysis of Israel's Controversial Tactic during Al-Aqsa Uprising," *Studies in Conflict and Terrorism* 29, no. 4 (June 2006): 359-382.

74. "直接行动"的4个主要领导人——梅尼贡（Nathalie Menigon）、罗兰（Jean-Marc Rouillan）、奥布隆（Joelle Aubron）和西普里亚尼（Georges Cipriani）于1987年2月被捕，就在费雷罗（Max Frerot）被捕之后不久，这对遏制该组织的活动十分有效。智利组织"曼努埃尔·罗德里格斯持异见者爱国阵线"（FPMR-D）也是在20世纪90年代，几名关键人物被捕后开始停止活动的。在1985年4月一次为期4天的围捕中，美国恐怖主义组织"主的契约、剑和手臂"的8名领导人被捕并被关进监狱，这一行动有效地终结了该组织。这样的例子还有很多。

75. 切·格瓦拉在1967年10月遭到波利维亚军队的逮捕和杀害。他的死标志着业已走向失败的叛乱最终结束，切·格瓦拉随后也成为一个传奇形象，激励着南美和其他地区的左翼分子和分离主义组织。"解放巴勒斯坦人民阵线"的雷拉·卡勒德（Leila Ali Khaled）在她1969年8月劫持（美）环球航空公司的840航班时就将《我的朋友切》一书带在身边。"气象地下党"组织也在1969年10月8日至11日，即切·格瓦拉逝世两周年纪念日期间组织了大规模的抗议活动。参见：Harvey Kushner, *Encyclopedia of Terrorism* (Thousand Oaks, Calif.: Sage, 2003), 155-156, 372, and 406。

76. 奥马尔酋长是埃及好战组织——"伊斯兰组织"的领导人，该组织与埃及伊斯兰圣战组织联系甚密。奥马尔以"盲人酋长"广为人知。他在美国被判终身监禁，却一直号召着他的支持者从事暴力活动，尤其是针对犹太人的暴力活动。他在1993年被判处阴谋参与世贸中心的爆炸案，密谋炸毁荷兰隧道、林肯隧道及联合国建筑，以及策划暗杀参议员阿方索·艾马托（Alfonse D'Amato）和联合国秘书长布特罗斯·加利（Boutros Boutros-Ghali）。

77. Hayes, "Shining Path."

第二章　谈判

1. 几周后即1993年11月29日就有人曝出，英国政府官员（尽管没有内阁一级的）正在与"新芬党"及"爱尔兰共和军"进行谈判。

2. 保罗 · 威尔金斯认为，坚定地恪守“拒绝恐怖分子的一切要求”这一准则，应毫无例外地予以执行。参见：Paul Wilkinson, *Terrorism and the Liberal State*, 2nd ed. (London: Macmillan, 1986), 301。与其对立的观点可参见：Martin Hughes, “Terror and Negotiation”, *Terrorism and Political Violence* 2, no. 1 (Spring 1990): 72-82。

3. 本章并不准备讨论与资助恐怖主义的国家进行的谈判。有些官员在暴力行为并不针对平民时也会使用“恐怖分子”这一术语，以此达到回避与次国家组织进行谈判的目的。这类对“恐怖分子”的滥用，也是为何恐怖主义难以研究和难以消除的原因之一。本章也不准备讨论那些在恐怖主义活动即将平息时所进行的最后时刻的对话，因为这类恐怖主义活动并不是因为对话而缓解，而是因为其他因素。

4. 很多国家都曾声明绝不与恐怖分子进行谈判，而后又被迫食言，包括在 20 世纪 70 年代以不谈判政策闻名的以色列政府。有关人质谈判的这一系列例外，参见：Harvey E. Lapan and Todd Sandler, “To Bargain or Not to Bargain: That Is the Question,” *American Economic Review* 78, no. 2 (May 1988): 16-21。

5. Charles King, *Ending Civil Wars*, Adelphi Paper No. 308 (Oxford: Oxford University Press for the International Institute for Strategic Studies, 1997), 66-67; Ann Hironaka, *Neverending Wars: The International Community, Weak States, and the Perpetuation of Civil War* (Cambridge: Harvard University Press, 2005), 78-79.

6. 本章涵盖了围绕某个恐怖主义组织的根本目标或战略性目标所进行的谈判，而不会去分析为解决被扣人质和劫持航班事件所进行的对话。例如可参见：Richard L. Clutterbuck, *Kidnap, Hijack, and Extortion: The Response* (New York: St. Martin’s Press, 1987), Brian M. Jenkins, “Talking to Terrorists,” RAND Paper No. P-6750, 1982; Abraham H. Miller, *Terrorism and Hostage Negotiations* (Boulder, Colo.: Westview Press, 1980); and Todd Sandler and John L. Scott, “Terrorist Success in Hostage-Taking Incidents: An Empirical Study,” *Journal of Conflict Resolution* 31, no. 1 (March 1987), 35-53。

7. 美国政府要求《华盛顿邮报》和《纽约时报》公布“智能炸弹客”的 3.5 万字声明。这份声明直接导致了对西奥多 · 卡钦斯基（Theodore Kaczynski）的逮捕与控告，因为卡钦斯基的哥哥在看到这份声明后读懂了他的想法和用语，并联系了联邦调查局。卡钦斯基曾在 17 年内实施了 16 起爆炸袭击活动，致使 3 人死亡、23 人受伤。David Tucker, *Skirimishes at the Edge of Empire: The United States and International Terrorism* (Westport, Conn.: Praeger, 1997), 78-79。

8. 例子就是，玛格丽特 · 撒切尔与约翰 · 梅杰公开拒绝与恐怖分子进行对话，而随后则被曝出他们的政府在 20 世纪 80 年代与爱尔兰共和党人进行了间接的接触。当然从事后看，梅杰政府进行了对话是件好事；但最佳的处理应该是，外界对这件事不做任何公开评价。参见：Brendan O'Leary, "The Conservative Stewardship of Northern Ireland, 1979-97: Sound-Bottomed Contradictions or Slow Learning?" *Political Studies* 45 (1997): 671-673。

9. 例如，恐怖主义受害者们组成的强大联盟就被"埃塔"利用了。参见：Gorka Espiau Idoiaga, "The Basque Conflict: New Ideas and Prospects for Peace," Special Report No. 161, U.S. Institute of Peace, April 2006, available at www.usip.org。

10. Adam Roberts, "The 'War on Terror' in Historical Perspective," *Survival* 47, no. 2 (Summer 2005): 109. See also John Mueller, "Six Rather Unusual Propositions about Terrorism," and "Response," *Terrorism and Political Violence* 17, no. 4 (2005): 526.

11. Crenshaw, "How Terrorism Declines," 79; and Tucker, *Skirmishes*, 74.

12. 关于恐怖主义、叛乱、内战与常规战争之间的关系，第六章将进行更为深入的讨论。

13. 可与金在《终结内战》中提出的观点进行对比，参见：King, *Ending Civil Wars*, 72-82。

14. "The cause is not the cause." Jerrold M. Post, "Terrorist Psycho-Logic: Terrorist Behavior as a Product of Psychological Forces," in *Origins of Terrorism: Psychologies, Ideologies, Theologies, States of Mind,* ed. Walter Reich (Cambridge: Cambridge University Press, 1990), 35. See also Alexander L. George, *foreword to Leaders and Their Followers in a Dangerous World,* ed. Jerrold M. Post (Ithaca, N.Y.: Cornell University Press, 2004).

15. 正如前言中阐释的，其核心特征是以政治性为根本属性、以暴力使用为标志、以无辜者为袭击目标、以非国家行为体为实施主体。出于分析的原因，我们在称某个组织的行为为"恐怖主义"时特意显得极为保守，以此来防止在数据上出现偏差。然而，这可能已经导致（我们研究的）恐怖主义组织的平均生存周期被人为地延长。

16. 关于"预防恐怖主义纪念学会"数据库的优点与不足，可参见"附录"。在排除数据库中只进行过一次袭击，或是只袭击了管道和下班后的银行这类经济性目标的组织后，我们就能将研究对象减至那些只对平民实施暴力活动的组织——同时还符合我们定义恐怖主义的四个基本特征。明确符合所有这些特征的恐怖主义组织，该数据库中共计是 457 个。

17. 这并不是说，所有非殖民化斗争都属于恐怖主义活动。其中很多只是包括恐怖主义的战术，比较著名的有发生在印度支那、阿尔及利亚和肯尼亚的斗争，这些都在后来发展成为叛乱乃至常规战争。详见第六章。

18. 政府的实力是另一个要考虑的因素。政府必须足够强大后，才会与那些生存年头较长的恐怖主义组织接触。

19. 彼得·纽曼在这一点上很有远见。参见：Peter Neumann, "Negotiating with Terrorists," *Foreign Affairs* 86, no. 1 (January-February 2007): 128-138。

20. "失败"指的是，正式谈判的条件和先期达成的协定遭到恐怖主义主要组织派系（并不是其分支）明显或实质性的破坏，有实质性进展的谈判中有一方永久性地退出，或对话遭到破坏并彻底中断。同理，"成功"也不是一定意味着暴力活动立即且完全被终止。正如下文中将要讨论的，有时即使谈判能让一个恐怖主义组织停止活动或实现转型，但仍会有下属的分支组织继续从事暴力活动。

21. 例如，1988 年巴勒斯坦全国委员会的会议声明和 1989 年南非非洲人国民大会的《哈拉雷声明》，都单方面暗示其组织目标不再是最高准则。Daniel Lieberfeld, "Post-handshake Politics: Israel/Palestine and South Africa Compared," *Middle East Policy* 6, no. 3 (February 1999): 133。

22. 20 世纪有两个时段被称为"爱尔兰纷争"（The Troubles in Ireland）时期。第一时段与爱尔兰独立战争（也被称为英爱战争）有关，随后发展为 1919 年至 1923 年的爱尔兰内战。本书只讨论第二时段，即从 20 世纪 60 年代至 90 年代那次。

23. "正式派爱尔兰共和军"于 1972 年 6 月结束了其武装活动，但新的"临时派爱尔兰共和军"却将这一斗争继续了下去。旧的共和军与临时派共和军之间的矛盾焦点，关乎从失败的边境活动向新的城市战略的转型，这将带来更为巨大的宗派暴力风险。

24. 根据阿尔斯特大学（University of Ulster）的互联网冲突档案（Conflict Archive on the Internet，CAIN）网站，在这一时期有 1981 人被拘留；1874 人为天主教人 / 共和党人，还有 107 人为新教徒 / 保皇分子。参见 http://cain.ulst.ac.uk/events/ intern/sum.htm, accessed on January 3, 2007。

25. Marie-Therese Fay, Mike Morrissey, and Marie Smyth, *Northern Ireland's Troubles: The Human Costs* (London: Pluto Press in association with the Cost of the Trouble Study, 1999), 136.

26. 支持"临时派爱尔兰共和军"的力量，在贝尔法斯特、德里（Derry）、北贝尔法斯特和西贝尔法斯特地区的天主教工人阶层中尤其强大。伴有浓厚共和党传统的乡村地区也提供了支持，如南阿玛、东蒂龙和南部的伦敦德里郡。

27. http://cain.ulst.ac.uk/sutton/tables/Organisation_Responsible.html, viewed on January 5, 2007.

28. John Darby, "Northern Ireland: The Background to the Peace Process," available at CAIN Web Service, University of Ulster, http://cain.ulst.ac.uk/events/peace/darby03.htm, last accessed on January 2, 2007. See also Fay, Morrissey, and Smyth, *Northern Ireland's Troubles*; and Marie Smyth, "Lost Lives: Victims and the Construction of 'Victimhood' in

Northern Ireland," chapter 1 of *A Farewell to Arms*? ed. Michael Cox, Adrian Guelke, and Fiona Stephen, 2nd ed. (Manchester: Manchester University Press, 2006), especially the chart on p. 9.

29. Darby, "Northern Ireland." See also John Horgan, *The Psychology of Terrorism* (London: Routledge, 2005), esp. 151; and Louise Richardson, *What Terrorists Want* (London: John Murray, 2006), 258-259.

30. 有关伤亡数据，可参见：David McKittrick, Seamus Kelters, Brian Feeney, and Chris Thornton, *Lost Lives: The Stories of the Men, Women, and Children Who Died as a Result of the Northern Ireland Troubles* (Edinburgh: Mainstream Press, 2001)。

31. 关于保皇派与南非军队之间的联系，可参见：Richard Dowden, "Guns, Missiles, Blueprints and the Ulster Connection," *The Independent*, July 15, 1992。

32. O'Leary, "Conservative Stewardship," 667-670. See also Margaret Thatcher, *The Downing Street Years* (London: HarperCollins, 1995), 406-407.

33. 关于和平进程的历史年表是精心选择的。如果想找份较为综合性的文本，可登录 http://cain.ulst.ac.uk/events/peace/pp8893.htm, accessed on January 3, 2007。

34. 关于和平进程的历史年表是精心选择的。如果想找份较为综合性的文本，可登录 http://cain.ulst.ac.uk/events/peace/pp8893.htm, accessed on January 3, 2007。也可参见："Going to the Edge," in Brian Rowan, *Behind the Lines: The Story of the IRA and Loyalist Ceasefires* (Belfast: Blackstaff Press, 1995)。

35. 英国政府与"新芬党"之间的秘密会谈于 1993 年 11 月被曝光。参见：Anthony Bevins, Eamonn Malliem, and Mary Holland, "Major's Secret Links with IRA Leadership Revealed," *The Observer*, November 28, 1993。

36. O'Leary, "Conservative Stewardship," 668-669。也可参见：Brendan O'Brien, *The Long War: The IRA and Sinn Féin from Armed Struggle to Peace Talks* (Dublin: O'Brien Press, 1995)，关于共和战略的演变。

37. 也称为"唐宁街宣言"（Downing Street Declaration），发表于 1993 年 12 月 15 日。全文详见 http://cain.ulst.ac.uk/events/peace/docs/dsd151293.htm，accessed on January 3, 2007。

38. McKittrick et al., *Lost Lives*, 1307.

39. http://news.bbc.co.uk/1/hi/events/northern_ireland/latest_news/166668.stm, accessed on January 5, 2007.

40. 为反击对天主教徒的杀戮，"爱尔兰共和军"于 1993 年 10 月实施了香基尔大道（Shankill Road）爆炸案，他们计划袭击的目标是"阿尔斯特防卫协会"（UDA）

的领导层，最终却杀死了9名新教平民。“阿尔斯特防卫协会”以格雷司迪大屠杀（Greysteel massacre）来回敬之，约翰尼·阿代尔（Johnny Adair）的“保皇派自由战士”在伦敦德里郡天主教区的一间酒吧里杀害了8人（死者中也包括2名新教徒）。之后不久，“爱尔兰民族解放军”（INLA）又在香基尔大道杀害了2名阿尔斯特防卫力量（UDF）的成员；这一事件发生的几天之后，“阿尔斯特志愿军”（UVF）在洛芬尼斯兰（Loughinisland）的一家酒馆里枪杀了6名平民。“临时派爱尔兰共和军”后来又杀害了4名高级别的保皇分子，其中3名是“阿尔斯特防卫协会”成员，1名是“阿尔斯特志愿军”成员。详见 http://cain.ulst.ac.uk/sutton/chron/1993.html, accessed on January 5, 2007。

41. http://news.bbc.co.uk/onthisday/hi/dates/stories/february/10/newsid_2539000/2539265.stm, accessed on January 5, 2007。

42. 格里·亚当斯最终于1998年1月18日在唐宁街与英国首相托尼·布莱尔实现了会面。

43. 据称，英国陆军“武力搜索部队”（Force Research Unit）的情报人员将“临时派爱尔兰共和军”行动人员的信息透露给保皇派准军事组织，后者根据这些信息对“临时派爱尔兰共和军”人员实施暗杀。其中一名行动人员，布莱恩·尼尔森（Brian Nelson），成为阿尔斯特防卫协会一个省的情报主管。参见：Peter Taylor, “Dark Side of the War,” BBC News, May 31, 2000, accessed at BBCNews.com on January 11, 2007。参见马修·蒂格（Matthew Teague）通过“双盲试验”（Double Blind）对渗透做出的分析，*Atlantic Monthly*, April 2006。

44. 伦敦警察厅主管约翰·斯蒂文斯发起了一系列的调查，最后发现确实存在谋杀共和党的共谋。参见：“Army ‘Colluded’ with Loyalist Killers: Rogue Elements within the Police and Army in Northern Ireland Helped Loyalist Paramilitaries to Murder Catholics in the Late 1980s, the UK’s Most Senior Police Officer Has Said,” BBC News, April 17, 2003, accessed at BBCNews.com on January 11, 2007; and “RUC ‘Colluded with Loyalist Killers,’ ” *The Times* (London), January 22, 2007, 12。

45. “Top IRA Informer Named: A Spy Who Penetrated the IRA Leadership on Behalf of the British Military Has Been Named as Freddie Scappaticci by Security Sources,” BBC News, May 11, 2003, accessed at BBCNews.com on January 11, 2007。参见“临时派爱尔兰共和军”中为政治保安处效力的英国特工马丁·麦克加特兰的自传，Martin McGartland, *Fifty Dead Men Walking* (London: Blake, 1997)。

46. http://news.bbc.co.uk/onthisday/hi/dates/stories/june/15/newsid_2527000/2527009.stm, accessed on January 5, 2007.

47. 之后的袭击，详见：http://cain.ulst.ac.uk/events/peace/pp9398.htm, accessed on January 3, 2007。

48. 引自 McKittrick et al., *Lost Lives*, 1402。

49.《北爱尔兰和平协议》也被称为《贝尔法斯特协定》（*Belfast Agreement*），或是被极少数人称为《斯托蒙特协定》（*Stormont Agreement*）。其主要条款包括在北爱尔兰建立一个权力下放且可多方共享的政府，建立一个由北爱尔兰议会（Northern Ireland Assembly）和爱尔兰议会（Irish parliament）共同运行的跨边界联合代表机构。英国仍保有对这片领土的主权，除非绝大多数居民公投要求改变这一现状。很明显，已经无效的 1973 年 12 月达成的《桑宁代尔协议》（*Sunningdale Agreement*）与其有着大体一致的轮廓。参见：Michael Mansergh, "The Background to the Irish Peace Process," in Guelke, Cox, and Stephen, *Farewell to Arms*。要获得全文，请参见：http://cain.ulst.ac.uk/events/peace/docs/agreement.htm, accessed on January 5, 2007。

50. 和平进程中关于行为转变的一个精彩分析，可参见：John Darby and Roger MacGinty, eds., *The Management of Peace Processes* (Basingstoke: Macmillan, 2000)。

51. "奥马爆炸案"据称是北爱尔兰问题出现以来单次爆炸事件中伤亡数字（29 人身亡、220 人受伤）最大的一次。宗派暴力活动在 2001 年夏天的北贝尔法斯特变得尤为强劲，很多人也担心至少自 1994 年就开始的联合停火会因此失效。

52. Michael McDowell, Irish justice minister, speaking in the Dáil, June 24, 2005. http://news.bbc.co.uk/1/hi/northern_ireland/4617943.stm, accessed on January 5, 2007.

53. "新芬党"拥有北爱尔兰议会 108 个席位中的 24 席，在 18 名来自北爱尔兰的议员中，它拥有 5 名威斯敏斯特代表，166 名爱尔兰代表中它拥有 5 名。选举的具体结果，可参见 http://cain.ulst.ac.uk/issues/politics/election/ra1998.htm and http://cain.ulst.ac.uk/issues/politics/election/ra2003.htm, accessed on January 5, 2007。随着《北爱尔兰和平协议》的签署，对"新芬党"的支持出现了实质性的上升。

54. John Darby, "A Truce Rather Than a Treaty? The Effect of Violence on the Irish Peace Process," chap. 14 of Guelke, Cox, and Stephen, *Farewell to Arms*, 219-221.

55. 据《简氏情报评论》报道，2005 年"临时派爱尔兰共和军"共清缴了 1000 支步枪、3 吨可变塑料炸弹、30 挺重机枪和超过 100 枚手雷。英国军情五处则称这些军火并没有被如数销毁。参见 http://news.bbc.co.uk/1/hi/northern_ireland/4284048.stm, accessed on January 5, 2007。根据"独立监督委员会"出台的 8 份报告（2006 年 2 月公布），"临时派爱尔兰共和军"的部分成员仍在涉入一些有组织犯罪活动。

56. 是否支持当地警察，一直是"新芬党"和亲英的"民主统一党"之间的关键分歧。参见："'Positive' Replies to Blair Views," BBC News, January 4, 2007, at

http://news.bbc.co.uk/1/hi/northern_ireland/6230971.stm, accessed on January 10, 2007; and Owen Bowcott, "Blair Returns Home to Warn Sinn Féin over Devolution," *Guardian Unlimited*, January 4, 2007, at http://politics.guardian.co.uk/northernirelandassembly/story/0,,1982943,00.html, accessed on January 10, 2007。

57. Adrian Guelke, Michael Cox, and Fiona Stephen, "Conclusion: Peace beyond the Good Friday Agreement?" in *A Farewell to Arms*, 450.

58. Darby, "Truce Rather Than Treaty?" 223.

59. Roger MacGinty, "Irish Republicanism and the Peace Process: From Revolution to Reform," in Guelke, Cox, and Stephen, *A Farewell to Arms*, 126.

60. Adrian Guelke, "Political Comparisons: From Johannesburg to Jerusalem," in Guelke, Cox, and Stephen, *A Farewell to Arms*, 367-374.

61. 更多内容，请参见：Audrey Kurth Cronin, "Behind the Curve: Globalization and International Terrorism," *International Security*, 27, no. 3 (Winter 2002-2003), 30-58; and David Rapoport, "The Four Waves of Modern Terrorism," chap. 2 of *Attacking Terrorism: Elements of a Grand Strategy*, ed. Audrey Kurth Cronin and James M. Ludes (Washington, D.C.: Georgetown University Press, 2004), 46-73。

62. Guelke, "Political Comparisons."

63. Francesco Letamendia and John Loughlin, "Learning from Other Places: Northern Ireland, the Basque Country and Corsica," in Guelke, Cox, and Stephen, *A Farewell to Arms*, 378.

64. Intifada 一词通常翻译为"起义"，而其实际含义更接近英文中"抖动"的意思，就像一只狗抖掉身上的虱子。Benny Morris, *Righteous Victims: A History of the Zionist-Arab Conflict, 1881-2001* (New York: Alfred A. Knopf, 1999), 561。

65. 第一次起义中伤亡人员的具体名单由人权组织"贝赛林"公布在：http://www.btselem.org/english/Statistics/First_Intifada_Tables.asp。

66. Aryeh Shalev, *The Intifada: Causes and Effects* (Oxford: Westview Press, 1999), 125. See also Morris, Righteous Victims, 591.

67. T. G. Fraser, *The Arab-Israeli Conflict,* 2nd ed. (Basingstoke: Palgrave Macmillan, 2004), 133.

68. Fraser, *The Arab-Israeli Conflict*, 32.

69. Mark A. Tessler, *A History of the Israeli-Palestinian Conflict* (Bloomington: Indiana University Press, 1994), 747。对投敌者的杀戮自 1989 年小规模地开始，但在海湾战争后迅速扩大。特斯勒认为，这类杀戮更多的是出于个人恩怨和算旧账，而不是政治分歧。

70. Daniel Lieberfeld, *Talking with the Enemy: Negotiation and Threat Perception in South Africa and Israel/Palestine* (Westport, Conn.: Praeger, 1999), 62.

71. 登录 www.btselem.org 便可获悉，第一次起义（从 1987 年 11 月至 1993 年 9 月）的伤亡中有 1162 名巴勒斯坦人（其中 241 人为儿童，尽管这些孩子中也有一些参与了军事行动）。在最初的 13 个月中，有 332 名巴勒斯坦人和 12 名以色列人被杀。

72. 当被问道："您在奥斯陆的开端，就成了阿拉法特先生的薄弱之处吗？"西蒙·佩雷斯回答说："是的，（奥斯陆）是阿拉法特的薄弱之处，也是他可能面临消失的危险之所在。我的意思是，在我看来，他消失了比他活着更加危险。" Shimon Peres and Robert Littell, *For the Future of Israel* (Baltimore: Johns Hopkins University Press, 1998), 75。讽刺的是，以色列在 20 世纪 80 年代一直通过秘密支持极端宗教组织以求削弱"巴勒斯坦解放组织"（PLO）。

73. 这一案例研究中并不包括 1978 年 9 月，以色列和埃及之间签订的《戴维营协议》，该协议是由美国从中调解，以国与国之间协议的形式达成的。

74. The Knesset（以色列政府网战），"The Main Events and Issues During the Thirteenth Knesset," accessed at http://www.knesset.gov.il/ history/eng/eng_hist13.htm. on December 29, 2008.

75. 从技术上来讲，"巴勒斯坦伊斯兰圣战组织（吉哈德）"并不是一个"分支"组织，尽管它积极地反对"巴勒斯坦解放组织"所推行的和平进程。它事实上是"穆斯林兄弟会"的一个暴力分支，1970 年建立于埃及。该组织的领导层在埃及总统安瓦尔·萨达特遇刺后，被迫流亡到加沙地带。巴勒斯坦伊斯兰圣战组织的领袖法特希·什卡奇，于 1995 年在马耳他被刺身亡。

76. MIPT database http://www.tkb.org/Group.jsp? groupID=82, accessed on January 25, 2007; see also John King, *Handshake in Washington: The Beginning of Middle East Peace*? (Reading, UK: Ithaca Press, 1994), 44-47.

77. 关于《库达伊比亚停战协议》，可参见 *al-Quds*，1998 年 5 月 10 日。当阿拉法特被问及奥斯陆是否是个错误时，他说："不是……安拉的使者穆罕默德也曾接受了库达伊比亚和平条约。"关于"吉哈德"，可参见 *Ha'aretz*，1994 年 11 月 22 日。"巴勒斯坦人正在坚持他们的圣战，这一进程会一直进行下去，直到一名'法塔赫'或巴勒斯坦青年将旗帜插上耶路撒冷城墙之时。"关于回归权，可参见 *Ma'ariv,* 1995 年 9 月 7 日。"哦，加沙，你的孩子们正在回来！哦，雅法！哦，洛德！哦，海法！哦，耶路撒冷！你们正在回归巴勒斯坦。"（以上除了加沙，都在以色列的控制之下。）

78. 1994 年 3 名巴勒斯坦自杀式炸弹袭击者对以色列人发动袭击，致使 28 人丧生、超过 100 人受伤。1995 年有 4 起自杀式袭击，致使 40 人丧生、超过 128 人受伤。

1996 年又有 4 起，导致 57 人丧生、超过 213 人受伤。相比之下，1993 年仅有 1 起自杀式袭击，只有袭击者本人丧生。Anthony H. Cordesman, *The Israeli-Palestinian War: Escalating to Nowhere* (Westport, Conn.: Praeger Security International, 2005), 22-25。也可参见：Mohammed Hafez, *Manufacturing Human Bombs: The Making of Palestinian Suicide Bombers* (Washington, D.C.: U.S. Institute of Peace, 2006)。

79. Pape, *Dying to Win*, 66-73.

80. Morris, *Righteous Victims*, 596。例如，1995 年 3 月 20 日，一辆“哈马斯”卡车在以色列南部被发现，车上载有 400 磅炸药。6 名行动人员几天后被逮捕。1995 年 8 月 12 日，多名装备重型武器的渗透人员在穿越约旦边境时被捕。MIPT Terrorism Knowledge Base, www.tkb.org, accessed on February 6, 2006。从这一点可以看出，伊斯兰圣战组织从进入到撤离都只针对士兵；而“哈马斯”则不区分士兵和平民。Morris, *Righteous Victims*, 626。

81. 戈德斯坦是极端犹太教组织“保卫犹太人联盟”（Kach）中的一名积极分子。以色列政府已经解散了该组织；不过，伊扎克 · 拉宾的刺杀者伊格尔 · 阿米尔也与“保卫犹太人联盟”有联系。

82. Carol Migdalovitz, *Israeli-Arab Negotiations: Background, Conflicts, and U.S. Policy*, CRS Report for Congress, No. RL 33530, updated December 12, 2006, 27。巴以和平进程的所有协议文本，可参见 http://www.state.gov/p/nea/rls/c9646.htm。

83. 在拉宾遇刺之前的一段时间里，以色列公众对“非法”（包括暴力的）抗议手段的支持力度一直很高。这是根据亚阿尔（Ephraim Yaar）和赫曼（Tamar Hermann）所做的民意调查得出的。参见：Tami Steinmetz Center for Peace Research— Peace Index; available at http://www.tau.ac.il/peace/, accessed January 21, 2007。

84. “A Landslide for Arafat,” January 21, 2006, CNN, http://www.cnn.com/ WORLD/9601/palestine_elex/01-21/12am/index.html, accessed on February 6, 2006. See also Mark August, “Shifting Sands and Arafat’s Popularity,” *Tampa Tribune*, November 28, 1994, 4.

85. Andrew Kydd and Barbara Walter, “Sabotaging the Peace: The Politics of Extremist Violence,” *International Organization* 56, no. 2 (Spring 2002): 263-296.

86. Dennis Ross, *The Missing Peace: The Inside Story of the Fight for Middle East Peace* (New York: Farrar, Straus and Giroux, 2004)。“哈马斯”的袭击从 1992 年开始，就在《奥斯陆协议》签订之前。其袭击破坏了和平进程，尤其表现在叙利亚人拒绝对其进行谴责。罗斯对叙利亚谈判人员说：“这是胡闹。当人们因为无辜者被杀害而愤怒或极度悲伤时，您怎么能期望以色列公众去相信他们是（你们）寻求和平的伙伴呢？怎么可能呢？”(244)

87. 在失利之后，佩雷斯说："我相信主要是因为'哈马斯'的袭击，我们已经输掉了选举。"阿娜特·塞吉尔曼（Anat Cygielman）称："佩雷斯怪自己没有逼迫阿拉法特。"参见 Ha'Aretz，1999 年 1 月 5 日。另见 Lieberfeld, "Post-handshake Politics," 140。对这一类声明一定要谨慎对待。认为某一变量促成了巴勒斯坦人或以色列人的行动，是建立在将复杂现实中多重且交错的动机过于简单化的基础上。参见：Kydd and Walter, "Sabotaging the Peace," 285 and n. 32。

88. Ross, *The Missing Peace*, 244.

89. 在 1996 年 5 月塔米·斯坦梅茨和平研究中心（Tami Steinmetz Center for Peace Research）所做的一次民意调查中，超过一半（56.8%）的受访者相信《奥斯陆协议》的签署将极大地扭转公民的不安全感，但也有接近一半（48.4%）的受访者投票给了"利库德"，因为他们相信该党会更加严格地要求巴勒斯坦人遵守这一协议。参见 http://www.tau.ac.il/peace/, accessed on January 20, 2007。

90. Cordesman, *The Israeli-Palestinian War*, 22-28.

91. Ephraim Yaar and Tamar Hermann, "Peace Index, October 1998," available at http://www.tau.ac.il/peace/, accessed on January 20, 2007.

92. 巴拉克当选后不久进行的以色列民意调查显示，大多数受访者更希望建立一个代表广泛利益的联合政府（69%），而不是一个一意推行和平进程的狭义政府（19.5%）。参见：Ephraim Yaar and Tamar Herman, "Peace Index, May 1999," available at http://www.tau.ac.il/peace/, accessed on January 20, 2007。

93. 巴拉克在戴维营峰会上做出的让步，因为过于安抚对方而受到了以色列公众一边倒的谴责（74% 强烈反对，60% 反对）。Yaar and Hermann, "Peace Index, July 2000," available at http://www.tau.ac.il/peace/, accessed on January 20, 2007。

94. 2000 年 9 月 28 日，沙龙和其他"利库德集团"成员访问了圣殿山。巴勒斯坦将其视作一次挑衅。很多人都认为这将激起第二次起义。也有人认为，访问前一天发生的以色列军士大卫·比里（David Biri）被杀事件（2000 年 9 月 27 日）将开启暴力活动的序幕。阿拉法特明确地支持发动起义，这很可能是为了不让"哈马斯"抢占先机，起义由"法塔赫"的武装派系"坦兹姆"领导。一些分析家甚至断定阿拉法特刻意指挥着阿克萨起义，以争取以色列人更多的让步和国际上对巴勒斯坦独立事业的支持。参见：Nadav Morag, "Measuring Success in Coping with Terrorism: The Israeli Case," *Studies in Conflict and Terrorism* 28, no. 4 (July-August 2005): 316。

95. 关于阿克萨起义的一些早期事件，可参见：Mitchell Report, May 4, 2001, available at http://www.jewishvirtuallibrary.org/jsource/Peace/Mitchellrep.html, accessed January 22, 2007。

96. Cordesman, *The Israeli-Palestinian War*, 32.

97. Cordesman, *The Israeli-Palestinian War*, 9.

98. *JMCC Public Opinion Polls 2000-3*, Jerusalem Media and Communication Centre, http://www.jmcc.org/publicpoll/results.html, accessed on February 6, 2006.

99. 参见：Luca Ricolfi, "Palestinians, 1981-2003," chap. 3 of *Making Sense of Suicide Missions*, ed. Diego Gambetta (Oxford: Oxford University Press, 2005), especially figure 3.2, p. 84; and 92-97。

100. 根据"2000 年 7 月和平指数"(Peace Index, July 2000)，65% 的人坚持巴勒斯坦人要对峰会的破坏负主要或全部责任，59% 的人反对归还（约旦河）西岸，76% 的人反对让 10 万难民回归，58% 的人反对巴勒斯坦对东耶路撒冷的阿拉伯社区拥有主权。参见：塔米 · 斯坦梅茨和平研究中心网站，http://www.tau.ac.il/peace/, accessed on January 20, 2007。

101. 该文可参见拉马拉的巴勒斯坦政策和调查研究中心网站，http://www.pcpsr.org/survey/polls/2000/p1ejoint.html, February 6, 2006。

102. 尽管一定存在联系，但我并没有将 20 世纪 80 年代黎巴嫩地区发生的暴力活动囊括其中。

103. Kydd and Walter, "Sabotaging the Peace," 276-277。然而，民意调查在这一点上并不是很清晰。2001 年 2 月的"和平指数"民意调查显示，即使在第二次起义期间，以色列民众对阿拉法特能否控制暴力活动的看法仍是截然不同的，49% 的人相信他有部分或绝对的能力控制反以色列暴力活动，而 47% 的人认为他几乎没有或完全没有。

104. Ricolfi, "Palestinians, 1981-2003," 95.

105. Ricolfi, "Palestinians, 1981-2003," 96 and 99。这一假设由马丁 · 克拉默（Martin Kramer）在形容第一次起义时首次提出。参见：Martin Kramer, "Sacrifice and Fratricide in Shiite Lebanon," *Terrorism and Political Violence* 3, no.3 (1991): 30-47。而有关阿克萨起义，可参见：Mia Bloom, *Dying to Kill: The Allure of Suicide Terror* (New York: Columbia University Press, 2005)。

106. 相关的问题是，这些伤亡者都是谁。以色列人为了和平付出了最为沉重的代价：1995 年至 2000 年以色列国防军（IDF）与巴勒斯坦人的冲突，对于巴勒斯坦人而言伤亡反而更小，以色列人伤亡更多。1998 年以色列外交部宣称，在《奥斯陆协议》签署后的 5 年，死于恐怖袭击的以色列人更多了，甚至比和平进程开始前的 15 年间的死亡总和都多。然而，巴勒斯坦人在与以色列国防军冲突中丧生的绝对人数（与在巴勒斯坦内部暴力活动中一样）往往更高一个数量级。关于伤亡人数的统计，可登录“贝赛林”网站，http://www.btselem.org/english/statistics/First_Intifada_Tables.asp, accessed on January 12, 2007。

107. Ricolfi, “Palestinians, 1981-2003,” 93.

108.“泰米尔伊拉姆猛虎解放组织”从成立至今已经进行了超过200次自杀式袭击，既针对军人也针对平民。关于它的案例研究在2007年年初就已完成，并只反映出那一年的事件。

109. Sisira Edirippulige, *Sri Lanka's Twisted Path to Peace: Domestic and International Obstacles to the Peace Process* (Pilimathalawa: Resource Management Foundation, 2004), 10。国际战略研究所（IISS）指出，1983年以来丧生的有78610人，大约50万人无家可归。参见：IISS Armed Conflict Database, http://acd.iiss.org/armedconflict/MainPages/dsp_ConflictSummary.asp?ConflictID=174, accessed February 19, 2007。斯蒂芬·霍普古德估计死亡数字更低，为6.5万人。参见：Stephen Hopgood, “The Tamil Tigers,” in Gambetta, *Making Sense*, 45。

110. Edirippulige, *Sri Lanka's Twisted Path*, 246.

111. Nira Wickramasinghe, *Sri Lanka in the Modern Age: A History of Contested Identities* (London: Hurst, 2006), 290.

112.“黑色七月”大屠杀期间还产生了20万名泰米尔难民。Nira Wickramasinghe, *Sri Lanka in the Modern Age: A History of Contested Identities* (London: Hurst, 2006), 286。

113. 这5个组织分别是“泰米尔伊拉姆猛虎解放组织”（LTTE）、“泰米尔伊拉姆人民解放组织”（People's Liberation Organisation of Tamil Eelam，PLOTE）、“泰米尔伊拉姆解放组织”（Tamil Eelam Liberation Organisation，TELO）、“伊拉姆革命组织”（Eelam Revolutionary Organisation，EROS）和“伊拉姆人民解放阵线”（Eelam People's Liberation Front，EPRLF）。Wickramasinghe, *Sri Lanka*, 286。

114. 在这一时期，政府还专注于对南部信仰马克思主义的僧伽罗人组织“人民解放阵线”（Janatha Vimukthi Peramuna, JVP）的镇压，因此双方都乐见停火协议破裂。

115. L. R. Reddy, *Sri Lanka: Past and Present* (New Delhi: APH Press, 2003), 351.

116. 这一事件被称为“拜蒂克洛大屠杀”（Batticaloa massacre）。后来有两个调查委员会进行调查，但并没有遵循法定程序。

117. 统一国民党在斯里兰卡执政长达17年。

118. Reddy, *Sri Lanka*, 352。“泰米尔伊拉姆猛虎解放组织”对亭可马里港内的2艘海军船只实施了自杀式袭击，致使12名海军人员死亡、21人受伤，而7月政府主导的纳瓦里教堂（Navaly Church）大屠杀接踵而至，政府方面动用斯里兰卡空军实施了轰炸，导致125名泰米尔难民被杀、150人受伤。纳瓦里教堂本是政府设计作为庇护所之用，而政府也否认是故意针对教堂实施攻击的。

119. 1995 年 9 月，纳杰克罗维尔学校（Nagerkrovil school）发生了一起致使 40 人死亡的大屠杀（其中 34 人是儿童），另有 150 人受伤。1995 年 10 月，政府发起“紫外线行动”（Operation Riviresa）再次占领贾夫纳，赶走了“泰米尔伊拉姆猛虎解放组织”；但后者转而控制了除拜蒂克洛、安帕莱和亭可马里局部城镇以外的所有东部地区。之后的一个月，“泰米尔伊拉姆猛虎解放组织”又烧毁了科伦坡的两个油料设施，还在东北部省份的边界上对僧伽罗人的村庄进行了种族清洗。

120. Walter Nubin, ed., *Sri Lanka: Current Issues and Historical Background* (New York: Nova Science, 2002), 5.

121. 推动普拉巴卡兰走向停火及其后的和平进程的一个关键人物是埃里克·索尔海姆，挪威外交部长的特别顾问、挪威社会主义左翼党（Norwegian Socialist Left Party）前领袖。Rajat Ganguly, “Sri Lanka’s Ethnic Conflict: At a Crossroad between Peace and War,” *Third World Quarterly* 25, no. 5 (2004): 904。

122. 挪威获选进行仲裁是因为它在历史上一直是个中立国，没有任何殖民遗产。挪威有很多泰米尔移民，这让其有动力去解决这一纠纷。不幸的是，这一联系导致斯里兰卡政府指责其亲泰米尔的倾向。日本也扮演了一个尽管低调但却关键的角色，它给挪威的外交工作提供了资金支持。参见：Edirippulige, *Sri Lanka’s Twisted Path*, 246。

123. 这些选举的另一个显著进展是“泰米尔民族联盟”（Tamil National Alliance, TNA）的成立。它由 4 个泰米尔人政党合并而来，这 4 个政党在过去都曾是“泰米尔伊拉姆猛虎解放组织”袭击的目标，但它们现在转而支持与政府谈判。Ganguly, “Sri Lanka’s Ethnic Conflict,” 906。

124. International Crisis Group, “Sri Lanka: The Failure of the Peace Process,” Asia Report No. 124, November 28, 2006, 8.

125. Ganguly, “Sri Lanka’s Ethnic Conflict,” 906; and Alisa Stack-O’Connor, “Lions, Tigers, and Freedom Birds: How and Why the Liberation Tigers of Tamil Eelam Employs Women,” *Terrorism and Political Violence* 19, no. 1 (2007): 43-63.

126. International Crisis Group, “Sri Lanka,” 5.

127. Ganguly, “Sri Lanka’s Ethnic Conflict,” 906.

128. 例如，利伯菲尔德指出，1988 年巴勒斯坦全国委员会的会议声明和 1989 年南非非洲人国民大会的《哈拉雷声明》，都单方面暗示其组织目标不再是最高准则。Lieberfeld, “Post-Handshake Politics,” 133。See also his *Talking with the Enemy: Negotiation and Threat Perception in South Africa and Israel/Palestine* (Westport, Conn.: Praeger, 1999)。

129. I. William Zartman, *Ripe for Resolution: Conflict and Intervention in Africa* (New York: Oxford University Press, 1985).

130. 参见：I. William Zartman, "Dynamics and Constraints in Negotiations in Internal Conflicts," chap. 1 of *Elusive Peace: Negotiating an End to Civil Wars*, ed. Zartman (Washington, D.C.: Brookings Institution, 1995), 13-16。当恐怖主义组织成功地向其他类型的活动转型时，谈判的条件可能会得到改善，但其他问题也会随之出现，详见第六章。

131. Zartman, "Dynamics and Constraints," 3.

132. I. William Zartman, ed., *The 50 Percent Solution* (New Haven: Yale University Press, 1983), 120-121。在这里我要提醒的是，恐怖分子对平民目标的锁定，以及潜在的寻求化学、生物或核武器的动机提高了他们的影响力，同时也给关于恐怖分子与国家之间的权势关系的通常假设带来了不确定性。

133. Daniel Kahneman and Amos Tversky, "Prospect Theory: An Analysis of Decision under Risk," *Econometrica* 47, no. 2 (March 1979): 263-291.

134. Kevin Myers, "The Terrorist as Statesman," *National Interest* 75 (Spring 2004): 142.

135. Paul Wilkinson, "Politics, Diplomacy and Peace Processes: Pathways out of Terrorism?" *Terrorism and Political Violence* 11, no. 4 (Winter 1999): 78. See also Daniel Byman, "The Decision to Begin Talks with Terrorists," *Studies in Conflict and Terrorism*, 29, no. 5 (July-August 2006): 408.

136. King, *Ending Civil Wars*, 62.

137. 有关战争、内战、叛乱和恐怖主义的概念讨论，详见第六章。

138. 当民众被大规模动员起来后，单个领导人就显得没那么重要了——但谈判也几乎不可能获得成功。这是十分糟糕的后果（见第七章）。

139. 关于这一点，可参见：Martha Crenshaw, "Pathways Out of Terrorism: A Conceptual Framework," in *Pathways Out of Terrorism and Insurgency: The Dynamics of Terrorist Violence and Peace Processes*, ed. L. Sergio Germani and D. R. Kaarthikeyan (New Delhi: Sterling, 2005), 7。

140. Wilkinson, "Politics, Diplomacy," 79.

141. Lieberfeld, "Post-Handshake Politics," 134.

142. Byman, "Decision to Begin Talks," 404.

143. 在和平进程中，挪威政治家埃里克·索尔海姆得到了日本特使明石康、挪威副外交大臣维达尔·赫尔格森的支持。Ganguly, "Sri Lanka's Ethnic Conflict," 911。

144. 关于推动《奥斯陆协议》这类接触，可参见：Peter Demand, “Unofficial Contacts and Peacemaking: Israeli-Palestinian Dialogue, 1967-1993,” in *Israel in the Nineties: Development and Conflict* (Gainesville: University Press of Florida, 1996), 73-104。

145. 自杀式袭击被普遍认为更加致命，比如在每次袭击中都能制造更大的伤亡数字；然而，这一袭击的效果是个复杂的问题。那些造成最大伤亡的自杀式袭击往往是由汽车炸弹制造的，而非携带炸弹的个人。因此，与伤亡的数字最有关系的，是制造和驾驭大型车载炸弹的能力，而不是实施自杀的炸弹客的个人意志。我很感谢布莱恩·詹金斯的这一观察。

146. 所谓的献祭陷阱来自阿兹特克文明的一个类比，指阿兹特克文明用人作献祭以确保丰收。不过，如果后来的收成仍旧不好，对其解释不会是献祭本身浪费时间，而是因为献祭的人不够多。Stephen Ryan, “Conflict Management and Conflict Resolution,” *Terrorism and Political Violence* 2, no. 1 (Spring 1990): 69。

147. 关于巴以问题的案例，鲍阿斯·加纳（Boaz Ganor）指出：“自杀式炸弹袭击永久地改变了和平的面貌。”引自：Barbara Victor, *Army of Roses: Inside the World of Palestinian Women Suicide Bombers* (Emmaus, Pa.: Radale, 2003), 278。

148. 这并不意味着，物理障碍对自杀式袭击活动来说是唯一有用的方法。其他的例子如贝尔法斯特的“和平”线，以及塞浦路斯首都尼科西亚和黎巴嫩的绿线。参见：Ryan, “Conflict Management,” 61。

149. 其他分支组织包括“传承爱尔兰共和军”和“爱尔兰民族解放军”。

150. 彼得·塞得伯格指出：寻求分裂战略的机会，会随着对恐怖主义组织支持的上升而一同上升，因为支持者越多，其层级就越多，它们之间可资利用的潜在（不和）联系就越多。Peter Sederberg, “Conciliation as Counter-terrorist Strategy,” *Journal of Peace Research* 32, no. 3 (August 1995): 306-307。

151. 关于这一问题的讨论，可参见：Fred Charles Iklé, “The Struggle Within: The Search for an Exit,” in *Every War Must End*, 2nd ed. (New York: Columbia University Press, 2005), 84-105。

152. 这些右翼组织由枪手组织发展而来，而枪手组织往往受大农场主雇佣来保护他们免遭日盛的绑架勒索的危害。但这些组织在 1984 年协议后开始成为政治组织。“人民解放军”（EPL）1991 年与哥伦比亚政府签署了一份停战协议并实质性地解散了，尽管它的很多下属派别直到今天仍然在活动。当然，至于和平协议对于政府与“哥伦比亚革命武装力量”和“M–19”组织之间关系的作用，则另当别论。

153. 在一些极度复杂的情形下，与一个派别达成协定，可能对另一个派别有利。例如，哥伦比亚 3.2 万名右翼武装人员的复员，得以让“哥伦比亚革命武装力量”充实自己的力量。参见：Tom Regan, “Columbia’s FARC Rebels Still Undermine Peace Effort,” *Christian Science Monitor*, Terrorism & Security Daily Update, posted July 25, 2006。

154. Kydd and Walter, “Sabotaging the Peace,” 264; using data from the International Policy Institute for Counter-Terrorism database, the Interdisciplinary Center, Herzliya; and Barbara Walter, *Committing to Peace: The Successful Settlement of Civil Wars* (Princeton: Princeton University Press, 2002).

155. 斯蒂芬·斯特德曼将参与其中的外在党派看成是“和平的监护人”，即它们必须“要在和平进程中评判什么是对与错、正义与非正义、公正与不公正……本研究强调，行为规范方面的国际共识、就严格管控搅局者的战略进行协调，以及对和平的支持者和搅局者释放明确的信号，决定了和平协议在履行上是成功还是失败。” Stedman, “Spoiler Problems in Peace Processes,” *International Security*, 22, no. 2 (Autumn, 1997): 5-53。

156. 例如，这方面还包括塞浦路斯的“埃奥卡”（EOKA，即塞浦路斯全国斗争组织）、阿尔及利亚的“民族解放阵线”以及肯尼亚的“茅茅党”（Mau Mau）。

157. 关于这一点，可参见：Myers, “The Terrorist as Statesman,” 139-143。

158. 要更多地了解国际环境对于与恐怖分子谈判的影响，可参见：Fred Halliday, “Peace Processes in the Late-Twentieth Century and Beyond: A Mixed Record,” and Michael Cox, “Rethinking the International and Northern Ireland: A Defence,” in Cox, Guelke, and Stephen, *A Farewell to Arms*。

第三章 成功

1. Serge Stepniak-Kravchinski, *Underground Russia: Revolutionary Profiles and Sketches from Life, translation of Podpol’naia Rossiia* (New York: Scribner, 1883; rpt. Westport, Conn.: Hyperion Press, 1973); also quoted in Walter Laqueur, ed., *The Terrorism Reader: A Historical Anthology* (Philadelphia: Temple University Press, 1978), 89.

2. 梅纳赫姆·贝京指出，在运行犹太组织“伊尔贡”的过程中，他最优先的任务就是避免历史前辈“奋锐党”所犯的错误。Begin, *The Revolt*, 2nd ed. (New York: Nash, 1997), 47。

3. James Boswell, *The Life of Samuel Johnson* (London: Alfred A. Knopf, 1992), 396.

4. 有效的恐怖主义信息战的案例很多，如从“伊尔贡”到“基地”组织。要深入考察“伊尔贡”的信息战，可参见：Zadka, *Blood in Zion: How the Jewish Guerrillas Drove the British Out of Palestine* (London: Brassey’s, 1995)。

5. Max Abrahms, “Are Terrorists Really Rational? The Palestinian Example,” *Orbis* 48,

no. 3 (Summer 2004): 546; and Abrahms, "Why Terrorism Does Not Work," *International Security* 31, no. 2 (Fall 2006): 42-78. See also Martha Crenshaw, "The Psychology of Terrorism: An Agenda for the 21st Century," *Political Psychology* 21, no. 2 (June 2000): 415.

6. 我想象不出有哪个恐怖主义活动只实施一次袭击就立即"获胜"了。

7. 根据大卫 · 拉波波特的说法，20 世纪后期的恐怖主义组织中有 90% 都没能坚持到一年，而那些坚持超过一年这个节点的，又有超过一半在 10 年内就消失了。拉波波特可能将一些我们没有纳入的恐怖主义组织都算在其中，比如那些只进行过一次袭击的恐怖主义组织。参见：Rapoport, "Terrorism," in *Routledge Encyclopedia of Government and Politics*, ed. Mary Hawkesworth and Maurice Kogan, vol. 2 (London: Routledge, 1992), 1067。布莱恩 · 杰克逊认为，恐怖主义组织的短命解释了为何大部分恐怖主义组织都没有什么创新，使用的都是经过验证的技术手段。参见：Brian A. Jackson, "Technology Acquisition by Terrorist Groups: Threat Assessment Informed by Lessons from Private Sector Technology Adoption," *Studies in Conflict and Terrorism* 24, no. 3 (January-February 2001): 202。

8. 参见：Andrew H. Kydd and Barbara F. Walter, "The Strategies of Terrorism," *International Security* 31, no. 1 (Summer 2006): 49-80。

9. 关于美国列出名单的过程，参见 Cronin, *FTO List*。

10. 利用美国"外国恐怖主义组织"名单来推导出恐怖主义的行动效果，就如同利用联邦调查局的"头号通缉犯"名单来评判犯罪的效果一样。

11. 参见：Crenshaw, "How Terrorism Declines"。

12. 有很多的例子，尤其是在 20 世纪 70 年代和 80 年代的左翼组织中，如"红军派"（或曰"巴德尔—迈因霍夫帮"）和"6 月 2 日运动"组织。

13. 研究"新"宗教恐怖主义的优秀素材包括：Mark Juergensmeyer, *Terror in the Mind of God: The Global Rise of Religious Violence* (Berkeley and Los Angeles: University of California Press, 2000); Lesser et al., *Countering the New Terrorism*; and Robert Jay Lifton, *Destroying the World to Save It: Aum Shinrokyo, Apocalyptic Violence, and the New Global Terrorism* (New York: Henry Holt, 1999)。也可参见：David Tucker, "What Is New about the New Terrorism and How Dangerous Is It?" *Political Violence and Terrorism* 13, no. 3 (Summer 2001): 1-14。

14. David C. Rapoport, "Fear and Trembling: Terrorism in Three Religious Traditions," *American Political Science Review* 78 (1984): 658-677。拉波波特断定，在 19 世纪之前，宗教动机是恐怖主义唯一能接受的理由。

15. 相关例子包括巴勒斯坦的"哈马斯"、北爱尔兰的"临时派爱尔兰共和军"、中国的"东突厥斯坦伊斯兰运动"、泰国的"北大年省伊斯兰圣战运动"（Pattani Islamic

Mujahideen Movement）以及车臣的叛乱分子。迈克尔·朔伊尔（Michael Scheuer）认为“基地”组织具有民族主义动机，参见 *The Looming Tower: Al-Qaeda and the Road to 9/11* (New York: Vintage, 2006)。劳伦斯·莱特则证明了艾曼·扎瓦赫里从早期的民族解放运动中借鉴了灵感。

16. Crenshaw, “The Psychology of Terrorism,” 415.

17. 参见：Richardson, *What Terrorists Want*, 98ff.; Christopher Harmon, *Terrorism Today* (London: Frank Cass, 2000); and Abrahms, “Are Terrorists Really Rational?” 544。理查德森认为，所有恐怖主义组织有两种类型的目标：短期的组织目标和长期的政治目标。艾布拉姆斯称之为“阶段性”目标和“成果性”目标。

18. 参见：Herbert A. Simon, “From Substantive to Procedural Rationality,” in *Method and Appraisal in Economics*, ed. Spiro J. Latsis (Cambridge: Cambridge University Press, 1976), 129-148。路易斯·理查德森称之为“次要”目标和“首要”目标，或是“短期的组织目标和要求明显政治变革的长期的政治目标”。Richardson, *What Terrorists Want*, 98-100。正如其他处于冲突中的国家一样，恐怖主义组织也会在恐怖主义活动进程中改变其“战争目标”。事实上，只有这么做才能延续其生存。正如马莎·克伦肖所指出的，恐怖主义组织（或它们的领导人）尝试着将这类改变形容为“战术性的”，而成功的行动才形容为“战略性的”。参见：“How Terrorism Declines,” 85。

19. 关于利用“国家中心论”（state-centric logic）来剖析恐怖主义组织的战略的观点，可参见：Kydd and Walter, “The Strategies of Terrorism,” esp. 56-59; and Ivan Arreguín-Toft, “How the Weak Win Wars: A Theory of Asymmetric Conflict,” *International Security* 26, no. 1 (Summer 2001): 93-128。

20. 关于发出信号，可参见：Kydd and Walter, “The Strategies of Terrorism,” 58。也可参见：Andrew H. Kydd, *Trust and Mistrust in International Relations* (Princeton: Princeton University Press, 2005)。

21. 在短期内，袭击的次数与成功没有任何必然联系，因为恐怖主义组织加大袭击力度的同时会失掉民心。

22. 有一份文献诠释了五类恐怖主义战略，它们是：消耗战略、恐吓战略、竞标战略、挑衅战略和搅局战略。尽管这是一个很有价值的理论框架，但它过于狭隘，关注的只是目标国家，因而对于为什么某些恐怖主义组织会使用暴力的问题，未能给出系统的、独特的和意识形态的理由。可参见：Kydd and Walter, “The Strategies of Terrorism”。另一种观点，可参见：Richardson, “The Three Rs: Revenge, Renown, Reaction,” chap. 4 of *What Terrorists Want*, 95-132。

23. 关于这一话题，参见：Ronald H. Jones, “Terrorist Beheadings: Cultural and

Strategic Implications," Carlisle Paper, Strategic Studies Institute, U.S. Army War College, available at http://www.carlisle.army.mil/ssi。

24. Mia Bloom, "Palestinian Suicide Bombing: Public Support, Market Share and Outbidding," *Political Science Quarterly* 119, no. 1 (Summer 2004): 61-88.

25. 参见：Gabriel Sheffer, "Ethno-National Diasporas and Security," *Survival* 36, no. 1 (Spring 1994): 60-79。

26. 参见：Daniel Byman, "Syria and Palestinian Radical Groups," chap. 5 of *Deadly Connections* (Cambridge: Cambridge University Press, 2005), 117-153。

27. Post, "Terrorist Psycho-logic," 25-40.

28. 迈克尔·沃尔泽（Michael Walzer）认为，阿拉法特可能不太想处理建国的问题。参见：*Arguing about War* (New Haven: Yale University Press, 2005), 117。

29. 克里斯托弗·哈蒙指出，在使用恐怖主义的过程中，所有恐怖主义组织都是通过破坏常态和政治秩序来实现它们的首要目标的。参见：Harmon, *Terrorism Today*, 74-75。

30. 不同的动机有时会导致不同的行为风格与行为模式。理解恐怖主义组织所寻求的长期结果，对于反恐斗争而言极其重要。参见：Cronin, "Behind the Curve," especially 39-42。

31. 我们并没有囊括数据库中的所有恐怖主义组织，因为其中有一些只袭击经济类目标，有一些则只实施过一次袭击就消失了，等等。我们在此刻意表现得保守一些，将研究对象严格限制于被明确认定是"恐怖分子"（即他们追求着政治目标、以偷袭的方式使用暴力、有目的地针对平民且都是非国家行为体）的组织，目的是为了避免夸大数据。我们还给那些没有任何信息的极少数组织标上"丢失"。我们的研究表明，450 个被观察的恐怖主义组织中，只有 4.4%（20 个）完全实现了它们的战略性目标；而另有 9 个，相当于 2% 的比例，实现了其战略性目标中的实质性方面。更加全面的解释见"附录"中的统计。

32. 关于政府崩溃后军方也无力接管权力的情况，克里斯托弗·哈蒙称之为"局部战略性成功"。参见：Christopher Harmon, *Terrorism Today*, 74-75。也可参见：Crenshaw, "How Terrorism Declines," 79-80。

33. Crenshaw, "How Terrorism Declines," 79-80.

34. 通过叛乱和"非对称作战"（asymmetric conflicts）获得成功的案例，已经有一大批学者进行过研究，其中比较著名的有：Austin Long, *On "Other War": Lessons from Five Decades of RAND Counterinsurgency Research* (Santa Monica, Calif.: RAND, 2006); Andrew J. Mack, "Why Big Nations Lose Small Wars: The Politics of Asymmetric Conflict," *World Politics* 27, no. 2 (January 1975): 175-200; and Arreguín-Toft, "How the Weak Win

Wars”。后者将针对非战斗人员的袭击称为“野蛮主义”，并认为这种袭击跟其他战略相比更没有效果。

35. Samuel Katz, *Days of Fire* (London: W. H. Allen, 1968), 44 and passim.

36. 希伯来语“Lohamei Herut Israel”的缩写（即为以色列的自由而战的斗士）。

37. 这来自贝京的自述。参见：*The Revolt*, 52-55。

38. 贝京写道：“我们的敌人称我们为恐怖分子。那些非敌非友的人们，比如《纽约先驱报》的记者们，也用这一拉丁语名号称呼我们，这既是缘于英国人宣传的影响，也是习惯使然。我们的朋友，比如爱尔兰人欧雷利（O'Reilly），正如他在信里写的一样，更喜欢用“走在历史的前面”，并用一个更简洁的、同样也是拉丁语的名号来称呼我们：爱国者……可是，我们并不是恐怖分子。”来自贝京的自述。参见：*The Revolt*, 59。

39. 大卫·拉吉尔（David Raziel）在一次自愿前往伊拉克为英国人执行高危任务时被杀，贝京在他死后接管了“伊尔贡”。拉吉尔的任务就是要在阿拉伯人的战线背后组织起游击战。Katz, *Days of Fire*, 54。

40. J. Bowyer Bell, *Terror Out of Zion: Irgun Zvai Leumi, Lehi, and the Palestine Underground, 1929-1949* (New York: Avon, 1977), 172.

41. Zadka, *Blood in Zion*, 70-72.

42. Zadka, *Blood in Zion*, 78-85。在 3 名非法闯入阿卡监狱的“伊尔贡”成员被英国军事法庭判处绞刑后，2 名英国军士也因为“伊尔贡”的报复而被杀。根据扎德卡的说法，军士的身体悬挂在一枚隐藏的地雷上方；地雷在身体压上后发生了爆炸。

43.“伊尔贡”的解散与“阿尔塔伦纳”号（*Altalena*）船只的沉没都发生在同一时间，“阿尔塔伦纳”号上载满了“伊尔贡”的人员和武器。“伊尔贡”随后被下达了缴械的最后通牒，它接受了最后通牒，而不是与新生的以色列政权进行一场内战。

44. Truth and Reconciliation Commission of South Africa Report, vol. 3, chap. 6, October 1998.

45. Howard Barrell, *The ANC's Armed Struggle* (London: Penguin, 1990), 14.

46. 1961 年 12 月 16 日，《民族之矛宣言》（*MK manifesto*）详细阐述了下述目标：“推翻南非国民党政府，废除白人特权，实现自由、民主、全体国民一律平等的完全的国民权利。” As translated by Barrell, *The ANC's Armed Struggle*, 2。

47. 1964 年曼德拉在瑞弗尼亚审判（Rivonia trial）中的陈词副本，被附上“我已准备赴死”的标题，参见：http://www.anc.org.za/ancdocs/history/mandela/1960s/rivonia.html。也可参见：Sheridan Johns and R. Hunt Davis Jr., *Mandela, Tambo, and the African National Congress: A Documentary Survey* (Oxford: Oxford University Press, 1991), 115-133。

48. 随着种族隔离的结束，曼德拉建立了“真相与和解委员会”并与之合作，接受了委员会对“南非非洲人国民大会”和“民族之矛”的批评，因为后两者的行动违背了“南非非洲人国民大会”依据《日内瓦公约》所作的承诺。

49. 史蒂夫·比科死于1977年被警方拘留。

50. D. T. McKinley, *The ANC and the Liberation Struggle: A Critical Political Biography* (London: Pluto Press, 1997), 28。麦金莱也提到南非共产党的影响，它与“南非非洲人国民大会”的很多领导人都有联系。此外，大量杰出的犹太白人对“民族之矛”活动的参与也给人们留下这样一种印象，即“民族之矛”在学习“伊尔贡”。

51. 曼德拉在1964年瑞弗尼亚审判庭上的发言中提到过“伊尔贡”与“南非非洲人国民大会”之间的联系，他所说的“‘最高指挥部’和‘地区指挥部’这两个十分重要的术语就源自犹太民族地下组织‘伊尔贡’，正是这个组织于1944年至1948年间在以色列地区坚持作战”。Mandela,“Prepared to Die”。

52. Barrell, *The ANC's Armed Struggle*, 4; and McKinley, *ANC and Liberation Struggle,* 158。“南非非洲人国民大会”有白人成员，比较知名的有犹太裔南非社会斗士丹尼斯·戈德伯格（Denis Goldberg），他曾是“民族之矛”的成员并在瑞弗尼亚审判中与曼德拉一起成为被告。戈德伯格在监狱中度过了22年。

53. Barrell, *The ANC's Armed Struggle*, 32.

54. 事实上，在1976年之前，“民族之矛”在南非的行动单位受命不得与当地人有任何瓜葛，主要是担心国家的渗透。一个接受了巴雷尔采访的“民族之矛”中层干部表达了他对其指挥官的看法：“等，等，等，我们不能再这样等下去了。我们不能只是走进去打两下。我们这样做的目的是什么？我们已经得到了人民的帮助。我们已经让他们参与进来了。因为只有那样我们才是受保护的。”Barrell, *The ANC's Armed Struggle*, 33, 40。

55. Barrell, *The ANC's Armed Struggle*, 42.

56. R. Harvey, *The Fall of Apartheid: The Inside Story from Smuts to Mbeki* (Basingstoke: Palgrave, 2001), 89.

57. Barrell, *The ANC's Armed Struggle*, 60-61.

58. Harvey, *The Fall of Apartheid*, 233.

59. William Beinart, *Twentieth Century South Africa* (Oxford: Oxford University Press, 2001), 276.

60.“民族之矛”的行动确实改变了种族隔离后的政治形态。巴雷尔在20世纪60年代末对于“民族之矛”的活动有一个备受推崇的观点，即这一组织建立了一支由身经百战的老兵组成的“保守派”（old guard），他们在80年代执掌政治领导权，并将其组织转型为一个温顺、和平的执政党。但艾德里安·古厄勒克似乎只关注了“民族之矛”整个角色中较让人质疑的那部分。他认为，到最后“德克勒克不得不承认少数白人统治南非的日子已经屈指可数了。‘南非非洲人国民大会’的军事分支‘民族之矛’所进行的斗争，在取消种族隔离的过程中发挥了重大的作用”。Guelke, *Terrorism and Global Disorder* (London: Tauris, 2006), 105。

61. Rapoport, “Fear and Trembling,” 672.

62. Walter Laqueur, *Terrorism*, 2nd ed. (New York: Weidenfeld and Nicolson, 1977), 118.

63. 哈蒙认为哥伦比亚的恐怖主义是起作用的。参见：*Terrorism Today*, xviii。

64. Martha Crenshaw, “Terrorism in the Algerian War,” in *Terrorism in Context*, ed. Crenshaw (University Park: Pennsylvania State University Press, 1995), 512-513.

65. 其余的2%是亚美尼亚人、马龙派和其他人。Farid Mirbagheri, *Cyprus and International Peacemaking* (London: Hurst, 1998), 13。

66. 为反击其行动，土耳其裔塞浦路斯人组成了土耳其防卫组织（Turk Mughavemat Tashkilat，TMT），该组织杀害平民，并从土耳其接受军事援助。Farid Mirbagheri, *Cyprus and International Peacemaking* (London: Hurst, 1998), 39; and Christopher Hitchens, *Hostage to History: Cyprus from the Ottomans to Kissinger* (London: Verso, 1977), 52-54。

67. 根据这一协定，英国继续保有岛上的军事基地。

68.“埃奥卡–B”（EOKA-B）获得了希腊右翼军事政权的支持。它从事暗杀活动，并杀害平民，最终因实施政变导致土耳其的军事入侵以及塞浦路斯岛的分裂。关于第一次战役，参见 Laqueur, *Terrorism*, 119。

69. 参见：Alan Dershowitz, *Why Terrorism Works: Understanding the Threat, Responding to the Challenge* (New Haven: Yale University Press, 2002); Kydd and Walter, “Sabotaging the Peace”; and Abrahms, “Are Terrorists Really Rational?” 534-537。关于以色列反恐取得成功的一面，参见：Morag, “Measuring Success”。

70. Walter Laqueur, *No End to War: Terrorism in the Twentieth Century* (New York: Continuum, 2003), 229-230.

71. 沃尔特·拉克尔依据其目标将恐怖主义组织分为三类：(1) 目标狭隘、明确并有现实可行性的组织；(2) 拥有强大的外部保护者的组织；(3) 那些对抗无法或不愿再保有其殖民地或保护国的帝国主义大国的组织。参见：*Terrorism* (1977), 116-119。

72. *Terrorism* (1977), 221.

第四章 失败

1. Frantz Fanon, *Black Skin, White Masks*, trans. Charles Lamm Markmann (New York: Grove, 1967), 12.

2. 埃胡德·斯普林扎克认为左翼组织的演进会经历三个阶段：自信危机（crisis of confidence）、合法性斗争（conflict of legitimacy）和合法性危机（crisis of legitimacy）。参见：Ehud Sprinzak, "The Psychopolitical Formation of Extreme Left Terrorism in a Democracy: The Case of the Weatherman," in Reich, *Origins of Terrorism*, 65-85。关于心理阶段演进的另一种观点，参见：Albert Bandura, "Mechanisms of Moral Disengagement," in Reich, *Origins of Terrorism*, 161-191。

3. Leonard Weinberg and Louise Richardson, "Conflict Theory and the Trajectory of Terrorist Campaigns in Western Europe," in *Research on Terrorism: Trends, Achievements, and Failures*, ed. Andrew Silke (London: Frank Cass, 2004), 138-160。在意大利和德国，政府启动了一些大型（学科）项目来研究"新左翼"恐怖主义运动。就一些相对较窄的案例而言，这些项目提供了有关的大量信息，这很有价值；但就影响力而言，其大小与其项目规模并不匹配。

4. Ehud Sprinzak, "Right-Wing Terrorism in Comparative Perspective: The Case of Split Delegitimization," in *Terror from the Extreme Right,* ed. Tore Bjørgo (London: Frank Cass, 1995), 17-43. See also Sprinzak, "The Process of Delegitimation: Towards a Linkage Theory of Political Terrorism," *Terrorism and Political Violence* 3, no. 1 (Spring 1991): 50-68.

5. Ted Robert Gurr, *Why Men Rebel* (Princeton: Princeton University Press, 1970)。这是一份研究 20 世纪 60 年代和 70 年代政治暴力的珍贵文献，恐怖主义在这一时期属于政治暴力的一个子集。戈尔将政治暴力定义为"在一定的政治领域内针对政治制度、政治实体（既包括有着竞争关系的政治组织，也包括在位者）或是政策进行的所有袭击的总和"（该文献第 3—4 页）。

6. Crenshaw, "How Terrorism Declines," 82, and Donatella Della Porta, *Social Movements, Political Violence, and the State* (Cambridge: Cambridge University Press, 1995). See also John O. Voll, "Bin Laden and the New Age of Global Terrorism," *Middle East Policy* 8, no. 4 (December 2001): 1-5; and Quintan Wiktorowicz, "Framing Jihad: Intramovement Framing Contests and al-Qaeda's Struggle for Sacred Authority," *International Review of Social History* 29 (2004): 159-177.

7. Rapoport, "Four Waves."

8. 新左翼运动从 20 世纪 80 年代起已经开始降温了；不过，苏联的解体加速了其意识形态合法性的丧失。根据彼得·乔克的说法，80 年代西方的新左翼组织中只有 3

个到90年代末还在活动：西班牙的“10月1日反法西斯抵抗组织”（GRAPO）、土耳其的“革命左翼”（Dev Sol）以及希腊的“11月17日革命组织”。Chalk, “The Evolving Dynamic of Terrorism in the 1990s,” *Australian Journal of International Affairs* 53, no. 2(1999): 151-152 n. 2。显然，意大利的“红色旅”的确招募到了源源不断的支持者；但每一代人的意识形态动机都不如前一代。所谓的第三代“红色旅”已不过是一群暴徒。

9. 左翼组织尝试以在监狱中和不在狱中来定义他们的每一“代”。Della Porta, *Social Movements*, 119。“红军派”的关键问题之一就是，他们在狱中的成员与后继者之间的联络问题。参见：Hans Josef Horchem, “The Decline of the Red Army Faction,” *Terrorism and Political Violence* 3, no. 2 (Summer 1991): 61-75。

10. 由于一些我们永远都无法了解的原因，迈因霍夫于1976年在其监狱的房间中自缢。一些人认为她有精神疾病，另一些人则称国家在她的死亡过程中扮演了一定的角色。Jillian Becker, *Hitler's Children: The Story of the Baader-Meinhof Terrorist Gang* (London: Pickwick, 1989); and Stefan Aust, *The Baader-Meinhof Group: The Inside Story of a Phenomenon* (London: Anthea Bell, 1987)。

11. “红军派”的1992年公告承认，它当时的成员已经没有生于1984年之前的了。Dennis A. Pluchinsky, “Germany's Red Army Faction: An Obituary,” *Studies in Conflict and Terrorism* 16, no. 2 (April-June 1993): 142。

12. 关于“红军派”，参见：Dennis A. Pluchinsky, “Germany's Red Army Faction: An Obituary,” *Studies in Conflict and Terrorism* 16, no. 2 (April-June 1993): 135-157。其他一些在意大利活动的组织包括“无产阶级武装核心”（NAP）、“共产主义战斗部队”（Fighting Communist Units）、“前线”（Front Line）、“无产阶级共产主义军”（Proletarian Armies for Communism）和“共产主义革命运动”（Revolutionary Communist Movement），它们中的大部分都很短命。“红色旅”是目前为止最长命的了。Xavier Raufer, “The Red Brigades: Farewell to Arms,” *Studies in Conflict and Terrorism* 16, no. 4 (October-December 1993): 316, 322。

13. 关于其在1977年至1987年间的活动，参见：Jillian Becker, *Terrorism in West Germany: The Struggle for What?* (London: Institute for the Study of Terrorism, 1988)。最新的表述，参见：Clare Murphy, “Who Were the Baader-Meinhof Group,” BBC News, February 12, 2007, http://www.bbcnews.co.uk, accessed on May 16, 2007。

14. Crenshaw, “How Terrorism Declines,” 78。关于右翼组织，参见：Cronin, “Behind the Curve,” 39-42。

15. 这包括美国的“基督教爱国者”（Christian Patriots）、“雅利安国民组织”（Aryan Nations）、“3K党”（Ku Klux Klan）、“秩序党”（The Order, “雅利安

国民组织”下属的一个短命派别）以及“铁锤皮国”；欧洲的“反犹太复国主义运动”（Anti-Zionist Movement）、“一八战斗队”、“德意志人民联盟”（German People's Union）、“欧洲民族阵线”（National Front in Europe）；南非的“民族勇士”(National Warriors)。近年来的人口变化可能对东德的新纳粹组织的生存能力有所影响：越来越多的女性而非男性前往西部德国找工作，让一大批失意、失业的男性留下来成为德国新纳粹的招募对象。2006 年，东德的男女比例仅为 100 : 90。参见：Steffen Kroehnert, Franziska Medicus, and Reiner Klingholz, "Shortage of Women in the East," in *The Demographic State of the Nation* (Berlin: Berlin Institute for Population and Development, March 2006); and *Foreign Policy* magazine blog, http://blog.foreignpolicy.com/node/4971?fpsrc+ealert070605, accessed on June 8, 2007。

16. “3K 党”就是一个例子。

17. 一些组织，诸如“秩序党”（活跃于 1982 年至 1984 年之间），已经被他们的崇拜者神化并继续发挥着某种影响力。

18. 1962 年，尤里亚斯 · 阿莫斯上校（Col. Ulius Louis Amoss）在一篇以此为题的文章中首次公开使用了“无领袖抵抗运动”这一表述。这一用法随后受到“雅利安国民组织”的领导人、前德克萨斯州“3K 党的“大龙头”（Grand Dragon）小路易斯 · 贝亚姆的推广。参见：Louis R. Beam, "Leaderless Resistance," *The Seditionist* 12 (February 1991), cited by Jeffrey Kaplan, "'Leaderless Resistance,'" in Rapoport, *Inside Terrorist Organizations*, 260-273。

19. 这一名称与阿道夫 · 希特勒的英文首字母有关——分别是字母表中的第一个和第八个字母。

20. Rajeev Syal and Andrew Gilligan, "MI5 Swoops on Army Neo-Nazis," *Telegraph*, March 7, 1999, www.telegraph.co.uk, accessed May 20, 2007.

21. 50 人在布里克斯顿爆炸中受伤；13 人在布里克巷爆炸中受伤；3 人在苏豪区酒馆爆炸中身亡、83 人受伤（一些人受重伤）。Nick Hopkins and Sarah Hall, "Festering Hate That Turned Quiet Son into a Murderer," *Guardian*, July 1, 2000, http://www.guardian.co.uk, accessed May 20, 2007。

22. 斯图尔特 · 米勒说：“我们正处在战争之中，如果这意味着有更多的炸弹，那就来吧……” *Guardian Unlimited,* April 27, 1999, accessed at http://www.guardian.co.uk/bombs/Story/0,,204779,00.html, May 28, 2007。也可参见：Paul Harris, "Far Right Plot to Provoke Race Riots," *Observer*, June 2, 2001, http://www.guardian.co.uk, accessed May 20, 2007。

23. "Ex-Combat-18 Man Speaks Out," Panorama, BBC News, http://news.bbc.co.uk/1/hi/programmes/panorama/1672100.stm, accessed May 20, 2007。这并不意味着所有的右

翼组织都是一个样。显然，瑞典的右翼极端主义者就深深扎根于社会，在国内比在邻国拥有更多的支持者。这可能是因为瑞典的国家社会主义者在二战中并没有被认为是叛徒。参见：Heléne Loow, "Racist Violence and Criminal Behavior in Sweden: Myths and Reality," in Bjørgo, *Terror from Extreme Right*, 119-161。

24. 罗斯和戈尔根据美国和加拿大的那些恐怖主义组织进行推断，认为恐怖主义组织的衰亡来自四种原因：遭到取代、被威慑、消耗殆尽和受到强烈抵制。然而与大多数传统的方法一样，这四点也不过是恐怖主义组织与政府之间的二元互动。参见：Ross and Gurr, "Why Terrorism Subsides," 108-109。

25. Della Porta, *Social Movements*, 104-112, 129-135.

26. Sean O'Callaghan, *The Informer: The Real Life Story of One Man's War against Terrorism* (New York: Bantam, 1998). See also Eamon Collins with Mick McGovern, *Killing Rage* (London: Granta, 1997).

27. 例如，个人野心在阿尔及利亚"伊斯兰武装组织"(GIA)的形成中就发挥了重要作用。在1992年上半年，曼苏尔·梅里亚尼（Mansour Meliani）愤怒地退出"阿扎瓦德伊斯兰运动"（MIA）组织，随后他与MIA领导人阿布德尔卡德·切伯蒂（Abdelkader Chebouti）之间的矛盾更加激化。梅里亚尼将三个小型组织纳入其麾下——这就是"伊斯兰武装组织"的前身。他在不久后遭到逮捕，但这个组织的第二代领袖阿布德尔哈克·拉雅达（Abdelhak Layada）同样也是切伯蒂的死对头。参见：Michael Willis, *The Islamist Challenge in Algeria* (London: Ithaca Press, 1996)。

28. Donatella Della Porta, "Left-Wing Terrorism in Italy," in *Terrorism in Context*, 153.

29. Becker, *Hitler's Children*, 198-199.

30. Nick Hopkins, "Splinter Group That Found the BNP Too Soft," April 20, 1999, *Guardian Unlimited*, accessed at http://www.guardian.co.uk on May 20, 2007.

31. 完整的故事，可参见：Ronald D. Crelinsten, "The Internal Dynamics of the FLQ during the October Crisis of 1970," in Rapoport, *Inside Terrorist Organizations*, 59-89。

32. Horgan, *The Psychology of Terrorism*, 144.

33. Pluchinsky, "German's Red Army Faction," 137.

34. Sidney Tarrow, "Violence and Institutionalisation after the Italian Protest Cycles," chap. 2 of *The Red Brigades and Left-Wing Terrorism in Italy*, ed. Raimondo Catanzaro (London: Pinter, 1991), 41-69.

35. 根据一名前高级成员的说法，"加入'红色旅'基于自愿。任何人在任何时候都可以离开，这完全基于组织和个人间的相互保证。" Raufer, "The Red Brigades," 322。曾有一名酗酒的成员被带到瑞士，上交了"清算费用"后就被驱逐出该组织。

Alison Jamieson, "Entry, Discipline and Exit in the Italian Red Brigades," *Terrorism and Political Violence* 2, no. 1 (Spring 1990): 9。

36. 更多信息，可参见：Lifton, *Destroying the World*, 8-39, and 147-148。

37. 基于这个原因，布莱恩·海耶斯认为电话清单可以用来区分小派别，并追踪潜在的恐怖袭击人员之间的联络方式。Hayes, "Connecting the Dots," *American Scientist* 94 (2006): 400-404。

38. Andrew Silke, "In Defense of the Realm: Financing Loyalist Terrorism in Northern Ireland—Part One: Extortion and Blackmail," *Studies in Conflict and Terrorism* 21, no. 4 (October-December 1998): 331-361; and Silke, "Drink, Drugs, and Rock'n Roll: Financing Loyalist Terrorism in Northern Ireland—Part Two," *Studies in Conflict and Terrorism* 23, no. 2 (April-June 2000): 107-127.

39. 在 20 世纪 70 年代，他们的目的性被一点一点地消散殆尽；他们的最高目标就是别进监狱。Varon, *Bringing the War Home*, 172-173, 180。很多的恐怖主义组织因为意外事件而失去了成员，如"爱尔兰共和军"、"哈马斯"、"红色旅"和"无产阶级武装核心"。意外事件也会导致行动的暴露，如众所周知的拉姆齐·优素福（Ramzi Yousef）密谋破坏多架航班的事件。参见：Brian A. Jackson, "Organizational Learning and Terrorist Groups," Working Paper WR-133-NIJ, RAND Public Safety and Justice Program, February 2004。

40. 最有名的"潘提托"是帕特里齐奥·佩慈（Patrizio Peci），他写了一本名为《我，一个卑鄙的人》（*Il L'Iinfame*）的书，并在其中解释了他接受特赦的原因。另参见：Robert C. Meade Jr., *The Red Brigades: The Story of Italian Terrorism* (Basingstoke: Macmillan, 1990); Leonard Weinberg and William L. Eubank, *The Rise and Fall of Italian Terrorism* (Boulder, Colo.: Westview Press, 1987)。相比于第一代成员，恐怖分子的第二代成员发现他们退出时要更容易一些。参见：Franco Ferracuti, "Ideology and Repentance: Terrorism in Italy," chap. 4 of Reich, *Origins of Terrorism*, 63。

41. 在 20 世纪 80 年代，"M–19 民主联盟"是哥伦比亚仅次于"哥伦比亚革命武装力量"的第二大组织。"M–19"最为人所知的是，它曾经占领多米尼加共和国的大使馆，将其中 18 名大使（包括美国大使）扣作人质，但所有人最后都得以获释。

42. 这方面更多的论述，参见：Mark Urban, *Big Boys' Rules: The SAS and the Secret Struggle against the IRA* (London: Faber and Faber, 1992) and Steven Greer, *Supergrasses: A Study in Anti-terrorist Law Enforcement in Northern Ireland* (Oxford: Clarendon Press, 1995)。

43. 在大规模谈判的情形下，也会实行特赦（第二章中有所讨论）。根据 1998 年的《贝尔法斯特协定》，所有与斗争相关的英国和爱尔兰共和国的囚犯都得以释放；尽管这是官方许可的，但这算不上是一次大赦，其中累犯者都被带回监狱中继续服刑。例如，1999 年 6 月 22 日，布莱顿爆炸案的制造者帕特里克·麦基（Patrick Magee）得以获释。一位唐宁街发言人称："这让人很难接受。但最终，我们不得不将和平进程进行下去。" Michael Von Tangen Page, "'A Most Difficult and Unpalatable Part': The Release of Politically Motivated Violent Offenders," chap. 13 in Guelke, Cox, and Stephen, *Farewell to Arms*, 208。

44. Cyrus Ernesto Zirakzadeh, "From Revolutionary Dreams to Organizational Fragmentation: Disputes over Violence within ETA and Sendero Luminoso," *Terrorism and Political Violence* 14, no. 4 (Winter 2002): 76.

45. Cyrus Ernesto Zirakzadeh, "From Revolutionary Dreams to Organizational Fragmentation: Disputes over Violence within ETA and Sendero Luminoso," *Terrorism and Political Violence* 14, no. 4 (Winter 2002): 76-77。1987 年，"埃塔"的枪手们开始杀害与马德里当局合作的当地官员和党派人物。

46. Renwick Maclean, "Madrid Sees Signs of ETA's Death Throes," *International Herald Tribune*, December 20, 2004, accessed at http://www.iht.com/articles/2004/12/20/basque_ed3_.php.

47. 个人可能很容易发展出更新且更强大的关系网，正如我们即将在"穆斯林兄弟会"身上看到的那样。否则不用去销蚀后者的意识形态，监狱就能成为击碎激进主义网络的手段。对于右翼组织亦是如此。近年来对关在英国和法国的穆斯林囚犯的研究显示，囚禁反而有利于极端主义的发展。参见：James A. Beckford, Daniele Joly, and Farhad Khosrokhavar, eds., *Muslims in Prison: Challenge and Change in Britain and France* (London: Palgrave Macmillan, 2006)。

48. 关于这些因素，尤其是针对"临时派爱尔兰共和军"的一项杰出研究，参见：John Horgan's "Disengaging," chap. 6 of *The Psychology of Terrorism*, 140-157。

49. Peter A. Lupsha, "Explanation of Political Violence: Some Psychological Theories versus Indignation," *Politics and Society* 2, no. 1 (Fall 1971): 89-104; and Luigi Bonanate, "Some Unanticipated Consequences of Terrorism," *Journal of Peace Research* 16, no. 3 (1979): 197-211。特别是关于西方的穆斯林，参见：Quintan Wiktorowicz, *Radical Islam Rising: Muslim Extremism in the West* (New York: Rowman and Littlefield, 2005)。

50. Ross and Gurr, "Why Terrorism Subsides," 418-420.

51. 1992 年由鲍里斯·叶利钦公开的、一份标为 1975 年 5 月 16 日的苏联官方文件记录了苏共中央委员会的决定。Tucker, *Skirmishes*, 25-26。"例如，根据某些参与其中的德国‘红军派’恐怖分子的说法，当时被称为‘南也门’的政府，在20世纪70年代为形形色色的恐怖主义组织提供了训练设施和安全庇护，包括给‘爱尔兰共和军’和巴斯克分离主义者提供支持。东德也通过‘斯塔西’（前东德国家安全局）支持了这一活动，部分是通过训练南也门的‘兄弟’情报机构这一方式。”塔克引用《明镜周刊》的报道《这些亡命之徒的营地》（*Der Spiegel*, “The Desperadoes' Camp,” January 16, 1995, 72, in Foreign Broadcast Information Service [FBIS], March 10, 1995, 47）来证明其论点。不过，塔克在“爱尔兰共和军”问题上的看法就不是那么精确了：从其愿景来看，“临时派爱尔兰共和军”很明显是一个反共产主义组织，并能对左翼组织施加影响，这也是它与共和党运动现有领导层决裂的一个原因。苏联支持“正式派爱尔兰共和军”，而这个组织1972年之后在这场运动中的分量已经轻了许多。我（本书作者）很愿意在这次澄清中做个匿名的评论者。

52. 根据丹尼尔·拜曼（Daniel Byman）的说法，“阿布·尼达尔组织”、“埃塔”、“伊斯兰组织”、埃及“伊斯兰圣战组织”、“伊斯兰武装组织”、“泰米尔伊拉姆猛虎解放组织”、“民族解放军”、“库尔德工人党”、“伊朗人民圣战组织”（Mujahedin-e Khalq，MEK）、“基地”组织和“哥伦比亚革命武装力量”都在十年的过程中失去了国家给予的直接支持。这些组织中很多都对自己进行了改造，包括建立自己的犯罪集团、与其他组织联合起来和向其他的行为模式转型（见第六章）。关于国家资助（恐怖主义）的详细内容，参见：Byman, *Deadly Connections*, 3-4 and n. 5。

53. Coral M. Davenport, “Elusive Terrorist Group Takes a Hit—Finally,” *Christian Science Monitor*, July 5, 2002; See also MIPT Terrorism Knowledge Base 17 November entry, accessed May 14, 2007.

54. 他们批准杀害了其中的10个。关于杀害斯蒂芬·桑德斯及其后续情况，参见：“Justice: A Greek Tragedy,” BBC News, March 12, 2001, http://news.bbc.co.uk/1/hi/programmes/correspondent/1205893.stm, accessed May 14, 2007; and “Gun Used to Kill Brigadier Found,” BBC News, July 17, 2002, http://news.bbc.co.uk/1/hi/uk/2133623.stm, accessed May 14, 2007。

55. 警察在爆炸点附近发现了一个帆布背包，包内装有两枚手雷和一支点38口径的被盗手枪，手枪的主人是一名在1984年11月17日被杀的警官。同样，在之后的诸多行动中，这些东西在史密斯市和埃森市都出现过。George Kassimeris, “Last Act in a Violent Drama? The Trial of Greece's Revolutionary Organization 17 November,” *Terrorism and Political Violence* 18, no. 1 (Spring 2006): 137-138。

56. George Kassimeris, “Last Act in a Violent Drama? The Trial of Greece's Revolutionary Organization 17 November,” *Terrorism and Political Violence* 18, no. 1

(Spring 2006): 138-139.

57. 2004 年雅典奥运会也给了政府足够的动力去铲除这个组织，以此来证明希腊对于游客来说是安全的。Alan Abrahamson, "Athens Makes Security 'Priority No. 1,'" *Los Angeles Times*, August 13, 2003。

58. 多纳特拉 · 波塔（Donatella Della Porta）已经深入研究了意大利和德国恐怖主义组织中存在的这一现象。参见：Della Porta, "The Logic of Underground Organizations," chap. 5 of *Social Movements*, 113-135。

59. Della Porta, "The Logic of Underground Organizations," chap. 5 of *Social Movements*, 115.

60. Meade, *The Red Brigades*, 50-51.

61. Donatella Della Porta and Gian Carlo Caselli, "The History of the Red Brigades: Organisational Structures and Strategies of Action, 1970-1982," in Catanzaro, *Red Brigades*, 73.

62. William R. Farrell, *Blood and Rage: The Story of the Japanese Red Army* (Lexington, Ky.: Lexington Books, 1990), 197.

63. 米基 · 麦凯维特的被捕也促使了该组织的衰亡（见第一章）。James Dingley, "The Bombing of Omagh, 15 August 1998: The Bombers, Their Tactics, Strategy and Purpose behind the Incident," *Studies in Conflict and Terrorism* 24, no. 6 (November-December 2001): 451-465; and Sean Boyne, "The Real IRA: After Omagh, What Now?" *Jane's Intelligence Review*, October 1998, http://www.janes.com/regional_news/europe/news/jir/jir980824_1_n.shtml, on June 17, 2005。奥马爆炸案是共和党人实施的第一次袭击，格里 · 亚当斯为此饱受谴责。"临时派爱尔兰共和军"早期的暴行导致了大量的平民丧生，这些行动包括 1972 年贝尔法斯特爆炸（11 人死亡、超过 100 人受伤）；1974 年伯明翰酒馆爆炸（21 人死亡、超过 100 人受伤）；1987 年恩尼斯基林纪念碑爆炸（11 人死亡），以及 1993 年香基尔大道爆炸（10 人死亡）。还可参见：Rogelio Alonso, "The Modernization in Irish Republican Thinking toward the Utility of Violence," *Studies in Conflict and Terrorism* 24, no. 2 (March-April 2001): 131-144。

64. 这一协议要求爱尔兰共和国释放关押在狱中的 39 名"真爱尔兰共和军"成员。参见：Jonathan Tonge, "'They Haven't Gone Away, You Know': Irish Republican 'Dissidents' and 'Armed Struggle,'" *Terrorism and Political Violence* 16, no. 3 (Autumn 2004): 683。

65. 参见：Ross and Gurr, "Why Terrorism Subsides," 413-414。

66. 锡克分离主义着眼于建立一个独立的卡利斯坦国，在 1981 年至 1995 年间杀害了数以万计的人，其中包括在 1984 年 10 月 31 日暗杀了印度总理英迪拉 · 甘地。

67. 在别斯兰事件后，西方的官员和外交人士就不愿再与车臣叛乱分子会面了。

68. Zirakzadeh, “Revolutionary Dreams,” 76.

69. 一开始，“埃塔”的目标主要是西班牙政府的一些标志性代表，诸如公共建筑和警察。然而，它们的目标很快变得越来越没有区别性，这也给它们的事业带来了负面效果：1994 年至 2004 年间，有 70% 的受害者为平民，大部分是巴斯克人。Maclean, “Madrid Sees Signs”。

70. 精确的民意调查数据为 47%。Ludger Mees, “The Basque Peace Process, National and Political Violence,” in Darby and MacGinty, *Management of Peace Processes*, 169。

71. “Italy Mourns Murdered Statesman,” BBC News, May 10, 1978, bbc.co.uk, accessed May 12, 2007.

72. 很多“红色旅”成员撰写了回忆录，包括真正参与杀害莫罗的人。参见：Mario Moretti, *Brigate Rosse: Una storia italiana* (Milan: Baldini & Castoldi, 2000)。也可参见：Enrico Fenzi, *Armi e bagagli: Un diario dalle Brigate Rosse* (Milan: Costa & Nolan, 2006)。

73. Senato della Repubblica/Camera dei Deputati, *Senato della Repubblica/ Camera dei Deputati parlamentare d'inchiesta sulla strage di Via Fani* (Rome: Senato della Repubblica, 1983), 131-132, cited by Leonard Weinberg, “The Red Brigades,” chap. 2 of Art and Richardson, *Democracy and Counterterrorism*, 35-36 n. 15.

74. “红色旅”要求意大利政府释放 13 名在押的同伙，但政府拒绝与其谈判。在尸体被找到后，内政部长佛朗切斯科 · 科西嘉（Francesco Cossiga）认出了尸首为莫罗先生，随后便提出辞呈。“Italy Mourns Murdered Statesman,” BBC News。

75. Jamieson, “Entry, Discipline and Exit,” 12-15; and Weinberg, “The Red Brigades,” 36.

76. 这封信的公开产生了两个结果，即“新红色旅 / 共产主义战斗党”（New Red Brigades/Communist Combatant Party，BR/PCC）和“红色旅 / 共产主义战斗联盟”（Red Brigades / Union of Combatant Communists，BR/UCC）的诞生。前者暗杀了两名政府经济顾问（2002 年暗杀了马科 · 比亚吉 [Marco Biagi] 教授和 1999 年暗杀了马西莫 · 丹托纳 [Massimo D'Antona] 教授），并宣称自己是“红色旅”的嫡系传承。不过，在“新红色旅 / 共产主义战斗党”的 17 名成员遭到逮捕和审判后，警察相信这些人也同样没有什么战斗力。参见：“Red Brigades Suspects to Be Tried,” BBC News, October 20, 2004, and David Willey, “Ghosts Return to Haunt Italy,” BBC News, March 20, 2002, both accessed at http://news.bbc.co.uk on May 12, 2007。

77. 源自：Wright, *The Looming Tower*, 290-293。也可参见：Montasser al-Zayyat, *The Road to Al-Qaeda: The Story of Bin Laden's Right-Hand Man,* trans. Ahmen Fekry (New

York: Pluto Press, 2004)。

78. 劳伦斯·莱特声称他们遵循了传统的自杀仪式，但他的说法看上去属于少数派的观点。*The Looming Tower*, 257-258。也可参见：MIPT Terrorism Knowledge Base, http://www.tkb.org/Incident.jsp? incID=8303, accessed June 6, 2007。

79. 对于外国穆斯林和埃及本土穆斯林组织之间联系的概述，可参见：Diaa Rashwan, "'Two Targets, One Enemy,'" *Al-Ahram Weekly Online*, Issue No. 746, June 9-15, 2005, http://weekly.ahram.org.eg/2005/746/focus.htm。

80. Wright, *The Looming Tower*, 258. See also Gilles Kepel, *Jihad: The Trail of Political Islam*, 4th ed. (London: I. B. Taurus, 2006), 288-289.

81. Millar, "We're at War."

82. 根据布鲁斯·霍夫曼的说法，20 世纪 80 年代国家资助的袭击与恐怖主义组织自行组织的袭击相比，在致死率上要高 8 倍。*Inside Terrorism* (London: Victor Gollancz, 1998), 189。

第五章　镇压

1. 伊万诺夫在慕尼黑会议上发表演讲时谈到了安全政策。C. J. Chivers, "Russian Aide Says Problem of Chechnya Is 'Solved,'" *International Herald Tribune*, February 13, 2007, 3。

2. 关于干预，参见 Roberts, "War on Terror," 115-121。

3. 关于国家的形成过程，菲利普·博比特很巧妙地进行了阐释和描述。Phillip Bobbitt, *The Shield of Achilles: War, Peace, and the Course of History* (London: Penguin, 2003)。

4. 很多政治学研究专注于国内镇压。其中一个精彩的综述性研究是：Christian Davenport, "State Repression and Political Order," *Annual Review of Political Science* 10 (June 2007): 85-101。

5. 根据沃尔特·拉克尔的说法，恐怖主义的含义在 1798 年出版的《法兰西字典》（*Dictionnaire* of the Académie Française）增刊中解释为 *système*, *regime de la terreur*。*Dictionnaire, Supplément* (Paris, [1798]), 775, cited by Laqueur, *Terrorism*, 6 and n. 1。

6. 这类例子包括阿根廷、英国、中国、埃及、法国、德国、墨西哥、巴基斯坦、秘鲁、菲律宾、俄罗斯、沙特阿拉伯、土耳其和乌拉圭。

7. 在 1983 年至 2000 年间，美国有三个使用军事力量回应恐怖袭击的案例：在 1986 年"拉贝尔"迪厅爆炸（La Belle discotheque bombing）发生后，对利比亚的黄金峡谷进行攻击（El Dorado canyon strikes）；1993 年对伊拉克情报机构的巡航导弹攻击，这是为了回应对乔治·布什总统的刺杀企图；以及1998年美国驻坦桑尼亚和肯尼亚大使馆爆炸发生后，对阿富汗“基地”组织的据点进行巡航导弹攻击。参见：Michelle L. Malvesti, “Explaining the United States’ Decision to Strike Back at Terrorists,” *Terrorism and Political Violence* 13, no. 2 (Summer 2001): 85-106; Martha Crenshaw, “Coercive Diplomacy and the Response to Terrorism,” in Art and Cronin, *Coercive Diplomacy*; and Timothy Hoyt, “Military Force,” in Cronin and Ludes, *Attacking Terrorism*, 162-185。

8. 认为恐怖主义是一种战争形式的观点，参见：Everett L. Wheeler, “Terrorism and Military Theory: A Historical Perspective,” in *Terrorism Research and Public Policy* (Abingdon: Frank Cass, 1991), 6-33。有说服力的反驳意见，可参见：Michael Howard, “What’s in a Name? How to Fight Terrorism,” *Foreign Affairs* 81, no. 1 (January-February 2002): 8-13。

9. 根据沃尔特·拉克尔的说法，拉丁美洲的马贼习惯于宣称自己有政治动机，以免遭到绞刑。参见 Walter Laqueur, *Terrorism*, 4。

10. 这类例子包括阿根廷、英国、中国、埃及、法国、德国、墨西哥、巴基斯坦、秘鲁、菲律宾、俄罗斯、沙特阿拉伯、土耳其和乌拉圭。

11. 我（本书作者）已经以更长的篇幅写过关于杠杆战略的问题，如 *Ending Terrorism: Lessons for Defeating al-Qaeda*, Adelphi Paper No. 394 (London: Routledge for the International Institute for Strategic Studies, 2008)。

12. “强制”（coercion）的战略意涵就是使用或威胁使用武力，但也可以融入外交作为一个积极要素。“胁迫”只是强制手段的一部分，能更好地描述通常国家领导人认为恐怖主义组织正在做的事。

13. 将恐怖主义看成是一种消耗战略，特别是在迫使国家从某块领土上撤出，以此论证恐怖主义的有效性，可参见：Kydd and Walter, “The Strategies of Terrorism”。除了本章所提及的战略外，祁德和沃尔特还加入了“搅局”和“竞标”战略；但“搅局”只在极少的情况下会有用，如谈判，而“竞标”只适用于敌对的恐怖主义组织之间的竞争。这两种战略是战术性的（或称为阶段性目标），不能直接称之为恐怖主义活动的总体目的（或称为成果性目标）。详见第三章。

14. 国家也可能通过加倍努力来进行回应，正如俄罗斯人面对车臣问题，以及印度人面对克什米尔问题时所做的那样。

15. 这种思维模式旨在消除袭击者在战略思维和世界观方面与自己（决策者或战略思想家）的分野，将之等量齐观。这是一种典型的西方经济学模式下两个“理性”行为体的分析模式。

16. 这种观点基于一项关于恐怖主义战略的精彩概述。参见：Martha Crenshaw, "Terrorism and Global Security," chap. 5 of *Leashing the Dogs of War: Conflict Management in a Divided World* (Washington, D.C.: U.S. Institute of Peace Press, 2007), 73-75。

17. 20 世纪关于激怒国家实施镇压的最著名理论家之一，当数卡洛斯·马里格赫拉（Carlos Marighella）。参见：Carlos Marighella, *Minimanual of the Urban Guerrilla* (Harmondsworth: Penguin, 1971)。

18. Robert Gerwarth, presentation to the Changing Character of War seminar, "White Terror: Paramilitary Violence in Germany, Austria and Hungary after the Great War," February 13, 2007.

19. Rami Khouri, "Algeria's Terrifying but Unsurprising Agony," *Middle East Review of International Affairs*, March 1998; and Kydd and Walter, "The Strategies of Terrorism," 67.

20. 这是为何在一场袭击过后支持军事报复的舆论很快就发生的一大原因，用前国家安全顾问布伦特·斯考克罗夫特的话说，即"要赶在形势尚热之时"。参见：Malvesti, "Explaining the Decision," 95。

21. 一项针对 1979 年至 2003 年间所发生袭击的美国民意调查显示，对总统的支持度主要随着（政府）在人力和物力上的投入、被定为目标的群体的类型，以及使用的武器类型的变化而变化。参见：William Josiger and George Shaumbaugh, "Public Prudence, the Policy Salience of Terrorism and Presidential Approval following Terrorist Incidents," unpublished paper, September 2005。特别是关于"9·11"事件，一项美国民意调查显示有 71% 的人支持采取军事报复。参见："Poll: Shock Gives Way to Anger," CBS News, September 13, 2001, http://www.cbsnews.com/stories/2001/09/13/archive/main311139.shtml。到 9 月 17 日，"盖洛普"的一份民意调查中提到支持军事报复的人接近 90%。参见："Support for Military Action against Terrorist Attackers," CNN.com/Community, September 17, 2001, http://archives.cnn.com/2001/COMMUNITY/09/17/newport/index.html。《英国周报》（*UK Weeks*）在随后也进行了一项相似的媒体民意调查，结果显示有 70% 的人支持军事报复。参见："The Observer Poll Results," *The Observer*, October 7, 2001, http://politics.guardian.co.uk/conservatives2001/story/0,,564832,00.html。法国和意大利的这一数据分别是 68% 和 88%。参见："EU Leaders to Hold Emergency Summit on Security," *Daily Telegraph*, September 18, 2001, http://www.telegraph.co.uk/news/main.jhtml?xml=/news/2001/09/18/wdip18.xml (all websites viewed on March 22, 2007)。

22. 杰克·李维有一段著名的话："民主国家之间没有战争，这成为国际关系中的一个经验法则，与我们已认定的其他法则一样。""Domestic Politics and War," *Journal of Interdisciplinary History* 18, no. 4 (Spring 1988): 662。

23. 例如，《2002 年美国国家安全战略》中提到："传统的威慑概念对一个恐怖分子对手不再有用了。" George W. Bush, *The National Security Strategy of the United States of America* (Washington, D.C.: GPO, 2002), 46。关于威慑与恐怖主义的一个复杂的论述，来自：Paul K. Davis and Brian Michael Jenkins, *Deterrence and Influence in Counterterrorism: A Component in the War on al Qaeda* (Santa Monica, Calif.: RAND, 2002)。关于批评性意见以及对威慑效果更为全面的讨论，参见：Patrick M. Cronin and Audrey Kurth Cronin, *Challenging Deterrence: Strategic Stability in the 21st Century*, IISS/CCW Joint Report, February 2007, accessed at http://ccw.politics.ox.lac.uk on June 13, 2008。

24. 罗伯特 · 特拉格（Robert F. Trager）与德西斯拉瓦 · 扎格切瓦（Dessislava P. Zagorcheva）也认为，对菲律宾"摩洛伊斯兰解放阵线"（MILF）的威慑是有用的。参见：Robert F. Trager and Dessislava P. Zagorcheva, "Deterring Terrorism: It Can Be Done," *International Security* 30, no. 2 (Winter 2005-2006): 87-123。

25. 但这并不仅仅是危及国家的威望：那些支持恐怖袭击的领导人所进行的无所顾忌的对抗，已被看成是其想要激起他国军事反击的一种个人挑衅，正如美国对穆阿迈尔 · 卡扎菲、萨达姆 · 侯赛因和奥萨马 · 本 · 拉登的报复一样。Malvesti, "Explaining the Decision," 96。

26. 一项关于对恐怖主义使用军事力量的精彩论述来自 Caleb Carr 的 "Terrorism as Warfare," 1-12。

27. 先发制人和预防往往被交替使用，这也带来了混乱。先发制人要求了解某次即将发生的袭击。参见：Lawrence Freedman, "Prevention, not Preemption," *Washington Quarterly* 26, no. 2 (Spring 2003): 105-114; and Martha Crenshaw, "Terrorism, Strategies, and Grand Strategies," chap. 3 of *Attacking Terrorism*, 93 n. 43。

28. 关于民主国家如何从反恐中获得经验，有一个很有价值的讨论，参见：Art and Richardson, "Conclusion," in *Democracy and Counterterrorism*, 563-601。

29. 我个人很感谢布莱恩 · 詹金斯的这一洞察。

30. *Volya* 这个词在俄语中兼有"意志"和"解放"的含义。它有时会被翻译为"人民解放"（People's Liberty）。

31. 例如，德国的理想主义主要是以黑格尔和谢林的思想为代表的，实证主义是从毕希纳（Buchner）和莫莱舒特（Moleschott）的著作中提炼而来的。

32. 俄罗斯有关社会革命思想及其发展的素材，来自：Richard Pipes, "The Intelligentsia," chap. 10 of *Russia under the Old Regime*, 2nd ed. (London: Penguin, 1993), 249-280。其他有关"人民意志"（除了以下专门提到的）的重要素材主要有：Hans Rogger, *Russia in the Age of Modernisation and Revolution, 1881-1917* (London: Longman,

1983); David Saunders, *Russia in the Age of Reaction and Reform, 1801–1881* (London: Longman, 1992), esp. chap. 11; and Philip Pomper, “Russian Revolutionary Terrorism” chap. 3 of Crenshaw, *Terrorism in Context*, 63-101。

33. Adam Ulam, *Russia's Failed Revolutions: From the Decembrists to the Dissidents* (London: Weidenfeld and Nicolson, 1981), 127-128.

34. 有关 6 次行刺沙皇的详细描述，参见：David Footman, *Red Prelude: A Life of A. I. Zhelyabov*, 2nd ed. (London: Cresset Press, 1968), esp. chap. 8。

35. 1880 年春天，“执行委员会”的两名成员（维亚科夫斯基和佩罗夫斯卡娅）接受审判并被处以绞刑。由此，索菲亚 · 佩罗夫斯卡娅成为俄罗斯历史上第一个因政治罪被处以绞刑的女性。

36. 讽刺的是，佩罗夫斯卡娅的父亲，因亚历山大二世在 1866 年遭到虚无主义者德米特里 · 卡拉科佐夫（Dmitri Karakozov）的一次暗杀企图而丢掉了工作。

37. 根据雅尔莫林斯基的说法，该儿童只是一个屠夫的学徒。Avrahm Yarmolisky, *Road to Revolution: A Century of Russian Radicalism* (New York: Macmillan, 1959), 279。

38. 佩罗夫斯卡娅总共准备了 4 枚炸弹来刺杀沙皇。除了雅萨科夫（Ryasakov）和格里内维茨基（Grinevitski），还有蒂莫西 · 米哈伊洛夫（Timothy Mihailov）——一名 21 岁的工人，伊万 · 埃米里亚诺夫（Ivan Emilianov）——一名 19 岁的学生。米哈伊洛夫在 1881 年 4 月与其他人一同被绞死，而埃米里亚诺夫则被判处终生在西伯利亚服劳役。Footman, *Red Prelude*。也可参见：Walter G. Moss, *Alexander II and His Times: A Narrative History of Russia in the Age of Alexander II, Tolstoy, and Dostoevsky* (London: Anthem Press, 2002); and Edvard Radzinsky, *Alexander II: The Last Great Tsar* (New York: Free Press, 2005); and Hugh Seton-Watson, *The Decline of Imperial Russia, 1855-1914* (London: Methuen, 1952)。

39. 关于民粹主义的命运，参见：Isaiah Berlin, *Russian Thinkers* (London: Hogarth Press, 1978), esp. 210-237。关于沙皇遭谋杀后形势变化的更详细阐释，参见：Pipes, “Towards the Police State,” chap. 11 of *Russia under Old Regime*, 281-318。

40. 有关暗杀发生后的各种变化情况，有一段精彩的描述来自 Seton-Watson, *Decline of Imperial Russia*, esp. part 2, “Reaction, 1881-1904,” 109-217。

41. Ronald Seth, *The Russian Terrorists: The Story of the Narodniki* (London: Barrie and Rockliff, 1966), 168-171.

42. Ronald H. Berg, “Peasant Responses to Shining Path in Andahuaylas,” chap. 5 of Palmer, *Shining Path of Peru*, 102; Ton de Wit and Vera Gianotten, “The Origins and Logic of the Shining Path: Two Views; The Center's Multiple Failures,” chap. 3 of Palmer, *Shining*

Path of Peru, 68。帕尔默认为，尽管暴力程度令人惊讶，但“光辉道路”并不像“红色高棉”那样从事无差别的暴力活动。参见：Palmer , “Conclusion,” 265。

43. 在“光辉道路”运动中死亡或“消失”的人数约为 6.9 万人，其中大约有一半是被该组织杀害的，约三分之一死于政府军之手，剩下的则死因不明或是为更小的军事组织所害。“Final Report,” *Truth and Reconciliation Commission of Peru* (*English translation by International Center for Transitional Justice*), 2003, 2-3. http://216.70.99.144/images/uploads/peru_trc_conclusions .pdf, viewed on March 22, 2007。

44. 通过比较，20 世纪 80 年代在阿根廷臭名昭著的“肮脏战争”中被杀害的人数不到这个数字的一半（约 3 万人），土耳其对“库尔德工人党”的战争也造成了 3 万人（正如我们将简要提到的）的死亡，而皮诺切特统治下的智利则杀害了约 3000 人。参见：“Truth and Reconciliation in Peru—World Notes,” *Catholic New Times*, November 16, 2003。

45. 在 1959 年和 1965 年，政府都用派出军队来回应农民的叛乱；但在 1965 年，军队通过政变接管了政权。贝朗德 · 特里（Belaúnde Terry）总统担心这一模式可能会重演。

46. The Truth and Reconciliation Commission, Final Report, vol. 6, *The Periods of Violence*, 53, cited by Amnesty International, “The Truth and Reconciliation Commission: A First Step towards a Country without Injustice,” available at http://web.amnesty.org/library/index/engamr460032004, accessed on March 19, 2007.

47. David Scott Palmer, “The Revolutionary Terrorism of Peru’s Shining Path,” chap. 7 of Crenshaw, *Terrorism in Context*, 295 and table 7.1 on p. 271.

48. Amnesty International, “Peru: Summary of Amnesty International’s Concerns 1980-1995,” http://web.amnesty.org, accessed on March 19, 2007.

49. 参见：David Scott Palmer, “Appendix: Political Violence in Peru—Analysis of Data, 1980-1992,” in Crenshaw, *Terrorism in Context*, 307。

50. 关于秘鲁的反恐行动，有一段精彩的评述来自：Palmer, “Name of Mao,” 195-220。

51. “我们已经重构了历史，同时我们也有了自己的结论，即如果不是因为那时政府高层的冷漠、不作为和愚蠢，这个国家本不会变得如此惨烈。”当时，秘鲁真相与和解委员会主席萨洛蒙 · 勒纳（Salomon Lerner）如此说道。Lucien Chauvin, “Peru: Truth, but No Reconciliation,” *World Press Review* 50, no. 11 (November 2003), http://www.worldpress.org/Americas/1595.cfm, accessed on March 20, 2007。

52. *The Military Balance, 1993-4* (London: International Institute for Strategic Studies),

62。有关“库尔德工人党”的一些背景素材，可参见：Henri J. Barkey, “Turkey and the PKK,” in Art and Richardson, *Democracy and Counterterrorism*, 343-381; Michael M. Gunter, *The Kurds and the Future of Turkey* (London: Macmillan, 1997); Ismet G. Imset, *The PKK: A Report on Separatist Violence in Turkey (1973-1992)* (Istanbul: Turkish Daily News Publications, 1992); Kemal Kirisci and Gareth M. Winrow, *The Kurdish Question and Turkey: An Example of a Transstate Ethnic Conflict* (London: Frank Cass, 1997); Andrew Mango, “Ataturk and the Kurds,” in *Seventy-Five Years of the Turkish Republic*, ed. Sylvia Kedourie (London: Frank Cass, 2000), 1-25; and Philip Robins, *Suits and Uniforms: Turkish Foreign Policy since the Cold War* (London: Hurst, 2003), esp. chaps. 5 and 9。

53. Human Rights Watch, “Ocalan Trial Monitor: Backgrounder on Repression of Kurds in Turkey,” 1999, http://www.hrw.org/backgrounder/eca/turkey/kurd.htm, accessed on March 20, 2007; and Michael Radu, “The Land of Many Crossroads: The Rise and Fall of the PKK,” *Orbis* 45, no. 1 (Winter 2001): 57.

54. 随着 5121 名安全部队成员被杀，4049 名平民和另外 17248 人被当作恐怖分子，具体的伤亡数据也被土耳其警方反恐部的主管销毁了。*Milliyet,* June 30, 1998, 8, cited by Mango, “Ataturk and the Kurds,” 1。也可参见：Barkey, “Turkey and the PKK,” 344。

55. 土耳其的反恐法于 1991 年 4 月开始生效。美国国务院 1996 年的人权报告将其单独列出予以谴责，称约有 6000 人因此而入狱。U.S. Department of State, *Turkey Country Report on Human Rights Practices,* Bureau of Democracy, Human Rights and Labor, January 30, 1997。

56. 与叙利亚的联系很重要。在 20 世纪 80 年代早期，据称“库尔德工人党”的首次真正意义上的训练，是与一些巴勒斯坦组织一道在叙利亚情报机构的帮助下进行的。当奥贾兰在大马士革的时候，他就在叙利亚秘密机构雇佣的打手保护之下进行活动，这是叙利亚政府即使派出了人员也会在官方层面予以否认的一个事实。Henri Barkey and Graham Fuller, *Turkey's Kurdish Question* (Oxford: Rowman and Littlefield, 1998)。

57. 土耳其政府通过两次战争对在伊拉克的“库尔德工人党”实施了跨境军事行动。在一次战争中，萨达姆·侯赛因的政府对之予以容忍；另在 20 世纪 90 年代的战争中，华盛顿方面对其予以容忍。至 90 年代末，土耳其始终在伊拉克北部保持着 1000 至 1 万人的部署规模。Robins, *Suits and Uniforms*, 318。它在 2008 年又重演了这一做法。

58. Barkey, “Turkey and the PKK,” 372-373.

59. Jeffrey Cason, “Electoral Reform and Stability in Uruguay,” *Journal of Democracy* 11, no. 2 (April 2000): 86-87.

60. Fernando Lopez-Alves, “Political Crises, Strategic Choices and Terrorism: The Rise and Fall of the Uruguayan Tupamaros,” *Terrorism and Political Violence* 1, no. 2 (April 1989): 225。人质中包括美国公共安全官员（public safety officer）丹尼尔·米特里奥内（Daniel Mitrione），释放他的前提条件是要释放约 150 名在押的“图帕马罗”城市游击队员。乌拉圭政府拒绝进行谈判，同时警察封锁了整个城市，米特里奥内则在 10 天后遭到杀害。

61. Jennifer S. Holmes, *Terrorism and Democratic Stability* (Manchester: Manchester University Press, 2001)。关于军事镇压的效果，参见：“Uruguay,” U.S. Library of Congress Country Studies, Federal Research Division, available at http://lcweb2.loc.gov/frd/cs/uytoc.html。

62. Lopez-Alves, “Political Crises,” 225。乌拉圭在 30 年后（即 2000 年 8 月）建立了一个和平委员会。因为随着时间的流逝，加上公众对揭开过去伤痕感情复杂，使得具体的伤亡数据一直难以确定。参见：Eugenia Allier, “The Peace Commission: A Consensus on the Recent Past in Uruguay?” *European Review of Latin American and Caribbean Studies* 81 (October 2006): 87-96。关于乌拉圭使用刑讯，参见：Lawrence Weschler, “Reporter at Large: The Great Exception,” *New Yorker*, April 10, 1989; and *A Miracle, a Universe: Settling Accounts with Torturers* (Chicago: University of Chicago Press, 1998)。

63. 想要深入了解这一案例，参见我（本书作者）的作品：“Russia and Chechnya,” in Art and Richardson, *Democracy and Counterterrorism*, 383-424。

64. Matthew Evangelista, *The Chechen Wars: Will Russia Go the Way of the Soviet Union*? (Washington, D.C.: Brookings Institution, 2002), 19-20.

65. 参见：Anatol Lieven, *Chechnya: Tombstone of Russian Power* (New Haven: Yale University Press, 1998), 86。相反的观点参见：Evangelista, *The Chechen Wars*, 30-31。德米特里·特莱宁认为，劫持者是寻求利益的犯罪分子，并不是独立的。参见：Trenin, “The Forgotten War: Chechnya and Russia’s Future,” Policy Brief No. 28, Carnegie Endowment for International Peace, 2。有一个得到莫斯科背后支持的派系，在两周前就试图推翻杜达耶夫的政府。

66. 通过间接的方式，这一观点得到了证实。奥尔加·奥力克提到了与约翰·雷佩特准将（已退休）在 2000 年 12 月 10 日的邮件联络，邮件内容完全基于雷佩特将军与格拉乔夫（Grachev）将军的私人谈话。无论如何，考虑到事情发生的过程后，这些内容看起来不过是一些花言巧语的掩饰辞令。参见：Olga Oliker, *Russia's Chechen Wars, 1994-2000: Lessons from Urban Combat* (Santa Monica, Calif.: RAND, 2001), 9 n. 13,

downloaded from http://www.rand.org/publications/MR/MR1289/on December 12, 2003。也可参见：John R. Pilloni, "Burning Corpses in the Streets: Russia's Doctrinal Flaws in the 1995 Fight for Grozny," *Journal of Slavic Military Studies* 13, no. 2 (June 2000), 62 n. 45。

67. 详见：Oliker, *Russia's Chechen Wars*, 12-16。

68. "Casualty Figures," *Chechnya Weekly* (Jamestown Foundation) 4, no. 5 (February 20, 2003)。5500 人的数据是俄罗斯政府官方的数字，而 1.4 万人则是来自俄罗斯"士兵母亲"组织（Soldiers' Mothers of Russia organization）的估算。

69. 要得到可靠的伤亡数据是很难的。俄罗斯内务部宣称有 2 万名平民遭到杀害。谢尔盖·科瓦廖夫（Sergey Kovalyov），一个知名的人权活跃分子，估计有超过 5 万人死亡。车臣当局声称约有 10 万人死亡。参见：Human Rights Violations in Chechnya, at http://www.hrvc.net; and "Casualty Figures"。

70. Carlotta Gaal and Thomas de Waal, *Chechnya: Calamity in the Caucasus* (New York: New York University Press, 1998), 244.

71. Pilloni, "Burning Corpses," 54. See also "The 'Dirty War' in Chechnya: Forced Disappearances, Torture, and Summary Executions," *Human Rights Watch* 13, no. 1 (D) (March 2001), available at http://www.hrw.org/reports/2001/chechnya/, accessed on April 24, 2004.

72. Oliker, *Russia's Chechen Wars*, 9-12.

73. Gaal and de Waal, *Chechnya*, 275。俄罗斯的"阿尔法"突击部队在布登诺夫斯克医院劫持事件中被部署用来对付车臣人，但他们在政府决定谈判后被强制命令即便遭到攻击也不得应战。参见：Mark Galeotti, "Elite Squad Hoping to Share Expertise," www.janes.com, accessed at http://www.janes.com/security/law_enforcement/news/ipi/ipi0313.shtml, on December 12, 2003。

74. 布登诺夫斯克事件发生后不久，1996 年 1 月，萨尔曼·拉杜耶夫（Salman Raduyev）率领 200 名车臣叛乱分子袭击了俄罗斯的一处军用机场，并劫持了达吉斯坦共和国基兹利亚尔一家医院中的数千人作为人质。与巴萨耶夫领导的袭击一样，车臣人提出的要求是俄罗斯军队离开车臣。大多数人质在第二天被释放；不过，超过 2400 名的俄罗斯军队、安全部队和警察部队还是对叛乱分子发起了围攻，他们不顾剩余人质的命运并发誓要给恐怖分子"决定性的一击"。参见：Jim Nichol, *Chechnya Conflict: Recent Developments and Implications for U.S. Interests*, CRS Report for Congress, No. 96-193, March 1, 1996, 2。

75. Dennis A. Pluchinsky, "Terrorism in the Former Soviet Union: A Primer, a Puzzle, a Prognosis," *Studies in Conflict and Terrorism* 21 (1998): 126.

76. Fiona Hill, Statement to the Helsinki Commission Hearing, "The Chechen Crisis

and Its Implications for Russian Democracy," November 3, 1999, 2-3, accessed at http://www.eurasia.org/publications/news/view.aspx?ID=80 on December 30, 2008.

77. 有人认为车臣人可能不需要对这些爆炸事件负责。参见：Michael Wines, "A Film Clip, and Charges of a Kremlin Plot," *New York Times*, March 6, 2002, A8; and Stephen J. Blank, "An Ambivalent War: Russia's War on Terrorism," *Small Wars and Insurgencies* 14, no. 1 (Spring 2003): 134。

78. "Putin's Chechen Remark Causes Stir," BBC News, November 13, 2002, accessed at http://news.bbc.co.uk/2/hi/europe/2460305.stm on February 16, 2004.

79. *Izvestia*, October 1, 1999, cited by James Hughes, "Chechnya: The Causes of a Protracted Post-Soviet Conflict," *Civil Wars* 4, no. 4 (Winter 2001): 37.

80. Hill, 1999 Statement to the Helsinki Commission, 3.

81. 根据兰德公司的说法，其中包括阿洛斯·阿布德扎法尔（Alos Abudzhafar），一个专注于游击战术和射击的营地；雅库布（Yakub），一个专门学习重武器的营地；阿布巴卡尔（Abubakar），一个研究恐怖分子战术的营地；以及达维拉特（Davlat），一个教授心理战和意识形态战的营地。但这些报告均没有得到证实。Oliker, *Russia's Chechen Wars*, 39-40。

82. Oliker, *Russia's Chechen Wars*, 39-50.

83. 该事件发生4天后，俄罗斯政府宣布这种毒气是从"芬太尼1"中提取而来的，但这一说法让人十分怀疑。参见：Martin Enserink and Richard Stone, "Questions Swirl over Knockout Gas Used in Hostage Crisis," *Science* 298, no. 5596 (November 8, 2002): 1150-1151。

84. Nichol, *Russia's Chechnya Conflict* (RL31620), 11。《华盛顿邮报》2002年6月10日第20版《车臣的难民》一文报道称："尽管俄军此际并不比普京1999年秋发动车臣战争时更接近赢得胜利，但普京却成功地控制了俄罗斯媒体，使之几乎不发出批评的声音。"

85. Hughes, "Chechnya," 37; and Oliker, *Russia's Chechen Wars*, 62-65.

86. Oliker, *Russia's Chechen Wars*, 297-298。普京赢得了71%的选票，且没有特别强大的对手。参见：Stuart D. Goldman, *Russia*, Issue Brief for Congress, No. IB 92089, April 9, 2004。

87. 随后的2006年10月就发生了记者安娜·波利特科夫斯卡娅（Anna Politkovskaya）遭谋杀的事件，她是仅有的几名报道车臣战争的记者之一，在其莫斯科寓所的电梯中遭枪击身亡。

88. C. J. Chivers, "Signs of Renewal Emerge from Chechnya's Ruins," *New York Times*,

May 4, 2006; and Chivers, "Problem of Chechnya Solved," 3.

89. 2007 年 2 月，普京独自拍板将遇刺总统的儿子拉姆赞·卡德罗夫（Ramzan Kadyrov）提携至车臣总统大位。在寻求车臣的繁荣与稳定的过程中，卡德罗夫似乎更愿意依靠当地的支持。Tom Parfitt, "Putin Hands Chechnya Control to Militia Leader," *Guardian*, February 17, 2007, http://www.guardian.co.uk, accessed March 17, 2007。

90. 据称，这些帮派在北高加索地区进行了重组，在那里俄罗斯联邦军事部门在作战中与对方的伤亡比是 1.5 : 1，比车臣作战的最后阶段（这一时期的作战人员一直处于被动局面）还要糟糕。Mkhail Lukanin, "Terrorism Changes Addresses, Meeting Places," *Nezavisimoye Voyennoye Obozreniye*, March 16, 2007; in Johnson's Russia List, "Russia Battles Fewer, More Dispersed, Committed Insurgents in North Caucasus," 2007, no. 65, March 18, 2007, item no. 23。

91. Julia Latynina, "Open Season: Life in Putin's Russia," *Washington Post*, June 22, 2008, B1, B4.

92. 这个组织有很多名字，如"穆斯林兄弟会"(Muslim Brotherhood)、"穆斯林兄弟社团"(Society of Muslim Brothers)、"穆斯林兄弟会"(Muslim Brothers)、"兄弟会"(Brothers)、"社团"(Society)、"穆斯林兄弟会"(Ikhwan al-Muslimin)、"兄弟会"(Ikhwan)。

93. 比较突出的是艾曼·扎瓦赫里——奥萨马·本·拉登在"基地"领导层中的伙伴，他在 1991 年写了一本十分著名的书，书中严厉谴责了"穆斯林兄弟会"，书名为《穆斯林兄弟会六十年中的苦果》(Al-Hisad al-Murr lil Al-Ikhwan al-Muslimin Sittin Aman)，故该书以《苦果》(*Bitter Harvest*) 而更为人所知。

94. Richard P. Mitchell, *The Society of the Muslim Brothers*, 2nd ed. (Oxford: Oxford University Press, 1993), preface, xxvi。下面的阐释多引自这一著名的历史作品。其他的史料来源包括：Gilles Kepel, *The Prophet and Pharaoh: Muslim Extremism in Egypt* (London: Al Saqi Books, 1985); and Barry Rubin, *Islamic Fundamentalism in Egyptian Politics* (London: Palgrave Macmillan, 1990)。

95. 关于其建立的年份有着不同的意见，但最为可靠的应该是"伊斯兰历"(Dhu al-Qi`ida) 的 1347 年，也就是 1928 年 3 月，班纳自己也是这么记录的。Mitchell, 8。

96. 班纳将这一情况形容为英国的军事占领与外国的"经济占领"。

97. 这些目标来自：Mitchell, *Society of Muslim Brothers*, 234-241。

98. 至 1949 年，已经出现了 2000 个分支，50 万名成员。在 1949 年后，这一数字急剧下降，约为 1500 个分支，20 万至 30 万人。参见 Mitchell, 328。米切尔的原始素材来自：Muhammad Shawqi Zaki, *The Muslim Brothers and the Egyptian Society*, 33

(adapted from a University of Cairo thesis supervised by Muslim Brother Kamal Khalifa; no date given)。这一估计也得到了伊沙克·穆萨·侯赛因（Ishak Musa Husseini）的证实，他在书中写道，1949 年后由于阿布杜·哈迪政府的镇压，其成员规模已经下降到 20 万至 30 万人。Ishak Musa Husseini, *The Moslem Brothers* (Beirut: Khayat's 1956, 18, cited by Kirk J. Beattie, *Egypt during the Nasser Years: Ideology, Politics, and Civil Society* (Oxford: Westview Press, 1994), 34 n. 34。

99. Mitchell, *Society of Muslim Brothers*, 68.

100. Mitchell, *Society of Muslim Brothers*, 69-70。原文见 al-Mabahith, 12, December 19, 1950。

101. 参见：Yvonne Yazbeck Haddad, "The Qur'anic Justi cation for an Islamic Revolution: The View of Sayyid Qutb," *Middle East Journal* 37, no. 1 (Winter 1983): 14-29。关于麦加朝觐，参见：Derek Hopwood, *Egypt: Politics and Society, 1945-1984* (London: Allen and Unwin, 1985), 95。

102. Interview with Sha'arawi Gumai, Minister of Interior, in *al-Ahram*, December 12, 1967. Cited by John Waterbury, *The Egypt of Nasser and Sadat* (Princeton: Princeton University Press, 1983), 34.

103. Mitchell, *Society of Muslim Brothers*, 148-149.

104. 具体日期已经无从知晓。参见：William E. Shepard, *Sayyid Qutb and Islamic Activism: A Translation and Critical Analysis of Social Justice in Islam* (New York: E. J. Brill, 1996), especially the introduction, ix–xvii。

105. 这三本 1957 年后出版的书分别是：*Khasais al-Tasawwar al-Islami wa Muqawamatuhu* (The Characteristics and Values of Islamic Conduct), 1960; *Al-Islam was Mushkilat al-Hadara* (Islam and the Problems of Civilization), n.d. (after 1954); and *Ma'alim fi'l-Taria* (Signposts on the Road), 1964。书单可参见：Kepel, *The Prophet and Pharaoh*, 68-69。

106. 在 20 世纪 50 年代和 60 年代后，"穆斯林兄弟会"都很小心地以非暴力运动的名义维护着自己的名誉，但是由它们激起的骚乱已然四起，很多由其他组织实施的恐怖主义活动很可能也与其有关。参见：Hesham Al-Awadi, *In Pursuit of Legitimacy: The Muslim Brothers and Mubarak, 1982-2000* (London: Tauris, 2004), 117-118 and 178-180。

107. Robert L. Leiken and Steven Brooke, "The Moderate Muslim Brotherhood," *Foreign Affairs* 86, no. 2 (March-April 2007): 107-121。这段内容是对这场运动的历史的精彩总结，并就其当前的地位进行了辩论。另可参见：John Walsh, "Egypt's Muslim Brotherhood: Understanding Centrist Islam," *Harvard International Review* 24, no. 4 (Winter 2003): 32-36; and Abd al-Monein Said Aly and Manfred W. Wenner, "Modern Islamic

Reform Movements: The Muslim Brotherhood in Contemporary Egypt," *Middle East Journal* 36, no. 3 (Summer 1982): 336-361。

108. 关于所有伊斯兰主义者所秉持的基本的激进观点，一个颇有说服力的论述来自：Martin Kramer, "Ballots and Bullets: Islamists and the Relentless drive for Power," *Harvard International Review* 19, no. 2 (Spring 1997): 16-19, 61。

109. Walsh, "Egypt's Muslim Brotherhood."

110. Kepel, *Jihad*, 50-52.

111. 苏里是一名目前拘押在美国的叙利亚人。在已获得的文件中，他研究了叙利亚在战争中的失败经验，并提出了一个旨在成功实现圣战的替代策略。参见：Harmony document no. AFGP-2002-600080; and "Al-Qa'ida: Back to the Future: The Vanguard and Muslim Brotherhood Operations in Syria," both published in Combating Terrorism Center, *Harmony and Disharmony: Exploiting Al-Qa'ida's Organizational Vulnerabilities*, February 2006, available at http://www.ctc.usma.edu。也可参见：Paul Cruickshank and Mohannad Hage Ali, "Abu Musab Al Suri: Architect of the new Al Qaeda," *Studies in Conflict and Terrorism* 30, no. 1 (January-February 2007): 1-14。苏里对叙利亚国内斗争的分析将在第七章中进行更加深入的探讨。

112. "吉哈德"对 1981 年安瓦尔·萨达特的遇刺负有责任。2001 年，"吉哈德"与"基地"联合；艾曼·扎瓦赫里是该组织的领袖，同时还兼任"基地"的智囊。埃及"伊斯兰组织"曾暴力反对 1978 年的《戴维营协议》。其精神领袖奥马尔·阿布德·拉赫曼酋长当时正因阴谋实施 1993 年世贸中心爆炸案而服无期徒刑，故埃及"伊斯兰组织"与"基地"组织的联合由扎瓦赫里于 2006 年 8 月 5 日宣布。参见：Andrew Black, "The Reconstituted al-Qaeda Threat in the Maghreb," *Terrorism Monitor* (Jamestown Foundation) 5, no. 2 (February 1, 2007), available at http://www.jamestown.org。

113. Gilles Kepel, *The War for Muslim Minds: Islam and the West* (Cambridge: Belknap Press of Harvard University Press, 2004), 79.

第六章　重新定位

1. Augustine, *City of God*, book 4, chap. 4 (London: Oxford University Press, 1963), 72.

2. 参见：*Seventh Report of the Independent Monitoring Commission* (London: Stationery Office, October 19, 2005), particularly 33-39。Available at http:// www.independentmonitoringcommission.org/documents/uploads/7th%20%20IMC%20%20Report.pdf, accessed on May 5, 2007。"临时派爱尔兰共和军"长期涉入犯罪活动；不过，这些犯罪活动在 1998 年和平协议签署后才开始明显增多。

3. 正如布鲁斯·霍夫曼指出的，美国国务院“外国恐怖主义组织”名单中有近三分之一的组织被称作叛乱组织。Hoffman, *Inside Terrorism*, 2nd ed. (New York: Columbia University Press, 2006), 35。

4. 这应该包括“哥伦比亚革命武装力量”（FARC）、“民族解放军”（ELN）和“哥伦比亚联合自卫军”（United Self-Defense Forces of Colombia 或 Autodefensas Unidas de Colombia，AUC）。

5. 参见：Ratko Parezanin, *Mlada Bosna I prvi svetski rat* (Young Bosnia and the First World War) (Munich: Iskra, 1974), 引自 Roberts, “War on Terror,” 107 n. 15。

6. Sari Horwitz, “Cigarette Smuggling Linked to Terrorism,” *Washington Post*, June 8, 2004。这只是一个突出的例子。“真主党”拥有基础广泛的财务支持，包括从富有的资助者、抱有同情态度的移民、组织本身的犯罪活动中得到的资金，以及从其他富有的罪犯那里得到的获益。

7. 犯罪活动可能会破坏一个恐怖主义组织在其潜在支持者中的声誉，令其意识形态诠释显得十分肤浅。这一情况就发生在“哥伦比亚革命武装力量”、“临时派爱尔兰共和军”和意大利的左翼组织身上。

8. Malik, *Enough of the Definition*, 54.

9. 在犯罪帮派中发展起来的一些人很可能也会变得十分激进，2005 年马德里火车站袭击案正是这样的一个案例。这种转变可能是双向的。

10. 恐怖分子的专业知识本身甚至就能成为一种商品，恐怖主义组织相互之间便可以出售这种服务。这方面的技术知识，如爆破、武器生产、自杀方法以及锁定目标等，已经在诸如“真主党”、“泰米尔伊拉姆猛虎解放组织”、“临时派爱尔兰共和军”、“哥伦比亚革命武装力量”这些不同组织之间相互传授。关于北爱尔兰发生的犯罪活动，参见：Marie Smyth, “The Process of Demilitarization and the Reversibility of the Peace Process in Northern Ireland,” *Terrorism and Political Violence* 16, no. 3 (August 2004): 544。

11. 犯罪行为和政治意识形态可以被看作是同一谱系中的不同目的追求。参见：Svante E. Cornell, “Narcotics and Armed Conflict: Interaction and Implications,” *Studies in Conflict and Terrorism* 30, no. 3 (March 2007): 207-227。

12. 毒品、犯罪与暴力之间的关系极其复杂，在此也无法完全解析清楚。有关犯罪行为和恐怖主义之间的关系，较好的综述有：Phil Williams, “Transnational Criminal Organizations and International Security,” *Survival* 36, no. 1 (1994): 96-113; Thomas M. Sanderson, “Transnational Terror and Organized Crime: Blurring the Lines,” *SAIS Review* 24, no. 1 (Winter-Spring 2004): 49-61; and Chris Dishman, “Terrorism, Crime, and Transformation,” *Studies in Conflict and Terrorism* 24, no. 1 (2001): 43-58。

13. Allison Jamieson, “Mafia and Institutional Power in Italy,” *International Relations* 12, no. 1 (April 1994): 1-24。贾米森描述了黑手党的“哥伦比亚化”，见第 22—23 页。

14. Colombia, Military Developments 2006, IISS Armed Conflict Database. Available at http://acd.iiss.org/armedconflict/MainPages/dsp_ConflictWeapons.asp?ConflictID=169&YearID=1020, accessed on May 5, 2007.

15. Juan Forero, “U.S. Indicts 50 Colombians for Drug Trafficking,” *New York Times*, March 23, 2006, A6.

16. 沃尔德曼估算出有 25% 是政治性的。Peter Waldmann, “Colombia and the FARC: Failed Attempts to Stop Violence and Terrorism in a Weak State,” chap. 8 of Art and Richardson, *Democracy and Counterterrorism*, 227。托马斯 · 费舍尔得出的比例仅有约 12%—15%。参见：Fischer, “War and Peace in Colombia,” in *Civil Wars: Consequences and Possibilities of Regulation*, ed. Heinrich-W. Krumwided and Peter Waldmann (Baden-Baden: Nomos, 2000), 291。

17.“临时派爱尔兰共和军”和“哥伦比亚革命武装力量”之间有着确切的联系。2001 年，有 3 名“临时派爱尔兰共和军”成员被控为“哥伦比亚革命武装力量”成员提供爆破方面的培训。2003 年审判之后，对他们的指控最终被判无效，但还是认定他们持假护照非法进入哥伦比亚。Connie Veillette, *Colombia: Issues for Congress*, CRS Report for Congress, No. RL32250, January 19, 2005, 4。

18. 关于左翼马克思主义组织向值得依赖的“好政府”转型的一项有价值的分析，参见：Román D. Ortiz, “Insurgent Strategies in the Post-Cold War: The Case of the Revolutionary Armed Forces of Colombia,” *Studies in Conflict and Terrorism* 25, no. 2 (March-April 2002): 127-143。也可参见：Chalk, “Evolving Dynamic,” 151-152。

19. Veillette, *Colombia*, 3.

20.“哥伦比亚革命武装力量”会不时地与哥伦比亚政府进行谈判，并赢得了对方的一些让步。例如在 1999 年，该组织获准在哥伦比亚南部得到一块瑞士面积大小的自治区（即区域的扩张）。但该组织的军事行动仍在继续，其中包括对一名哥伦比亚参议员实施绑架，哥伦比亚政府随后发动战争重新夺回这片领土。

21.“哥伦比亚革命武装力量”是哥伦比亚国内最大的次国家行为体，类似的还有“民族解放军”和“哥伦比亚联合自卫军”。另有 4 个较小的组织，“M–19”、“人民解放军”、“昆廷 · 莱姆武装运动”（Movimiento Armado Quintin Lame）和“工人革命党”（Partido Revolucionario de los Trabajadores de Colombia）。谈判开始后，它们都在 20 世纪 90 年代早期先后放弃了斗争。

22.“哥伦比亚革命武装力量”在 1997 年被美国首次认定为恐怖主义组织。之后，美国的大部分援助都流向了哥伦比亚警方。有关哥伦比亚的军事行动，美国国内有一个被认可的讨论，参见：Thomas A. Marks, “A Model Counterinsurgency: Uribe's Colombia (2002-2006) vs. FARC,” *Military Review*, March-April 2007, 41-56。与之相反的观点可参见：Gary Fields, “Move to Link Drug, Terror Wars Draws Flak; Critics Say Effort Could Invite Colombian Human-Rights Abuses,” *Wall Street Journal*, April 1, 2002, A14。

23.“交战部队”这种地位使得该组织的法律地位在国际法之下越来越高，同时也让其必须要担负起很多明确的义务。比如，不得将平民作为袭击目标。Andres Cala, “The Enigmatic Guerrilla: FARC's Manuel Marulanda,” *Current History* 99, no. 634 (February 2000): 59; and Michael Shifter, “The United States and Colombia: Partners in Ambiguity,” *Current History* 99, no. 634 (February 2000): 52。

24. 关于这些声明和已有的证据，有一份精细的分析，参见：Chris Zambelis, “Al-Qaeda in the Andes: Spotlight on Colombia,” *Terrorism Monitor* (Jamestown Foundation) 4, no. 7 (April 6, 2006): 6-8。

25. 最值得注意的是，这些文件很明确地肯定了“哥伦比亚革命武装力量”与委内瑞拉军队之间的合作年限，同样确定的还有委内瑞拉总统雨果·查韦斯提供的3亿美元援助。“The FARC Files: Colombia and Venezuela,” *The Economist* (U.S. ed.), May 24, 2008。

26. Juan Forero, “Millions Rally for Colombian Hostages: Protests Condemn Kidnappings by FARC Rebels,” *Washington Post*, July 21, 2008, A01。根据位于波哥大的“自由国家基金会”（Free Country Foundation）的说法，将近700名人质仍在“哥伦比亚革命武装力量”的控制之下。

27. Patrick J. McDonnell and Chris Kraul, “Colombian Rebels Splintering,” *Los Angeles Times*, July 5, 2008; Gray Miles and Kathryn Jezer-Morton, “Rescue Puts Guerrillas Closer to the History Books,” *Globe and Mail* (Canada), July 4, 2008。马鲁兰达（Marulanda）于2008年3月死于心脏病。

28.“阿布沙耶夫”武装还趁“摩洛伊斯兰解放阵线”（MILF）与政府谈判之机，从MILF继任者那里拉拢成员。一些人认为该组织已经在棉兰老岛一带恢复了与“摩洛伊斯兰解放阵线”之前的联系，并且还在不断向MILF施压，阻止其与政府达成任何协议。Simon Elegant, “The Return of Abu Sayyaf,” *Time*, August 23, 2004, accessed at www.time.com/time/magazine/article/0,9171,501040830-686107,00. html on April 7, 2007。

29. 成员数量源自：IISS Armed Conflict Database。

30. 其他一些继任者也遭到杀害，如卡扎菲·简加拉尼2006年9月被杀、阿布·苏莱曼（Abu Sulaiman）2007年1月被杀。罗米欧·里卡多（Romeo

Ricardo）——菲律宾警方情报组织的主管宣称，这两人为中东的捐助者牵线搭桥。参见：Council on Foreign Relations, Backgrounder on the Abu Sayyaf Group, accessed at http://www.cfr.org/publication/9235/ on June 7, 2008。

31. 在“9 · 11”事件之前，联邦调查局曾尝试用钱赎回伯纳姆一家，并在这一过程中损失了 30 万美元，且据称个中原因与菲律宾警方有关。Mark Bowden, “Jihadists in Paradise,” *The Atlantic*, March 2007, 54-60。

32. BBC News Online, June 1, 2001, accessed at http://news.bbc.co.uk on April 14, 2007.

33. 这是从菲律宾国家调查局（NBI）获得的。参见：IISS Armed Conflict Database, “Abu Sayyaf Group (ASG): Annual Update 2006,” January-March 2006, available online at http://acd.iiss.org/armedconflict/MainPages/dsp_AnnualUpdate.asp?ConflictID=207&YearID=1048, accessed on May 5, 2007。

34. 坚持认为“阿布沙耶夫”武装已经回归伊斯兰本源的论述，参见：Zachary Abuza, *Balik-Terrorism: The Return of the Abu Sayyaf,* Strategic Studies Institute Monograph (Carlisle: U.S. Army War College, September 2005), accessible at http://www.carlisle.army.mil/ssi。也可参见：Filler, “The Abu Sayyaf Group”。

35. Bowden, “Jihadists in Paradise,” 60。布莱恩 · 詹金斯在个人信件中表达过自己的看法，即“对伊斯兰的理解不成熟”是绝大部分圣战者的真实现状。他在信中还将“红军派”、“革命小队”（Revolutionary cells）、“红色旅”等组织中的成员进行了比较，这些人对马克思主义都只有极其肤浅的了解。詹金斯因此相信，这些组织的诉求也必然是情绪化和心理上的，而非意识形态上的。

36. 游击队是另一个概念，意指拥有大量武装人员的组织，他们如军事单位一样运行，主要袭击敌人的武装力量，并至少能在一定时期内占据和控制一定的领土。布鲁斯 · 霍夫曼在区别游击队和叛乱者时，认为只有后者才能“同时进行信息战（如宣传）和心理战，以此来发动群众在一场针对国家政府、帝国主义大国或外国占领力量的斗争中给予其支持”（Hoffman, *Inside Terrorism* [2006], 35）。而我（本书作者）并不认为，在 21 世纪，游击队与叛乱者之间有着明确的界线——尽管前者已更多地用于指代农村运动，而后者则多指城市运动。

37. 小而弱的组织若将军队或警察作为袭击目标，很容易遭到镇压。巴西的卡洛斯 · 马里格赫拉（Carlos Marighella）在其《城市游击队小手册》中，坚持将军队和警察作为目标以便使后者处于一种恐惧状态之下，同时还能削弱国家政权当局的信心。但他自己的经验却证明（他在一次伏击中被警方击中），这样一种方式在没有足够人员和军事装备的支撑时是愚蠢的。这是恐怖主义为何锁定非战斗人员的一个原因。参见：*Minimanual*, chap. 16,"Objectives of the Guerrilla's Actions"。

38. Hoffman, *Inside Terrorism* (2006), 41。有些学者一度将所有的恐怖主义行为都视作叛乱的一部分。例如，其中有一位将叛乱活动实施者分为七类，包括无政府主义者、平均主义者（egalitarian）、传统主义者（traditionalist）、多元论者（pluralist）、分离主义者（secessionist）、改革主义者（reformist）和维护传统者（preservationist）。参见：Bard E. O'Neill, *Insurgency and Terrorism: Inside Modern Revolutionary Warfare* (Washington, D.C.: Brassey's, 1990), esp. chap. 2, pp. 13-30。在承认这两个概念有交集的前提下，我（本书作者）认为它们可以且应该要区别开来，因为其中的区别往往会带来重要的心理上甚至是行动上的意义。

39. 将叛乱这个词用来描述"基地"组织的活动，最好的论证来自：David J. Kilcullen, "Countering Global Insurgency," *Journal of Strategic Studies* 28, no. 4 (August 2005): 597-617。

40. 一篇关于政权的有价值的分析，参见：William Quandt, *Between Ballots and Bullets: Algeria's Transition from Authoritarianism* (Washington, D.C.: Brookings Institution, 1998), esp. chap. 3, "Pressures for Change," 30-41。

41. Martin Stone, *The Agony of Algeria* (London: Hurst, 1997), 63-64.

42. Martin Stone, *The Agony of Algeria* (London: Hurst, 1997), 63-64.

43. Arun Kapil, "Algeria's Elections Show Islamist Strength," *Middle East Report*, No. 166, September-October 1990, 32.

44. Willis, *Islamist Challenge in Algeria*, 110.

45. 另外还有 14 个伊斯兰党派，包括 HAMAS 和 MNI，它们都是主要的竞争者；但无疑"伊斯兰救国阵线"（FIS）是最具支配性的。参见：Mohammed M. Hafez, "From Marginalization to Massacres: A Political Process Explanation of GIA Violence in Algeria," chap. 1 of *Islamic Activism: A Social Movement Theory Approach*, ed. Quintan Wiktorowicz (Bloomington: Indiana University Press, 2004), 45-46 and n. 5。

46. 数据源自：*Journal Officiel de la République Algérienne*, January 4, 1992, annex 2, 引自 Hugh Roberts, "Algeria's Ruinous Impasse and the Honourable Way Out," *International Affairs* (Royal Institute of International Affairs) 71, no. 2 (April 1995): 257。这是从法国人那里学来的，是一个非此即彼、成王败寇（two-part, winner-take-all）的选举过程，而第一轮之后就会出现军事干预。"伊斯兰救国阵线"赢得如此多的选票，其中一个原因就是制度明显地偏向这个大党，使得每个人都希望成为"伊斯兰救国阵线"的一员。参见：Quandt, *Between Ballots and Bullets*, 59。

47. 新总统穆罕默德 · 鲍迪亚夫（Mohammed Boudiaf）在 6 个月后，即 1992 年 6

月就被他自己的护卫人员杀死。

48.“伊斯兰救国阵线”的创立者有：阿巴斯·曼达迪（Abbassi Madani），一名致力于将民主原则和温和的伊斯兰教义结合起来的教授；阿里·本·哈德杰（Ali Ben Hadj），一个称民主为“背离信仰”（*kufr*）并支持保守的伊斯兰社会活动的极端伊斯兰主义者。参见：Kapil, “Algeria's Elections,” 34。

49. FIS Communiqué no. 21, May 3, 1992, 引自 Willis, *Islamist Challenge in Algeria*, 267。

50. Hafez, “From Marginalization to Massacres,” 46-47.

51. Willis, *Islamist Challenge in Algeria*, 281-282.

52. Willis, *Islamist Challenge in Algeria*, 366-369.

53. Andrew J. Pierre and William B. Quandt, “Algeria's War on Itself,” *Foreign Policy* 99 (Summer 1995): 137。“伊斯兰武装组织”在法国也实施了大量的恐怖活动。这方面一个精彩的分析，参见：Jeremy Shapiro, “France and the GIA,” chap. 5 of Art and Richardson, *Democracy and Counterterrorism*, 133-166。为摆脱阿尔及利亚政府的镇压，“伊斯兰武装组织”和“伊斯兰武装运动”（AIS）的成员将伊比利亚半岛作为他们前往英国和加拿大安全庇护所的一个中转站。“伊斯兰武装组织”在比利时也建立起了几个小分队。Kepel, *War for Muslim Minds*, 242。

54. Bruno Callies de Salies, “Algeria in the Grip of Terror,” *Le Monde diplomatique*, October 1997, accessed at http://mondediplo.com/1997/10/alger1 on April 18, 2007.

55. Human Rights Watch World Report 1999: Algeria, accessed at http://www.hrw.org/worldreport99/mideast/algeria.html on April 18, 2007.

56. Muriel Mirak-Weissbach, “The Case of the GIA,” *Executive Intelligence Review*, October 13, 1995.

57. Human Rights Watch, “Algeria: New Amnesty Law Will Ensure Atrocities Go Unpunished,” Joint Statement by Amnesty International, Human Rights Watch, the International Center for Transitional Justice, and the International Federation for Human Rights, March 1, 2006, accessed at http://hrw.org/english/docs/2006/03/01/algeri12743.htm on April 19, 2007.

58. 2007 年 1 月，该组织在伊斯兰马格利布地区将自己更名为“基地”组织，而艾曼·扎瓦赫里领导的“基地”团伙（consortium）则公开欢迎其加盟。尽管阿尔及利亚政府没有公布官方数据，专家们也不同意暴力活动还在增加的说法，但针对军队、警察和平民的绑架和袭击不断增长已是事实。

59. 关于这一专题的著述很多。参见：Graham T. Allison, *Nuclear Terrorism: The Risks and Consequences of the Ultimate Disaster* (London: Robinson, 2006); Michael A. Levi

and Michael O'Hanlon, *The Future of Arms Control* (New York: Brookings Institution, 2005); Joseph Cirincione and Kathleen Newland, *Repairing the Regime: Preventing the Spread of Weapons of Mass Destruction* (London: Routledge, 2000); Daryl G. Kimball, "The Future of the Nuclear Non-proliferation Regime," Arms Control Association website, 2005, http://www.armscontrol.org/events/20050219_AAAS.asp, accessed May 5, 2007; Jacob Blackford, "Multilateral Nuclear Export Controls after the A.Q. Khan Network," *Institute for Science and International Security Website*, 2005, http://www.isis-online.org/publications/expcontrol/multilateralexportcontrols.pdf, accessed May 5, 2007; John Simpson, "The Nuclear Non-proliferation Regime: Back to the Future?" *Disarmament Forum*, 2004, http://www.unidir.org/pdf/articles/pdf-art2015.pdf, viewed on May 7, 2007。

60. Vladimir Dedijer, *The Road to Sarajevo* (London: MacGibbon and Kee, 1967)。普林西普本不想挑起一场大规模战争。他们进行刺杀的最基本目的是延迟奥—塞战争的发生，因为塞尔维亚在巴尔干战争中已被削弱，不过这一目的显然失败了，而且最后结果完全相反。参见：David MacKenzie, *Apis: The Congenial Conspirator; the Life of Colonel Dragutin R. Dimitrijevic* (New York: Columbia University Press, 1989), 137。

61. 有关奥匈帝国在一战爆发中所起作用的精彩分析，参见：Samuel R. Williamson Jr., *Austria-Hungary and the Origins of the First World War* (London: Palgrave Macmillan, 1991), esp. chap. 10, "Vienna and the July Crisis," 190-216; and Hew Strachan, *The First World War* (London: Penguin, 2003), esp. chap. 1, "To Arms," 1-32。

62. 尽管与塞尔维亚军事情报部门主管、一战开始后才崭露头角的德拉古廷·迪米特里杰维奇（Dragutin Dimitrijevic，别名"神牛"）这样的官员多有交集，但其在刺杀发生后的4天内就建立起了与贝尔格莱德之间的明显联系。加夫里尔·普林西普，这个打响手枪的19岁男孩，是称自己为"波斯尼亚青年"的7个密谋者之一，他们同时还得到了塞尔维亚组织"黑手党"（Black Hand）的装备支持。其他人分别是特里弗科·格拉维茨（Trifko Gravez）、内德尔贾基奥·卡布里诺维奇（Nedeljkio Cabrinovic）、穆罕默德·默梅德巴斯基（Mehmed Memedbasic）、巴萨·库布里洛维奇（Basa Cubrilovic）和济科·波波维奇（Cvetko Popovic）。参见：Danilo Ilic. C. Popovic, "Rad organizacije," *Nova Evropa* (Zagreb) 16, nos. 10-11 (1927): 321; Ljubibratic, *Mlada Bosna*, 37, 引自：David MacKenzie, *The "Black Hand" on Trial: Salonika*, 1917 (New York: Columbia University Press, 1995), 49 n. 44。也可参见：Williamson, *Austria-Hungary*, 188-189; and MacKenzie, *Apis*, esp. chap. 12, "Murder in Sarajevo (June 1914)," 123-137。

63. 关于战争爆发的诸多信息和分析，参见：Keith Wilson, ed., *Decisions for War, 1914* (London: University College London Press, 1995)。

64. 实际控制线主要是按照 1949 年联合国划设的停火线来划定的，后来又在 1971 年冲突后，即根据 1972 年《西姆拉协定》进行了调整。参见：Michael Quinlan, "How Robust Is India-Pakistan Deterrence?" *Survival* 42, no. 4 (Winter 2000-2001): 145-146; and Howard B. Schaffer and Teresita C. Schaffer, "Kashmir: Fifty Years of Running in Place," chap. 12 of *Grasping the Nettle: Analyzing Cases of Intractable Conflict*, ed. Chester A. Crocker, Fen Osler Hampson, and Pamela Aall (Washington, D.C.: U.S. Institute of Peace Press, 2005), 295-298。

65. 其中规模最大的是"圣战党"，据印度政府估算，该组织约有 1230 名成员。参见：Praveen Swami, "Beating the Retreat," *Frontline*, October 26-November 8, 2002。

66. 在 1989 年至 1995 年间，印度政府缴获的阿富汗人的武器包括 13427 支 AK–47、750 支火箭筒、1682 枚火箭弹及 789 挺机关枪。平均算来，政府每年要缴获 4000 件武器。引自：Victoria Schofield, *Kashmir in Conflict: India, Pakistan, and the Unending War* (London: Tauris, 2003), 176。

67. Quinlan, "How Robust Is India-Pakistan Deterrence?" 146.

68. 关于这次行动的开始日期存在争议，有 1999 年 5 月 4 日、5 日和 6 日三种说法。Rahul Roy-Chaudhury, "India and Pakistan: Nuclear Weapons and the Use of Force," Lecture for the Changing Character of War Programme, Oxford University, April 24, 2007。

69. Sumantra Bose, "Kashmir: Sources of Conflict, Dimensions of Peace," *Survival* 41, no. 3 (Autumn 1999): 149-150。维多利亚·斯科菲尔德声称，有 3 万名平民无家可归。Victoria Schofield, *Kashmir in Conflict*, 219。

70. "穆罕默德军"最开始声称对该国议会大楼的爆炸负责，而后又予以否认。

71. S. Paul Kapur, "India and Pakistan's Unstable Peace: Why Nuclear South Asia Is Not Like Cold War Europe," *International Security* 30, no. 2 (Fall 2005): 148-149.

72. Swami, "Beating the Retreat."

73. Ihtasham ul Haque, "Pakistan Forces Put on High Alert: Storming of Parliament," *Dawn*, December 15, 2001.

74. Statement of Director of Central Intelligence George Tenet before the Senate Armed Services Committee, Hearing on "Worldwide Threat: Converging Dangers in a Post-9/11 World," March 19, 2002. See also K. Alan Kronstadt, *Terrorism in South Asia*, CRS Report for Congress, No. RL32259, December 13, 2004, 29.

75. Sumit Ganguly, "Will Kashmir Stop India's Rise?" *Foreign Affairs* 85, no. 4 (July-August 2006): 49.

76. Sumit Ganguly, "Will Kashmir Stop India's Rise?" *Foreign Affairs* 85, no. 4 (July-

August 2006): 50。2008 年 11 月（就在本书英文版即将出版之前）在印度孟买爆发了一系列袭击事件，这又险些导致了一场战争。

77. 关于巴基斯坦的历史及复杂的国内政治，参见：Stephen Philip Cohen, *The Idea of Pakistan* (Washington, D.C.: Brookings Institution Press, 2004)。

78. 有些建立信任措施的手段要回溯到 20 世纪 80 年代。参见：Michael Quinlan, "India-Pakistan Deterrence Revisited," *Survival* 47, no. 3 (Autumn 2005): 103-115。也可参见："Nuclear Safety and Security in South Asia—an Agenda for Risk Reduction," *Strategic Comments* (IISS, London) 11, no. 3 (March 2005)。

79. 当然，国家也会将打击对方等值目标作为一种威慑手段，特别是在核时代的早期。这样一种挑战道德底线的行为在此将不作辨析。参见：Michael Quinlan, "A British Political Perspective," in *The Price of Peace: Just War in the Twenty-first Century*, ed. Charles Reed and David Ryall (Cambridge: Cambridge University Press, 2007), 286-294。

80. 无疑，我们的士兵在履行职责时经常会感到困惑，甚至会被严重误导。这里有很多关于在伊拉克的美国士兵陷入实践困境和发生失误的例子。其中包括将背着背包的男孩误认为是带着炸弹，两个渔夫弯腰去发动引擎结果遭到枪击，还有一个男人和他的妹妹因为以过快的速度接近一个检查站而被杀。参见：Paul von Zielbauer, "Civilian Claims on U.S. Suggest the Toll of War," *New York Times*, April 12, 2007, http://www.nytimes.com。

81. 另一些人认定，新生国家合法性的来源应是宗教；还有一些人认为，国家有能力给其人民提供福利和机会，才是其合法性的来源。但精英阶层的断言远远不够，因为围绕合法性来源的辩论正在进行之中，既通过使用武力也通过借助新传媒的力量来展现。这场"战争"的"胜者"将成为受欢迎的群体，将作为 19 世纪民族国家的继承者，获得最大程度的合法性。

82. Kilcullen, "Countering Global Insurgency."

83. 我（本书作者）已经写过关于 21 世纪的通信手段与国家动员能力之间关系的文章："Cyber-mobilization: The New Levée en Masse," *Parameters* 36, no. 2 (Summer 2006): 77-87。

第七章 "基地"组织是如何终结的

1. Al Jazeera, November 2, 2004, http://english.aljazeera.net/English/archive/ archive?ArchiveId=7403, accessed July 16, 2007.

2. "The Terrorism Index," *Foreign Policy* and the Center for American Progress, July-August 2006。根据民主党与共和党专家们的一项民意调查，他们中 84% 的人认为美

国并没有赢得这场所谓的反恐战争。Accessed at http://www.foreignpolicy.com/issue_julyaug_2006/TI-index/index.html on July 16, 2007。

3. 这个75%的数据是由美国总统布什在2004年总统竞选活动中、至少在4个场合下提出的，其中包括1场共和党大会和3场总统选举辩论会。参见：Anne Cherbonnier, "The 75% Solution," *Baltimore Chronicle and Sentinel*, October 26, 2004。

4. 以下有一些讨论是基于我（本书作者）之前的文章："How al-Qaida Ends: The Decline and Demise of Terrorist Groups," *International Security* 31, No. 1 (Summer 2006): 7-48。

5. 例如参见：David Cook, *Paradigmatic Jihadi Movements*, CTC's Jihadi After Action Report series, ed. Jarret Brachman and Chris Heffelfinger, Combating Terrorism Center, United States Military Academy, West Point, 2006; and Abu Mus'ab al-Suri, *Observations Concerning the Jihadi Experience in Syria*, date unknown, 6-7, quoted and cited by Jarret M. Brachman and William F. McCants, "Stealing Al-Qa'ida's Playbook," CTC Report; both accessed at http://www.ctc.usma.edu on June 11, 2007。

6. Qaeda可以译为作战基地、先锋、地基或方法。它还有个并不有趣的意思：在20世纪80年代末期阿富汗战争中，本·拉登为对抗苏联建立了一个数据库。这些数据在计算机上的文件名就是"基地"([Data]base)。Kepel, *Jihad*, 315; and Jason Burke, "Think Again: Al Qaeda," *Foreign Policy* 142 (May-June 2004): 18。也可参见：Jason Burke, "What Is Al-Qaeda," Chap. 1 of *Al-Qaeda: Casting a Shadow of Terror* (London: Tauris, 2003), 7-22。

7. Wright, *The Looming Tower*, 259.

8. Burke, "Think Again," 18.

9. Burke, "What Is al-Qaeda?" 13-17。布鲁斯·霍夫曼将该组织分为四个部分："基地"的核心组织；"基地"的附属组织和联盟组织；"基地"的地方组织；以及"基地"的本土网络。参见：Hoffman, "Challenges for the U.S. Special Operations Command Posed by the Global Terrorist Threat: Al Qaeda on the Run or on the March?" written testimony submitted to the House Armed Services Subcommittee on Terrorism, Unconventional Threats and Capabilities of the U.S. Congress, February 14, 2007。

10. 有一篇文章探讨了正式的结盟过程。参见：Rita Katz and Josh Deven, "Franchising Al Qaeda," *Boston Globe*, June 22, 2007, accessed at http://www.boston.com/news/globe/editorial_opinion/oped/articles/2007/06/22/franchising_al_qaeda?mode=PF on June 29, 2007。

11. "如果一个在英国的穆斯林，在不想丢掉工作或学业的情况下还能在前线进行圣战，那他能做的就是打电话给媒体机构并将一切告诉他们：‘我来自全球伊斯兰抵抗组织’，并宣称对世界上发生的一切（恐怖）活动负责。” August 2000 training video; captured in 2006。Cited by Cruickshank and Ali, “Abu Musab Al Suri,” 8。

<comp.: apostrophe in ‘*05*, next note>

12. 目前已被逮捕或清除的“基地”高级领导人包括：海赛姆·叶曼尼（Haitham al-Yemeni）、阿布·阿提夫（Abu Atef）、哈立德·谢赫·穆罕默德（Khalid Sheikh Mohammed）、汉巴利（Hambali，即伊萨穆丁 [Riduan Isamuddin]）、阿布·法兰·利比（Abu Faran al-Libi）和阿布·哈姆扎·拉比亚（Abu Hamza Rabia）。2006 年 1 月针对艾曼·扎瓦赫里发生过一次空袭，但没有成功。Mark Mazzetti, “U.S. Aborted Raid on Qaeda Chiefs in ’*05*,” *New York Times*, July 8, 2007; and Hoffman, “Challenges for Special Operations,” 4。

13. 关于这一现象的更多信息，参见：Steve Coll and Susan B. Glasser, “Terrorists Turn to the Web as Base of Operations,” *Washington Post,* August 7, 2005, A01。

14. 早先的分析，参见：Audrey Kurth Cronin, *Al-Qaeda after the Iraq Conflict*, CRS Report for Congress, No. RS21529, May 23, 2003, available at http://www.fas.org/irp/crs/RS21529.pdf。

15. 想要一份全面的宣称与“基地”有关联的恐怖主义组织名单，包括那些与之一同兴起的组织，参见：the al-Qaeda entry in the MIPT terrorism knowledge database, at http://www.tkb.org/; accessed June 2007。

16. Conversation with Ahmed Rashid, Pakistani author and journalist, Oslo, Norway, June 24, 2007; and Katherine Shrader and Matthew Lee, “U.S. Intel Warns al-Qaida Has Rebuilt,” Associated Press, July 12, 2007, accessed at http://www.breitbart.com/article.php ? id=D8QAROG00&show_article=1%3Cp on July 12, 2007.

17. Conversation with Rashid, June 26, 2007; and Mark Mazzetti, David Rohde, and Margot Williams, “Al-Qaeda Chiefs Are Seen to Regain Power,” *New York Times*, February 19, 2007, A1.

18. 可能的例外还包括国际无政府主义运动，尽管这一运动只活跃在俄罗斯、欧洲和美国。

19. 根据萨吉门的分析，行动人员聚集在地区分支机构之下，包括“基地”的中央智囊（central staff）、东南亚地区的分支、马格利布地区的分支以及阿拉伯地区的核心分支。Marc Sageman, *Understanding Terror Networks* (Philadelphia: University of Pennsylvania Press, 2004)。

20. Marc Sageman, *Understanding Terror Networks* (Philadelphia: University of

Pennsylvania Press, 2004), 119。萨吉门的书分析了过去那些小部队在进行袭击的过程中不断发展壮大的方式，其中有力地反驳了那些仅从意识形态角度来解释"基地"崛起的文章。

21. Marc Sageman, *Understanding Terror Networks* (Philadelphia: University of Pennsylvania Press, 2004), 178.

22. 参见：Diane Singerman, "The Networked World of Islamist Social Movements," chap. 5 of Wiktorowicz, *Islamic Activism*, 143-163。

23. 参见：Quintain Wiktorowicz, "The New Global Threat: Transnational Salafis and Jihad," *Middle East Policy* 8, no. 4 (December 2001): 18-38。

24. Doug McAdam and Ronnell Paulsen, "Specifying the Relationship between Social Ties and Activitism," in *Social Movements: Readings on Their Emergence, Mobilization, and Dynamics*, ed. Doug McAdam and David A. Snow (Los Angeles: Roxbury, 1997), 146, cited by Singerman, "Networked World," 153.

25. 布鲁斯·霍夫曼表示强烈反对，在他看来，"基地"组织的触角直接伸向 2001 年以来所有的重要恐怖袭击事件。参见：Hoffman, "The Myth of Grass-Roots Terrorism: Why Osama bin Laden Still Matters," *Foreign Affairs* 87, no. 3 (May-June 2008): 133-138。

26. 马克·萨吉门指的是"第三波"行动人员"与'基地'核心组织并无联系或联系甚微的"。尽管该组织的核心仍然岌岌可危，但他认为，"从 2004 年开始，第二波行动之间那些清晰的联系（指挥、控制、训练、招募或筹款）逐渐地消失了"。参见：Sageman, *Leaderless Jihad: Terror Networks in the Twenty-first Century* (Philadelphia: University of Pennsylvania Press, 2008), 139; and Sageman, "The Reality of Grass-Roots Terrorism," *Foreign Affairs* 87, no. 4 (July-August 2008): 165-166。也可参见：Jack Kalpakian, "Building the Human Bomb: The Case of the 16 May 2003 Attacks in Casablanca," *Studies in Conflict and Terrorism* 28, no. 2 (March-April 2005): 113-127。

27. Paul Pillar, "Counterterrorism after Al-Qaeda," *Washington Quarterly* 27, no. 3 (Summer 2004): 101-113.

28. Paul Reynolds, "Bomber Video 'Points to al-Qaeda,'" *BBC News*, September 2, 2005.

29. Michael Moss and Souad Mekhennet, "Militants Widen Reach as Terror Seeps Out of Iraq," *New York Times*, May 28, 2007。根据土耳其人的资料，"安萨尔伊斯兰组织"（Ansar al Islam）曾密谋袭击 2004 年土耳其的北约峰会，这一行动部分是由在伊作战人员参与的。也可参见：Jeffrey Cozzens, "Islamist Groups Develop New Recruiting Strategies," Terrorism and Insurgency Centre, *Jane's Intelligence Review*, February 1, 2005。

30. Sageman, *Understanding Terrorist Networks*, esp. 92.

31. 关于这一观点，参见：Bruce Hoffman, “The Changing Face of Al-Qaeda and the Global War on Terrorism,” *Studies in Conflict and Terrorism* 27, no. 6 (December 2004): 556。也可参见：the 2008 *Foreign Affairs* dispute between Hoffman and Sageman cited in notes 24 and 25。两种看法都有道理。

32. 关于这一主题，参见：Laqueur, *Terrorism*, 3-20; and James Joll, *The Second International, 1889-1914* (London: Weidenfeld and Nicolson, 1955)。

33. 参见：Douglas Farah and Peter Finn, “Terrorism, Inc.: Al-Qaeda Franchises Brand of Violence to Groups across World,” *Washington Post*, November 21, 2003; Daniel Benjamin, “Are the Sparks Catching？” *Washington Post*, November 23, 2003; and Sebastian Rotella and Richard C. Paddock, “Experts See Major Shift in Al-Qaeda’s Strategy,” *Los Angeles Times*, November 19, 2003.

34. 正如国际战略研究所指出的，2002 年巴厘岛爆炸案花费了不到 3.5 万美元，2000 年针对美国军舰“科尔”号的行动花费约为 5 万美元，2001 年 9 月 11 日的袭击花费不到 50 万美元。IISS, *Strategic Survey,* 2003–4 (Oxford: Oxford University Press, 2004), 8。评估显示，最近的几次袭击在花费上也并不高昂：2004 年的马德里爆炸案，花费 1 万美元（Gordon Corera, “Al Qaeda Undimmed By Sanctions,” BBC Online, August 27, 2004, http://news.bbc.co.uk/1/hi/world/ americas/3606384.stm, accessed July 16, 2007）；2003 年伊斯坦布尔爆炸案，花费 4 万美元（BBC, “Al Qaeda Sanctions “Ineffective,” BBC Online, August 27, 2004, http://news.bbc.co.uk/1/hi/world/americas/3603862.stm, accessed July 16, 2007）；2003 年雅加达爆炸案，花费 3 万美元（Joshua Prober, “Accounting for Terror: Debunking the Paradigm of Inexpensive Terrorism.” *Policywatch*, No. 1041, November 1 2005, Washington Institute for Near East Policy, http://www.washington institute.org/templateC05.php?CID=2389, accessed July 16, 2007）；还有 2005 年伦敦爆炸案，花费了 8000 欧元（Home Office Narrative, cited by BBC, “At a Glance: July 7 Reports,” BBC Online, May 12, 2006, http://news.bbc.co.uk/1/hi/uk/4764427.stm, accessed July 16, 2007）。

35. “U.S.: Terror Funding Stymied,” CBS News, January 11, 2005, http://www.cbsnews.com/stories/2005/01/11/terror/main666168.shtml.

36. 关于这些普遍存在的渠道，参见：Moises Naim, “It’s the Illicit Economy, Stupid,” *Foreign Policy* 151 (November-December 2005): 96; and Naim, *Illicit: How Smugglers, Traffickers, and Copycats Are Hijacking the Global Economy* (New York: Doubleday, 2005)。

37. 关于非正式的筹款机制，参见：Testimony of Juan Carlos Zarate, Assistant

Secretary, Terrorist Financing and Financial Crimes, U.S. Department of the Treasury, before the House Financial Services Committee Subcommittee on Oversight and Investigations, 109th Congress, lst Session, February 16, 2005, http://www.ustreas.gov/press/releases/js2256.htm。也可参见：Rensselaer Lee, *Terrorist Financing: The U.S. and International Response*, CRS Report for Congress, No. RL31658, December 6, 2002, 11-13。

38. 更多关于非法与合法的全球性筹款网络的论述，参见：*Terrorist Financing*, Report of an Independent Task Sponsored by the Council on Foreign Relations (New York: Council on Foreign Relations Press, October 2002); *Update on the Global Campaign against Terrorist Financing*, Second Report of an Independent Task Force on Terrorist Financing Sponsored by the Council on Foreign Relations (New York: Council on Foreign Relations Press, June 15, 2004); Loretta Napoleoni, *Modern Jihad: Tracing the Dollars behind the Terror Networks* (London: Pluto Press, 2003); and Douglas Farah, *Blood from Stones: The Secret Financial Network of Terror* (New York: Broadway Books, 2004)。

39. Greg Miller, "Influx of Al-Qaeda Money into Pakistan Is Seen," *Los Angeles Times*, May 20, 2007.

40. 关于这一现象的更多阐释，参见：Cronin, "Behind the Curve," 30-58。

41. Harmony document no. AFGP-2002-600321, 2, quoted in Combating Terrorism Center, *Harmony and Disharmony*, 53.

42. 关于恐怖分子使用互联网的情况，参见：Gabriel Weimann, "www.terror.net: How Modern Terrorism Uses the Internet," Special Report No. 116, U.S. Institute of Peace, March 2004; and Weimann, *Terror on the Internet: The New Arena, the New Challenges* (Washington, D.C.: U.S. Institute of Peace Press, 2006)。

43. 比较普遍的历史参照事件有，17 世纪伊斯兰教的重新传播，以及 11 世纪十字军东征的失败。

44. Statement by U.S. secretary of defense Donald Rumsfeld, January 15, 2003, cited by Weimann, "www.terror.net," 7.

45. The SITE Institute (Search for International Terrorists) monitors al-Qaeda's Internet communications, at http://siteinstitute.org. See also the book by its founder, Rita Katz, *Terrorist Hunter* (New York: Ecco, 2003).

46. 关于这一现象，我（本书作者）已经在其他地方发表过很多作品。参见：Audrey Kurth Cronin, "Cyber-mobilization: The New Levée en Masse," *Parameters* 36, no. 2 (Summer 2006): 77-87。

47. 逮捕并不太可能，特别是因为本 · 拉登对身边保镖下令，要在他被活着带走前就将他杀死。有关他已经死亡的谣言总会定期出现。例如参见：“Officials, Friends Can't Confirm Bin Laden Death Report,” CNN.com, September 24, 2006。这些报告的真实性不太高。也可参见：Amir Taheri, “Is Bin Laden Dead or Alive?” *Gulf News*, March 14, 2007。

48. 关于这种观点的著名论述，参见：Wright, *The Looming Tower*。

49. 相似的以小单位建构起来的“不朽的”恐怖主义网络，还包括19世纪末期的社会无政府主义运动和20世纪初期俄罗斯的社会革命党的网络。

50. 更多信息详见：Mark Mazzetti, “New Generation of Qaeda Chiefs Is Seen on Rise,” *New York Times*, April 2, 2007, A1。

51. Bruce Reidel, “Al Qaeda Strikes Back,” *Foreign Affairs* 86, no. 3 (May-June 2007): 24-40.

52. Mark Mazzetti, “Qaeda Leaders Losing Sway over Militants, Study Finds,” *New York Times*, November 15, 2006, A1。这一研究的作者指出，一个由沙特和约旦神职人员组成的组织，正在对新一代好战分子施加比本·拉登和扎瓦赫里更大的影响力。参见：William McCants and Jarret Brachman, eds., *Militant Ideology Atlas: Executive Summary* (West Point, N.Y.: Combating Terrorism Center, November 2006)。

53. 打击“基地”运动的努力，包括执法范式与战争范式。逮捕主要用在诸如哈立德·谢赫·穆罕默德和汉巴利这些关键的恐怖行动规划者身上，而“基地”的领导人多是在巴基斯坦境内被直接杀死的。这类方式有着重要的战术效果，但并不能终结这场运动。也可参见：Mark Mazzetti, “U.S. Aborted Raid,” *New York Times*, July 8, 2007, A1。由武装无人机进行的捕杀行动，也在巴基斯坦实施过很多次。

54. Mazzetti, Rohde, and Williams, “Al-Qaeda Chiefs,” A1; and Ahmed Rashid, *Descent into Chaos: The United States and the Failure of Nation Building in Pakistan, Afghanistan, and Central Asia* (New York: Viking, 2008).

55. Mazzetti, “ New Generation,” A1.

56. Burke, *Al-Qaeda*, 39, and chap. 8, “Seekers,” 106-123。也可参见：Angel Rabasa, Peter Chalk, Kim Cragin, Sara A. Daly, Heather S. Gregg, Theodore W. Karasik, Kevin A. O'Brien, and William Rosenau, *Beyond al-Qaeda, Part One: The Global Jihadist Movement* (Santa Monica, Calif.: RAND, 2006), chap. 2, “Al-Qaeda's Ideology and Propaganda,” 7-22。

57. 扎瓦赫里自己也意识到谈判对这场运动的危害。“如果我在捍卫伊斯兰的过程中倒下成为烈士，那么我的儿子穆罕默德将会为我复仇；但如果我在政治上被终结，将时间用在与政府讨论一些局部解决方案上，那么在我把武器卖给市场后，促使我儿子接过我武器的动力在哪里呢？” Laura Mansfield, *His Own Words: A Translation of the*

Writings of Dr. Ayman al Zawahiri, Part I: *Knights under the Prophet's Banner* ([Old Tappan, N.J.]: TLG Publications, 2006), 128。

58. 这是一段让那些在西方谈论“文明冲突”的人后悔的谈话。

59. 关于同“基地”组织核心层或边缘组织进行谈判的有价值的观点，参见：Ram Manikkalingam and Pablo Policzer, “Engaging Al-Qaeda? Armed Groups, Information and Coercion,” unpublished paper presented at the Canadian Political Science Association Conference, Saskatoon, Saskatchewan, May 29-June 1, 2007。

60. 参见：Souad Mekhennet and Michael Moss, “A New Face of Jihad Vows Attacks on U.S.,” *New York Times*, March 16, 2007; and Craig Whitlock, “From Iraq to Algeria, Al-Qaeda's Long Reach,” *Washington Post*, May 30, 2007。

61. 例如参见：Corine Hegland, “Global Jihad,” *National Journal*, May 8, 2004, 1396-1402。

62. Ahmed Rashid, *Taliban: Militant Islam, Oil, and Fundamentalism in Central Asia* (New Haven: Yale University Press, 2001), 130.

63. 很多所谓的阿富汗裔阿拉伯人，既非阿富汗人亦非阿拉伯人。根据杰森·伯克的说法，本·拉登在对苏战争中的一个贡献就是为白沙瓦赛义德·贾马尔·丁路38号楼（38 Syed Jamal al-Din road）付了租金，而这幢楼正是当时各个斗争派系之间进行对话的中立场所。Burke, citing interview with former Hizb-e-Islami activist, Peshawar, October 2001, in *Al-Qaeda*, 76 and n. 32。也可参见：Rashid, *Taliban,* chap. 10, “Global Jihad: The Arab-Afghans and Osama Bin Laden,” 128-149。

64. McCants and Brachman, *Militant Ideology Atlas: Executive Summary*, 9。这是对圣战思想中那些反复出现且容易造成分歧的议题的一个概述，也让我们对其意识形态的脆弱性有了更好的洞察。

65. 这一辩论发生在所谓“觉醒运动”（Awakening Movement）期间的萨拉菲派酋长之间，包括谢赫·阿尔巴尼、阿布德·阿齐兹·本·巴兹（Abd al-Aziz Bin Baz）、萨立姆·希拉利（Salim al-Hilali）、拉比·马德哈里（Rabee Madkhalee）等，他们为一方；而扎瓦赫里及其库特卜派（Qutubis）的追随者为另一方。参见：Harmony document AFGP-2002-601041, quoted and translated in Combating Terrorism Center, *Harmony and Disharmony*, 53-54。

66. McCants and Brachman, *Militant Ideology Atlas: Executive Summary*, 9.

67. 所有要点目前都已进行了翻译和分析，可参见：McCants and Brachman, *Militant Ideology Atlas: Executive Summary*。

68. 苏里的真名叫穆斯塔法·赛特马里亚姆·纳萨尔（Mustafa Setmariam Nasar），

有时被简称为赛特马里亚姆。这些录像带于2006年在阿富汗被发现，内容都是2000年8月的。参见：the introduction; and Cruickshank and Ali, “Abu Musab Al Suri”。

69. This analysis is available at http://www.ctc.usma.edu/atlas.asp. See also Statement of Jarret Brachman before the House Armed Services Committee, Subcommittee on Terrorism, Unconventional Threats and Capabilities, Hearing on Challenges Posed to the Special Operations command by the Global Terrorist Threat, February 14, 2007.

70. http://www.tawhed.ws。该网站无法再从北美IP地址中登录。

71. Abu Bakr Naji, *The Management of Savagery: The Most Critical Stage Through Which the Umma Will Pass*, trans. William McCants (Cambridge: John M. Olin Institute for Strategic Studies, 2006), 17, 25, http://www.ctc.usma.edu/Management_of_Savagery.pdf.

72. Naji, *The Management of Savagery*, 33.

73. Joe Klein, “Operation Last Chance,” *Time*, July 9, 2007, 26-27.

74. Michael R. Gordon, “A New Alliance Tackles Insurgents in Iraq,” *International Herald Tribune*, July 6, 2007, 8.

75. Lilia Khalil, “Leader of 1920 Revolution Brigades Killed by Al-Qaeda,” *Terrorism Focus* (Jamestown Foundation) 4, no. 9 (April 10, 2007), accessed at http://jamestown.org/terrorism/news/article.php？ articleid=2373310 on July 9, 2007.

76. MEMRI, “Large Sunni Iraqi Jihad Group Comes Out against Al-Qaeda,” *Islamist Websites Monitor*, no. 85 (April 11, 2007), in *MEMRI Special Dispatch Series*, no. 1543 (April 13, 2007), http://memri.org/bin/articles.cgi?Page=subjects&Area=jihad&ID=SP154307, accessed July 17, 2007.

77. 内容来自一次对阿布·穆罕默德·马克德西（Abu Muhammad al-Maqdesi）的在线采访，他是约旦—巴基斯坦的伊斯兰主义学者，及位于约旦和伊拉克的“统一圣战组织”（Al-Tawhid wal-Jihad）的精神领袖。参见：Gabriel Weimann, “Virtual Disputes: The Use of the Internet for Terrorist Debates,” *Studies in Conflict and Terrorism* 2 No. 7 (November 2006): 627。

78. This is wisely recommended in the Combating Terrorism Center's *Harmony and Disharmony*, 43.

79. This is wisely recommended in the Combating Terrorism Center's *Harmony and Disharmony*, 43.

80. 无论正确与否，穆斯林世界各地的大众舆论已经因为阿布格莱布监狱和关塔那摩监狱的叙说模式而统一起来。从对囚犯的讯问中获得的任何收益，已经在“基地”进行的宣传攻势下显得渺小了很多倍。

81. 在暴力运动组织的核心层诱发思想斗争是有好处的，但我们“让温和派当权”（empower moderates）的笨拙尝试往往会导致他们被杀。一种更加巧妙地揭露“基地”组织面目的方法就是让其犯下的错误广受关注，让其内部各个派系间的分裂被普遍熟知，并揭露其外围联络组织因参与辩论而产生分歧，这将更加有效。Compare Rabasa et al., *Beyond al-Qaeda*, especially the section “Attack the Ideology,” 160-161。还可参见：Fred Burton, “The Quiet Campaign against al Qaeda’s Local Nodes,” STRATFOR, June 20, 2007。伯顿在文中写道：“这并不完全是一场针对某个组织的战争，更多的是一场针对某种意识形态的战争，记住这点是很重要的。问题在于，意识形态比某个人更难以消灭。仔细想想，比如，卡尔·马克思、弗拉基米尔·列宁和切·格瓦拉的革命思想是怎样比他们本人还活得长久的？”Accessed at http://www.stratfor.com/quiet_campaign_against_al_qaedas_local_nodes on 30 December 2008。

82. Zawahiri, *Knights*, 111。扎瓦赫里指的是埃及的伊斯兰运动。

83. 激进的分支组织在伊斯兰中很常见，从 17 世纪在伊拉克刺杀第四代哈里发阿里的“哈瓦利吉派”（Kharijites）就已经开始了。救世主般的年轻人为了纯粹的伊斯兰而献出自己的生命，这已经成为一个久远的传统。Robert F. Worth, “Al-Qaeda’s Inner Circle,” *New York Review of Books*, October 19, 2006, http://nybooks.com/articles/19433?email, accessed June 13, 2007。

84. 迈克尔·朔伊尔提供了一份包括 40 个组织的有用的名单，上面的组织都宣布了它们的存在，并宣誓对本·拉登和“基地”组织效忠，且对“基地”2005 年 1 月后的战略性目标表示认同。参见：“Al-Qaeda and Algeria’s GSPC: Part of a Much Bigger Picture”, *Terrorism Focus* (Jamestown Foundation) 4, no. 8 (April 3, 2007)。

85. 他出生时的名字是阿卜·拉齐兹·拉希德·哈姆丹·安齐（‘Abd al-‘Aziz b. Rashid b. Hamdan al-‘Anzi），但其阿卜杜拉·纳西尔·拉希德的名字更加为人熟知。拉希德目前被关在沙特阿拉伯的监狱中，他一直被称为“当代圣战思想的重要塑造者”。参见：William McCants and Jarret Brachman, *Militant Ideology Atlas: Research Compendium* (West Point, N.Y.: Combating Terrorism Center, November 2006), 54-56。

86. 参见：Katz and Deven, “Franchising Al Qaeda”。

87. Burke, “Think Again.”

88. Zawahiri, *Knights*, 102-105.

89. Lawrence Wright, “The Man behind Bin Laden,” *New Yorker*, September 16, 2002. See also Jarret M. Brachman and William F. McCants, “Stealing Al-Qaeda’s Playbook,” *Studies in Conflict and Terrorism* 29, no. 4 (June 2006): 309-321.

90. 扎瓦赫里写给扎卡维的信，October 11, 2005, *His Own Words*, 268 and 271-272。

91. 扎瓦赫里写给扎卡维的信，October 11, 2005, *His Own Words*, 273。

92. 2002 年 10 月 12 日对库塔海滩娱乐区的系列袭击造成了 202 人死亡、超过 300 人受伤，几乎所有人都是游客。袭击是由“伊斯兰祈祷团”策划实施的，该组织与“基地”组织有关联。“基地”组织的一名发言人也宣称对此负责。参见：MIPT Terrorism Knowledge Base entry, at http://www.tkb.org/Incident.jsp? incID=13504, accessed June 25, 2007。

93. 2003 年 5 月 12 日对沙特利雅得的系列袭击由 4 起同时发生的爆炸构成，由“基地”组织实施。伤亡人员中大部分是西方人，尽管其中也有相当一部分是阿拉伯穆斯林。参见：MIPT Terrorism Knowledge Base entry at http://www.tkb.org/Incident.jsp? incID=20353, accessed June 25, 2007。

94. 两起同时发生的爆炸是由一个属于“基地”的土耳其小组实施的；爆炸造成 28 人死亡、450 人受伤。参见：MIPT Terrorism Knowledge Base entry at http://www.tkb.org/Incident.jsp? incID=17488。

95. 对马德里交通运输系统的袭击造成 191 人死亡、超过 600 人受伤。“阿卜·哈夫斯·马斯里旅”（Abu Hafs al-Masri Brigade）代表“基地”组织宣称对此事件负责。参见：MIPT Terrorism Knowledge Base entry at http://www.tkb.org/Incident.jsp? incID =18518, accessed June 25, 2007。

96. 参见：MIPT Terrorism Knowledge Base entries at http://www.tkb.org/Incident.jsp? incID=16033; and http://www.tkb.org/Incident.jsp?incID=17375, accessed June 25, 2007。

97. 这些袭击也导致了大规模的游行，游行者高呼“阿卜·穆萨布·扎卡维该下地狱烧死！”伊拉克的“基地”组织被迫承认穆斯林的死亡是意外，同时宣称其绝不会将无辜的穆斯林作为袭击目标，它们的第三份公告是这样写的：“对于在行动中被杀的穆斯林们，我们恳求安拉怜悯他们并原谅他们，同时（我们）也发誓他们并不是此次行动的（预设）目标。我们从未尝试，也绝不会做任何尝试去伤害他们，即使他们成为了异教徒。这里，只能假设他们（真的）在袭击区域内。那些实施殉难行动的兄弟们，本想袭击的地点是异教徒国家及其盟国情报官进行会面的大厅。（婚宴上的）人们被杀，部分是因为爆炸产生的震动造成了天花板的脱落，而这无疑是无意之举；这完全是一场意外，从未被列入计划之中。”参见：http://www.memri.org/bin/articles.cgi?Page=subjects&Area=jihad&ID=SP104305, viewed December 16, 2008。

98. 这一比例是从新闻报道、政府发布的声明及其他公开来源的信息中整理得出来的。由于我们有时不得不基于受害者的国籍进行一些假设，这使得结果并不是十分精确。大多数政府和媒体组织都根据受害者的国籍来界定其属于哪个国家，这反映出我们世界观中的国家中心论。但国籍对于一个潜在的“基地”成员来说，可能还没有其穆斯林同胞或教派同胞的死亡数字更有价值。如果西方政府想要设计出对穆斯林世界更加有效的反动员战略，它们一定要从受众的视角进行考量。记录穆斯林受害者的数字可能是一个好的开始。

99. 中亚的毒品战线十分复杂，且一直如此。在“9·11”事件之后与美国联合共同对抗塔利班的北方联盟，就深度涉入到海洛因贸易之中，这一贸易分布在阿富汗与塔吉克斯坦 800 英里的边境线上，并最终通向欧洲。Alan Cullison and James M. Dorsey, “In Targeting Terrorists’ Drug Money, U.S. Faces Dilemma—Analysts Say Taliban Foes, Likely Allies of Bush, Use Opium for Funds,” *Wall Street Journal*, October 2, 2001, A16。

100. 他们中有迈克尔·朔伊尔，匿名发表了 *Imperial Hubris: Why the West Is Losing the War on Terror* (Washington, D.C.: Brassey’s, 2004)。

101. 例如，乌兹别克斯坦的伊斯兰运动就与南瓦济里斯坦的亲塔利班部落有着激烈的冲突，其中一场冲突导致至少 58 人死亡。乌兹别克人杀了一名据称与“基地”组织有联系的阿拉伯人。参见：Arthur Bright, “Pro-Taliban Tribesmen Battle al-Qaeda-linked Militants in Pakistan,” *Christian Science Monitor*, March 21, 2007。

102. 根据扎瓦赫里的说法，“新十字军的进攻会一直持续，直到他们改信异教徒的信仰时十字军们才会感到满足……所有政治与和解的伎俩必将失败。对伊斯兰的年轻人而言，拿起武器去捍卫他们宗教的荣誉和尊严，要比生活在帝国‘新世界’秩序的羞辱中好得多。” Zawahiri, *Knights*, 168。

103. 布莱恩·詹金斯如此写道：“圣战者的战争思想重视过程（process）和威力（prowess）——而不是进步（progress）。” Brian Michael Jenkins, *Unconquerable Nation: Knowing Our Enemy, Strengthening Ourselves* (Santa Monica, Calif.: RAND, 2006), 84。在第 74—84 页，他对“基地”注重过程导向而不注重进步导向的原因进行了详尽分析。

结语

1. B. H. Liddell Hart, Strategy (London: Faber and Faber, 1954; reprinted by Penguin Books, 1991), 322.

部分参考书目

Abrahms, Max. “Are Terrorists Really Rational? The Palestinian Example.” *Orbis* 48, no. 3 (Summer 2004): 533–49.

———. “Al Qaeda’s Scorecard: A Progress Report on Al Qaeda’s Objectives.” *Studies in Conflict and Terrorism* 29, no.5 (July–August 2006): 509–29.

Abuza, Zachary. “Balik-Terrorism: The Return of the Abu Sayyaf.” *Strategic Studies Institute Monograph.* Carlisle: U.S. Army War College, September 2005.

Al-Awadi, Hesham. *In Pursuit of Legitimacy: The Muslim Brothers and Mubarak, 1982–2000*. London: Tauris, 2004.

Alexander, Yonah, and Dennis Pluchinsky, eds. *Europe's Red Terrorists: The Fighting Communist Organizations.* London: Frank Cass, 1992.

Allison, Graham T. *Nuclear Terrorism: The Risks and Consequences of the Ultimate Disaster.* London: Robinson, 2006.

Al-Monein Said Aly, Abd, and Manfred W. Wenner. “Modern Islamic Reform Movements: The Muslim Brotherhood in Contemporary Egypt.” *Middle East Journal* 36, no. 3 (Summer 1982): 336–61.

Alonso, Rogelio. “The Modernization in Irish Republican Thinking toward the Utility of Violence.” *Studies in Conflict and Terrorism* 24, no. 2 (March–April 2001): 131–44.

———. “Pathways Out of Terrorism in Northern Ireland and the Basque Country: The Misrepresentation of the Irish Model.” *Terrorism and Political Violence* 16, no. 4 (Winter 2004): 695–713.

Alterman, Jon B. “How Terrorism Ends.” Special Report No. 48, U.S. Institute of Peace, May 25, 1999.

Anonymous. *Through Our Enemies' Eyes: Osama bin laden, Radical Islam, and the Future of America.* Washington, D.C.: Brassey’s, 2002.

Arreguín-Toft, Ivan. “How the Weak Win Wars: A Theory of Asymmetric Conflict.” *International Security* 26, no. 1 (Summer 2001): 93–128.

Art, Robert J., and Louise Richardson, eds. *Democracy and Counterterrorism: Lessons from the Past*. Washington, D.C.: U.S. Institute of Peace Press, 2007.

Aust, Stefan. *The Baader-Meinhof Group: The Inside Story of a Phenomenon.* London: Anthea Bell, 1987.

Barkey, Henri, and Graham Fuller. *Turkey's Kurdish Question.* Oxford: Rowman and Littlefield, 1998.

Barrell, Howard. *The ANC's Armed Struggle*. London: Penguin, 1990.

Bazan, Elizabeth B. *Assassination Ban and E.O. 12333: A Brief Summary*. CRS Report for Congress, No. RS21037, January 4, 2002.

Beattie, Kirk J. *Egypt during the Nasser Years: Ideology, Politics, and Civil Society*. Oxford: Westview Press, 1994.

Becker, Jillian. *Hitler's Children: The Story of the Baader-Meinhof Terrorist Gang*. London: Pickwick, 1989.

Beckford, James A., Daniele Joly, and Farhad Khosrokhavar, eds. *Muslims in Prison: Challenge and Change in Britain and France*. London: Palgrave Macmillan, 2006.

Begin, Menachem. *The Revolt*. New York: Nash, 1997.

Bell, J. Bowyer, *The Dynamics of the Armed Struggle*. London: Frank Cass, 1998.

——. “Revolutionary Dynamics: The Inherent Inefficiency of the Underground.” *Terrorism and Political Violence* 2, no. 2 (Summer 1990): 193–211.

——. *Terror Out of Zion: Irgun Zvai Leumi, Lehi, and the Palestine Underground*, 1929–1949. New York: Avon, 1977.

Berlin, Isaiah. *Russian Thinkers*. London: Hogarth Press, 1978.

Bjørgo, Tore, ed. *Terror from the Extreme Right*. London: Frank Cass, 1995.

Bloom, Mia. *Dying to Kill: The Allure of Suicide Terror.* New York: Columbia University Press, 2005.

——. “Palestinian Suicide Bombing: Public Support, Market Share and Outbidding.” *Political Science Quarterly* 119, no. 1 (Summer 2004): 61–88.

Bobbitt, Philip. *The Shield of Achilles: War, Peace, and the Course of History.* London: Penguin, 2003.

——. *Terror and Consent.* New York: Alfred A. Knopf, 2008.

Bonanate, Luigi. “Some Unanticipated Consequences of Terrorism.” *Journal of Peace*

Research 16, no. 3 (1979): 197–211.

Bose, Sumantra. "Kashmir: Sources of Conflict, Dimensions of Peace." *Survival* 41, no. 3 (Autumn 1999): 149–71.

Bowden, Mark. "Jihadists in Paradise." *The Atlantic*, March 2007, 54–60.

Byman, Daniel. *Deadly Connections: States That Sponsor Terrorism*. Cambridge: Cambridge University Press, 2005.

——. "Do Targeted Killings Work?" *Foreign Affairs* 85, no. 2 (March–April 2006): 95–111.

Carr, Caleb. "Terrorism as Warfare: The Lessons of Military History." *World Policy Journal* 13, no. 4 (Winter 1996–97): 1–12.

Cirincione, Joseph, and Kathleen Newland. *Repairing the Regime: Preventing the Spread of Weapons of Mass Destruction*. London: Routledge, 2000.

Cohen, Stephen Philip. *The Idea of Pakistan*. Washington, D.C.: Brookings Institution Press, 2004.

Cordesman, Anthony H. *The Israeli-Palestinian War: Escalating to Nowhere*. Westport, Conn.: Praeger Security International, 2005.

Cornell, Svante E. "Narcotics and Armed Conflict: Interaction and Implications." *Studies in Conflict and Terrorism* 30, no. 3 (March 2007): 207–27.

Cox, Michael, Adrian Guelke, and Fiona Stephen, eds. *A Farewell to Arms*? Manchester: Manchester University Press, 2006.

Crenshaw, Martha. "How Terrorism Declines." *Terrorism and Political Violence* 3, no. 1 (Spring 1991): 69–87.

——. "The Psychology of Terrorism: An Agenda for the Twenty-first Century." *Political Psychology* 21, no. 2 (June 2000): 405–20.

——. "Terrorism and Global Security". In *Leashing the Dogs of War: Conflict Management in a Divided World*, ed. Chester A. Crocker, Fen Osler Hampson, and Pamela Aall. Washington, D.C.: U.S. Institute of Peace Press, 2007.

——. *Terrorism in Context*. University Park: Pennsylvania State University Press, 1995.

Crocker, Chester A., Fen Osler Hampson, and Pamela Aall, eds. *Grasping the Nettle: Analyzing Cases of Intractable Conflict*. Washington, D.C.: U.S. Institute of Peace Press, 2005.

Cronin, Audrey Kurth. "Behind the Curve: Globalization and International Terrorism." *International Security* 27, no. 3 (Winter 2002–3): 30–58.

——. “Cyber-mobilization: The New Levée en Masse.” *Parameters* 36, no. 2 (Summer 2006): 77–87.

——. *Ending Terrorism: Lessons for Defeating al-Qaeda*. Adelphi Paper No. 394. London: Routledge for the International Institute for Strategic Studies, 2008.

——. *The “FTO List” and Congress: Sanctioning Designated Foreign Terrorist Organizations.* CRS Report for Congress, No. RL32120, October 21, 2003.

Cronin, Audrey Kurth, and James M. Ludes, eds. *Attacking Terrorism: Elements of a Grand Strategy.* Washington, D.C.: Georgetown University Press, 2004.

Darby, John, and Roger Mac Ginty, eds. *The Management of Peace Processes.* Basingstoke: Macmillan, 2000.

Davis, Paul K., and Brian Michael Jenkins. *Deterrence and Influence in Counterterrorism: A Component in the War on al Qaeda.* Santa Monica, Calif.: RAND,2002.

Dedijer, Vladimir. *The Road to Sarajevo*. London: MacGibbon and Kee, 1967.

Della Porta, Donatella. *Social Movements, Political Violence, and the State: A Comparative Analysis of Italy and Germany*. Cambridge: Cambridge University Press, 1995.

Della Porta, Donatella, and Gian Carlo Caselli. “The History of the Red Brigades: Organisational Structures and Strategies of Action, 1970–1982.” In *The Red Brigades and Left-Wing Terrorism in Italy*, ed. Raimondo Catanzaro. London: Pinter, 1991.

Demant, Peter. “Unofficial Contacts and Peacemaking: Israeli-Palestinian Dialogue, 1967–1993.” In *Israel in the Nineties: Development and Conflict*, ed. Gregory S. Mahler and Frederick A. Lazin. Gainesville: University Press of Florida, 1996.

Dershowitz, Alan. *The Case for Peace: How the Arab-Israeli Conflict Can Be Resolved.* Hoboken: John Wiley, 2005.

——. *Why Terrorism Works*. New Haven: Yale University Press, 2002.

Dingley, James. “The Bombing of Omagh, 15 August 1998: The Bombers, Their Tactics, Strategy and Purpose behind the Incident.” *Studies in Conflict and Terrorism* 24, no. 6 (November–December 2001): 451–65.

Dishman, Chris. “Terrorism, Crime, and Transformation.” *Studies in Conflict and Terrorism* 24, no. 1 (2001): 43–58.

Edirippulige, Sisira. *Sri Lanka’s Twisted Path to Peace: Domestic and International Obstacles to the Peace Process.* Pilimathalawa: Resource Manage Foundation, 2004.

Eubank, William Lee. *The Rise and Fall of Italian Terrorism*. Boulder, Colo.: Westview Press, 1987.

Evangelista, Matthew. *The Chechen Wars: Will Russia Go the Way of the Soviet Union*? Washington, D.C.: Brookings Institution, 2002.

Fair, C. Christine. "Diaspora Involvement in Insurgencies: Insights from the Khalistan and Tamil Eelam Movements." *Nationalism and Ethnic Politics* 11, no. 1 (Spring 2005): 125–56.

Farrell, William R. *Blood and Rage: The Story of the Japanese Red Army*. Lexington, Ky.: Lexington Books, 1990.

Fay, Marie-Therese, Mike Morrissey, and Marie Smyth. *Northern Ireland's Troubles: The Human Costs*. London: Pluto Press in association with The Cost of the Troubles Study, 1999.

Fenzi, Enrico. *Armi e bagagli: Un diario dalle Brigate Rosse*. Milan: Costa & Nolan, 2006.

Filler, Alfredo L. "The Abu Sayyaf Group: A Growing Menace to Civil Society." *Terrorism and Political Violence* 14, no. 4 (Winter 2002): 131–62.

Footman, David. *Red Prelude: A Life of A. I. Zhelyabov*. 2nd ed. London: Cresset Press, 1968.

Fraser, T. G. *The Arab-Israeli Conflict*. 2nd ed. Basingstoke: Palgrave Macmillan, 2004.

Freedman, Lawrence. "Prevention, not Preemption." *Washington Quarterly* 26, no. 2 (Spring 2006): 105–14.

Gambetta, Diego, ed. *Making Sense of Suicide Missions*. Oxford: Oxford University Press, 2005.

Ganguly, Rajat. "Sri Lanka's Ethnic Conflict: At a Crossroad between Peace and War." *Third World Quarterly* 25, no. 5 (2004): 903–18.

Ganguly, Sumit. "Will Kashmir Stop India's Rise?" *Foreign Affairs* 85, no. 4 (July–August 2006): 45–57.

Gerges, Fawaz A. "The Decline of Revolutionary Islam in Algeria and Egypt." *Survival* 41, no. 1 (Spring 1999): 113–25.

——. *The Far Enemy: Why Jihad Went Global*. Cambridge: Cambridge University Press, 2005.

——. *Journey of the Jihadist: Inside Muslim Militancy*. New York: Harcourt, 2006.

Germani, L. Sergio, and D. R. Kaarthikeyan, eds. *Pathways out of Terrorism and Insurgency: the Dynamics of Terrorist Violence and Peace Processes*. New Dehli: New Dawn Press Group, 2005.

Gorriti, Gustavo. "The War of the Philosopher-King." *New Republic*, June 18, 1990.

——. "What Happens When the Queen Bee Falls?" *IPI Report* 41, no. 10 (October 1991).

Greer, Steven. Supergrasses: *A Study in Anti-terrorist Law Enforcement in Northern Ireland.* Oxford: Clarendon Press, 1995.

Grob-Fitzgibbon, Benjamin. "From the Dagger to the Bomb: Karl Heinzen and the Evolution of Political Terror." *Terrorism and Political Violence* 16, no. 1 (Spring 2004): 97–115.

Gross, Michael G. "Fighting by Other Means in the Mideast: A Critical Analysis of Israel's Assassination Policy." *Political Studies* 51 (2003): 350–68.

——. "Killing Civilians Intentionally: Double Effect, Reprisal, and Necessity in the Middle East." *Political Science Quarterly* 120, no. 4 (2005–6): 555–79.

Guelke, Adrian. *The Age of Terrorism and the International Political System.* London: Tauris Academic Studies, 1995.

Guiora, Amos. "Targeted Killing as Active Self-Defense." *Case Western Reserve Journal of International Law* 36, nos. 2–3 (2004): 319–35.

Gunter, Michael M. *The Kurds and the Future of Turkey.* London: Macmillan, 1997.

Gurr, Ted Robert. *Why Men Rebel.* Princeton: Princeton University Press, 1970.

Hacker, Frederick J. Crusaders, *Criminals, Crazies: Terror and Terrorism in Our Time.* New York: Norton, 1976.

Haddad, Yvonne Yazbeck. "The Qur'anic Justi cation for an Islamic Revolution: The View of Sayyid Qutb." *Middle East Journal* 37, no. 1 (Winter 1983): 14–29.

Harmon, Christopher. *Terrorism Today*. London: Frank Cass, 2000.

Harvey, R. *The Fall of Apartheid: The Inside Story from Smuts to Mbeki.* Basingstoke: Palgrave, 2001.

Hayes, Bernadette C., and Ian McAllister. "Public Support for Political Violence and Paramilitarism in Northern Ireland and the Republic of Ireland." *Terrorism and Political Violence* 17, no. 4 (Autumn 2005): 599–617.

United States Congress, House, Committee on Foreign Affairs, Subcommittee on Western Hemisphere Affairs, *The Shining Path after Guzman: The Threat and the International Response.* 102nd Congress, 2nd Session, September 23, 1992. Washington, D.C.: Government Printing Office, 1992.

Hironaka, Ann. *Neverending Wars: The International Community, Weak States, and the*

Perpetuation of Civil War. Cambridge: Harvard University Press, 2005.

Hitchens, Christopher. *Hostage to History: Cyprus from the Ottomans to Kissinger.* London: Verso, 1977.

Hoffman, Bruce. *Inside Terrorism*. London: Victor Gollancz, 1998.

——. *Inside Terrorism.* 2nd ed. New York: Columbia University Press, 2006.

Holmes, Jennifer S. *Terrorism and Democratic Stability*. Manchester: Manchester University Press, 2001.

Hopwood, Derek. *Egypt: Politics and Society, 1945–1984*. London: Allen and Unwin, 1984.

Horchem, Hans Josef. "The Decline of the Red Army Faction." *Terrorism and Political Violence* 3, no. 2 (Summer 1991): 61–75.

Horgan, John. *The Psychology of Terrorism*. New York: Routledge, 2005.

Howard, Michael. "What's in a Name?: How to Fight Terrorism." *Foreign Affairs* 81, no. 1 (January–February 2002): 8–13.

Hughes, James. "Chechnya: The Causes of a Protracted Post-Soviet Conflict." *Civil Wars* 4, no. 4 (Winter 2001): 11–48.

Hughes, Martin. "Terror and Negotiation." *Terrorism and Political Violence* 2, no. 1 (Spring 1990): 72–82.

Idoiaga, Gorka Espiau. "The Basque Conflict: New Ideas and Prospects for Peace." Special Report No. 161, U.S. Institute of Peace, April 2006.

Iklé, Fred Charles. *Every War Must End*. 2nd ed. New York: Columbia University Press, 2005.

Imset, Ismet G. *The PKK: A Report on Separatist Violence in Turkey* (1973–1992). Istanbul: Turkish Daily News Publications, 1992.

IISS. "The Good Friday Agreement." *IISS Strategic Comment* 7, no 8 (October 2001).

Jackson, Brian A. "Technology Acquisition by Terrorist Groups: Threat Assessment Informed by Lessons from Private Sector Technology Adoption." *Studies in Conflict and Terrorism* 24, no. 3 (May 2001): 183–213.

Jackson, Jami Melissa. "The Legality of Assassination of Independent Terrorist Leaders: An Examination of National and International Implications." *North Carolina Journal of International Law and Commercial Regulation* 24 (1999): 669–97.

Jamieson, Alison. "Entry, Discipline and Exit in the Italian Red Brigades." *Terrorism and Political Violence* 2, no. 1 (Spring 1990): 1–21.

——. "Mafia and Institutional Power in Italy." *International Relations* 12, no. 1 (April 1994): 1–24.

Jenkins, Brian Michael. "Should Our Arsenal against Terrorism Include Assassination?" RAND Paper No. P-7303, January 1987.

——. *Unconquerable Nation: Knowing Our Enemy, Strengthening Ourselves*. Santa Monica, Calif.: RAND, 2006.

Jenson, Richard Bach. "Daggers, Rifles and Dynamite: Anarchist Terrorism in Nineteenth Century Europe." *Terrorism and Political Violence* 16, no. 1 (Spring 2004): 116–53.

Johns, Sheridan, and R. Hunt Davis Jr. *Mandela, Tambo, and the African National Congress: A Documentary Survey*. Oxford: Oxford University Press, 1991.

Jones, Ronald H. "Terrorist Beheadings: Cultural and Strategic Implications." Carlisle Paper, Strategic Studies Institute, U.S. Army War College, June 2005.

Juergensmeyer, Mark. *Terror in the Mind of God: The Global Rise of Religious Violence*. Berkeley and Los Angeles: University of California Press, 2000.

Kahneman, Daniel, and Amos Tversky. "Prospect Theory: An Analysis of Decision under Risk." *Econometrica* 47, no. 2 (March 1979): 263–91.

Kapil, Arun. "Algeria's Elections Show Islamist Strength." *Middle East Report*, No. 166, September–October 1990, 31–36.

Kaplan, Edward H., Alex Mintz, Shaul Mishal, and Claudio Samban. "What Happened to Suicide Bombings in Israel?" *Studies in Conflict and Terrorism* 28, no. 3 (May–June 2005): 225–35.

Kapur, S. Paul. "India and Pakistan's Unstable Peace: Why Nuclear South Asia Is Not Like Cold War Europe." *International Security* 30, no. 2 (Fall 2005): 127–52.

Kassimeris, George. "Last Act in a Violent Drama? The Trial of Greece's Revolutionary Organization 17 November." *Terrorism and Political Violence* 18, no. 1 (Spring 2006): 137–57.

Katz, Daniel. *Days of Fire*. London: W. H. Allen, 1968.

Katzman, Kenneth. *The PLO and Its Factions*. CRS Report for Congress, No. RS21235, June 10, 2002.

Kedourie, Sylvia, ed. *Seventy-Five Years of the Turkish Republic*. London: Frank Cass, 2000.

Kepel, Gilles. *The Prophet and Pharaoh: Muslim Extremism in Egypt*. London: Al Saqi

Books, 1985.

Kilcullen, David J. "Countering Global Insurgency." *Journal of Strategic Studies* 28, no. 4 (August 2005): 597–617.

King, Charles. *Ending Civil Wars.* Adelphi Paper No. 308. Oxford: Oxford University Press for the International Institute for Strategic Studies, 1997.

King, John. *Handshake in Washington: The Beginning of Middle East Peace*? Reading, UK: Ithaca Press, 1994.

Kirisci, Kemal, and Gareth M. Winrow. *The Kurdish Question and Turkey: An Example of a Transstate Ethnic Conflict.* London: Frank Cass, 1997.

Kramer, Martin. "Ballots and Bullets: Islamists and the Relentless Drive for Power." *Harvard International Review* 19, no. 2 (Spring 1997): 16–19.

——. "Sacrifice and Fratricide in Shiite Lebanon." *Terrorism and Political Violence* 3, no. 3 (Autumn 1991): 30–47.

Kretzmer, David. "Targeted Killing of Suspected Terrorists: Extrajudicial Executions or Legitimate Means of Defence?" *European Journal of International Law* 16, no. 2 (2005): 171–212.

Kronstadt, K. Alan. "Pakistan-U.S. Relations." CRS Issue Brief for Congress, No. RL33498, 6 June 2007.

——. *Terrorism in South Asia.* CRS Report for Congress, No. RL32259, December 13, 2004.

Krumwiede, Heinrich W., and Peter Waldmann. *Civil Wars: Consequences and Possibilities of Regulation.* Baden-Baden: Nomos, 2000.

Kushner, Harvey. *Encyclopedia of Terrorism.* Thousand Oaks, Calif.: Sage, 2003.

Kutschera, Chris. "Mad Dreams of Independence: The Kurds of Turkey and the PKK." *Middle East Report*, No. 189, The Kurdish Experience, July–August 1994.

Kydd, Andrew H. *Trust and Mistrust in International Relations.* Princeton: Princeton University Press, 2005.

Kydd, Andrew H., and Barbara F. Walter. "Sabotaging the Peace: The Politics of Extremist Violence." *International Organization* 56, no. 2 (Spring 2002):263–96.

——. "The Strategies of Terrorism." *International Security* 31, no. 1 (Summer 2006): 49–80.

Lane, Charles. "Superman Meets Shining Path: Story of a CIA Success." *Washington Post*, December 7, 2000.

Lapan, Harvey E., and Todd Sandler. "To Bargain or Not to Bargain: That Is the Question." *American Economic Review* 78, no. 2, (May 1988): 16–21.

Laqueur, Walter. *No End to War: Terrorism in the Twentieth Century*. New York: Continuum, 2003.

——."Postmodern Terrorism." *Foreign Affairs* 75, no. 5 (September–October 1996): 24–36.

——. *Terrorism*. London: Weidenfeld and Nicolson, 1977.

Lesser, Ian, Bruce Hoffman, John Arquilla, David Ronfeldt, Michele Zanini, and Brian Michael Jenkins. *Countering the New Terrorism*. Santa Monica, Calif.: Rand Corporation, 1999.

Levi, Michael A., and Michael O'Hanlon. *The Future of Arms Control*. New York: Brookings Institution, 2005.

Levy, Jack S. "Domestic Politics and War." *Journal of Interdisciplinary History* 18, no. 4 (Spring 1988): 653–73.

Licklider, Roy, ed. *Stopping the Killing: How Civil Wars End*. New York: New York University Press, 1993.

Lieberfeld, Daniel. "Post-handshake Politics: Israel/Palestine and South Africa Compared." *Middle East Policy* 6, no. 3 (February 1999): 131–40.

——. *Talking with the Enemy: Negotiation and Threat Perception in South Africa and Israel/Palestine*. Westport: Praeger, 1999.

Lieven, Anatol. *Chechnya: Tombstone of Russian Power*. New Haven: Yale University Press, 1998.

Lifton, Robert Jay. *Destroying the World to Save It: Aum Shinrikyo, Apocalyptic Violence, and the New Global Terrorism*. New York: Henry Holt, 1999.

Lopez-Alves, Fernando. "Political Crises, Strategic Choices and Terrorism: The Rise and Fall of the Uruguayan Tupamaros." *Terrorism and Political Violence* 1, no. 2 (April 1989): 202–41.

Lupsha, Peter A. "Explanation of Political Violence: Some Psychological Theories versus Indignation." *Politics and Society* 2, no. 1 (Fall 1971): 89–104.

MacDonald, Scott B., and Jonathan Lemco. "Political Islam in Southeast Asia." *Current History* 100, no. 658 (November 2002): 388–92.

Malik, Omar. *Enough of the De nition of Terrorism*. London: Royal Institute of International Affairs, 2001.

Malvesti, Michelle L. "Explaining the United States' Decision to Strike Back at Terrorists." *Terrorism and Political Violence* 13, no. 2 (Summer 2001): 85–106.

Marighella, Carlos. *Minimanual of the Urban Guerrilla*. Harmondsworth: Penguin, 1971.

Marks, Thomas A. *Maoist Insurgency since Vietnam*. London: Frank Cass, 1996.

——. "A Model Counterinsurgency: Uribe's Colombia (2002–2006) vs. FARC." *Military Review* 87 (March–April 2007): 41–56.

McCormick, Gordon. *The Shining Path and the Future of Peru*. Santa Monica, Calif.: RAND, March 1990.

McGartland, Martin. *Fifty Dead Men Walking*. London: Blake, 1997.

McGregor, Andrew. "Russia Threatens Hit-Squads after Murder of Its Diplomats in Iraq." *Terrorism Monitor* 4, no. 14 (July 13, 2006): 6–8.

McKinley, D. T. *The ANC and the Liberation Struggle: A Critical Political Biography.* London: Pluto Press, 1997.

McKittrick, David, Seamus Kelters, Brian Feeney, and Chris Thornton. *Lost Lives: The Stories of the Men, Women, and Children Who Died as a Result of the Northern Ireland Troubles.* Edinburgh: Mainstream Press, 2001.

Meade, Robert C. *The Red Brigades: The Story of Italian Terrorism.* Basingstoke: Macmillan, 1990.

Migdalovitz, Carol. *Israeli-Arab Negotiations: Background, Conflicts, and U.S. Policy.* CRS Report for Congress, No. RL 33530, April 10, 2007.

Miller, Abraham H. *Terrorism and Hostage Negotiations.* Boulder, Colo.: Westview Press, 1980.

Mirbagheri, Farid. *Cyprus and International Peacemaking*. London: Hurst and Company, 1998.

Mitchell, Richard P. *The Society of the Muslim Brothers*. Oxford: Oxford University Press, 1993.

Morag, Nadav. "Measuring Success in Coping with Terrorism: The Israeli Case." *Studies in Conflict and Terrorism* 28, no. 4 (July–August 2005): 307–20.

Moretti, Mario. *Brigate Rosse: Una storia italiana.* Milan: Baldini & Castoldi, 2000.

Morris, Benny. *Righteous Victims: A History of the Zionist-Arab Conflict*, 1881–2001. New York: Alfred A. Knopf, 1999.

Moss, Walter G. *Alexander II and His Times: A Narrative History of Russia in the Age of Alexander II*, Tolstoy, and Dostoevsky. London: Anthem Press, 2002.

Mueller, John. "Six Rather Unusual Propositions about Terrorism" and "Response." *Terrorism and Political Violence* 17, no. 4 (Autumn 2005): 487–505.

Myers, Kevin. "The Terrorist as Statesman." *National Interest* 75 (Spring 2004): 139–43.

Neumann, Peter. "Negotiating with Terrorists." *Foreign Affairs* 86, no. 1 (January–February 2007): 128–38.

Nichol, Jim. *Chechnya Conflict: Recent Developments.* CRS Report for Congress, No. RL30389, March 1, 1996.

——. *Russia's Chechnya Conflict: An Update.* CRS Report for Congress, No.RL31620, April 16, 2003.

Niksch, Larry. *Abu Sayyaf: Target of Philippine-U.S. Antiterrorism Cooperation.* CRS Report for Congress, No. RL31265, April 8, 2003.

Nubin, Walter, ed. *Sri Lanka: Current Issues and Historical Background.* New York: Nova Science Publishers, 2002.

O'Brien, Brendan. *The Long War: The IRA and Sinn Féin from Armed Struggle to Peace Talks.* Dublin: O'Brien Press, 1995.

O'Callaghan, Sean. *The Informer: The Real Life Story of One Man's War against Terrorism.* New York: Bantam Press, 1998.

O'Cleary, Conor. "Washington's Green House." *Prospect*, no. 2, November 1995.

O'Leary, Brendan. "The Conservative Stewardship of Northern Ireland, 1997: Sound-Bottomed Contradictions or Slow Learning?" *Political Studies* 45(1997): 671–73.

O'Neill, Bard E. *Insurgency and Terrorism: Inside Modern Revolutionary Warfare.* Washington, D.C.: Brassey's, 1990.

Oliker, Olga. *Russia's Chechen Wars 1994–2000: Lessons from Urban Combat.* Santa Monica, Calif.: RAND, 2001.

Ortiz, Román D. "Insurgent Strategies in the Post–Cold War: The Case of the Revolutionary Armed Forces of Colombia." *Studies in Conflict and Terrorism* 25, no. 2, (March–April 2002): 127–43.

Palmer, David Scott, ed. *Shining Path of Peru.* 2nd ed. New York: St. Martin's Press, 1994.

Pape, Robert A. *Dying to Win: The Strategic Logic of Suicide Terrorism.* New York: Random House, 2005.

Parezanin, Ratko. *Mlada Bosna I prvi svetski rat* (Young Bosnia and the First World War). Munich: Iskra, 1974.

Peres, Shimon, and Robert Littell. *For the Future of Israel.* Baltimore: Johns Hopkins University Press, 1998.

Pickard, Daniel B. "Legalizing Assassination? Terrorism, the Central Intelligence Agency, and International Law." *Georgia Journal of International and Comparative Law* 30, no. 1 (2001): 1–35.

Pillar, Paul R. *Terrorism and U.S. Foreign Policy*. Washington, D.C.: Brookings Institution, 2001.

Pilloni, John R. "Burning Corpses in the Streets: Russia's Doctrinal Flaws in the 1995 Fight for Grozny." *Journal of Slavic Military Studies* 13, no. 2 (June 2000): 39–66.

Pipes, Richard. *Russia under the Old Regime*. 2nd ed. London: Penguin, 1993.

Pluchinsky, Dennis A. "Germany's Red Army Faction: An Obituary." *Studies in Conflict and Terrorism* 16, no. 2 (April–June 1993): 135–57.

——. "Terrorism in the Former Soviet Union: A Primer, a Puzzle, a Prognosis." *Studies in Conflict and Terrorism* 21 (1998): 119–47.

Post, Jerrold M., ed. *Leaders and Their Followers in a Dangerous World.* Ithaca,N.Y.: Cornell University Press, 2004.

Quandt, William. *Between Ballots and Bullets: Algeria's Transition from Authoritarianism*. Washington, D.C.: Brookings Institution, 1998.

Quinlan, Michael. "How Robust Is India-Pakistan Deterrence?" *Survival* 42,no. 4 (Winter 2000–2001): 141–54.

——. "India-Pakistan Deterrence Revisited." *Survival* 47, no. 3 (Autumn 2005): 109–19.

Radu, Michael. "The Land of Many Crossroads: The Rise and Fall of the PKK." *Orbis* 45, no. 1 (Winter 2001): 47–64.

Radzinsky, Edvard. *Alexander II: The Last Great Tsar.* New York: Free Press, 2005.

Rapoport, David C. "Fear and Trembling: Terrorism in Three Religious Traditions." *American Political Science Review* 78 (April 1984): 658–77.

——. "The Fourth Wave: September 11 in the History of Terrorism." *Current History* 100, no. 650 (December 2001): 419–24.

——, ed. *Inside Terrorist Organizations.* London: Frank Cass, 2001.

Rashid, Ahmed. *Descent into Chaos: The United States and the Failure of Nation*

Building in Pakistan, Afghanistan, and Central Asia. New York: Viking, 2008.

Raufer, Xavier. "The Red Brigades: Farewell to Arms." *Studies in Conflict and Terrorism* 16, no. 4 (October–December 1993).

Record, Jeffrey. "Why the Strong Lose." *Parameters* 35 (Winter 2005–6): 16–31.

Reddy, L. R. *Sri Lanka: Past and Present*. New Delhi: APH Press, 2003.

Reed, Charles, and David Ryall, eds. *The Price of Peace: Just War in the Twenty-first Century*. Cambridge: Cambridge University Press, 2007.

Reeve, Simon. *One Day in September: The Story of the 1972 Munich Olympics Massacre, a Government Cover-up, and a Covert Revenge Mission.* London: Faber, 2000.

Reich, Walter, ed. *Origins of Terrorism: Psychologies, Ideologies, Theologies, States of Mind.* Washington, D.C.: Woodrow Wilson Center Press, 1990.

Richardson, Louise. *What Terrorists Want.* London: John Murray, 2006.

Ritchken, Edwin. "The Meaning of Rural Political Violence." Seminar paper, University of the Witwatersrand, Johannesburg, June 29, 1989.

Roberts, Adam. "The 'War on Terror' in Historical Perspective." *Survival* 47, no. 2 (Summer 2005): 101–30.

Roberts, Hugh. "Algeria's Ruinous Impasse and the Honourable Way Out." *International Affairs* 71, no. 2 (April 1995): 247–67.

Robins, Philip. *Suits and Uniforms: Turkish Foreign Policy since the Cold War.* London: Hurst, 2003.

Rogers, Steven. "Beyond the Abu Sayyaf: The Lessons of Failure in the Philippines." *Foreign Affairs* 83, no.1 (January–February 2004): 14–20.

Rogger, Hans. *Russia in the Age of Modernisation and Revolution*, 1881–1917. London: Longman, 1983.

Ross, Dennis. *The Missing Peace: The Inside Story of the Fight for Middle East Peace.* New York: Farrar, Straus and Giroux, 2004.

Ross, Jeffrey Ian, and Ted Robert Gurr. "Why Terrorism Subsides: A Comparative Study of Canada and the United States." *Comparative Politics* 21, no. 4 (July 1989): 405–26.

Rowan, Brian. *Behind the Lines: The Story of the IRA and Loyalist Ceasefires.* Belfast: Blackstaff Press, 1995.

Rubin, Barry. *Islamic Fundamentalism in Egyptian Politics.* London: Palgrave Macmillan, 1990.

Ryan, Stephen. "Conflict Management and Conflict Resolution." *Terrorism and Political*

Violence 2, no. 1 (Spring 1990): 54–71.

Sageman, Marc. *Understanding Terror Networks*. Philadelphia: University of Pennsylvania, 2004.

Sanderson, Thomas M. “Transnational Terror and Organized Crime: Blurring the Lines.” *SAIS Review* 24, no. 1 (Winter–Spring 2004): 49–61.

Sandler, Todd, and John L. Scott. “Terrorist Success in Hostage-Taking Incidents: An Empirical Study.” *Journal of Conflict Resolution* 31, no. 1 (March 1987): 35–53.

Saunders, David. *Russia in the Age of Reaction and Reform*, 1801–1881. London: Longman, 1992.

Scheuer, Michael. “Toronto, London and the Jihadi Spring: Bin Laden as a Successful Instigator.” *Terrorism Focus* 3, no. 22 (June 6, 2006): 6–8.

Schofield, Victoria. *Kashmir in Conflict: India, Pakistan, and the Unending War.* London: Tauris, 2003.

Sederberg, Peter. “Conciliation as Counter-terrorist Strategy.” *Journal of Peace Research* 32, no. 3 (August 1995): 295–312.

Sedgwick, Mark. *Against the Modern World: Traditionalism and the Secret Intellectual History of the Twentieth Century*. Oxford: Oxford University Press, 2004.

Seth, Ronald. *The Russian Terrorists: The Story of the Narodniki*. London: Barrie and Rockliff, 1966.

Seton-Watson, Hugh. *The Decline of Imperial Russia, 1855–1914*. London: Methuen, 1952.

Shalev, Aryeh. *The Intifada: Causes and Effects.* Oxford: Westview Press, 1999.

Sheffer, Gabriel. “Ethno-National Diasporas and Security.” *Survival* 36, no. 1 (Spring 1994): 60–79.

Shepard, William E. *Sayyid Qutb and Islamic Activism: A Translation and Critical Analysis of Social Justice in Islam.* New York: E. J. Brill, 1996.

Shifter, Michael. “The United States and Colombia: Partners in Ambiguity.” *Current History* 99, no. 634 (February 2000): 51–55.

Smyth, Marie. “The Process of Demilitarization and the Reversibility of the Peace Process in Northern Ireland.” *Terrorism and Political Violence* 16, no. 3 (August 2004): 544–66.

Sprinzak, Ehud. “The Process of Delegitimation: Towards a Linkage Theory of Political Terrorism.” *Terrorism and Political Violence* 3, no. 1 (Spring 1991): 50–68.

——. "Right-Wing Terrorism in a Comparative Perspective: The Case of Split Delegitimization." *Terrorism and Political Violence* 7, no. 1 (March 1995): 96–118.

Stack-O'Connor, Alisa. "Lions, Tigers, and Freedom Birds: How and Why the Liberation Tigers of Tamil Eelam Employs Women." *Terrorism and Political Violence* 19, no.1 (March 2007) p. 43–63.

Stedman, Stephen John. "Spoiler Problems in Peace Processes." *International Security* 22, no. 2 (Autumn, 1997): 5–53.

Stein, Yael. "By Any Name Illegal and Immoral: Response to Israel's Policy of Targeted Killing." *Ethics and International Affairs* 17, no. 1 (Spring 2003): 127–37.

Steinhoff, Patricia G. "Kidnapped Japanese in North Korea: The New Left Connection." *Journal of Japanese Studies* 30, no. 1 (Winter 2004): 123–42.

Stepniak-Kravchinski, Serge. *Underground Russia: Revolutionary Profiles and Sketches from Life.* London: Smith, Elder, 1883.

Stern, Peter A. *Sendero Luminoso: An Annotated Bibliography of the Shining Path Guerrilla Movement, 1980–1993.* N.p.: SALALM Secretariat, General Library, University of New Mexico, 1995.

Stone, Martin. *The Agony of Algeria.* London: Hurst, 1997.

Strachan, Hew. *The First World War.* London: Penguin, 2003.

Sullivan, Mark P. *Latin America: Terrorism Issues.* CRS Report for Congress, No.RS21049, September 16, 2006.

Tarazona-Sevillano, Gabriela, with John B. Reuter. *Sendero Luminoso and the Threat of Narcoterrorism.* Washington, D.C.: Center for Strategic and International Studies, 1990.

Tessler, Mark A. *A History of the Israeli-Palestinian Conflict.* Bloomington: Indiana University Press, 1994.

Thatcher, Margaret. *The Downing Street Years.* London: HarperCollins, 1995.

Tonge, Jonathan. "'They Haven't Gone Away, You Know': Irish Republican 'Dissidents' and 'Armed Struggle.'" *Terrorism and Political Violence* 16, no. 3 (Autumn 2004): 671–93.

Trenin, Dmitri V. "The Forgotten War: Chechnya and Russia's Future." Policy Brief No. 28, Carnegie Endowment for International Peace, November 2003, 1–7.

Truth and Reconciliation Commission of Peru. *Final Report: General Conclusions.* English translation by International Center for Transitional Justice, 2003, http://216.70.99.144/images/uploads/peru_trc_conclusions.pdf, accessed July 12, 2007.

Tucker, David. *Skirmishes at the Edge of Empire: The United States and International*

Terrorism. Westport, Conn.: Praeger, 1997.

——. "What Is New about the New Terrorism and How Dangerous Is It?" *Political Violence and Terrorism* 13, no. 3 (Summer 2001): 1–14.

Ulam, Adam. *Russia's Failed Revolutions: From the Decembrists to the Dissidents.* London: Weidenfeld and Nicolson, 1981.

Varon, Jeremy. *Bringing the War Home: The Weather Underground, the Red Army Faction, and Revolutionary Violence in the Sixties and Seventies.* Berkeley and Los Angeles: University of California Press, 2004.

Veillette, Connie. *Colombia: Issues for Congress.* CRS Report for Congress, No. RL32250, January 19, 2005.

Victor, Barbara. *Army of Roses: Inside the World of Palestinian Women Suicide Bombers*. Emmaus, Pa.: Radale, 2003.

Voll, John O. "Bin Laden and the New Age of Global Terrorism." *Middle East Policy* 8, no. 4 (December 2001): 1–5.

Walsh, John. "Egypt's Muslim Brotherhood: Understanding Centrist Islam." *Harvard International Review* 24, no. 4 (Winter 2003): 32–36.

Walter, Barbara. *Committing to Peace: The Successful Settlement of Civil Wars.* Princeton: Princeton University Press, 2002.

Waltzer, Michael. *Arguing about War.* New Haven: Yale University Press, 2004.

Waterbury, John. *The Egypt of Nasser and Sadat.* Princeton: Princeton University Press, 1983.

Wheeler, Everett L. "Terrorism and Military Theory: An Historical Perspective." In *Terrorism Research and Public Policy*, ed. Clark McCauley. Abingdon: Frank Cass, 1991.

Wickham, Carrie Rosefsky. *Mobilizing Islam: Religion, Activism, and Political Change in Egypt*. New York: Colombia University Press, 2002.

Wickramasinghe, Nira. *Sri Lanka in the Modern Age: A History of Contested Identities.* London: Hurst, 2006.

Wiktorowicz, Quintan. "Framing Jihad: Intramovement Framing Contests and al-Qaeda's Struggle for Sacred Authority." *International Review of Social History* 49, Supplement 12 (December 2004): 159–77.

——. *Islamic Activism: A Social Movement Theory Approach.* Bloomington: Indiana University Press, 2003.

——. *Radical Islam Rising: Muslim Extremism in the West.* New York: Rowman and

Littlefield, 2005.

Wilkinson, Paul. "Politics, Diplomacy and Peace Processes: Pathways out of Terrorism?" *Terrorism and Political Violence* 11, no. 4 (Winter 1999): 66–82.

——. *Terrorism and the Liberal State*. 2nd ed. London: Macmillan, 1986.

——. *Terrorism versus Democracy: The Liberal State Response.* London: Frank Cass, 2001.

Williams, Phil. "Transnational Criminal Organizations and International Security." *Survival* 36, no. 1 (1994): 96–113.

Williamson, Samuel R. *Austria-Hungary and the Origins of the First World War.* London: Palgrave Macmillan, 1991.

Willis, Michael. *The Islamist Challenge in Algeria.* London:Ithaca Press, 1996.

Worden, N. *A Concise Dictionary of South African History.* Cape Town: Francolin, 1998.

Wright, Lawrence. *The Looming Tower: Al-Qaeda and the Road to 9/11.* New York: Knopf, 2006.

Yarmolisky, Avrahm. *Road to Revolution: A Century of Russian Radicalism.* New York: Macmillan, 1959.

Zadka, Saul. *Blood in Zion: How the Jewish Guerrillas Drove the British out of Palestine.* London: Brassey's, 1995.

Zartman, I. William. *Ripe for Resolution: Conflict and Intervention in Africa.* New York: Oxford University Press, 1985.

——, ed. *Elusive Peace: Negotiating an End to Civil Wars.* Washington, D.C.: Brookings Institution, 1995.

——, ed. *The 50 Percent Solution.* New Haven: Yale University Press, 1983.

Zirakzadeh, Cyrus Ernesto. "From Revolutionary Dreams to Organizational Fragmentation: Disputes over Violence within ETA and Sendero Luminoso." *Terrorism and Political Violence* 14, no. 4 (Winter 2002): 66–92.

Zussman, Asaf, and Noam Zussman. "Assassinations: Evaluating the Effectiveness of a Counterterrorism Policy Using Stock Market Data." *Journal of Economic Perspectives* 20, no. 2 (Spring 2006): 193–206.

词汇表

1920 Revolution Brigades　1920 革命旅

a dichotomous struggle　二元对抗
a war of annihilation　歼灭战
Abu Sayyaf　阿布沙耶夫武装
Action Directe　直接行动
al-Ansar Mujahidin　信徒圣战者
al-Aqsa intifada　阿克萨起义
al-Aqsa Martyrs Brigades　阿克萨烈士旅
Alianza Democrática M–19（AD/M–19）　M–19 民主联盟
Allah's Brigade　真主旅
al-qaeda al-sulbah　强力先锋队
Al-Qaeda Maghreb Commandment　基地马格里布戒命
Al-Tawhid wal-Jihad　统一圣战组织
alternative remittance systems　代替汇款系统
Andersonstown News　《安德森斯顿新闻》
Anglo-Irish Agreement　《英爱协议》
Anti-Zionist Movement　反犹太复国主义运动
Arab Nationalist Youth for the Liberation of Palestine　解放巴勒斯坦阿拉伯民族主义青年团
Arafat-Rabin Agreement　《阿拉法特—拉宾协议》
Armageddon　末世决战
assassination　暗杀
astrategic tool　非战略性工具

autogolpe（self-coup） 自我政变
Awakening Movement　觉醒运动

Barisan Revolusi Nasional Melayu Pattani (BRN)　全国革命阵线
Basque Fatherland and Freedom（ETA） 巴斯克祖国与自由
belligerent force　交战部队
Black Consciousness Movement　黑人觉醒运动
Black September　黑色九月组织
Black Tiger unit　黑虎小组
Bloody Sunday　血腥星期日
British National Party　英国国家党

Center for International Studies at Oxford　牛津国际研究中心
Changing Character of War（CCW） 变化中的战争属性
Christian Patriots　基督教爱国者
Chukakuha　革命共产主义同盟联合委员会
Civil Administration Team　民事管理小组
collateral damage　附带伤害
Combat 18　一八战斗队
commander's intent　指挥官的意图
common assumptions　共有假设
conflict of legitimacy　合法性斗争
conflict theory　冲突理论
Congressional Research Service（CRS） 国会研究服务部
Continuity IRA　传承爱尔兰共和军
Corsican National Liberation Front　科西嘉民族解放阵线
crisis of legitimacy　合法性危机

daily threat briefings　每日威胁简报
Department of Politics and International Relations　政治与国际关系系

East Turkestan Islamic Movement　东突厥斯坦伊斯兰运动
Egyptian Islamic Jihad　埃及伊斯兰圣战组织

ethnonationalist-separatist 种族民族分离主义
existential threat 存亡威胁

filtration camps 过滤营
Foreign Affairs, Defense and Trade Division 外交、国防和贸易处
Foreign Terrorist Organizations（FTO） 外国恐怖主义组织
Free Country Foundation 自由国家基金会
Free Papua Movement (OPM) 自由巴布亚运动
Front for the Liberation of the Cabinda Enclave 卡宾达飞地解放阵线
FTO List “外国恐怖主义组织”名单

German idealism 德意志理想主义
German People’s Union 德意志人民联盟
Gonzalo Thought 贡萨洛思想
Good Friday Agreement 《北爱尔兰和平协议》
Guatemalan Labor Party 危地马拉劳动党
Guerrilla Army of the Poor 贫民游击队
Gush Emunim 虔诚教徒集团

Haganah 哈伽拿
Hammerskin Nation 铁锤皮国
hijacking 劫持
hit-and-run tactics 袭扰战术

IDF 以色列国防军
Independent Monitoring Commission 独立监督委员会
indiscriminate 无差别的
informal value transfer systems 非正式价值转移系统
intellectual biases 认知偏好
Interim Self-Governing Authority（ISGA） 临时自治权力机构
international security and defense community 国际安全与防务界
intifada 起义
Islami Chhatra Shibir 伊斯兰学生营

Islamic Action Organization　伊斯兰行动组织

Islamic Front for Jihad Against Jews and Crusaders　反犹太教及反十字军伊斯兰圣战阵线

Jamiatul Ulema of Pakistan　巴基斯坦神学协会

Jemaah Islamiya　伊斯兰祈祷团

Jewish Agency　犹太事务局

Kach　保卫犹太人联盟

Kasavyurt Accords　《卡萨夫雅特协议》

Kayin National Union（KNU）　克伦民族联盟

Khmer Rouge　红色高棉

Khudaybiyya Armistice Agreement　《库达伊比亚停战协议》

kidnapping　绑架

Ku Klux Klan（KKK）　三 K 党

Kurdish Democratic Party　库尔德民主党

Lebanese Armed Revolutionary Faction　黎巴嫩革命武装力量

leveling effect　扁平效应

Leverhulme Trust　利弗休姆信托基金

Libyan Islamic Fighting Group　利比亚伊斯兰战斗组织

life span　生存周期

logistic regression　逻辑回归

Manichaean view　二元论

martial law　戒严令

Mau Mau　茅茅党

metrics　标度

morbid fascination　恐怖癖好

Muslim Brotherhood　穆斯林兄弟会

Narodnaya Volya　人民意志

narodniki　民粹派

National Bureau of Investigation（NBI）（菲律宾）国家调查局

National Consortium for the Study of Terrorism and Responses to Terrorism（START）国立恐怖主义研究及应对恐怖主义联合会

National Military Organization　国家军事组织

national self-determination　民族自决

National War College　国家战争学院

National Warriors　（南非）民族勇士

negotiation　谈判

networked organizations　网络化的组织

New People's Army　新人民军

Northern Ireland Forum　北爱尔兰政治对话论坛

Official Irish Republican Army　正式派爱尔兰共和军

open-ended causes　开放性的目标

Operation Groza　格罗扎行动

Operation Shark　鲨鱼行动

Operation Wrath of God　上帝之怒行动

Organization for Security Cooperation in Europe　欧洲安全与合作组织

Palestine Liberation Front　巴勒斯坦解放阵线

Pattani Islamic Mujahideen Movement　北大年省伊斯兰圣战运动

perceived likelihood　预感的可能性

Peruvian Truth and Reconciliation Commission　秘鲁真相与和解委员会

Plan Columbia　哥伦比亚计划

Popular Movement for the Liberation of Angola　安哥拉人民解放运动

populist　民粹

prenegotiations　预备性谈判

propaganda of the deed　行动宣言

Protestant loyalist　新教保皇派

provocation　挑衅

Quintin Lame Armed Movement (Movimiento Armado Quintin Lame)　昆廷·莱姆武装运动

Rajah Solaiman Movement　苏莱曼酋长运动组织

Red Brigades（Brigatte Rossa）　红色旅

Red Hand Defender　红手保卫者

religio-totalitarian　宗教极权主义

republican movement　共和运动

Revolutionary Organization 17 November　11 月 17 日革命组织

Revolutionary Worker's Party (Partido Revolucionario de los Trabajadores de Colom-bia)　工人革命党

sacrifice trap　献祭陷阱

Salafist dogma　萨拉菲派教理

Sandinista National Liberation Front　桑地诺民族解放阵线

scientific positivism　科学实证主义

scorch edearth policy　焦土政策

spiritualist　唯心论者

Sri Lanka Freedom Party（SLFP）　斯里兰卡自由党

Sri Lankan United National Party（SLUNP）　斯里兰卡统一国民党

state terror　国家恐怖主义

strategic actor　战略行为体

strategic mainstream　主流战略

strategies of leverage　杠杆战略

supergrass　污点证人

Symbionese Liberation Army　共生解放军

symbolism　象征意义

Syrian Social Nationalist Party　叙利亚社会民族主义党

Tami Steinmetz Center for Peace Research　塔米·斯坦梅茨和平研究中心

Tamil New Tigers（TNT）　泰米尔新虎组织

targeted killing　定点清除

Tasking Coordination Group　任务协调小组

terror stock　恐怖股份

Terrorism Knowledge Base　恐怖主义知识库

terrorist groups　恐怖主义组织

Terrorist Section of the People's Will　人民意志恐怖分部

The Second of June Movement　6 月 2 日运动

The Soweto Students' Representative Council's Action Committee　索韦托学生代表大会行动委员会

Turk Mughavemat Tashkilat（TMT）　土耳其防卫组织

U.S. Institute of Peace（USIP）　美国和平研究所

Unabomber　智能炸弹客

UNITA (National Union for the Total Independence of Angola)　争取安哥拉彻底独立全国联盟

United National Front　统一国民阵线

voyeuristic phenomenon　偷窥隐私现象

weak tactic　弱势策略

Weather Underground Organization / Weathermen　气象地下党 / 气象员派

zachiskti　扎契斯科提战术

金城出版社

国家安全与保密参考书目

策划：朱策英

《情报研究与分析入门》　［美］杰罗姆 · 克劳泽　原著　［美］简 · 戈德曼　改编

简介：本书全面探讨了情报研究与分析的各个阶段，重点讨论了情报研究的规范程序和适用的分析方法，优秀情报分析人员的必备特质，以及如何提升情报产品的质量。这部国防情报学经典力作，享誉业界 40 载，堪称美国情报培训的“红宝书”，是情报研究与分析入门必备教材。它既适合国家安全、情报工作的从业者学习，也可供相关研究人士参阅。

《战略情报的批判性思维》　［美］凯瑟琳 · 弗森　伦道夫 · 弗森　著

简介：本书关注如何在情报工作中应用批判性思维，系统阐述了 20 个重点问题，介绍了其中的各种实用技巧，以及简单易懂的解决办法。作者还通过政治、经济、军事、信息技术和健康等方面的情报分析案例，帮助读者加强对战略情报批判性思维实践应用的理解。这是一部情报工作者高效思考力指南，情报分析的三大黄金标杆教科书之一。

《情报搜集技术》　［美］罗伯特 · 克拉克　著

简介：本书是首部系统论述情报搜集技术的专著，集中讨论了各种技术搜集手段，情报搜集中特征的基本概念，为实现情报目的而进行特征搜集的传感器和搜集平台，以及情报搜集策略与管理问题；还重点探讨了情报搜集技术在国家安全领域的三大用途，读者从中可以一窥美国情报界强大的情报搜集能力、发展动向及维护国家安全的最新思维。

《情报：从秘密到政策》　［美］马克 · 洛文塔尔　著

简介：本书详细阐述情报的概念、历史、流程、搜集、分析、反情报、隐蔽行动等问题，重点讨论情报在美国国家安全决策中的重要作用。书中还介绍了美国情报工作的发展，勾勒出美国情报界的内部机制，探讨了情报工作的伦理与道德问题，简要概述了世界主要大国的情报机构情况。本作品享有极高声誉，多次再版修订，已成为全美外交、国关、国安、情报等诸多学科的权威教材，长期被哥伦比亚、斯坦福、麻省理工等知名院校选用和推荐。

《情报分析心理学》　［美］小理查兹 · J. 霍耶尔　著

简介：本书主要探讨了人类在判断不完整或模糊信息过程中的认知心理问题，以及这些不可避免的问题如何对情报分析产生影响，而我们又怎样有效克服这些影响。全书由思维机制、思维工具、认知偏见和情报分析的改进等四部分组成。作为中情局权威理论家的代表作，本书既是美国情报机构培训员工的经典教科书，也是中情局情报官员的必备参考读物，无数次再版加印。

《情报分析：以目标为中心的方法》　［美］罗伯特 · 克拉克　著

简介：针对美国情报界在“9 · 11 事件”和伊拉克战争中的情报失误，作者创造性地提出运用“以目标为中心”的情报分析方法，完善情报分析的逻辑过程，形成“确定目标—问题分解—建立模型—评估数据—填充模型—进行预测”的情报分析流程。全书涵盖了情报分析中的各类关键问题，如情报周期、反情报、情报分类、征候与预警、情报模型、情报来源、情报搜集、情报评估、拒止与欺骗、预测方法、团队互动，等等，称得上是一部名副其实的情报分析教科书。

《斯诺登档案：世界头号通缉犯的内幕故事》（修订版）　［英］卢克·哈丁　著

简介：本书对“斯诺登事件”进行了全面介绍和解读。它详细追踪了斯诺登的泄密动机、获取机密文件的方式、媒体的报道过程及事件的后续发展，讲述了事件背后媒体与政府的博弈较量、各国的攻防策略，披露了美英等国监控全球的手段和规模。作为该事件的全球首部权威著作，本书不仅曝光了西方国家的安全战略秘密，而且还披露了他们怎样监控中国的内幕。无论个人、企业和国家，都可从书中获得启迪和警示。

《谁来监管泄密者？：国家安全与新闻自由的冲突》　［美］盖里·罗斯　著

简介：2010年“维基揭秘事件”，2013年“斯诺登泄密事件”……据统计，近年媒体泄密在所有未授权信息泄露中比例最高，对国家安全和利益影响也最甚。通过美国政府历史上重大的泄密案例和事件，作者探讨了未授权信息泄露背后的动机、代价、法律困境和解决之道，以期望提醒全美情报系统：对手是如何获取美国情报的，对手获得情报后会取得怎样的优势。本书内容具有较强的时代性，在互联网信息时代普及国家安全意识的目的十分明显，对我国相关读者同样具备较强的借鉴意义。

《情报术：间谍大师杜勒斯论情报的搜集处理》　［美］艾伦·杜勒斯　著

简介：本书作者以第一人称的视角展开，着重阐述了情报的实用技巧——情报如何搜集和处理，以及形成的结果怎样为制定国家政策服务。本书是“间谍大师”、中情局任期最长局长、美国现代情报系统缔造者杜勒斯的收官之作。凭借美国战略情报局与中情局的独特任职优势，作者娴熟地将情报学知识、亲身经历和各种间谍事件与趣闻轶事有机融为一体，具备极高的可读性。

《骗中骗：克格勃与中情局的无声战争》　［美］爱德华·爱泼斯坦　著

简介：本书以美国反间谍头目詹姆斯·安格尔顿之死为缘起，追踪了苏联从建国伊始到冷战末期“欺骗对手”的各种行动，以及美国是如何应对和接招的。通过中情局与克格勃在情报与反情报上的较量，作者向读者呈现了一场看不见硝烟的战争。本书是西方反情报代表作，既可作为饭后茶余之消遣，亦能当作国家安全研究的重要资料。

《全民监控：大数据时代的安全与隐私困境》　［英］约翰·帕克　著

简介：阿桑奇、斯诺登等的接连爆料警示我们，“全民监控”的时代已经来临。为了获得全方位的监控能力，西方国家利用闭路系统、窃听设备、身份识别技术、定位追踪装置等随时随地监视民众。全书涉及国家安全、信息安全、个人隐私等问题，为人们敲响了监控无处不在的警钟。本书案例丰富、数据翔实、语言生动，是读者迅速掌握隐私与信息安全知识的必读之作。

《网络战：信息空间攻防历史、案例与未来》　［美］保罗 · 沙克瑞恩　等著

简介：通过梳理网络战的经典案例，本书系统探讨了其历史、现实和未来。以跨学科的研究方法，作者有机融合理论与实例，涵盖了从个人、组织机构到国家的网络安全问题，细致阐述了网络空间的生存之道。全书语言生动，通俗易懂，既可供信息技术与军事人士研读，也是普通读者的必读佳作。

《秘密情报与公共政策：保密、民主和决策》　［美］帕特 · 霍尔特　著

简介：本书围绕保密与民主这一核心，重点探讨了国家安全情报怎样为国家政策服务，以及政策实施过程中如何通过公共控制机制等对公众进行保密或公开，以及如何进行监督管理。全书讲述了美国安全情报的起源与演变，介绍了与国家安全政策制定相关的四大情报活动，穿插了一些情报利用、误用、滥用等的经典案例，并展望了情报和政策两者的未来关系。

《国家安全与情报政策研究：美国安全体系的起源、思维和架构》

［美］伯特 · 查普曼　著

简介：本书总结和收集了大量以美国为主的世界各国国家安全政策资料，既有公开的政府管理机构文件和网络资源，也有解密的安全政策文件，还有对独立组织与智囊机构研究文章、专著和期刊的评介。作者重点介绍了美国国家安全思想和架构的起源和发展历程，以及作为其国家安全基石的情报政策的历史变迁，还涉及其他一些国家和地区的相关内容。本书具有极强的资料性和实用性，是一部研究国家安全历史和知识的重要案头书。

《恐怖主义如何终结：恐怖活动的衰退与消亡》　［美］奥德丽 · 克罗宁　著

简介：了解恐怖运动如何被铲除或消灭的规律和历史经验，有助于加速终结恐怖组织，同时减少不必要的恐惧与过度反应。通过精心研究各种恐怖组织，本书总结出终结恐怖组织的六种模式，分别系统、深入地对其加以论述，辅以实际数据、案例研究和图表。本书极具历史性、实践性和经典性，论证严谨，是反恐领域的一部不可多得的标杆性读物。

《21 世纪犯罪情报：公共安全从业者指南》　［美］理查德 · 赖特　等主编

简介：本书全面、系统、深入地介绍了以美国为主的西方国家犯罪情报工作的过去、现在和未来，论述了犯罪情报工作的思想、流程、方法、工具和实践。全书内容丰富、逻辑清晰、史料翔实、案例适用。在理论上，它揭示了犯罪情报工作的基本规律；在实践上，它提供了犯罪情报工作的方法工具。

《数据与监控：信息安全的隐形之战》　［美］布鲁斯 · 施奈尔　著

简介：在现今世界，我们大量的个人数据会被政府和企业监控，用于分析控制我们；政治自由与公平、商业公平与平等，甚至隐私以及安全等都因监控岌岌可危。本书对政府、企业和民众分别给出切实可行的建议，探讨如何才能有效应对监控，保护信息安全和隐私。作者被西方媒体誉为“网络安全教父”。